dtv

»Köln liegt für mich am Perlengraben und auf dem Platz vor Sankt Severin, es ist die Stadt der Unbekannten, die ich kenne«, schrieb Heinrich Böll 1959 in seinem Essay ›Stadt der alten Geschichten‹. Nur selten wird jenen Unbekannten, die einer Stadt ihren unverwechselbaren Charakter verleihen, Aufmerksamkeit zuteil – um so weniger, wenn die Zeit, in der sie lebten, längst vergangen ist. Die Sozialhistoriker Franz Irsigler und Arnold Lassotta lassen im vorliegenden Band eben jene zu Wort kommen, die für die städtische Gesellschaft zwar unentbehrlich sind, aber an ihren Rand gedrängt oder als Außenseiter verachtet wurden. Außerordentlich fesselnd beschreiben sie die Rolle der sozial diskriminierten Berufsgruppen wie Müller, Zöllner, Leineweber, Badstuber und Ärzte, der »parasitären Existenzen« wie fahrende Leute, Bettler, Spielleute, Dirnen, Bader, Barbiere, Henker und Schinder. Aus bisher nicht veröffentlichten Quellen setzen die Autoren so ein eindrucksvolles Mosaik zur Mentalitäts- und Sittengeschichte des Mittelalters und der frühen Neuzeit zusammen und zeigen anhand zahlreicher Beispiele, daß die gesellschaftlichen Normen und Normverschiebungen auch für andere spätmittelalterliche und frühneuzeitliche Städte zutrafen.

Franz Irsigler, geboren 1941, studierte Geschichte und Soziologie in München und Saarbrücken. Er ist Professor für Geschichtliche Landeskunde an der Universität Trier. Er ist (Mit-)Herausgeber mehrerer Fachzeitschriften und Reihen und Autor zahlreicher Aufsätze zur Landes-, Wirtschafts- und Sozialgeschichte des Mittelalters und der frühen Neuzeit.
Arnold Lassotta, geboren 1947, studierte Germanistik, Wirtschafts- und Sozialkunde und Volkskunde. Seit 1986 ist er als wissenschaftlicher Referent beim Westfälischen Industriemuseum Dortmund mit dem Aufbau des Westfälischen Textilmuseums betraut. Veröffentlichungen zur spätmittelalterlichen Armut und zum Wallfahrtswesen sowie zur westfälischen Textilindustrie.

Franz Irsigler/Arnold Lassotta

Bettler und Gaukler, Dirnen und Henker

Außenseiter in einer mittelalterlichen Stadt
Köln 1300–1600

Mit 68 Abbildungen

Deutscher Taschenbuch Verlag

Dieses Buch wurde in Zusammenarbeit mit dem Kölnischen Sadtmuseum von Heiko Steuer herausgegeben.

Ungekürzte Ausgabe
April 1989 (dtv 11061)
10. Auflage November 2004
Deutscher Taschenbuch Verlag GmbH & Co. KG, München
www.dtv.de

ISBN 3-7743-0210-3
Umschlagkonzept: Balk & Brumshagen
Umschlagbild: Ausschnitt des Gemäldes ›Kampf zwischen Karneval und Fasten‹ (1559) von Pieter Brueghel d. Ä. (© AKG, Berlin)
Gesamtherstellung: Druckerei C. H. Beck, Nördlingen
Gedruckt auf säurefreiem, chlorfrei gebleichtem Papier
Printed in Germany · ISBN 3-423-30075-2

Inhalt

Vorwort 9

I. Randgruppen und Außenseiter 11

II. Bettler und Buben, Meulenstößer und Müßiggänger 17
1. Betteln als anerkannte Lebensform 17
2. Das soziale Netz im Spätmittelalter 21
3. Verschämte und Unverschämte: Hausarme und Bettler . . . 24
4. Ein ›König‹ gegen die Bettler 30
5. Katz und Maus 32
6. Verachtete Gassen 39
7. Die Kunst des Bettelns 44
8. Bettelbrüder und Bettelschwestern 58
9. Jugend ohne Hoffnung 62
10. Am Ende steht der Galgen 67

III. Aussätzige 69
1. Die Siechen vor den Mauern 69
2. Lepraschau 72
3. Die lebenden Toten 74
4. Betteln mit Schelle und Klapper 81

IV. Kranke von Sinnen und Witzen 87
1. Eine Kiste voller Narren 87
2. Mitleid mit Grenzen 90
3. Hoffen auf ein Wunder 93

V. Bader und Barbiere, Ärzte und Quacksalber 97
1. Treffpunkt Badstube 97
2. Zwischen Lust und Angst 104
3. Hochberühmte Ärzte – elende Quacksalber 110
4. Von der Unehrlichkeit zum Traumberuf 119

VI. Gaukler und Spielleute 126
1. Schaulust: Grundbedürfnis des Lebens 126
2. Bärenführer, Artisten und Monster 127
3. Pfeifer, Trommler und Lautenschläger 131
4. Die Stunde der Komödianten 138

VII. Zauberer, Wahrsagerinnen und Werwölfe 145
1. Kölner Gerüchteküche 146
2. Das Spiel mit dem Feuer 148
3. Das Zauberbuch 150
4. Der Werwolf 152
5. Häschenzauber 155
6. Erzauberte Liebe 156
7. Mit Kristall und Sieb: der Blick in die Zukunft 158
8. »Casisa, hasisa, mesisa medantor«: Wiederbringzauber . . . 158
9. Wetter-, Wurm- und Brandsegen 160
10. Kräutersud und Heilsegen 161
11. Die Not der Weisen Frauen 162

VIII. Zigeuner 167
1. Wanderung ohne Ende 168
2. Die Heiden in Köln 170
3. Peter Haidt's ›Carmen‹ 176

IX. Dirnen 179
1. Das kleinere Übel 179
2. Vom ›Haus der schönen Frauen‹ zum ›gemeinen Haus‹ auf dem Berlich 180
3. Vom Berlich führt kein Weg zurück 186
4. Rote Schleier sollen sie tragen 193
5. Die unaussprechliche stumme Sünde 198
6. Das Geschäft der Kupplerinnen 199
7. Spießbürgermoral: Hermann Weinsberg 201
8. Dirnenelend – elende Dirnen 203
9. Dirnen und Scharfrichter 206
10. Strichtopographie 208
11. Landsknechtshuren 210
12. Dirnentypologisches 214
13. Dirnenlohn als Lebensgrundlage 216
14. Wege aus dem Milieu 218
15. Aufstieg aus eigener Kraft: Ursula Judin 223

X. Der Henker und seine Gesellen 228
1. Von der Scheu zum Schrecken 228
2. Die Macht des Kölner Henkers 230
3. Das »Schauspiel des Todes« 239
4. Die Kunst des rechten Tötens 245
5. Von der Streckbank zum Galgen: Folter in Köln 250
6. Sprechende Strafen: zur Symbolik der Hinrichtung 254
7. Henkergesellen: die Büttel 265
8. Henkermäßige Leute: Schinder, Hundeschläger, Goldgräber 270

XI. Die Krummen und die Geraden: kein Schlußwort 283

Anmerkungen 285

Quellen- und Literaturverzeichnis 310

Abbildungsnachweis 319

. . . es waren die Puppenspieler, zwei Männer und eine Frau, die, bunt und phantastisch aufgeputzt, ihren Umritt hielten . . .
»Heiden und Türken sind's. Sahst du die Frau? Und wie der lange schwarze Schleier ihr vom Kopfe hing?«
(Theodor Fontane, Grete Minde, 1878)

Vorwort

Eindeutig drückt Trud Minde, die Stiefmutter der Grete, ihre Abneigung gegenüber den reisenden Puppenspielern aus. Wenige Worte genügen, um ein tief sitzendes Vorurteil gegenüber diesen Fremden erkennen zu lassen: Sie sind Leute anderen Glaubens, sie gehören einem anderen Volk an und sind Leute, die sich anders kleiden als zu Hause üblich. Das genügt, um Mißtrauen zu erzeugen. Wer nicht zur Mehrheit gehört, der fällt aus dem Rahmen und erregt Anstoß. Wo eine Mehrheit ist, da gibt es Minderheiten und Randgruppen. Randgruppen rufen Unsicherheit und Feindschaft hervor – und damit Ablehnung. Es gehört zu menschlichen Gesellschaften, daß an den Rändern der großen uniformen Menge Sondergruppen entstehen: Zu verschiedenen Zeiten und unter den verschiedenen gesellschaftlichen und sozialen Bedingungen werden ganz unterschiedliche Gruppen zu Randerscheinungen, die aber eine Provokation bleiben. Da sind die Leute einer anderen religiösen Überzeugung, die Fremden ganz allgemein, aber auch Arme und Kranke, ›Berufe‹ mit Sonderaufgaben wie Henker und Dirne. Die einen Randgruppen wären am besten überhaupt zu verdrängen, die anderen werden gebraucht, aber dafür in eine Ghetto-Situation abgedrängt. Die Grenzen allgemeiner Toleranz werden rasch immer wieder erreicht; und die Abdrängung aus der Mehrheit führt regelmäßig auch zur bedrohten Existenz. Ob vor einem halben Jahrhundert die Juden oder heute leider zu oft die Türken oder immer noch die Zigeuner: Andersartige werden – aus Unkenntnis und mangelndem Verständniswillen und weil das der bequemste Weg ist – ausgegrenzt. Auch für unsere Gegenwart ließen sich erschreckend viele Beispiele bringen, wie wenige Worte unterschwellig Haß und Ablehnung des Andersartigen spüren lassen. Fontane hat mit dem Hinweis auf den ungewöhnlichen langen schwarzen Schleier Gleiches erreicht. Und welch bedrohliches und unvorstellbares Leben Randgruppen oft führen müssen, kann eine Version der Geschichte von Tristan und Isolde erläutern: König Marke vergilt Isoldes Untreue nicht mit dem Tod durch Verbrennen auf dem Scheiterhaufen, sondern durch Auslieferung an eine Gruppe von Aussätzigen, eine Schmach, die schlimmer ist als der Tod. Yvain, der häßlichste der Ausgestoßenen und Kranken, sagt: »... o König. Siehe ich habe hier hundert Gefährten. Gib uns Isolde, auf daß wir sie gemeinsam besitzen! Das Leiden schärft unser Begehren. Gib sie deinen Aussätzigen.« (Zitiert nach O. Borst, Alltagsleben im Mittelalter, 1983, 484 ff., Version des altfranzösischen Dichters Berol aus der Bretagne)

Die mittelalterliche und neuzeitliche Stadt als aus dem althergebrachten ländlichen Sozialgefüge herausgeschnittener neuer Wirtschafts- und Gesellschaftskörper war Zuflucht und Zielort vieler aus alten Bindungen gelöster Menschen, von einzelnen und von Gruppen, die oftmals nicht die Einfügung in die neue Ordnung der Stadt fanden, sondern Außenseiter blieben. Aber hier war am ehesten die Chance gegeben, als Randgruppe zu überleben.

So war es naheliegend, auch für Köln als einer der größten mittelalterlichen Städte nördlich der Alpen die Rolle der Randgruppen zu erfragen. Den Anstoß, eine grundlegende Untersuchung über Randgruppen und Außenseiter im spätmittelalterlichen und frühneuzeitlichen Köln in die Reihe »Aus der Kölner Stadtgeschichte« aufzunehmen, gab 1979 ein Vortrag von Franz Irsigler im Römisch-Germanischen Museum über Bettler, Dirnen und Henker. Parallel dazu arbeitete Arnold Lassotta über Armut und Reichtum im mittelalterlichen Köln. Es war ein besonderer Glücksfall, daß Herr Prof. Dr. Franz Irsigler (Universität Trier) und Herr Dr. Arnold Lassotta (Westfälisches Industrie-Museum, Münster) ein Autorenteam bilden konnten, das, gestützt auf den reichen Schatz der archivalischen Überlieferung im Historischen Archiv der Stadt Köln und eigene Arbeiten zur Sozial- und Wirtschaftsgeschichte Kölns, an die wissenschaftliche Ausarbeitung und Darstellung der Randgruppenproblematik ging.

Die gemeinsame Arbeit der beiden Autoren, unterstützt durch Frau Irmgard Tietz-Lassotta, Frau Helga Irsigler und die Trierer Mitarbeiter von Franz Irsigler, bereitete allen Beteiligten nicht nur Mühe, sondern auch Freude, machte freilich auch manchmal betroffen. Die Autoren lassen die Quellen möglichst unmittelbar sprechen; sie erzählen Geschichte und Geschichten, die oft mehr verraten als lange Analysen. Ihre ›Sympathie‹ für die Kölner Randgruppen und Außenseiter, recht verstanden als Mit-Fühlen und Mit-Leiden, ist unverkennbar, gleichwohl auch im Sinne der Wertfreiheitserfordernisse von Wissenschaft legitim; und: Randgruppen sind keine Erscheinung nur des mittelalterlichen und frühneuzeitlichen Köln, sondern ihr Los ist zu jeder Gegenwart ein brandaktuelles Problem.

Der Herausgeber dankt dem Rheinischen Bildarchiv unter seinem Leiter Dr. Paul von Naredi-Rainer für die problemlose Beschaffung des Bildmaterials, das fast immer Kölner Bezug erkennen läßt, wobei die Bestände des Wallraf-Richartz-Museums mehr als bisher angenommen zur Randgruppenfrage aussagen konnten, sowie dem Historischen Archiv der Stadt Köln und seinem Leiter Herrn Dr. Hugo Stehkämper.

Heiko Steuer

I. Randgruppen und Außenseiter

Am 31. Juli 1488 schrieb der Rat der Stadt Köln an die Hansestadt Lübeck etwa folgendes: Arnold van Straisberg und Johann Grone beschwören, daß Jakob van Meddemen aus einem ehelichen Brautbett echt und recht, ehrlich gezeugt und geboren ist, frei und nicht eigen, deutsch und nicht wendisch, auch keines Zöllners, Müllers, Leinewebers, Badstubers, Pfeifers, Schäfers noch Aderlassers Sohn, sondern würdig, Amt und Gilde zu besitzen. Seine Eltern sind der Kölner Bürger Dietrich van Meddemen und dessen Frau Barbara.[1] – Köln stellte dem Jakob also ein sogenanntes Echtheitszeugnis aus, das ihm in Lübeck den Zugang zu einem ehrbaren Handwerk öffnen sollte. Damit die Lübecker nichts mißverstehen konnten, schrieb man den Brief in bestem Niederdeutsch von einem Lübecker Formular ab; dem Kölner Rat wäre es niemals eingefallen, das Recht zur Ausübung eines Handwerks mit der Kombination »ampte und ghilde« zu bezeichnen, und schon gar nicht kümmerte ihn der Unterschied zwischen Deutschen und Slawen (Wenden), auf den die hansischen Ostseestädte so großen Wert legten.[2]

Für zahlreiche Handwerkerzünfte disqualifiziert hätten aber auch in Köln[3] uneheliche Herkunft, selbst wenn der Vater ein Adeliger war, persönliche Unfreiheit und Eltern, die zu den ›unehrlichen Leuten, den verfemten Berufen‹[4] zählten, von denen hier eine interessante, aber keineswegs vollständige Liste vorliegt. Es gab in der spätmittelalterlich-frühneuzeitlichen Gesellschaft ziemlich klare und einheitliche Vorstellungen darüber, welcher Beruf, welche Tätigkeit ›ehrlich‹, welche ›unehrlich‹ war. Sie bildeten einen Teil jenes Systems von Normen und Werthaltungen, durch die das Leben in den Städten und auf dem Lande geregelt wurde. Daß diese Vorstellungen, die wir heute als Vorurteile ansprechen, ganze Personengruppen oder einzelne Menschen ständig oder zeitweise, völlig oder partiell, von Ort zu Ort manchmal in ungleicher Weise diskriminierten, liegt auf der Hand. Und natürlich handelt es sich dabei nicht um eine auf das Mittelalter und die frühe Neuzeit beschränkte Erscheinung, sondern um eine permanente Struktur. Auch heute noch werden unehelich Geborene benachteiligt, Angehörige bestimmter Berufe oder Gewerbe und Leute mit ungewöhnlicher, nicht alltäglicher Lebensform mehr oder weniger stark von der Umwelt gemieden. Die Unterschiede liegen in der Begründung der Vorurteile, ihren rationalen und irrationalen Wurzeln. Vielleicht spielten in der Vergangenheit Unwissenheit, Aberglaube, Angst oder Scheu vor dem nicht im täglichen Leben Vertrauten eine größere Rolle als in unserer ›aufgeklärten‹ Zeit – sicher scheint dies nicht. Aber hatte man im Mittelalter und in der frühen Neuzeit nicht täglich mit Müllern, Zöllnern, Leinewebern, Badstubern und Ärzten zu tun? Was machte ihre Tätigkeit ›unehrlich‹, verwerflich, diskriminierend?

Hier muß differenziert werden nach der Form, Dauer und dem Grad der Diskriminierung, ob sie nicht lediglich bestimmte berufliche oder auch politische Chancen einschränkte, oder ob sie eine dauernde Randlage oder gar Außenseiterrolle in der Gesellschaft begründete. Ein Zöllner als Vater disqualifizierte für manche Handwerkerberufe oder für eine Stiftspfründe – dahinter standen unter anderem alttestamentliche Vorstellungen –, bot aber in vielen Städten fast ideale Voraussetzungen für den wirtschaftlichen und gesellschaftlichen Aufstieg in das Meliorat und Patriziat. Leineweber gehörten in Städten mit einem florierenden Leinenexportgewerbe nicht notwendig zu den ›unehrlichen‹ Leuten, aber gewöhnlich waren Leineweber arm, unfrei geboren, vom Lande zugewandert und mit dem Vorurteil behaftet, vom Verleger gestelltes Garn zu unterschlagen. In Köln verweigerte man ihnen wie einigen anderen Berufsgruppen [5] das passive Wahlrecht für die städtischen Führungsgremien; [6] vermutlich waren auch die Konnubiumsmöglichkeiten eingeschränkt, aber all dies begründete doch keine echte Randlage, eher eine dauerhafte Position am unteren Ende der Gesellschaftspyramide. Bei den meisten dieser ›unehrlichen‹ Berufe überwogen, von der Stellung des einzelnen her gesehen, die Elemente der gesellschaftlichen Integration, gegründet auf Seßhaftigkeit, Haus- und Grundbesitz, Mitgliedschaft in einer Zunft oder Bruderschaft, festen Nachbarschaftsbeziehungen und Heiratskreisen, dem gemeinsamen Auftreten bei Festen, Prozessionen und schließlich militärischen und finanziellen Leistungen für die Gemeinschaft.

Anders verhält es sich mit Gruppen oder einzelnen Personen, die nicht seßhaft waren, deren Existenz als parasitär galt oder deren berufliche Tätigkeit sehr stark tabuisiert war: [7] fahrende Leute, Bettler, Spielleute, Dirnen, Bader und Barbiere, schließlich Henker und Schinder. Dabei gab es an der gesellschaftlichen Funktion und Notwendigkeit der letztgenannten Berufsgruppen keinen Zweifel; bei den Dirnen war die Einschätzung – wie auch heute noch – zwiespältig.

Diese Personen- und Berufsgruppen dürfen als soziale Randgruppen und Außenseiter angesprochen werden. Sie erfuhren aufgrund des berufs- oder gruppenspezifischen, den allgemein anerkannten Normen und Wertvorstellungen widersprechenden Verhaltens eine so ausgeprägte soziale Diskriminierung, daß sie zu einer Lebensform in zumindest partieller Isolierung oder gar in völliger Distanz zur übrigen Gesellschaft gezwungen waren und sich daraus eine spürbare und dauerhafte Beeinträchtigung ihrer Lebens- und Sozialchancen ergab. Durch ihr Abweichen von den Verhaltenserwartungen der Gesellschaft war es leicht, sie mit zusätzlichen Vorurteilen zu belasten und sie in eine Sündenbockrolle zu drängen; das gilt vor allem für latent kriminelle oder kriminalisierte Gruppen: Bettler, Fahrende, seit dem ausgehenden Mittelalter in besonderem Maße auch für die Weisen Frauen.

Die strukturelle Begründung der Vorurteile, die durch Katastrophen wie Pestepidemien, Hungersnöte, Kriege oft verstärkt wurden, lag damals wie heute in der Festigung des »Wir-Gefühls« der Masse, der sogenannten guten Gesellschaft, durch die Ablehnung anders gearteter Gruppen oder Personen, die als asozial angesehen werden. Diese ständige Bereitschaft zur Ablehnung, Kennzeichen jeder gesellschaftlichen Entwicklungsstufe, kann von der Diskriminierung über die Bedrohung bis zum gesellschaftlichen Ausschluß und zur Ausweisung von Randgruppen gehen, vor allem, wenn die Vorurteile sich auf Religion oder später Rasse beziehen. – Wir haben diese Seite des Randgruppenphänomens, weil es sich um einen Sonderaspekt handelt, nicht näher behandelt.

Randgruppen und Außenseiter sind manchmal ein Zeichen gesellschaftlicher Anomie, von mangelnder sozialer Regelung, die zu einer Ungleichgewichtssituation führen kann. Grundsätzlich aber ist abweichendes Verhalten nicht anomal, sondern nur ein plötzliches oder sprungartiges Ansteigen der Durchschnittswerte. Anomien waren vermutlich das rasche Wachstum der vagierenden Bettlerscharen und der Hexenwahn in der Frühneuzeit.

Die Gesellschaftslehre des Mittelalters und der frühen Neuzeit, einem statischen, sozial- und berufsständischen Ordo-Modell verpflichtet, kennt keine Theorie der Randgruppen. Randlagen, Randgruppen, Außenseiter und Ausgestoßene, Vorurteile und Akte der Diskriminierung werden lediglich beschrieben, meist von einem moralisierenden Standpunkt aus mit einer vordergründigen, kaum reflektierten Kritik. Auch in der Erzählung »Von der Vorsorge, der Mutter allen Reichtums« aus der Kurzgeschichtensammlung der »Gesta Romanorum«

1 Spieler/fahrender Scholar als Außenseiter der mittelalterlichen Gesellschaft

(um 1300) – die Erzählung verarbeitet das ›Schachbuch‹, eine christliche Ständelehre des Reimser Dominikaners Jacques de Cessoles – hat der Außenseiter keinen fest definierten Platz: »Und dann stand vor dem König noch einer mit struppigen und verwirrten Haaren, in der Rechten ein bißchen Geld, in der Linken drei Würfel und am Gürtel ein Ränzlein mit Büchern.«[8] Aussehen, zweifelhafter Gelderwerb (Glücksspiel), unstete, fahrende (Ranzen, Bücher) und damit unproduktive Lebensweise kennzeichnen ihn zur Genüge; seine Lebensform wird kritisiert, als Protest empfunden und daher mit weitgehender Isolierung bestraft. Immerhin, er hat seine abweichende Lebensform selbst gewählt, und das war nicht die Regel. Der überwiegende Teil der Randgruppen- und Außenseiterbevölkerung wird in dieses Dasein am Rande der Gesellschaft hineingeboren oder abgedrängt.

Die Kölner Überlieferung bietet für unseren Untersuchungszeitraum vom 14. Jahrhundert bis zum Vorabend des Dreißigjährigen Krieges außerordentlich reiches und bisher kaum ausgeschöpftes Quellenmaterial. Es gibt die Möglichkeit, für die wichtigsten Randgruppen in der städtischen Gesellschaft soziale, wirtschaftliche, rechtliche und kulturelle Ursachen oder Bedingungen der Randlage zu untersuchen, die Vielfalt der Formen von Diskriminierung aufzuzeigen und die innere Struktur der Randgruppen zu erforschen. Besonderes Interesse gilt der Frage, wie einzelne oder Gruppen auf den Druck der Gesellschaft reagierten: Gab es Ansätze zu sozialem Protest, vorübergehende oder feste Zusammenschlüsse, kam es gar zur Ausbildung von gesellschaftlichen Subsystemen in besonderen Quartieren, mit eigenen, von den

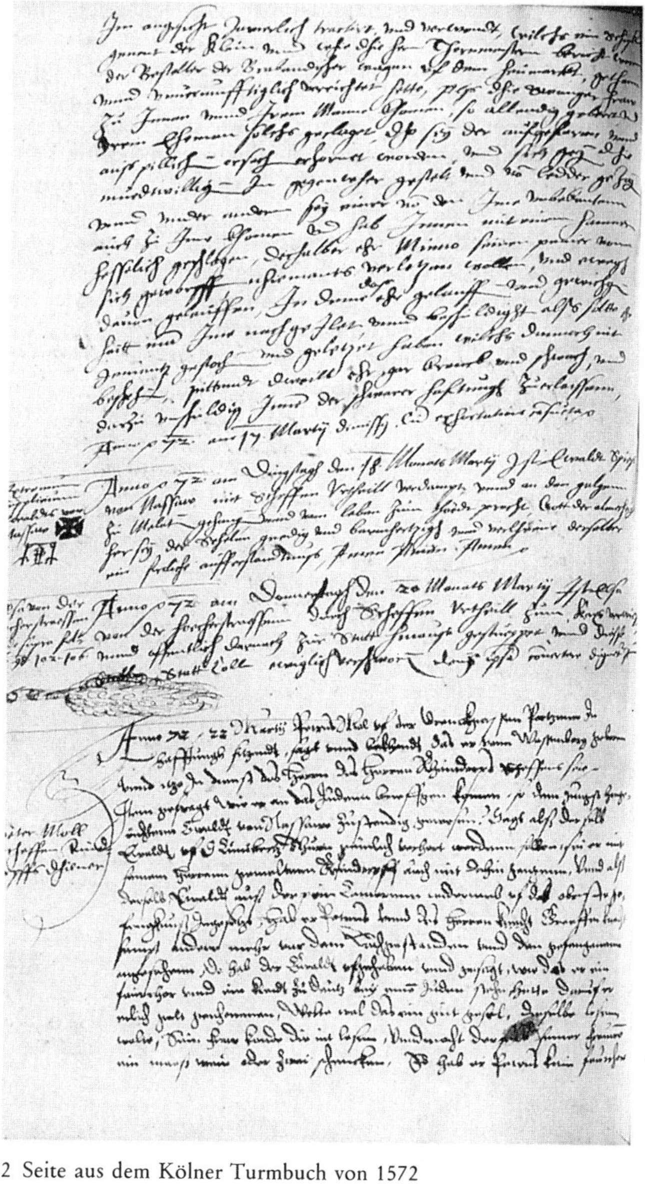

2 Seite aus dem Kölner Turmbuch von 1572

Normen der Gesamtgesellschaft deutlich abweichenden, die Randgruppe aber stärkenden Verhaltensmustern? Wie hoch war die Chance, die Rand- oder Außenseiterposition zu verlassen, durch individuellen Aufstieg oder durch den Wandel in der gesellschaftlichen Einschätzung einer ganzen Gruppe? Und umgekehrt: In welchem Umfang und durch welche Maßnahmen haben die Politik der Obrigkeit und die Haltung der ›guten‹ Gesellschaft Randlagensituationen verschärft und auf Dauer festgeschrieben?

Es liegt an der Besonderheit der Kölner Quellen, daß wir in der Regel normative Texte und aus der Strafverfolgungspraxis stammende Aufzeichnungen einander konfrontieren müssen. Schicksale einzelner sind sicher nicht immer repräsentativ, normative Quellen oft nur ein Zerrspiegel der Wirklichkeit; trotzdem glauben wir, ein gutes Stück historischer Realität fassen zu können.

II. Bettler und Buben, Meulenstößer und Müßiggänger

3 Bettler empfangen Almosen

1. Betteln als anerkannte Lebensform

Am 22. März 1572 können die Kölner einem eigenartigen Schauspiel zusehen: Acht »nackedige bueben«, nur mit kümmerlichen Lumpen bekleidet, die zusammen nicht einmal den Wert eines Guldens erreichen, werden »bey paren gekouppelt« als »muessig gengere unnd maulenstuessere«, begleitet von den Polizeidienern und »clocken«, zum Stadttor hinausgebracht.[9]

Im einzeln sind es: David Röesen von Doornik/Tournai, ein Bettler und Müßiggänger (von Beruf eigentlich Krämer), der beim vermeintlichen Versuch, sich als Taschendieb zu betätigen, erwischt worden ist; der Leinenweber Rutger von Gymnich, ein junger frecher Bursche (lecker), der nachts im Fremdenhospital St. Johann Baptist logiert und tagsüber gebettelt hat; Johan von Hillesheim (in der Eifel), ein ›fauler Bube‹, den man ebenfalls im Hospital aufgespürt und an die Luft gesetzt hat; Hanß Jerguleman, mit anderem Namen Hans Jorgen Baurman von Ulm, gelernter Büchsenmacher, der vor allem als Kirchenbettler aufgefallen ist; Peter Meyer von Béthune im Artois, »beddeler und weingarts arbeidener«, von Beruf aber eigentlich Tuchscherer; ihm wird vorgeworfen, in Weinschenken Geld und Mäntel gestohlen zu haben; dann der Brauer- und Bäckergeselle Leonhart Wale aus dem Bistum Lüttich; als ›Müßiggänger‹ ist er zwei Jahre lang durchs Land gezogen und hat sich in Köln auf der Schmierstraße (heute Komödienstraße) bei einer Frau namens Agnes einquartiert; weiter Leonhardt Junghblueth von St. Vith, ein armer Landsknecht; mit seiner Frau hat er in Scheunen Unterschlupf gesucht und ist betteln gegangen; und schließlich Daniell Metz von Weisenheim am Sand, Bettler und »maulenstuesser«, der in der Walengasse bei der lahmen Anne Aufnahme gefunden hat.

Ein bunt zusammengewürfelter Haufen also, der in Ausführung der Ratsedikte vom Herbst des vergangenen Jahres durch die Polizeikräfte gefangengenommen worden ist und nun abgeschoben wird. Am 5. November 1571 nämlich hatte der Rat – nicht zum ersten Mal – befohlen, auf der Schmierstraße, dem Altengraben, dem St. Katharinengraben und andernorts Haussuchungen vorzunehmen und die »mulenstösser« (vielleicht von Mühlen-Stoßer, Radtreter in den Lastkränen am Hafen; vgl. Abb. 4) aus der Stadt zu treiben.[10]

Derartige Maßnahmen waren an sich nichts Neues. Neu war, daß sich in der zweiten Hälfte des 16. Jahrhunderts die restriktiven Beschlüsse des Kölner Rates gegen Bettler auffallend häuften; neu war auch, daß die Zahl der davon Betroffenen allen Anzeichen nach erheblich zunahm.

Die Tradition dieser obrigkeitlichen Politik reicht in Köln in die erste Hälfte des 15. Jahrhunderts, in anderen Städten, z. B. Nürnberg, sogar bis ins 14. Jahrhundert zurück. Die Nürnberger Bettelordnung von 1370,[11] der Kölner Ratsbeschluß von etwa 1435[12] signalisierten, daß die Einstellung zum Betteln sich wandelte, daß die bis dahin geübte Tolerierung sich allmählich in ihr Gegenteil zu kehren begann. Ursprünglich nämlich war Betteln, das Ansprechen anderer um Gaben, für jeden, der in Not geriet und keine Hilfe seitens seiner Familie oder seines Verbandes erhielt, eine potentielle Möglichkeit, gegebenenfalls auch Notwendigkeit, sich vor dem drohenden Untergang zu bewahren, wobei dem eventuellen Zwang zum Heischen milder Gaben die gesellschaftlich anerkannte Pflicht und Bereitschaft zum Almosengeben gegenüberstand.

Der Arme, der auf die Unterstützung seiner Mitmenschen angewiesen war, stand im frühen und hohen Mittelalter durchaus nicht außerhalb oder auch nur am Rande der Gesellschaft, sondern war vielmehr inte-

4 Radkräne am Hafen; Ausschnitt aus der Stadtansicht des Anton Woensam, 1531

gratives Glied derselben. Er bot dem Wohlhabenden Gelegenheit zu christlicher Mildtätigkeit, wogegen jener den Segen Gottes durch die Gebete des Bettlers empfing. Beide, der Arme wie der Reiche, waren so in die Societas Christiana eingeschlossen.

In welcher Weise in Köln noch in der Mitte des 15. Jahrhunderts Betteln als legitime Erwerbsmöglichkeit angesehen wurde, zeigt die Urkunde vom 1. Mai 1450, in der Daym van Loeven und seine Frau Mettel die Aufgaben des von ihnen um 1426 gegründeten Krankenhospitals St. Revilien umreißen: Unter anderem heißt es darin, daß die Kranken nur so lange im Spital gehalten werden sollen, bis sie »buyssen huyss (außer Haus) in die stat geyn ind broit heisschen moigen«.[13] Selbst 1596 war erst die Unfähigkeit, sich durch Betteln erhalten zu können, Grund für die Aufnahme eines kranken Mädchens in dasselbe Hospital.[14]

Auch Hermann Weinsberg stand Bettlern nicht prinzipiell ablehnend gegenüber, sondern gab den »armen und bidlern an der dur«, wie es ihn »bedunkt, das ir gestalt ist«. Nur dem Gesinde im Haus war das viele Anklopfen lästig.[15]

Solch vorurteilsfreie Akzeptanz schloß nicht aus, daß Bettler mitunter auch der Volksbelustigung dienten: Die Koelhoffsche Chronik berichtet zum Jahr 1498 vom ›Schweineschlagen‹, zu dem man einige Blinde hatte animieren können. Auf dem Altermarkt wurde aus Brettern ein Pferch erstellt, in den man ein Schwein einsperrte. Fünf blinde Männer, mit Harnisch und Knüppeln ausgerüstet, wurden hineingelassen, um das Tier totzuschlagen; »mer ee si dat verken gevellen kunden, so wart mennich misselich slach van in geslagen: ir ein sloich den anderen, eindeils van in vielen over dat verken, dan sloigen die anderen up den gevallen. dat werde ein guede wile. intleste quamen si an dat verken ind sloigen dat doit, dat genuechlichen ind aventurlichen zo sien was.«[16] Wie bei ähnlichen Veranstaltungen in anderen Städten durften sich die blinden Bettler zum Trost den Braten teilen.

Betteln erscheint also – ohne jede Wertung – als gesellschaftlich akzeptiertes Mittel zum Erwerb des Lebensunterhaltes. Zugleich wird aber auch seine Funktion sichtbar: die Sicherung der Existenz in solchen Fällen, in denen andere Hilfsquellen versagen. In der Tat kannte die Stadt des Spätmittelalters ein vielseitig ausgestaltetes soziales Sicherungssystem, innerhalb dessen das Bettelwesen nur einen Ausschnitt bildete.

2. Das soziale Netz im Spätmittelalter

Grundsätzlich fand der Einzelne Schutz bei Krankheit, Invalidität oder Alter in seiner Familie und, im weiteren Sinne, in seinem Verband, auf dem Lande z. B. im Rahmen der Grundherrschaft. Der gesellschaftliche Wandel, der sich vor allem mit der Entwicklung des Städtewesens verbindet und die Ausprägung neuer Lebensformen mit sich brachte, wie z. B. Kleinfamilien, kinderlose Zweierbeziehungen, Wohnen und Arbeiten als Alleinstehende, verminderte auch die Sicherungsfunktion der traditionell damit befaßten Verbände und machte den Aufbau eines organisierten Armenwesens notwendig, das sich entsprechend den Anforderungen und zu bewältigenden Aufgaben immer stärker differenzierte und sowohl feste Institutionen – wie Hospitäler oder regelmäßige Spenden – als auch spontane private Initiativen in sich aufnahm. Um die Mitte des 15. Jahrhunderts hatte der Auf- und Ausbau dieses Unterstützungswesens in Köln einen ersten, vorläufigen Abschluß gefunden. Es beruhte auf Einrichtungen der geschlossenen und offenen Armenpflege, also einerseits Anstalten mit stationärer, teils befristeter, teils dauernder Aufnahme der Hilfsbedürftigen, andererseits Institutionen, die Almosen in Form von Geld, Kleidung oder Lebensmitteln an solche Arme ausgaben, die privat wohnten und einen eigenen, wenn auch oft mehr als bescheidenen Haushalt führten.[17] Da gab es die alten Hospitäler bei Klöstern und Stiften, z. B. St. Pantaleon, St. Andreas, St. Maria im Kapitol, die sich von ursprünglich vielseitig ausgerichteten Stätten der Fürsorge, in denen Arme, Kranke, Pilger und Fremde Betreuung und Obdach fanden, zu reinen Pfründnerhäusern, vergleichbar am ehesten unseren Altenheimen, entwickelt hatten; in der Regel mußte man sich hier einkaufen. Völlig Arme hatte nur dann die Chance aufgenommen zu werden, wenn sich der Rat oder angesehene ›Freunde‹ für sie einsetzten. Die Zahl der Plätze war beschränkt; meist konnten nicht mehr als 12 Pfründen vergeben werden.

Der Verlust der vielseitigen Hilfsfunktionen der genannten Hospitäler seit dem ausgehenden 13. Jahrhundert verlangte Ersatz. Er wurde angesichts wachsender Mobilität in Form zweier Pilger- und Fremdenherbergen geschaffen: Anfang des 14. Jahrhunderts ließ der Kölner Bürger Albrecht von Zelle auf einem Gelände gegenüber dem späteren Zeughaus (Ecke Kattenbug/Zeughausstraße) etliche Häuser zimmern, um »al dae zo herbergen gemeyne pylgeryme ind ouch armen, de nyet lancger geherberght en solen syn, dan eyne nacht mit alle deme, dat dartzo gehoert«.[18]

5 Die hl. Elisabeth kleidet Arme und pflegt Kranke

Die zweite Gründung war das Hospital St. Johann Baptist auf der Breitestraße. Der Stifter, Peter van der Hellen, errichtete in den 90er Jahren des 14. Jahrhunderts in seinem Haus »zume Esele« und den zugehörigen Gebäuden eine Herberge für arme Pilger, die nach Aachen oder sonst zu Gottes Heiligen unterwegs waren.[19]

Die Differenzierung und Spezialisierung im Hospitalwesen war damit nicht abgeschlossen. In den 20er Jahren des 15. Jahrhunderts folgte die Stiftung des Hospitals zur ›Weiten Tür‹, anders genannt St. Catharinen (bei der gleichnamigen Deutschordenskommende), durch Peter Koilgin und des Hospitals St. Revilien (bei St. Ursula) durch die oben genannten Eheleute Daym und Mettel van Loeven. Beiden war als spezielle und ursprünglich einzige Aufgabe die Krankenpflege zugewiesen. Hier wurden die allerärmsten Kranken der Stadt versorgt, die keine familiäre und wegen ihrer Armut auch keine ärztliche Hilfe, mitunter vielleicht nicht einmal ein sicheres Obdach hatten. Hermann Weinsberg berichtet von seinem Großvater Gotschalck, der als junger Mann nach Köln kam, wo er sich in den ersten Jahren mit Gelegenheitsarbeit und Betteln durchschlug, später als Bote und Reisebegleiter nach Santiago de Compostela seinen Unterhalt verdiente. Im Alter von 33 oder 34 Jahren erkrankte er schwer an Fieber und Gelbsucht. Er mußte seine geringen Ersparnisse aufbrauchen und wurde, als er von Bekannten und Auftraggebern keine Hilfe mehr erhielt, »uis noit« ins Hospital St. Revilien gebracht: »Dar hat er noitturft, wie sunst gewontlich die kranken pleicht zuzustain.« Zweimal war er dem Sterben nahe, so daß man ihm »die kertz in die hant hat gegeben«, aber schließlich wurde er doch wieder gesund.[20] Seit dem ausgehenden 16. Jahrhundert fanden in den beiden Krankenhospitälern in verstärktem Maße auch gesunde Pfründner Aufnahme. St. Revilien widmete sich, nachdem in den 60er Jahren des 15. Jahrhunderts die Räumlichkeiten dazu geschaffen worden waren, auch der Verwahrung von Geisteskranken.

Neben diesen großen Hospitälern gab es in Köln wie nirgends sonst eine erhebliche Anzahl Beginenkonvente. Entstanden aus der religiösen Frauenbewegung des 13. und 14. Jahrhunderts[21] entwickelten sie sich nach deren Abklingen einerseits zu kleinen Klöstern unter Übernahme der Drittordensregel, andererseits zu Pfründnerhäusern für alleinstehende Frauen, zum Teil auch für Eheleute. Während einige von ihnen gut dotiert waren, bestand das Vermögen wohl der meisten gerade aus dem Gebäude samt Grundstück, so daß die Frauen darauf angewiesen waren, ihren Lebensunterhalt als Textilarbeiterinnen, Krankenpflegerinnen oder mit religiösen Dienstleistungen zu verdie-

nen. In einigen Konventen gab es auch eine Almosensammlerin, die auf der Straße mit der Büchse in der Hand das Einkommen der Gemeinschaft aufzubessern half. Nach dem Vorbild dieser Konvente entstanden im 15. und 16. Jahrhundert auch einige Wohnungsstiftungen für Frauen.
Köln besaß weiter ein Heilig-Geist-Spital. Es befand sich am Domhof und geht vielleicht auf ein Hospital der Kathedralkirche zurück. Schon im 14. Jahrhundert war es jedoch nicht mehr, wie gleichnamige Institutionen in anderen Städten – z. B. die großen Hospitäler in Lübeck oder Nürnberg –, ein Kranken- und Armenhaus, sondern eine Einrichtung der offenen Armenpflege. Als zentrale Almosenverteilungsstelle gab das Hospital nach einem kalendarisch festgelegten Plan, der im Laufe der Zeit durch Vermehrung der Spendtage und Aufstockung der Spenden immer weiter verbessert wurde, an 700 Arme, davon zwei Drittel Hausarme, eine regelmäßige Unterstützung in Form von Lebensmitteln und Geld. Etwa Mitte des 16. Jahrhunderts wurden die Naturalleistungen durch reine Geldzahlungen abgelöst.
Nach dem Vorbild des Heilig-Geist-Hospitals entstanden seit dem 13. Jahrhundert bei einigen Pfarrkirchen (St. Aposteln, St. Peter, St. Johann Baptist) sogenannte Armenbretter oder Brettspenden; Brett meint dabei den Tisch, an dem die Berechtigten ihr regelmäßiges Almosen in Empfang nahmen. Fungierte die »mensa pauperum sancti Spiritus« (der Tisch der Armen des Heilig-Geist-Hospitals) als zentrale Verteilungsstelle für die ganze Stadt, kümmerten sich die ›Bretter‹ der Kirchspiele in erster Linie – wenn auch nicht ausschließlich – um die Armen des jeweiligen Pfarrbezirks.

3. Verschämte und Unverschämte: Hausarme und Bettler

Der Typ der hier wie dort betreuten Armen waren die sogenannten Hausarmen, eine große, in sich wieder differenzierte Gruppe, deren gemeinsames Kennzeichen die Ansässigkeit in Köln, ein gewisser Bekanntheitsgrad bei den Nachbarn, dem Pastor ihres Kirchspiels oder einflußreichen Persönlichkeiten, vor allem aber ihre ›Verschämtheit‹ war, die es ihnen verbot, den Lebensunterhalt als Bettler zu bestreiten. Im glücklichsten Fall unterhielten sie Beziehungen zu einer wohlhabenden Bürgerfamilie, von der sie unterstützt wurden, oder sie erhielten im Haus eines Wohltäters neben der täglichen Kost auch eine trockene Bleibe unter der Treppe oder in einer Kammer. Vielleicht ließ man sie auch zinsfrei in einem »gadem«, einem der kleinen traufseitig zur Straße stehenden Häuser wohnen, die als typische Quartiere der ärmeren Bevölkerung das Bild der Gassen und Nebenstraßen Kölns prägten. Für die Masse der Hausarmen bestanden solche Möglichkeiten jedoch kaum. Angewiesen auf die Hilfe der offiziellen Almosenverteilungsstellen und private Spenden gehörten sie, die sich »des Bettelstabs« schämten, zumal wenn sie mit ihrer Not nicht bekannt waren (heimliche Hausarme), leicht zu den elendsten unter den Armen.[22] Der Ausbau der Unterstützungseinrichtungen für Hausarme war denn auch die große Aufgabe der Kölner Armenpflege des gesamten 16. Jahrhunderts. Hand in Hand damit ging das Bemühen, die lästige Konkurrenz der Bettler einzuschränken oder ganz abzuschaffen. In Köln richteten sich derartige Bestrebungen vor allem gegen die fremden starken, das heißt arbeitsfähigen Bettler, Müßiggänger und ›Maulenstosser‹, die den »armen heimschen das broith uß dem mund rouffen«,[23] wogegen man den Bettel der in der Stadt ansässigen Armen durch die Ausgaben von ›Zeichen‹ zu kontrollieren suchte, die deutlich sichtbar vorn an der Brust auf die Kleidung genäht werden oder, falls sich jemand dessen schämte, als Ausweismarke auf Verlangen der Polizeikräfte jederzeit vorgezeigt werden sollten.[24] Andere Städte, allen voran Nürnberg, Augsburg oder Straßburg, gingen noch sehr viel weiter, indem sie das Almosenheischen – allerdings auch nur mit wechselndem Erfolg – völlig untersagten.[25] Nürnberg war überhaupt eine der ersten Städte, die den Bettel mit administrativen Maßnahmen einzuschränken suchten. Dabei wandte man sich, wie in Köln noch während des 16. und 17. Jahrhunderts, zunächst vor allem gegen auswärtige fremde Arme. Die Bettelordnung von 1370 machte die Erlaubnis zum Betteln für Einheimische vom Tragen eines Zeichens abhängig, das nur der erhielt, wer durch zwei oder drei glaubwürdige Zeugen darlegen konnte, »daz im daz almůsen notůrftig sey«. Diejenigen aber, »die wol gewandern oder gearbeyten moechten, ůnd die des almůsens nicht notůrftig werden, den sol man niht erlaůben zů petteln, noch kein zeichen geben«. Fremde »stertzel oder geyler« durften nur drei Tage in der Stadt betteln und sollten ihr anschließend auf ein Jahr fernbleiben. Im übrigen ging man noch sehr behutsam vor; denn wenn der Rat erführe, »daz den armen lewten mit der obgeschriben gesezzen (Satzung) und ordnunge irer narunge abging, der sol daz dem rate ze wissen tun, und sol man ez dann wider verkeren, alz man ze rat wirdt, az ez den armen lewten nicht ze swer sey«.[26]

Dennoch war damit das künftige Verhalten gegenüber den Bettlern

vorgezeichnet: Die Kennzeichnungspflicht hob sie – wie Leprose, Prostituierte, Juden – auch äußerlich erkennbar von der übrigen Bevölkerung ab. Hinzu kam der Verweis auf die Arbeit ohne Rücksicht auf die Situation des Arbeitsmarktes.
1478, erneuert 1518, wurde dann für alle arbeitsfähigen »petler oder betlerin, den hie zu peteln . . . erlaubt wirdet, die nit krüppel, lam oder plint sind«, Arbeit an den Werktagen zur Pflicht gemacht: Sie sollen nicht müßig »vor den kirchen an der pettelstat« sitzen, »sunder spynnen oder ander arbait, die in irem vermuegen wer, thůn«. Fremde durften jetzt alle Vierteljahre nur zwei Tage in Nürnberg betteln und sollten, bevor man ihnen die Erlaubnis gäbe, geprüft werden, ob sie das Vaterunser, Ave Maria, das Glaubensbekenntnis und die Zehn Gebote aufsagen könnten.[27]
Die älteste Kölner Bettelordnung, Vorläufer des in die Statuten von 1437 aufgenommenen Artikels »Van den vreymden ind weilschen luden, muylenstoisseren, weigener ind ledichgengeren«, enthält der erste Band der Ratsmemoriale des 15. Jahrhunderts.[28] Sie ist undatiert (geschätzte Entstehungszeit laut moderner Anmerkung um 1435) und lautet in heutiges Deutsch übertragen:

›Weiter vernehmen unsere Herren vom Rat, daß viele Leute, Männer und Frauen, hier in der Stadt ihrer Bettelei nachgehen (gheent up yre gylerye), obwohl sie stark und gesund sind und ihr Brot selbst gut gewinnen können. Auch finden sich hier viele »mullenstoysser«. Deshalb gebieten unsere Herren, daß all diese Gesunden für ihren Lebensunterhalt arbeiten und dienen sollen, und wer das nicht will, soll sich schnellstens zur Stadt hinausmachen. Wer sich nicht nach diesem Befehl richtet, in Köln bleibt und bettelt, den sollen die Gewaltrichter gefangennehmen und ein Jahr lang in einen der Stadttürme legen, wo er nur Wasser und Brot bekommen soll, und danach soll man ihn aus der Stadt jagen.‹

Eine medizinalpolitische Anordnung für die kranken Bettler, auf die das Verbot ja nicht zutraf, schließt sich an:

›Alle, die mit Krankheiten behaftet vor den Kirchen sitzen oder auf der Straße ihre widerlichen Wunden und Gebrechen zeigen, sollen diese verdecken, damit die wohlgesetzten Bürger (gude lude) durch den Geruch und Anblick nicht belästigt werden.‹

Ebenso verbot die Bettelordnung vom 17. Oktober 1558 den Bettlern, sich mit offenen Wunden zu zeigen.[29]
Auch die Nürnberger Ordnung von 1478 enthält eine ähnliche Passage, um schwangere Frauen davor zu bewahren, daß sie selbst »durch sicht« eines ›erbärmlichen‹ Schadens krank würden.[30] Wendet sich die

oben wiedergegebene Anordnung des Rates gegen alle gesunden, arbeitsfähigen Bettler, gleich ob sie einheimisch waren oder von auswärts kamen, ging die Stoßrichtung des Artikels von 1437 gezielt gegen die fremden, »beyde vrauwen ind man, uyss weilschen, duytschen ind anderen landen, vort muylenstoesser, weygener (Landläufer) ind ledichgenger (Beschäftigungslose), knechte ind maichde, (die) hie in unser stat gaint luterlichen up ledichganck (Nichtstun) umb yre gylerye, die doch starck ind gesund synt ind yr broit wynnen ind guden luden dienen moechten ind des nyet doin en willent«. Wer innerhalb von acht Tagen kein Arbeitsverhältnis eingeht, soll durch den Greven und Gewaltrichter mit ihren »boiden« aus der Stadt getrieben werden. Im Wiederholungsfall soll man die Betreffenden »in die haltzbende sliessen ind dan vort uysstrecken ind mit roiden nackt uyss der stat slain ind jagen«.[31] Daß dieses Edikt mit der Hungerkrise der Jahre 1437 – dem schlimmsten aller Hungerjahre des 15. Jahrhunderts[32] – und 1438, während der die Preise für Roggen auf 8 bis 11, für Weizen auf 9 bis 12 Mark kölnisch (gegenüber 3 bis 4 Mark in Normaljahren) anstiegen, zeitlich zusammenfällt, kann kaum ein Zufall sein. Die Stadt, in der sich wegen der guten Getreidevorratspolitik des Rates die Notzeit immer noch besser bewältigen ließ[33] als auf dem flachen Land, übte angesichts der vielfältigen Hilfsmaßnahmen seitens kirchlicher und kommunaler Einrichtungen, aber auch von Privatleuten, eine große Anziehungskraft aus. Einen Hinweis bietet das Testament der Eheleute Gerart und Gertruyd van dem Vehoyve vom 6. September 1438,[34] worin sie 800 Mark aussetzten, die unter »armen bedeleren ind gyleren« verteilt werden sollen, ein Betrag, der selbst dann, wenn man die hohen Getreidepreise zugrunde legt, ausreichte, um mehr als 350 Menschen einen Monat lang täglich mit 1 kg Roggenbrot zu versorgen.[35]

Das Betteledikt von 1437 wurde im weiteren Verlauf noch mehrfach in leicht abgewandelten Fassungen erneuert: Um die Mitte des 15. Jahrhunderts und abermals um 1460 gebot der Rat »allen muylenstoesseren, wiegeneren ind liedichgengeren, die up ere gijlen und lodderye gaent bynnen Coellen«, innerhalb von drei Tagen eine Arbeit anzunehmen oder die Stadt zu verlassen.[36] 1471 ließ er die »muylenstoessere, ledichgenger, gijlere, frauwen ind manne, die jonck sijnt ind wail arbeiden moigen«, aus der Stadt treiben,[37] und nur zwei Jahre später verfügte er erneut die Ausweisung der »muylenstoesser, Schotten, Poellachen (Polen), ledichgengere ind ledichgengerssen ind andere(r) vermyrckde(r) luyde van mannen ind vrauwen«; man solle sie ›antasten‹, in die »haltzbende« schließen, »ind an wen man misducht

(d. h. gegen wen man einen Verdacht hat), dieselben zo reden zo stellen ind ouch an die folterbanck zo brengen, dat dardurch eyne vorte (für vorchte, Furcht?) ind gruwell gemaicht werde ind sulche luyde dardurch die stat myden«.[38]
Ein Edikt von 1486 richtete sich speziell gegen die Schotten.[39] 1515 wurden die Gewaltrichter und Wegemeister angewiesen, auf den Märkten keine »muylenstoisser« zu dulden (»die marte mit den muylenstoissern reyn zolaissen machen«).[40] – Zwei Jahre später erging Befehl, »bedeler, gengeler und můylenstoisser« aus Köln zu verweisen und ihnen bei Strafe des Turms die Rückkehr zu verbieten.[41]
An der restriktiven Politik gegen die fremden Bettler hielt der Rat auch im weiteren Verlauf des 16. Jahrhunderts fest, ohne daß sich an dem rein ordnungspolizeilichen Charakter seiner Erlasse etwas änderte. Von den auf eine Neuordnung des gesamten Armenwesens abzielenden Forderungen der Aufständischen des Jahres 1525: »Eyn upsicht zu haven up die uyßwendige bedeler und stoercker, dat die uyßgedreven und arme burgere derhalven versien werden« (Art. 113) und »dat ouch ein ordenung uff die armen lude verordent werde, zu underhaltung derselver umb cristlicher truwen willen« (Art. 147),[42] griff er, von Teilbereichen wie Waisenfürsorge, Ausstattungsstiftungen für arme Mädchen, Studienstiftungen abgesehen, nur die erste auf. Zu einem allgemeinen, für Fremde wie Einheimische geltenden Bettelverbot konnte sich die Kölner Obrigkeit nicht entschließen. Die Nürnberger »Ordnung des grossen allmusens Hausarmer leut« von 1522,[43] die intensiven Bemühungen des Straßburger Rats um eine Neuorganisation der Armenfürsorge in kommunaler Hand,[44] um nur zwei Beispiele zu nennen, fanden in Köln keine Nachahmung. Die Stadt ging vielmehr ihren eigenen Weg. Dazu gehörte der Verzicht auf eine Konzentration der Armenmittel in städtischer Hand zugunsten ihrer überkommenen Dezentralisation in den einzelnen Kirchspielen, die Bettelerlaubnis für einheimische Arme, die lediglich überprüft werden sollten, ob sie ›zu Recht‹ nach dem Almosen gingen und, dies nun in Einklang mit der Politik anderer Städte und Territorien, der Versuch, die ›eigenen‹ städtischen Armen vor der Konkurrenz der Fremden zu schützen. Ratsprotokolle und Edikte dokumentieren das andauernde und, von kurzfristigen Erfolgen abgesehen, letztlich vergebliche Bemühen, die als Plage empfundenen Scharen auswärtiger Bettler aus der Stadt zu entfernen. Nur einmal im Jahr, am »guten Mendeltag« (Gründonnerstag), war es offensichtlich jedermann, z. B. auch den Leprosen, gestattet, in der Stadt um Almosen zu bitten. So berichtet Catharina Collen, Ehefrau des Collen Johan, ihr Mann sei

am »gueten Mendeldagh« oder am Donnerstag vor Ostern mit ihr und ihren Kindern durch Köln und auch nach Deutz »mit umbgelauffen und das liebe broedt umb gottes willen geholt«.[45] Verschiedentlich bis ins 20. Jahrhundert erhalten gebliebene Heischebräuche von Kindern zeugen noch vom besonderen Charakter dieses Tages.[46] Ähnlich hatte auch die große Nürnberger Armenordnung von 1522 den Allerheiligen- und Allerseelentag vom allgemeinen Bettelverbot ausgenommen.[47] Daß im übrigen die Erlasse, Verordnungen und Edikte nicht nur leere Drohungen waren, sondern in praktisches Handeln umgesetzt wurden, zeigt schon ein Schreiben Gerharts van Loin, Herrn zu Jülich und Grafen zu Blankenheim von 1452, worin er sich beschwert, daß ein von ihm und dem Kölner Erzbischof mit den nötigen Papieren versehener »kyrchenheyscher« namens Johannes van Mechernich, der zum Bau einer Kapelle in Blankenheim Almosen gesammelt hatte, in Köln inhaftiert worden sei, wobei man ihm seine Briefe und das Geld abgenommen habe.[48] In einem Antwortschreiben rechtfertigte die Stadt Köln die Gefangennahme damit, daß man den Betreffenden für einen »muylenstoisser« gehalten und entsprechend behandelt habe.[49]

1490 bat der Rat den Erzbischof, einen Verdächtigen, der sich am Sonntag Palmarum, »as wir etlige muylenstoesser uys unßer stat liessen dryven«, in der Kirche St. Apern in Sicherheit gebracht hatte, aus der Immunität entfernen zu dürfen. Die Freiheiten der zahlreichen Kölner Stifte und Klöster waren es auch, die eine wirksame Kontrolle der Bettler erheblich erschwerten. 1549 intervenierte der Domdechant bei den Bürgermeistern, weil man unter Verletzung der geistlichen Freiheit etliche Bettler von der Domimmunität auf den Turm gebracht hatte, und verlangte die Rückführung der Gefangenen in den Dombezirk. Der Rat war dazu nicht bereit und ordnete lediglich die Freilassung derjenigen an, von denen beim Verhör keine ›bösen facta‹ bekannt würden.[50]

Die Aussichtslosigkeit, auf dem Wege über Edikte und polizeiliche Kontrolle das Bettlerproblem – dessen Ursachen ohnehin in überregionalen wirtschaftlichen und sozialen Prozessen zu suchen sind – in den Griff zu bekommen, veranlaßten den Rat zu Beginn des 17. Jahrhunderts, den Zuchthausgedanken, der sich seit Mitte des 16. Jahrhunderts in Westeuropa ausbreitete, aufzugreifen. Als Vorbild sollte die im Jahre 1595 in Amsterdam errichtete Anstalt dienen. Ihre Aufgabe lag in der zwangsweisen Bekämpfung des Bettels und der Landstreicherei sowie der Bestrafung jugendlicher Diebe durch harte Arbeit. Dem »Rasp-Huys« (Raspelhaus) für Männer, in dem diese harte

Hölzer zu Holzmehl verarbeiten mußten, entsprach das Spinnhaus für Frauen.[51]
Als Örtlichkeit für das Kölner Projekt wurden zeitweilig die beiden Pilger- und Fremdenherbergen in Bedacht genommen, da sie ohnehin weniger von frommen Pilgern als von Bettlern und Müßiggängern aufgesucht würden.[52] Der Gedanke wurde aber ebenso verworfen wie der Versuch, das Zuchthaus in der Malzmühle einzurichten. Zwar wurden dort drei Hausmühlen aufgestellt, doch fehlte es an der »custodia« (Bewachung) für die ›bösen Buben‹, der Platz reichte nicht und es schien gefährlich, gerade dort ›solche Burschen‹ unterzubringen.
Erst 1636 wurde nach dem Plan des Pfarrers Dr. Johann Diethmaring zu St. Johann Evangelist und des Paters Boysz, denen die Verwaltung des Bettels übertragen worden war, auf der Friesenstraße das Werkhaus St. Salvatoris gegründet,[53] das letztlich jedoch für männliche Bettler nur als Almosenauskunftsstelle zustande kam, für Frauen und Mädchen aber als Spinnhaus diente. Schon 1651 wurde es wieder aufgelöst.

4. Ein ›König‹ gegen die Bettler

Ausführende Organe bei den vielfachen Ausweisungen waren zunächst die Gewaltrichterdiener, die an ihrer speziellen Tracht, langen bunten Röcken, schon von weitem als Inhaber der städtischen Polizeigewalt erkennbar waren.[54] Zur Beaufsichtigung der Bettler und zur Kontrolle, daß sich arbeitsfähige Fremde nicht unerlaubterweise einschlichen, setzte der Rat zu einem nicht mehr erkennbaren Zeitpunkt einen ›Bubenkönig‹ ein: Am 10. Juni 1513 referierte der Gürtelmacher Johan van Nuysse, daß sich übermäßig viele »muylenstoesser ind boven« in Köln aufhielten. Darauf ließ der Rat, da es zur Zeit keinen »boevenkoenynck« in der Stadt gäbe – der letzte war am 31. Januar im Zuge des Zunftaufstandes hingerichtet worden[55] – dem Gewaltmeister befehlen, die ›Buben‹ mit seinen Gesellen hinauszutreiben, bis man einen solchen gewählt habe.[56] 1524 bekamen die beiden Turmmeister und Laurens van Swartzberg den Auftrag, mit dem »boven koeninck« und den Dienern der »gyler und bedeler halven« zu verhandeln (nämlich, wie man sich ihrer am besten entledigen könne).[57]
Da die Aufgabe von einem Bubenkönig allein nicht bewältigt werden konnte, bestellte der Rat bald einen weiteren: Seit den 30er Jahren ist

in den Quellen in der Regel von zwei »boevenkonynck«, »clocken« oder »glocken«, wie sie auch genannt werden, die Rede. Woher die Bezeichnung »clocke« kommt, läßt sich nicht mehr mit Sicherheit feststellen: vermutlich von der »Klocke«, dem glockenförmigen Gewand, das diese Bettleraufseher trugen und von dem auch einer der ersten bekannten Inhaber des Amtes, Clockelgen, der in den Ratsprotokollen der 30er Jahre des 16. Jahrhunderts genannt wird, seinen Namen haben mag.[58]

Als der Andrang der fremden Bettler nicht nachließ, sah sich der Rat 1552 genötigt, etliche »stockerknecht« anzustellen, die für Abhilfe sorgen sollten.[59] Auch die Zahl der Klocken wurde vermehrt: In den 70er Jahren nämlich nennen die Quellen neben den Gewaltrichterdienern vier ›Glocken‹.[60] Anfang des 17. Jahrhunderts erscheinen dann noch ein »provaß« und sein »stockerknecht«, welche die ›starken Bettler, Müßiggänger und Maulenstoßer‹ aus der Stadt schaffen sollen[61] und schließlich ein oder mehrere Bettelvögte, die neben den ›Glocken‹ für die Ausweisung der ›fremden müßigen Bettler‹ zuständig waren.[62]

Die Entlohnung der Klocken – Mitte des 16. Jahrhunderts 100 Mark pro Jahr,[63] also nicht einmal die Hälfte dessen, was ein Handwerksmeister im Baugewerbe zur gleichen Zeit verdienen konnte[64] – und das Milieu, in dem sie sich ständig bewegten, aus dem sie vielleicht selbst stammten, waren der Entwicklung eines unbestechlichen Beamtensinnes nicht zuträglich. 1536 wurden Clockelgen und der zweite Aufseher, Peter Horn, nach geleisteter Urfehde aus der Haft entlassen und ihnen der Zugang zum Markt verboten mit dem ausdrücklichen Befehl, »van den armen luden gheyn gelt ader lieffniß (Aufmerksamkeiten) zonemen«.[65] »Dweil Clock sich ungeburlich mit den bedlern und siechen helt und von den gelt nympt und lest sy in der statt lauffen«, beauftragte der Rat 1548 die Gewaltrichter, den Klocken 14 Tage bei Wasser und Brot einzusperren.[66] Im Oktober 1553 mußten die beiden »bovenkonnick« wiederum eine Haftstrafe verbüßen, weil sie »dy burger imd bedler geschetzt und die sew und bedler uf der strassen (hätten) gaen lassen«.[67] Sie wurden dann als »boven« gescholten, aus dem Gefängnis entlassen und des Dienstes enthoben. Die Anstellung zweier neuer »bovenkoening« anstatt des entlassenen ›Clokken und seines Gesellen‹ noch im gleichen Monat zeigt zugleich, daß beide Begriffe dasselbe Amt bezeichnen.[68]

Abgesehen von solchen in der Person liegenden Unzulänglichkeiten war das Gebiet der Stadt Köln mit den vielen verwinkelten Gassen, den Gärten, Gartenhäusern und Scheunen, dazu den schon genannten geistlichen Immunitäten an sich viel zu groß und unüberschaubar für die kleine Zahl von Aufsehern, als daß eine wirksame Kontrolle der Bettler möglich gewesen wäre. Mitunter trieben diese ein regelrechtes Katz-und-Maus-Spiel mit den Ordnungskräften und kamen, wenn sie zum einen Tor hinausgebracht wurden, zum anderen wieder hinein. Selbst die Androhung der Gefängnisstrafe ›bei Wasser und Brot‹ war für manche, die ohnehin obdachlos waren, nicht besonders abschreckend, zumal härtere Strafen – mit Ruten aushauen, an den Pranger stellen – letztlich nur sehr zurückhaltend verhängt wurden. Auch den zu Beginn genannten acht Bettlern hatte man bei ihrer Ausweisung eingeschärft, daß sie drei Stunden am Kax stehen müßten, wenn man sie noch einmal in Köln erwischte. Als aber einer von ihnen, Daniell Metz, nach zwei Monaten tatsächlich wieder bettelnd aufgegriffen wurde, brachte man ihn lediglich auf die andere Rheinseite; der Pranger wurde ihm ›aus Gnade‹ erlassen.

Unterschlupfmöglichkeiten fanden sich auch bei bestimmten Teilen der städtischen Einwohnerschaft. Der Grund dafür lag wohl weniger in einem Gefühl der Solidarität mit den Fremden als in dem handfesten materiellen Vorteil, den die Aufnahme von Bettlern als Untermieter oder Schlafgänger mit sich brachte. Da sie keine Sicherheit stellen konnten, auch nicht genügend Bargeld besaßen, um die Miete halbjährlich oder jährlich – wie es sonst üblich war – zu entrichten, verlangte man von ihnen die tägliche oder wöchentliche Zahlung derselben. Dabei waren die Schlafstellen unverhältnismäßig teuer. Ende des 16. Jahrhunderts lag der Preis für eine Übernachtung bei 6 bis 8 Heller oder, auf das Jahr umgerechnet, rund 40 bis 60 Mark; das entspricht etwa einem Drittel bis zur Hälfte der Miete, die z. B. ein Handwerker für eine Wohnung oder ein ganzes Haus aufzubringen hatte.[69] Selbst an einem Bettler ließ sich also noch etwas verdienen, zumindest aber die für manche drückende Mietlast entscheidend verringern. Kein Wunder, daß der Rat trotz der hohen Strafen für die Aufnahme fremder Bettler in seinem Bemühen kaum Erfolg hatte. Ein Ratsbeschluß aus dem Jahre 1573 bedrohte die »undersleiffer« fremder Bettler mit 1 Goldgulden Buße;[70] in einem Edikt vom 8. Februar 1576 heißt es, »welcher maß ein erbar rhatt in der that spuret, daß die frembde bettler eine zeithero heuffich in diese statt kommen, von etlichen inwonern beherbergt und underschleifft werden, den haußarmen zu nachtheil unnd schaden, ist darumb unser herrn vam rhade bevelch, daß alle frembde bettler, so innerhalb sechs oder sieben jaren in diese statt kommen, anstundt und inwendig dreyen tagen nach dato diß sich uß der statt hinweg machen uff straff, wer darnach befunden, das derselbig durch die dienere ußgedrieben werden solle ...«. Wer Bettler beherbergt, soll mit 10 Gulden (40 Mark) Strafe belegt werden.[71] 1608 wurde der Betrag auf 6 Goldgulden (90 Mark) erhöht, da die »frembde außwendige starcke bettler, muessiggänger, landstreicher, gartengengler und maulenstoesser so dann auch leprosen und krancken ohne underschiedt, vorigen vielfeltigen ordnungen, edicten und bevelchen zu wider sich je lenger je mehr in diese statt hier eintringen, auch von bürgern und einwohnern zu ihren selbst eigenen schaden und beschwernuß gemeiner bürgerschafft auffgenommen und underschleifft werden, welches in einem wolbestellten politischen regiment keins weg zugedulden ...«.[72]

Ein besonderes Interesse an solchem ›Unterschleif‹ hatten natürlich die ärmeren Einwohner. So versteht es sich, daß deren Wohnquartiere in den engen, mitunter übel beleumdeten Gassen von den sonst nicht wohl gelittenen Bettlern bevorzugt aufgesucht wurden. So wohnt Jenne Hůre, gebürtig aus Doornik, bei einem Mann mit einem »holtzenbain«, wo auch andere sind, die morgens »auß pitten gaen« und abends wieder zum Schlafen kommen. Verheiratet ist sie mit dem Borratmacher (Borrat = eine Art Halbseide) Thomas Bůsinir, der jedoch seinen Beruf nicht ausübt, »dan ob ehr woll ein man von 26 jahren, so sei ehr doch also geschaffen, daß wan ehr einen tagh gearbeitet, zwei tagh darnach kranck sei«. Daß man sie des Gelddiebstahls bezichtigt, erklärt sie mit der Fremdenfeindlichkeit in Köln: »man wiste woll, wie man den wälen geneigt were«.[73]

In manchen Straßen entstand auch ein regelrechtes Herbergswesen für solche Gäste, indem einige Wirte einfache Kammern oder Schlafstellen – ebenfalls gegen tägliche Bezahlung – an sie vermieteten und mit Ausnahme vielleicht eines Bechers Bier keinen weiteren Verzehr forderten. Typische Bettlerherbergen waren das Schwendtgen hinter dem Heumarkt, der Bouck in der Salzgasse, der trotz aller Ratsbeschlüsse seinen Charakter zwischen 1585 und 1595 unverändert behielt, der Lorentz und der Rode Lewe auf dem Brand; die meisten befanden sich auf der Schmierstraße: das Huedgen, der Engel, das Roide Creutz, das Schiff, die Zwei Kanten, der Puitz, der Keßel, um nur einige zu nennen[74] (Abb. 6).

Durch wiederholte Hausdurchsuchungen und Kontrollgänge ver-

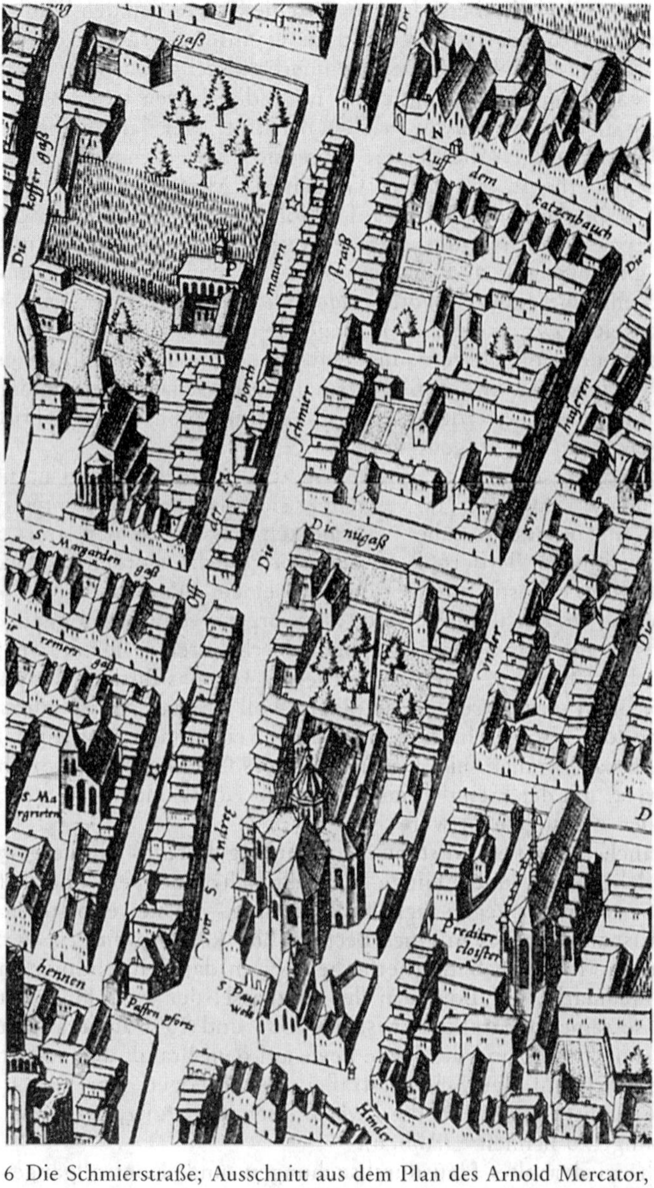

6 Die Schmierstraße; Ausschnitt aus dem Plan des Arnold Mercator, 1571

suchte der Rat seinen Edikten Geltung zu verschaffen: 1551 erging der Befehl, alle verdächtigen Quartiere, besonders die auf der Schmierstraße, zu kontrollieren.[75] In einem Beschluß vom 2. Januar 1570 stellte der Rat fest, daß sich in etlichen Herbergen viel ›loses Gesindel‹ von Bettlern und »mulenstossern« aufhielt und befahl den Gewaltmeistern, den verdächtigen Wirten die Aufnahme solcher Leute schärfstens zu verbieten. Im Übertretungsfall sollten sie für jede Person 2 Taler zahlen, zudem werde man ihnen ohne Gnade die »duppen und kessel« beschlagnahmen.[76] 1583 gab der Rat Anordnung, die Bettlerherbergen zwei bis dreimal wöchentlich zu ›visitieren‹,[77] und am 30. August 1600 wies er zum wiederholten Male die Gewaltrichter an, die »muillenstoisser und undugliche leut« aus den Herbergen Unter Sachsenhausen, in der Schmierstraße, auf dem Brand, auf der Ehrenstraße und sonst in der Stadt fortzuschaffen und die Wirte, die solch »gesindtlin« aufnehmen, zu bestrafen.[78] Die Bettler, deren man bei den wiederholten Razzien habhaft werden konnte, kamen meist auf den Turm in Haft. Am 2. Dezember 1578 z. B. wurden fünf, die anläßlich einer solchen »visitation« gefangen worden waren, verhört: Peter von Bobbart, anders genannt Hanssen Peter, ein kleiner Junge, der in Köln »sein grindigh und plackigh haupt« hatte heilen lassen, Paulus von Wallersheim (Walmershem) bei Prüm in der Eifel, ebenfalls noch ein Kind, und Wilhelm von Schlebusch, »so einen grindigen plackigen kopff gehapt«, hatten im Haus von Morgen Schweiß unterkommen können; hier verbrachten sie die Nächte, während sie tagsüber bettelten, Gelegenheitsarbeit am Rhein verrichteten oder Wasser und Holz in die Häuser trugen. Quirin von Salm, ein Welscher mit einer lahmen Hand, gab an, vor drei Monaten in Köln eine Witwe geheiratet zu haben; er »ernhere sich beddelens und daß ehr kinder rasselger mache«, die er dann verkaufe. Wo er wohnt, wird nicht genannt. Johan Colon schließlich stammt aus Bergues (Barschuß) bei Dünkirchen. Wegen eines ›Schadens‹ am Bein hatte er etliche Monate in Aachen das Bad – für Arme damals noch kostenlos – aufgesucht, sich dort auch verheiratet und war vor wenigen Tagen nach Köln gekommen, wo ihn eine welsche Frau in der Walengasse aufgenommen hatte.[79]

Im Mai 1585 griffen die städtischen Polizeikräfte in der Herberge zum Bouck auf der Arden bei der Salzgasse drei Bettler auf: Berthram von Deutz, Sohn Johan Stroedeckers gen. der Bouck, wohnhaft zu Mülheim, etwa 17 Jahre alt. Vor einem halben Jahr, so seine Aussage, sei er seinem Vater weggelaufen, »der inen nitt gekleidett . . .; sein vatter hette selbst nitt so vill, daß ehr sich erhalten konnte«; dann Severintgen, Sohn des »Schartzenkremer(s)« (Deckenhändlers) Johan Bilenfeldt und gelernter Nadelmacher: »ehr gähe alhie in der statt umbhero, dräge houltz und bedle auch umb ein stuck broedts«; schließlich Arnoldtt, ca. 16 Jahre alt, Sohn des verstorbenen Johan Schwerdts, gewesenen Boten des Domkapitels. Nach dem Tod des Vaters heiratete seine Mutter einen Schneider und zog mit ihm, der seinen Beruf in Köln nicht ausüben durfte, da er die Amtsgerechtigkeit nicht besaß, nach Deutz. Als Deutz abgebrannt war, ließen sie sich in Münstereifel nieder. Beim Stiefvater lernte Arnoldt zwei Jahre lang das Schneiderhandwerk und als jener »ime kheine nodige kleidere geben, sonder nack und bloeß gehen lassen«, ging er nach Köln, wo er »guetten leuthen« Holz trägt und ansonsten Brot bettelt. Der Wirt im Bouck, Heinrich Essigh von Grevenbroch, ist zugleich Schneider von Beruf. Als Übernachtungsgeld verlangt er von jedem der drei alle Abende 8 Heller, dazu müssen sie ein »helffgen« Bier verzehren. Zu »Gottesdracht« (zweiter Freitag nach Ostern, im genannten Jahr 1585 am 23. April) waren im Haus so viele Leute, daß die Jungen die Nacht mit etlichen »reffdregern« (Korbträgern) in der Stube verbringen mußten. Zum Zeitvertreib brachte ihnen der Wirt zwei »dobbell stein« (Würfel); er spielte selbst mit – wer die meisten Augen warf, sollte von den anderen je einen Heller bekommen – und hatte Spielerglück. Glück hatte er auch beim Rat, der ihn am 16. Mai auf das Rathaus in die Schickungskammer beorderte und ihm ausdrücklich einschärfte, »keine jonge böben, muessighgengere, maulenstuessere und verdechtige personen« zu beherbergen.[80] Auf strenges Vorgehen verzichtete der Rat auch 1573 gegenüber Johan Wyell, Kürschner (peltzer) und Wirt im Schwendtgen hinter dem Heumarkt, welcher »diebff (Diebe), schelm, leckern (Rüpel) und unfladte und quaedte (üble) geselschaft mit herbergh in seinem haus underschlieffet« hatte; aus Gnade ging er straffrei aus.[81]

Andere kamen nicht so ungeschoren davon. 1567 z. B. verbot der Rat den Wirtsleuten zum Huedtgen auf der Schmierstraße, Mauritius Coß von Meschede und seiner Frau, weiterhin offene Herbergen in Köln zu halten. Die Großzügigkeit, mit der sie jedermann aufgenommen hatten, war ihnen zum Verhängnis geworden. Dabei führten sie das Huedtgen als eine Herberge, »da man geine maeltzeit bedurft zu zeheren«. Eine Übernachtung kostete 6 Heller; entsprechend waren die meisten Gäste solche Leute, die der Rat in Köln nicht dulden wollte, z. B. Gotthart von der Neyerkyrchen: Freimütig bekennt er, daß er »gein handtwerck« kann, vielmehr sich mit allerlei Gelegenheitsarbeiten durchschlagen muß; oder Francisca, eine Frau aus der Gegend von

Namur, mit ihrem dreijährigen Kind, deren Mann, Simon de Scharlove, samt einem weiteren Kind von 8 Jahren und etlichen welschen Bettlern auf dem Drachenfels unter einem nicht näher genannten Verdacht gefangen ist; oder Statius van Embden, Bootsgesell, der auf der Rückfahrt von Bergen in Norwegen Schiffbruch erlitt, wobei er seine Habe, 80 »waegen roefischs«, verlor; oder Maria von S. Servaeß: Ihre Eltern kennt sie nicht. Aus Armut ist sie zur Prostituierten geworden, hat dabei ein »gebrech« bekommen, das sie drei Jahre lang in Aachen im Bad vergeblich zu heilen versuchte; also sei sie »eine arme krancke gebrechlich frauwen mensch« und gehe betteln.[82]
Daß es in den Herbergen, wo Bettler, wandernde Handwerksgesellen und fahrendes Volk aus fast allen Landschaften des Reiches zusammenkamen, nicht immer friedlich zuging, belegen etliche Einträge in den Turmbüchern. 1593 z. B. wurden gleich sechs Personen verhaftet, weil sie sich im Bierhaus zum Keßell auf der Schmierstraße, ›wie leichtfertiges Gesindel zu tun pflegt‹, geprügelt hatten: Mattheiß Sedeler von Dun, Steinmetz oder Wegmacher, ein starker fauler Bettler, Thonieß Hohehuidt, Kesselflicker, Salomon Schoenfelder aus Österreich, ein »studiosus«, Hanß von Velthausen, Quacksalber aus der Grafschaft Bentheim, Jacob von Velbert, ein Reffträger und Jacob von Andtwerpen, Borattmacher.[83]
Eine besondere Anziehungskraft auf Bettler und Obdachlose übten die beiden Kölner Fremdenhospitäler zum Ipperwald und St. Johann Baptist aus. Sie waren nie reine Pilgerherbergen gewesen, sondern hatten daneben, soweit sich verfolgen läßt, immer auch Fremden aller Art – wandernden Handwerksgesellen, Schülern und Studenten, ar-

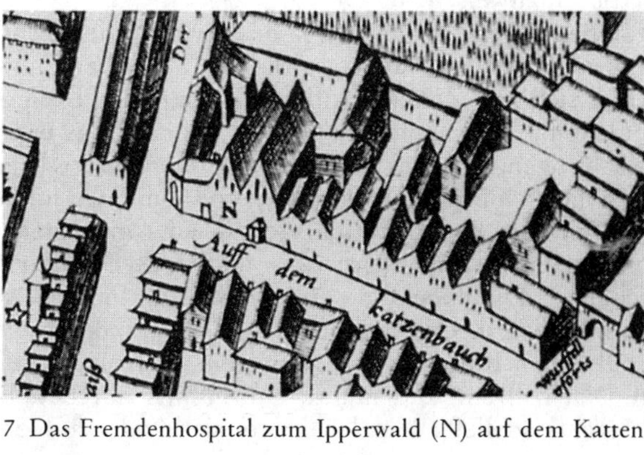

7 Das Fremdenhospital zum Ipperwald (N) auf dem Kattenbug

men Reisenden, Landsknechten – Obdach gewährt. Unter diesen befanden sich, und zwar seit der zweiten Hälfte des 16. Jahrhunderts mit offensichtlich zunehmender Tendenz, auch solche Personen, die nach Ansicht der städtischen Obrigkeit nicht würdig und berechtigt waren, die Leistungen der Hospitäler in Anspruch zu nehmen. Die Ratsprotokolle dieser Zeit spiegeln das Bemühen wider, die »frembde mulenstoisser«,[84] losen Gesellen und Buben,[85] die ›starken Buben‹, Müßiggänger, fremden Soldaten und dergleichen »gesindt«[86] von dort fort zu schaffen. Auch hier wurden immer wieder Kontrollen angeordnet und die Hospitalsmeister ermahnt, die starken Bettler und Müßiggänger abzuweisen – alles ohne dauernden Erfolg. Als 1611 anläßlich der Rechnungsprüfung die Verhältnisse im Hospital St. Johann Baptist genauer unter die Lupe genommen wurden, stellte man fest, daß sich dort »allerhandt gesindt« eingenistet habe, und »wenn sie daselbst drey tag verplieben, alßdan nach dem Iperwaldt, folgents in andere hospitale ziehen und solchen umbgangh halten, ja unordentlicher weiß mans- und weibspersonen beieinander ligen sollen«. Der Rat beauftragte daraufhin die Herrn Lizentiaten Oyenn und Wickede mit der Überprüfung der Hospitalsfundation und der Suche nach Möglichkeiten, wie man sich von der Last des »losen bettelgesindtlins und onordentlich wesens« befreien könne.[87]

Anläßlich der Ausweisung eines luxemburgischen Schneidergesellen, Johans von Steden, den man im ›Loch‹, wo eine Soldatenfrau solch »gesindlein« beherbergte, beim Bier aufgegriffen hatte, stellte der Rat 1612 fest, daß »solche gesellen bey tag bettelen, spielen, mußig gehen und uber nacht in die hospitalen sich begeben«, und gab Befehl, diese bisweilen mit den Klocken zu ›visitieren‹ und die Müßiggänger und starken Bettler abzuweisen.[88]

Zu solchem Bettlergesindel gehört z. B. Mery Pontier, gebürtig aus der Gegend von Paris, ein junger starker Bettler; über Cambrai und Lüttich, wo er sich eine Zeitlang aufhielt, kam er nach Köln. Hier findet er im Hospital Aufnahme. Als ihn die Klocken das erstemal zur Stadt hinausbringen, wendet er sich nach Bonn. Dort begegnet er zweien, die angeblich aus Italien kommen und ihm raten umzukehren, sonst würden ihn die Bauern totschlagen. Wieder in Köln wird er zu Turm gebracht und als »maulenstoßer« und starker Bettler abermals hinausgeschafft.[89] Die Familie des 19jährigen Quirin von Osterradt[90] wohnte ursprünglich in Osterath bei Neuß. Als das »kriegswesen« ihren wirtschaftlichen Ruin bewirkte, zog sie nach Köln, wo die Eltern verstarben. Nach ihrem Tod mußte Quirin sich mit Betteln durchschlagen. Nachts schlief er in den Hospitälern oder auf der Gasse.

Jetzt gehört er zu einer Bande verwahrloster Jugendlicher und lebt von Bettelei und Diebstahl.[91] Heinrich Geretz, gebürtig aus Tienen (Tirlemont), arbeitete zuletzt als Leinenweber in Haarlem. Kurz vor Weihnachten des Jahres 1612 kam er nach Köln, »umb zu arbeiten«. Die drei ersten Nächte schlief er im Hospital zum Ipperwald auf der Schmierstraße, hatte »des tags aber gutte leute angesprochen«. Als er krank wurde, kam er ins Hospital zur Weiten Tür bei St. Catharinen. Zu Neujahr entlassen, begab er sich wieder in den Ipperwald, »da sie gestern (am 6. Januar) durch den profas neben andern armen ausgetrieben«. Bei ihm ist Jacob Huppertz, ein Bootsgeselle aus Rotterdam, dessen Schiff Anfang November des vergangenen Jahres, wie er angibt, untergegangen war, so daß ihm kein Lohn ausgezahlt wurde, »und eß ohn das wynter tagh gewest, das ehr nichtz verdienen konnen«. So war er in Antwerpen betteln gegangen und dann nach Maastricht gezogen, wo Heinrich Geretz im Hospital zu ihm stieß. Beide werden am 7. Januar als »meulenstoißer und mußighgenger« zur Stadt hinausgeführt.[92]

6. Verachtete Gassen

In vielen Städten hat die Existenz von Bettlern in topographischen Benennungen ihre Spuren hinterlassen. Bettlerstraßen und -gassen gibt es allenthalben, so in Speyer z. B. noch heute die »Kleine Gailergasse«. Eine Straße in Wemding im schwäbischen Ries heißt bis in die Gegenwart »Bettelmanns Umkehr«. Die Hildesheimer Neustadt hatte im Spätmittelalter eine »Bedelerstraße« (platea petitorum, platea, que bedeler strate dicitur).[93] In Frankfurt gab es eine Gilergasse.[94] Hinter diesem Phänomen steht einmal ein gewisses Verhalten auf Seiten der Bettler, daß sie Straßen mit geeigneten Wirtshäusern, vielleicht auch Verstecken, vor allem aber billigen Unterkünften als Aufenthaltsort bevorzugten (Slumbildung), auf der anderen Seite aber auch ein Bestreben der Obrigkeit, das unliebsame Gesindel auf bestimmte Bereiche in der Stadt abzudrängen (Ghettobildung). So beantwortete der Frankfurter Rat Ende des 15. Jahrhunderts verschiedentliche Versuche der Bettler, durch den Bau von Hütten auf dem Liebfrauenberg dauernd ansässig zu werden, mit einem Verbot und befahl, »die beteler uff unser lieben frauwen berg hinfuro kein hutten zu machen gestatten, sonder sie inn die Gijlergassen driben«.[95]

In Quedlinburg ließen sich seit dem Ende des 16. Jahrhunderts kleine

Handwerker, Musikanten und fahrende Leute in den Trümmern des während der Reformation untergegangenen Benediktinerinnenklosters auf dem Münzenberg nieder. Noch um 1970 war die Mundart der Bewohner dieses Viertels ein Gemisch aus Quedlinburger Platt und einer Art Rotwelsch aus den Tagen, als sie als Prager (von Pracher = Bettler) Musikanten durch das Land zogen.[96]

Eine Ansiedlung ganz besonderer Art bestand in Basel. Hier hausten die fremden Bettler zusammen mit Gaunern, Frauenwirten, Dirnen und Zuhältern, Gauklern, Spielleuten, fahrenden und ›unehrlichen‹ Leuten aller Art sowie dem ständig hier ansässigen Totengräber und Scharfrichter auf dem Kohlenberg; drei Tage lang durften sie beherbergt werden. Ihre Bettelerlaubnis bekamen sie für den gleichen Zeitraum vom Reichsvogt, der dafür einen Anteil des Erbettelten erhielt und, falls ein Bettler starb, seine Hinterlassenschaft erbte. Für die Bewohner des Kohlenbergs gab es ein eigenes Bettlergericht, das unter dem Vorsitz des Vogtes tagte. Die sieben Schöffen, von denen der älteste ›Richter‹, die übrigen ›Urteilssprecher‹ genannt wurden, mußten aus den »Freiharten«, d.h. den dauernd auf dem Kohlenberg Ansässigen genommen werden, da nach germanischer Rechtsauffassung jeder nur von seinesgleichen gerichtet werden sollte. Die älteste Gerichtsordnung stammt aus der Wende vom 14. zum 15. Jahrhundert. Nach dem Prozeßgang war es Brauch, daß der älteste ›Freihart‹ des Schöffenkollegiums, der sogenannte Richter, einen Stab in der Hand trug und den bis zum Knie entblößten rechten Fuß in einen Wasserzuber hielt. Hinter ihm stand der Stadtvogt mit zwei Amtleuten, von denen jeder einen Stab in der Hand hielt. Zu beiden Seiten des Richters saßen auf zwei Bänken je drei der Urteilssprecher, ebenfalls mit entblößtem rechten Unterschenkel. Die Symbolik dieser hochgekrempelten Hosenbeine ist schwer zu deuten; schon Sebastian Brant verstand sie nicht mehr, als er 1494 schrieb: »Zů Basel uff dem Kolenbergk, do triben sie vil bůbenwergk.«[97] Die Verbindung mit dem Wasserzuber beim Richter deutet auf einen rituellen Reinigungsakt, dem die Urteilsfinder unterworfen waren. Im Laufe der Zeit wurde das Verfahren immer mehr zur Farce. Das Gericht tagte aber noch Ende des 16. Jahrhunderts.[98]

In Köln hat es derartige geschlossene Ansiedlungen sehr wahrscheinlich nicht gegeben. Es fehlte an den geeigneten topographischen Voraussetzungen. Nichtsdestoweniger wohnte auch hier das Bettelvolk mit Vorliebe in bestimmten Straßen: Der Name der Thieboldsgasse in der Nähe des Griechenmarktes leitet sich vielleicht von ›Diebsgasse‹ – platea furum – ab; die Schmierstraße (Komödienstraße) hieß im 12.Jahrhundert ›Armenstraße‹ – platea pauperum. Namengebend war vielleicht das an ihr gelegene Hospital St.Andreas, das damals noch kein Pfründnerspital war, sondern in der Form der alten Hospitäler auch als Pilger- und Fremdenherberge diente. Vielleicht gab es hier aber schon immer Quartiere und Herbergen, die den Armen Unterkunft gewährten, wie sie in jüngerer Zeit in großer Zahl nachweisbar sind.[99] Jedenfalls bot die Schmierstraße im 16.Jahrhundert, wo die Quellen in Form der Ratsprotokolle und Turmbücher ein recht genaues Bild entstehen lassen, für Bettler und arme Reisende eine Fülle von Unterkunftsmöglichkeiten. Kein Wunder, daß der Rat gerade diese Straße immer wieder besonders mißtrauisch und aufmerksam »visitieren« ließ: 1523 weist er den Turmmeister an, einen »gyler«, den man dort gefangen hatte, der Stadt zu verweisen;[100] 1563 soll eine Anzahl von »mulenstoessern« aus den Herbergen in der Schmierstraße, die auf dem Turm gefangen sitzen, hinausgeschafft werden.[101] Typisch ist die Aussage eines ehemaligen Trierer Apothekers, Lorentz Weiß, aus dem Jahre 1611, daß er sein erstes Quartier auf jener Straße wieder geräumt habe, weil dort »allerlei lumpengesindt« gewesen sei.[102]

Weitere von solchem »geboeffs« (Bubenvolk) frequentierte Straßen waren Auf dem Alten Graben,[103] die Spielmannsgasse und die Walengasse.[104] Eine Häuserliste aus dem Jahre 1487[105] nennt auf dem Alten Graben im Kirchspiel St. Maria Ablaß 10 oder 12 Häuschen, in denen ›arme Bettler und Pollacken‹, vermutlich in Köln hängengebliebene polnische Viehtreiberknechte, wohnten.[106] Auch in der Nähe des Hafens gab es ein Quartier, wo in etlichen Hütten »die armen mynschen ind die polacken« hausten.[107]

Die Straßen Auf dem Alten Graben (heute Kardinal-Frings-Straße/Eintrachtstraße) und die davon abzweigende Spielmannsgasse (Altengrabengäßchen) standen in besonders üblem Ruf. Hier fand sich die – wie es Hermann Weinsberg in anderem Zusammenhang formuliert – »sclimste, verachtste heffe des gemeinen folks«,[108] hier wohnten Bettler, Prostituierte, schlecht bezahlte Arbeiter und Arbeiterinnen Haus an Haus mit den henkermäßigen Leuten, dem Scharfrichter, dem Schinder und ihren Gesellen, mit Kloakenreinigern und zwielichtigen Gestalten, die in den ›besseren‹ Wohngegenden nicht geduldet wurden.[109]

Wenn der Eindruck nicht täuscht, kamen die Bewohner besonders häufig mit dem Gesetz in Konflikt. Einige, die anläßlich gerichtlicher Nachforschungen in Untersuchungshaft waren, werden in den Turmbüchern genannt: z. B. Zy von Berckh, im Jahre 1611 seit zwei Jahren verheiratet mit dem gelernten Bombasinmacher Aleff von Schwellem, der nur »knechtz weiß« arbeitet; dieser »bestello iro ... nicht viell ihns haus, sonder sie muße ire (und ihrer zwei Kinder) cost saurlich mitt weschen und schuiren (als Wasch- und Putzfrau) verdienen«; als sie ihren Mann im Bierhaus zur Mullen mit der ›leichtfertigen Person‹ Mergh Krempenmachers an einem Tisch antrifft, kann sie nicht an sich halten und beschimpft jene als Hure. Anderntags kommt es zum Streit, bei dem Aleff mit Mergh über seine Frau herfällt, während Zy mit einem »steckell« zurückschlägt, den sie »auff der gaßen bei einem kindt, so daruff geritten, bekommen« habe.[110]

In der Spielmannsgasse auf dem Alten Graben wohnt im gleichen Jahr Heinrich von St. Gereonswyler; seinen Lebensunterhalt verdient er als Knochensammler: Er »gehe ihn der stadt auff den gaßen herumb und samble bain«.[111] Wegen des Singens unzüchtiger Lieder und Schlägerei werden im April 1611 drei junge Männer zu Wasser und Brot verurteilt: Jan van Coln genannt Schel Janmentgen, Holzträger und Gelegenheitsarbeiter, Arnold Klein, Fuhr- oder Pferdeknecht, und Graff Jan, Karrenschieber und Gelegenheitsarbeiter. Im Juli des folgenden Jahres wird Clara von Hittorp aus der Stadt ausgewiesen. Auch sie wohnt auf dem Alten Graben, spinnt Baumwolle und verkauft Gemüse. Ein Fuhrknecht hatte ihr am Abend Wein spendiert; als sie sich darauf zu nahe kamen, wurden sie von der Kettenwacht erwischt.[112]

Im Monat darauf muß Hans Jurgen von Reß bei Wasser und Brot sitzen. Von Beruf ›treibt er die Pferde‹, vermutlich die Zugpferde bei den Treidelkähnen auf dem Rhein. Davor war er mit einem Blinden gegangen und hatte ihm das »gepack« getragen. Sein Vater war Weingartenarbeiter und Bettler. Hans ist verheiratet, seine Frau hochschwanger. Die Schwiegereltern wohnen ebenfalls auf dem Alten Graben. Mit ihnen kommt es zum Streit. Sie beschimpfen ihn als ›Schelm und Dieb‹, schlagen seine Frau, er wehrt sich und bewirft sie mit einem alten »duppen«.[113] Solche Szenen gehörten zum Milieu. Eva Sydtspinnersche, in zweiter Ehe mit dem Bombasinmacher Herman von der Sultz verheiratet, wohnt in der Walengasse bei den Weißenfrauen und hält Äpfel und Gemüse auf dem Markt feil. Als sie am 5. September 1613 auf dem Turm verhört wird, sind die Spuren der jüngsten Prügelei noch sichtbar: Kratzwunden auf den Händen und im Gesicht. Ihr Mann, so erzählt sie, komme alle Abende betrunken nach Hause. Wenn sie etwas dagegen sage, fange er an zu »buldern« und sie zu schlagen; so sei es auch am vergangenen Montag gewesen. Er habe sie aus dem Dunkeln mit Steinen beworfen und am anderen Morgen zerkratzt und solange auf sie eingeschlagen, wie er wollte.[114]

Durchweg sind es erschreckende Verhältnisse, die in den Protokollen sichtbar werden, und es sind immer wieder dieselben Elendsquartiere, die genannt werden; gleich mehrere von ihnen hat Dilgen, gebürtig aus Niederkassel, kennengelernt. Seit etwa drei Jahren lebt sie in Köln. Anfangs schlief sie, wie sie sagt, auf dem Eigelstein in einer Scheune, dann für ca. ein Jahr auf der Schmierstraße und der Breite Straße in den Hospitälern, ein halbes Jahr lang bei einer Frau namens Grete auf dem Alten Graben, bisweilen auch auf der Schmierstraße im Engel oder im Schiffgen, an der Ehrenpforte am Wall im Blinden Hoff in der Scheune oder bei Moen Ennen in der Thieboldsgasse, schließlich ca. drei Wochen mit anderen Mädchen auf der Severinsstraße bei einer Frau namens Mettel, wo sie kostenlos auf der Erde übernachten durften. Mettel habe aber keine warme Stube gehabt, sondern eine Frau gegenüber, die ihnen manchmal Rüben und warme Speise gekocht habe. Sie seien vier Mädchen gewesen, und auch in den Hospitälern habe es weitere Mädchen gegeben, und »wan sie deß morgens außgangen, were ein jeder seiner straßen langs die duiren gangen und gesehen, daß sei ettwas zu eßen kregen«. Dilgens Eltern waren nicht verheiratet; ihr Vater Iven, ein Pferdeknecht im Stickenhof, war ihrer Mutter Nyß weggelaufen. Erzogen wurden sie von einer Schwester der Mutter, die jedoch längst gestorben ist.[115]

In der zweiten Hälfte des 16. Jahrhunderts werden Versuche von Armen und Bettlern greifbar, in kleinen an der Stadtmauer unter Ausnutzung der Stützpfeiler und Bögen selbst gebauten Buden ansässig zu werden, wobei sie jedoch auf den Widerstand des Rates stießen, der aus militärischen und ordnungspolitischen Gründen diese Siedlungen nicht dulden konnte.[116] 1597 heißt es: »Dweill an der stat mauren verscheidene arme leut under den bagen liggen, soll den klocken befollen werden, die armen erstlich zo warnen, sich von dannen zo begeben, und da sei in wenig tagen nit wichen, alsdan die hutten uber eyn hauffen zo werffen.« Als man zu Beginn des 17. Jahrhunderts erneut befand, daß »die well mit betlers heuseren periculose (d. h. für die Sicherheit der Stadt gefährlich) bebawet werden«, erhielten die Gewaltrichter den Befehl, »alles verdechtiges gebeuwes« abbrechen zu lassen.[117] Immerhin gewährte man etlichen Armen eine Frist von 14 Tagen.[118] Einige Jahre später wurden die Bewohner der an die Stadtmauer und unter den Bögen angebauten »gehuchter« abermals aufgefordert, diese binnen zwei Wochen zu räumen;[119] laut Bericht vom 14. Oktober hatte man mit ihrem Abbruch bereits begonnen.[120]

Mehrfach wurden auch ungenutzte Schiffe am Hafen von »allerhand gesindt« als Quartiere benutzt.[121] 1604 werden die Stigmeister ange-

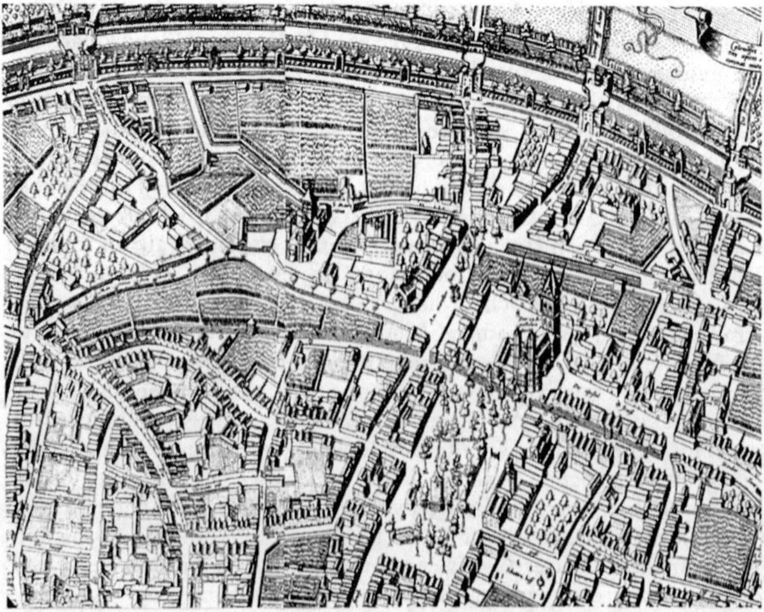

8 Westliches Quartier der Kölner Altstadt mit den Bögen an der Stadtmauer; Ausschnitt aus dem Plan des Arnold Mercator, 1571

wiesen, die »ledige schiff« am Rhein, auf denen sich nur »mussig genger« aufhielten, zu zerschlagen.[122]

7. Die Kunst des Bettelns

Die Bettler waren kein einheitlicher Stand von Armen, sondern in sich wieder erheblich differenziert; insofern ist die Art ihres Erwerbs eher als ein formales Unterscheidungsmerkmal gegenüber anderen – Hausarmen, Hospitalsinsassen – zu betrachten. Als Bettler erscheinen privilegierte, oft mit einem besonderen Empfehlungsschreiben ausgestattete Almosensammler von Klöstern und Hospitälern. Eine Urkunde des Kölner Heilig-Geist-Hospitals vom April 1304 etwa nennt »broder Johan, collector der almůsen ind des offers« des genannten Hauses;[123] vom Bettel lebten Leprose, Schüler und Studenten mit eigenem Bettelprivileg, Beginen und Bettelmönche, Pilger zu heiligen Stätten,

Krüppel und Kranke – die »armen mynschen up der straissen ligen, as mit den pocken, kropelen, lammen ind blynden«[124] – Findelkinder, entlassene Landsknechte und der türkischen Gefangenschaft entkommene Soldaten, Opfer von Kriegen, Hungersnöten und Naturkatastrophen, Arbeitsunfähige, Arbeitsunwillige und Arbeitslose. 1592 schrieb Hermann Weinsberg: Am Dienstag in der Karwoche, dem 24. März, in der Fastenzeit und während des Jahres pflegen die Kirchendiener durch die Kirchspiele zu gehen und fordern, was man ihnen zu Notdurft ihres Unterhaltes freiwillig gibt, »das den geringen dieneren, die ubel berentet sin, auch wol aus geregtigkeit sult gepurren ... Glichfals komen die bitler, monchen und beginen auch wol an die heuser, schellen, kloppen und heischen quatertempergelt, zur mettenkerzen, und wie es dan namen mach haben ... Sunst komen auch vil an die durrn und in die heuser bitlen und heischen, von heimischen und fremden, armen Leuten und moissichgengern, maulenstussern, gutten und boisen, under verscheiden titelen und maneren, wie auch etliche hantwirker, arbeiter und die umb ir croengelt, drin(k)gelt, bottenbroit (komen), und wes dess mancherlei ist.«[125]
Entsprechend differenziert waren die Methoden und Techniken zur Erlangung der Almosen: Während die einen ›gute Leute‹ auf der Straße ansprachen, gingen die anderen von Haus zu Haus, von Tür zu Tür. Standen hier Bettler vor den Kirchen und den Klosterpforten, scheuten sich andere nicht, in den Kirchen selbst während des Gottesdienstes die Besucher anzusprechen. 1571 wurde Greitgen von Overraedt, »beddelersche«, der Stadt verwiesen, weil sie am vergangenen Sonntag zu St. Alban während der Predigt »mit irem ungestumen beddelen sich muedtwillig angestelt«, den städtischen Diener Christian, einen von den vier »clocken«, in der Kirche mit einem »duppen uf seinen kop« geschlagen und verwundet und »alsolch tumult in loco sancto« angerichtet hatte, daß das Volk »verstuirt« wurde und der Geistliche aufhören mußte zu predigen.[126]
1576 verfügte der Rat, »das alle bettler jung und alt vor und buyssen der kirchen almussen bitten unnd mennigklich in der kirchen unversturt lassen sollen; darnach sich auch die burgerschafft mit ußtheilung der almussen zu verhalten habe«.[127] Das Edikt war ebenso nutzlos wie der Artikel 14 der von Erzbischof Heinrich II. schon am 26. Februar 1330 erlassenen Statuten, in denen ausdrücklich verboten wurde, Almosen an die Bettler in der Kirche zu geben.[128] In den Kirchen, auf den Gassen und vor den Türen geht Bernth von Eschs seinem einzigen ›Gewerbe‹, dem Bettel nach, »unnd wann hie ehr von guetten leuthen so vill bekhomen und versamlet, daß ehr ein helffgen

9 Verschiedene Arten der Kunst des Bettelns (Hieronymus Bosch)

oder pintgen weinß hette, so gahe ehr in ein weinhaus abenths unnd verdrinke solchs«.[129]
Andreis Heinrichs, gelernter Schlosser, gebürtig aus Höchst (Hoisten) bei Frankfurt, wo sein Vater Hospitalsmeister war, der es gar nicht liebt, wenn die Leute ihn einen »starcken faulich« schelten, gesteht 1611 beim Verhör freimütig ein, in der Kirche gebettelt zu haben; die nämlich, »die fur der kirchen stehen, konnen ime nicht helffen, dan die selbst nicht hetten«. Wenn die Leute ihm nichts geben wollten, soll er sie beschimpft haben, »so thutt ihr paffen knechte, wir pflagen hie woll ettwas zu bekommen; dweill ihr aber die Geusen (Protestanten) außtreibt und wollet uns auch selbst nicht geben, so wirdt euch noch der teuffell mitt einander holen«.[130]
Den Findelkindern war an der Südseite des Domes am »Fündlingsthor« ein Platz zugewiesen, wo sie, sobald sie alt genug dazu waren, für ihren Unterhalt bettelten.[131]
In seinem Testament vom 5. Mai 1500 vermachte Dr. Peter Rynck dem Heilig-Geist-Haus und dem Hospital zur Weiten Tür ein Kapital von umgerechnet 4300 Mark zur treuhänderischen Verwaltung, um es für Kleidung und Ernährung der »armen fundelings, im doyme plegen sitzen as verworpen und ungeachte kinder«, zu verwenden.[132] Sie waren dort nicht allein, denn am Dom hatten auch die Blinden einen Platz, wo sie offensichtlich um Almosen baten. So verzeichnen die

10 Bettler und Kranke vor einer Kirche

Rechnungen des Hospitals St. Revilien Anfang Mai 1484 eine Ausgabe von zwei Schillingen »den blynden vur dem doem«.[133]

Die Blinden waren unter den Kölner Bettlern – beim derzeitigen Stand des Wissens – die einzige Gruppe, die einen engeren Zusammenschluß unter einem ›König‹ gefunden hatte. Wie weit ein Vergleich mit den rheinischen Pfeifferkönigen, den französischen Bettlerkönigen[134] möglich ist, muß offen bleiben. Die Quellen selbst bieten überhaupt nur einen trockenen Hinweis: Am 7. Februar 1589 gab der Jesuitenpater Franciscus im Gebürhaus auf dem Altermarkt ein Essen für eine große Anzahl Armer. Schon seit etwa zwei Jahren kümmerte er sich um die armen Leute, »lamen, blinden, kranken, so vor den kirchen und uff den gassen saissen und lagen«, unterrichtete sie im Glaubensbekenntnis, dem Vaterunser, den Zehn Geboten und anderen Dingen und gab ihnen Almosen, die er von reichen Leuten zu diesem Zweck bekommen hatte. Bei dem genannten Essen wurden den Armen Gekochtes und Gebratenes, Wein und Bier gereicht; anschließend veranstalteten sie dafür auf dem Altermarkt einen Dankumzug.[135] Als Teilnehmer nennt ein Eintrag in den Ratsprotokollen vom 10. Februar über 60 Personen, darunter 18 Priester, dann arme Jungen, kleine Kinder, Bettler sowie die »blinden mith irem khunig«.[136]

Eine besondere, ebenfalls durchaus nicht homogene Gruppe waren die Berufsbettler, diejenigen also, die den Erwerb ihres Lebensunterhaltes unter Entwicklung spezifischer, nicht selten betrügerischer Heischetechniken professionell betrieben. Solche Bettelpraktiken mußten gelernt werden; wer sie am besten beherrschte, konnte am ehesten von der Mildtätigkeit der Wohlhabenden profitieren. Was Geiler von Kaisersberg in der »Christlich Bilgerschafft zum ewigen Vatterland« über den Typ des ›Pilgerbettlers‹ schreibt, gilt in ähnlicher Weise für alle, die sich dem Bettel verschrieben hatten: »so der Pilger also nichts mehr hat, so geht er in die großen Städte, da etwann barmherzige Leute sind. Da bettelt er von einer Gasse zu der andern, bis er wieder etwas uberkommt, daß er seine Fahrt vollenden möge. Er lugt, daß ihm ein Zeichen werde oder daß man ihm erlaube, daß er da betteln möge, und so man ihm drei Tage erlaubt, so schlägt er vier dazu, daß ihrer sieben werden und dann gesellt er sich zu einem weisen Bettler, der wohl betteln kann, so daß, wohin er kommt, man ihn nicht abweist. Der weiß dann die Gassen wo er betteln soll; in der Gasse gibt man am Sonntag Hälblinge, in der am Montag Muß, und also für und für, weiß er in einer jeden Gasse, was man auf jeden Tag giebt...«.[137]

Ein typischer ›Pilgerbettler‹ wurde am 11. November 1569 auf dem

Wir Jacobs brůder mit grossem hauffen
Im Land sind hin vnd her gelauffen/
Von Sanct Jacob/Ach vnd gen Rom
Singen vnd bettlen one schom/
Gleich anderen presthafften armen/
Offt thut vns der Bettel Stab erwarmen
In Händen/alsdenn wir es treibn
Vnser lebtag faul Bettler bleibn.

11 Die Jakobsbrüder (Jost Amman)

Turm verhört: Ewaldt Faber, geboren zu Niederhochstadt (Nederlostet) zwischen Landau und Speyer. Sein Vater soll ein Johanniter gewesen sein, wie man ihm berichtet habe, und folglich geschehe ihm »nit gleiche van den freunden«. Anfänglich habe er als Küchenjunge gedient und kochen gelernt; danach sei er nach St. Jakob (Santiago de Compostela) »als ein pilgrum« gezogen, habe »gebeddelt und uf den straessen gesongen«, auch sich »vur einen predicanten uff den gassen außgeben, den unnutzen umblauffenden leuthen uf den gemeinen straessen gepredight und sich alß einen schalcks narren ansehen und myrcken laissen, und ledigh ohn einiche narungh durch dhie lande zehendt«, dabei vorgebend, »alß daß ehr einen offer ghen Achen dragen und offeren sollen«. Ewaldt wurde ›eine kleine Zeit‹ gefangen gehalten und anschließend mit dem Bescheid entlassen, daß der Rat solche »unnutze muessiggenger, ledige bedler, so starck unnd gesondt von leib sien, und straesse predicanten alhie in Colln nit gedulden noch liden« wolle.[138]
List und Betrug mußten mitunter herhalten, um das so nötige Almosen zu erlangen: Am 23. Juni 1571 etwa wird Adelheit von Erckelentz, wohnhaft in der Brinkgasse (Prinkgassen), Ehefrau des Salzträgers Merten Schauffs, der mit ihr nicht zusammenleben will, als »unnutze trippe« und verdächtige Frau mit den Dienern und vier »glocken« in ihren langen Röcken und Ratskleidung zur Stadt hinausgebracht und auf ewig verwiesen, da sie in Köln mit kaum einem Frieden halten könne, »und das sey ledig gähe, sich allein beddelens ernhere unnd uf krancke leuthe bey reichen hern unnd burgeren sich vielmahels falschlich, whie glaublich angeben worden, bezehe und lecker essen und drincken den armen leuthen vurenthaltte«, weiter, daß sie sich täglich betrinke, schändlich daherrede, gute ›fromme‹ Leute und Bürger »ärgere« und nicht zuletzt von vielen der »zauberey« beschuldigt sei; sie wird, da sie zurückkommt, am 27. August dem Greven geliefert, am 10. Oktober an den Kax gestellt und erneut ausgewiesen, bei Strafe, daß man ihr die Ohren abschneiden werde, wenn sie noch einmal angetroffen würde.[139]
Manche schämten sich, offen zu betteln, und versuchten sich als Sänger, wie Ambrosius von Antorpff (Antwerpen), gelernter Seidenarbeiter, und der Sänger Michael Kremer aus Antwerpen, die erst in Wesel, dann in Köln auf den Märkten, an den gemeinen Herbergen oder vor offenen Weinhäusern und wo sonst sich die Leute versammeln, geistliche und weltliche Lieder, darunter auch die ›von der Historien, was zu Antorpf geschehen‹ singen und »sanck brieffe« verkaufen. Hans von Iperen, der seit Pfingsten 1566 im Weyssen Creutz auf dem Brand

12 Wandernder Musikant mit Drehleier, dessen Frau zur Musik singt

logiert, Salbe, Rattenkraut, Fleckenwasser, ›Stein von Altomei‹ (evtl. aus der Höhle von Altamira) und andere »lorey« verkauft, hilft ihnen dabei.[140]

1601 ließ der Rat einen »landtstricher«, der an verschiedenen Plätzen der Stadt ein ›lügenhaftes Lied‹ gesungen hatte, samt seiner Frau auf den Turm bringen. Beide wurden dazu verurteilt, »das innen die unrichtige leder uff die brust gepapt«, und sie am kommenden Freitag

13 Bettler an der Haustür (rechts) und Bettlerfamilie auf dem Markt

auf dem Altermarkt »uff den kaxs gesatzt« und danach der Stadt verwiesen werden sollten.[141]

Einige Jahre später kam dem Rat zu Gehör, daß einer »uffm esell uber die gaßen« hin und wieder reite und singe. Auch er wurde gefangen gesetzt und verhört. Am 11. November 1605 wurde beschlossen, Herman Schildt den Lahmen, der mit einem Esel in der Stadt herumreitet und Almosen sammelt, samt allem losen Gesindel, Bettlern und Sängern durch die Gewaltrichter aus der Stadt zu schaffen.[142]

Eines uralten Tricks bedient sich Fychen Mullers aus Dortmund, Ehefrau des Posamentwerkers Johan Muller in der Thieboldsgasse, der seit drei Jahren in Köln wohnt und auf der Leinenweber-Gaffel vereidet ist. 1599, beim Verhör, bekennt sie unter anderem, daß sie sich etwas auf den Bauch gebunden habe und »armutz halber simuliert, alß wenn sie schwanger were, welches doch in wahrheitt nitt also, hett daß darumb gethan, damitt sie mittleiden bei andern gutten leuten erwecken mogte, weil sie schuldig gewest (Schulden habe) und nitt zu betzalen gehatt«.[143]

Gegen die Berufsbettler und ihre unlauteren Praktiken wandte sich dann auch vornehmlich die seit dem 15. Jahrhundert aufblühende Gauner- und Bettlerliteratur. Ihren Anfang bilden amtliche Notizen und glossarartige Aufzeichnungen, die den städtischen Behörden zur

Bekämpfung des betrügerischen Bettels und des Gaunertums dienen sollten, so das Verzeichnis im Augsburger Achtbuch von 1342–1343, das des Breslauer Kanzlers Dietmar von Meckbach um 1350, oder das wohl zu Beginn des 15. Jahrhunderts entstandene Gaunerbüchlein »Der gyleren ufsätz, damitte si der welte ir gelt abertriegent«, das nur noch in jüngeren Baseler Abschriften unter dem Titel »Dis ist die betrugnisse, damitte die giler und die blinden umbegand, und besunder von allen narungen, wie sy die nemment, damitt sie sich begant« erhalten ist.[144]

Ziel dieser Literatur war es, durch die Darstellung der betrügerischen Methoden und Techniken der ›falschen‹ Bettler kritiklose Spender von Almosen vor diesem Personenkreis zu warnen. Das älteste derartige Beispiel findet sich in dem um 1420 entstandenen alemannischen Lehrgedicht »Des Teufels Netz«, worin der Teufel schildert, wie er in seinem Netz Vertreter aller Stände fängt, darunter auch bestimmte Gruppen der »weltlichen Bettler«, nämlich gesunde Leute, die durch liederlichen Lebenswandel und Faulheit verarmt und zu Bettlern abgesunken seien, aus welcher Lage sie sich nicht mehr befreien könnten und wollten. Um leichter das Almosen zu erlangen, greifen sie zu den verschiedensten Praktiken:

»...
Sy kunnen sich machen krumppffen und gel
Und suß vil ander lekry:
...
Sy gand krum und lam uf stras
Und tragend das aller boͤst haͤs,
Und sind doch mugend und frech
...
Sy kunnend sich wol übel gehaben
Mit anchtzen, schrigen und schaben
Vor den kilchen zittren und wainen,
Das man in allen muos gen.
Sy kunnend in groß bain machen
Das in das haͤs in die schinbain ist bachen,
Und sich iamerlichen biegen
Mit den kinden und den wiegen:
Mit sechs kinden die er vor im hat
Von morgen biß es wirt spat,
Der kum zwai sin sind.
So kan sich menger machen blind,
Er gesicht bas denn ainr der für in gat.
...«

Mit dem erbettelten Gut können sie sich einen aufwendigen Lebensstil leisten:

»Sy tribend so gros uppkait,
Das got billich is laid,
Mit wiben, eßen und trinken.«

Ja sie können sogar Vermögen ansammeln:

»Mänger treit haͤs ains hallers werd,
Und des hailigen almůsens begert,
Der mer pfenning by im hat
Denn diser der im das almůsen lat.«[145]

Ähnliche Vorwürfe finden sich wieder in Sebastian Brants »Narrenschiff«, einem Literaturwerk von selten durchschlagendem Erfolg und nachhaltiger Wirkung:[146]

»...
Mancher důt baͤttlen by den joren
So er wol wercken moͤht und kundt
Und er / jung / starck ist / und gesundt
...
Sin Kynd die muͤssent jung dar an
On underloß zům baͤttel gan
Und leren wol das baͤttel gschrey
Und braͤch jnn ee eyn arm entzwey
...
Der lehnet andern jr kynder ab
Das er eyn grossen huffen hab
...
Dann baͤttlen das důt nyeman we
On dem / der es zů nott můß triben
Sunst ist gar gůt eyn baͤttler bliben
Dann baͤttlen des verdürbt man nit
...
Vil neren uß dem baͤttel sich
Die me geltts hant / dann du und ich.«[147]

Das (historisch) bedeutendste Werk dieser Gaunerliteratur ist der »Liber vagatorum. Der Betler orden« (1510) des Pforzheimer Hospitalsmeisters Mathias Hütlin.[148] Im ersten Teil dieser Schrift stellt der Verfasser 28 verschiedene Bettler- und Gaunertypen vor, im zweiten behandelt er zusammenfassend noch einmal die wichtigsten Betrugsmethoden, denen er im dritten Teil schließlich ein rotwelsch-deutsches Wörterverzeichnis folgen läßt. Dabei geht es ihm nicht um die pauschale Verurteilung des Bettelwesens, sondern um die Enttarnung der-

14 Bettlerfamilie auf dem Weg zur Stadt

jenigen Bettler, bei denen das Almosen entsprechend der mittelalterlichen Almosenlehre, wonach Austeilung und Empfang von Spenden nur im Falle einer echten Notlage gerechtfertigt seien, nicht »wol angeleit« sei, weshalb es ihnen unbedingt verweigert werden müsse. In der Verbindung von Informationen über die Betrügereien der falschen Bettler und Ratschlägen an den Leser erweist sich der Liber Vagatorum als »Anleitung und Orientierungshilfe zu mildtätigem Tun wie (als) kriminalistisches Fahndungsmittel«.[149]
Im Grunde genommen kann diese Literatur, die textgeschichtlich meistens in eine mehr oder weniger enge Beziehung zu dem oben genannten Baseler Gaunerbüchlein gebracht und bezüglich ihres geographischen Entstehungsgebietes vor allem auf den oberdeutschen Raum zwischen Straßburg und Basel lokalisiert werden kann, nur im Zusammenhang mit der teils gleichzeitig, teils nur wenige Jahre später einsetzenden Reformliteratur und Armengesetzgebung gesehen werden, die sich aus theologischen und ordnungspolitischen Beweggründen gegen das Bettlerwesen überhaupt oder das Betteln seitens gesunder, arbeitsfähiger Personen sowie gegen die traditionelle Praxis der Almosenvergabe wenden.
Allen dreien, den literarischen Produkten, den theologisch-philosophischen Schriften wie den Armenordnungen ist gemein, daß sie, von Ausnahmen abgesehen, bei den Bettlern zwei Kategorien unterscheiden: rechtmäßige und ›falsche‹, wobei die Ursache für die Bettelei der letzteren in persönlichem Verschulden oder dem bewußten Streben nach Müßiggang gesehen wird: »Liederliche und rechte fulkeit / Tůt den lüten vil ze laid / Und bringt si zů armůt« heißt es in »Des Teufels Netz« um 1420.[150] »Von Arbeyt un Betteln wie man solle der faulheyt vorkommen und yederman zu arbeyt ziehen« lautet der Titel der Altenburger Ordnung Wenceslaus Lincks von 1523.[151] Zu Neujahr 1585 dichtete Hermann Weinsberg: »Ein fauler, drunckner arbeitzman / wirt nimmer rich, muss bidlen gain.«[152]
Nicht gesprochen wird von den möglichen wirtschaftlichen und sozialen Mechanismen, die zur Verarmung und in ihrem Gefolge zum Bettel als Selbsthilfemaßnahme der Betroffenen führen können, desgleichen auch nicht davon, ob überhaupt ausreichende Arbeitsmöglichkeiten vorhanden sind, die einen Verdienst über dem Existenzminimum und ein in Relation zu dem zu leistenden Arbeitsaufwand lohnendes Einkommen garantieren. Die genannten Quellen dokumentieren so bei kritischer Betrachtung vor allem den Entstehungsprozeß von Vorurteilen gegenüber dem genannten Personenkreis, wie sie letztlich bis in die Gegenwart fortleben.

Eine Alternative in Form von Arbeitsbeschaffungsmaßnahmen, wie sie z. B. in Straßburg gezielt angeordnet wurden, um die »jungen vermöglichen mannspersonen ... von müssiggang und unzucht abzuhalten«,[153] wurde in Köln kaum geboten; kam es doch einmal dazu, dann dienten sie vor allem dem Zweck, einen kurzfristigen Mangel an billigen Arbeitskräften zu beheben und weniger sozialpolitischen Bestrebungen zur Linderung der Not: Am 26. April 1514 ließ der Rat den Gewaltrichtern und ihren Dienern befehlen, etliche von den »mů̊ylenstoessern« dazu zu bestellen, den »boum mit dem raide« aufzurichten – eventuell ging es dabei um eine Hinrichtung.[154]

1529 erhielten Turmmeister und Gewaltrichter den Auftrag, mit dem Herrn von Eppstein zu sprechen, damit der Dom geschlossen werde und man die Bettler, derer man habhaft werden könne, gefangennehme; das gleiche solle zu St. Johann und an den Toren geschehen, um, wen man ergreife, »in der stadt dienst und werck mit erde zo dragen und anders zo stellen«.[155]

Erst als während der Teuerung zu Beginn der 70er Jahre der Andrang fremder Bettler übermäßig zunahm, folgte die nächste Initiative: Etliche »mulenstösser« sollten ans Werk zu St. Severin gebracht werden, um dort Steine und Erde zu tragen, wobei einem jeden der Hungerlohn von 3 Albus zugebilligt wurde.[156]

1610 schließlich befahl der Rat den »provasen«, alle starken Bettler, Männer und Frauen, zur Arbeit an den Bott (Teil der Festungswerke) oder zur Stadt hinaus zu weisen.[157]

Im Grunde waren die Möglichkeiten der Bettler nicht groß. In der Regel mußten sie sich auf ihr persönliches Geschick und ihren Einfallsreichtum verlassen. Intelligenz mit Frechheit jedenfalls weiß Johannes Lobesetzer, gebürtig aus Andernach, miteinander zu verbinden. Zwei »wäsen« (Basen) wohnen noch an seinem Heimatort, die Witwe Johannetta und Magdalena, Ehefrau des Ratsherrn Steffan Roder. Ein Bruder lebt in Kreuznach. Eine Zeitlang hielt sich Johannes in Cochem, dem Geburtsort seiner Mutter, auf, wo er auch ein Haus, genannt das »Zolhauß«, besitzt. Nachdem er dort mit einem Dr. Conradt Streit bekommen, auch einmal im Gefängnis gesessen hatte, begab er sich nach Köln und logierte hier erst im »Altten Thurn«, dann auf dem Eigelstein bei Johan Kirspach.

In Köln will er »privatim« Philosophie studieren. Er habe, wie er ausführt, die ersten Weihen nach Trierer Recht (primam tonsuram treveris) erlangt. Trier, Mainz, Wien waren frühere Studienorte, und ein Jahr lang lernte er sogar in Rom am Collegium Germanicum.

Seinen Lebensunterhalt bekommt er »nirgentz anders von, dan waß

ime gutte leute gegeben«. Sogar namentlich kann er die Wohltäter aufführen: Hieronimus im Tal (ihm Daell) im Bunten Ochsen, Hans Sonneman ihm Bryll, den Gürtelmacher Conradt in der Bechergasse, Anton Becker im Gulden Vercken, dessen Kinder er schon vor sieben Jahren als paedagogus unterrichtete. Weiter geben ihm die Kaufleute auf der Börse Almosen, »also das ehr keinen mangell gelitten«, wobei er sich nicht scheut, sie im Predigtstil zur Freigebigkeit zu ermahnen. Wer ihm nichts gibt, muß mit scharfer Kritik rechnen. Dem Rat kamen jedenfalls üble Schmähworte zu Gehör, z. B.: »sie kehmen an daß rhatthauß mitt dicken feisten bouchen, nicht allein gegangen, sondern gefahren, und es wurde keine iusticia administriert«.
Das, so Johannes, sei nicht auf die Herren vom Rat gemünzt gewesen, sondern »auff die dicke feiste paffen, so 7 oder 8 beneficia oder prebenden hetten, dwelche ehr woll eltlich mall umb eine almosen angesucht, aber nichtz vonn inen bekommen konnen«. Dafür bittet er jetzt, auf dem Turm, die Herren um einen Zehrpfennig, da er Köln verlassen wolle, hat jedoch auch bei ihnen keinen Erfolg. Seine Herkunft und zweifellos vorhandene Bildung schützen ihn, den pfiffigen Bettelstudenten, nicht vor der Ausweisung.[158]

8. Bettelbrüder und Bettelschwestern

Zu organisierten Zusammenschlüssen brachten es die Bettler nur selten. In der Mitte des 15. Jahrhunderts kam es in Zülpich zur Gründung einer Bruderschaft, mit der sich eine bestimmte Gruppe unter den Bettlern, die Körperbehinderten, eine Selbsthilfeorganisation mit überörtlicher Bedeutung schufen, die zugleich aber auch – das belegen die Mitwirkung des Kölner Erzbischofs und des Rats der Stadt Zülpich – der gesellschaftlichen Integration dieser Benachteiligten diente. Das formale Mittel dazu war die Organisationsform der Gilde nach dem Vorbild der religiösen Bruderschaften. In ähnlicher Weise hatte sich im Jahre 1411 in Straßburg eine Blindenbruderschaft konstituiert. Nach den erneuerten Statuten von 1469 verbrüderten sich in ihr Blinde, Lahme und »ander bresthaftige lüt«. Die Straßburger Organisation hatte jedoch – zumindest nach den Urkundentexten – einen rein religiösen Charakter,[159] während die Zülpicher Satzung darüber hinaus den Brüdern und Schwestern Solidarität und gegenseitige Hilfe in der Not zur Pflicht machte. Ihre wesentlichen Punkte lauten:[160]

15 Blinder Bettler auf der Landstraße

Bürgermeister, Schöffen und Rat zu Zülpich geben bekannt, daß sie mit Erlaubnis Erzbischof Diederichs von Köln und Johans van Melen, des Propstes der Kirche St. Peter in Zülpich, zugelassen haben,

> »dat etzliche arme mynschen, die der almoesen levend van kruppelen, blijnden ind andere arme lude eyne erffgulde ind broderschafft annomen hant vur sich ind alle arme lude van kruppelen ind blinden off ander lude, die noch in dise broderschafft komen moigen . . .«.

Als Patrone werden die Hl. Dreifaltigkeit, Maria und Joeris, der hl. Ritter, genannt. Sitz der Bruderschaft ist das Hospital im Zülpicher St. Peters Kirchspiel. Viermal im Jahr soll jeweils am Donnerstag nach den Quatembern St. Lucia, Eschtag, Pfingsten und Vorabend von St. Michael eine Jahrzeit und Erbmemorie für die Lebenden und Toten mit Messen, Vigilien und Commendatien mit Aufstellung von Kerzen gehalten werden, dazu wöchentlich zwei Messen für die lebenden und toten Schwestern und Brüder. Am dritten Tag vor St. Michael sollen sämtliche Krüppel, Lahme und Blinde, die Mitglieder der Bruderschaft und im Umkreis von 10 Meilen (ca. 70 km) um Zülpich seßhaft sind, zur Jahrzeit in Zülpich erscheinen, »it en beneme yn dann lyffs noit off heren noit«, bei einer Strafgebühr von 2 Pfund Wachs.
Die Eintragungsgebühr beträgt für einen Witwer 8 Schilling, eine Witwe 4 Schilling. Dazu werden als laufender Mitgliedsbeitrag jährlich zu Pfingsten von »yecklich par ludes« 8 Heller, von einem »eynletzich (alleinstehenden) man« ebenfalls 8 Heller, einer »eynletzige« Witwe dagegen nur 4 Heller erhoben, damit beurkundet würde, daß sie Brüder und Schwestern der Bruderschaft seien; dazu soll die Hälfte des Erbettelten dieses Tages der Bruderschaft zufallen. Bisher unterscheidet sich die Ordnung kaum von irgendeiner anderen religiösen Bruderschaft. Aufmerksamkeit verdient jedoch folgender Passus:

> »Vort were sache, dat eynich broder off suster dieser broderschafft in eynich lant, dorp off stat queme ind von den eynich dieser selver broderschafft broeder off suster kranckljigen ind sich nijt behelpen en kunden, as dann soelen die den krancken bijstendich sijn ind yme die almoesen echt dage vur bidden, ind en kunden die gesunden broedere off sustere nijt aslange bij deme krancken blijven, so sullen sij dem krancken vier schillinge geven, ind off die gesunder broeder off suster as arm werden ind yme des geltz nijt geven en kunden, so sullen sij ym zweene schillinge geben um der broderschafft willen . . .«.

Danach folgen wieder religiöse Anweisungen: Sobald ein Bruder oder eine Schwester vom Tod eines anderen Bruders (Schwester) erfährt, soll er die übrigen benachrichtigen; jeder soll dann für die Seele des Toten 15 Vaterunser und 15 Ave Maria sprechen und bei der nächstfolgenden Quatember soll das Begängnis des Verstorbenen gehalten werden. Darüber hinaus steht es jedem frei, auf eigene Kosten weitere Messen in der Kapelle des Hospitals zu bestellen. Das Hospital und seine Kapelle sind der lokale und religiöse Mittelpunkt der Bruderschaft, doch ist die Mitgliedschaft zweifellos nicht auf Zülpich beschränkt. Hier erhalten ihre Mitglieder kostenlose Aufnahme für zwei oder drei Nächte, hier sollen die vier aus den Reihen der Brüder gewählten Regenten eine Kammer für ihre Unterlagen haben. Einmal im Jahr, am Tag nach Michaelis, sollen sie in Anwesenheit des Schultheiß, Bürgermeisters, zweier Schöffen und des Hospitalsmeisters Rechenschaft ablegen, dies ganz im Gegensatz zu den Regelungen der bekannten religiösen Bruderschaften, aber ähnlich den Armenhospitälern. Auf eine enge Beziehung zur Obrigkeit weist auch der Passus, daß die vier Regenten geloben sollen, dem Kölner Erzbischof »getruwe und holt zo syn«, des Herren und Landes Beste zu tun und »argste zo warnen«. Deutlich zeigt sich darin der Unterschied zu den anderen Bruderschaften, denen die Problematik eines stark fluktuierenden, mit den Schattenseiten des Lebens (bis hin zur Berührung mit der Kriminalität) vertrauten Kreises von Mitgliedern unbekannt war. So wird auch ausdrücklich verlangt, daß die vier Regenten »kündige unumsprochen eirbere lude« sein sollen, denn wenn im Land Unfriede herrsche, so daß man die Brüder und Schwestern nicht in die Stadt lassen will, so soll man doch den vieren Einlaß gewähren, damit sie zu den fälligen Terminen die Bruderschaft »begeen« können.

Auch in Köln fürchtete der Rat, daß Bettler als Spione und Verräter für die Feinde der Stadt arbeiten könnten. 1585 – zur Zeit des Kölner Krieges – wurde z. B. Johan dhie Sär, »welschger unnd cruppeler«, wohnhaft an der Griechenpforte bei einem Schornsteinfeger, samt Frau und Kindern durch die Ratsdiener aus der Stadt geführt, weil er ein »verspeeter (Spion) unnd ein verdechtige person, so uf einen tagh uf seinen krugken ghen Woringen inß krieghslager verreisset unnd desselben taghs wider in Colln khomen, auch alß ein erb ungeschambtet bedler, der in allen kyrchen under predighen umbgangen, gebeddelt, daß volck in irer andacht verstaurett unnd sonsten ubell hauß gehaltenn, in diesen gefarlichen zeitten der statt Colln hinfuro zumiden per Senatum verweist«.[161]

Als Aufwandsentschädigung sollen die übrigen Brüder und Schwestern der Zülpicher Gilde den vier Regenten, wenn sie zu ihnen kommen und mit ihnen bitten, die erbettelten Almosen mitteilen, da sie ihr

Geld und Gut im Dienst der Bruderschaft »dick vertzeren moissen«. Die Mitgliedschaft blieb nicht auf Blinde und Lahme beschränkt. So wird in einer Urkunde von 1471[162] mitgeteilt, daß Johan Ailbrecht und seine Frau Ekell Zymmermans sich mit den »broederen und armen luden . . . gesustert ind gebroedert« und der Bruderschaft ihr gesamtes Erbe übergeben hätten, daneben auch weiterhin im Dienst der Bruderschaft bleiben wollen, um dieser die Rechnung zu führen. Dafür übernimmt die Bruderschaft die Verpflichtung, sie bis zu ihrem Tode zu unterhalten.
Auf Köln hatte die Bruderschaft keinen direkten Einfluß. Vielleicht waren jedoch auch Kölner Krüppel bei ihr eingeschrieben.

16 Bettler empfangen Almosen

9. Jugend ohne Hoffnung

Waren es in Zülpich vorwiegend behinderte Bettler, die sich mit Zustimmung und Unterstützung der Obrigkeit zu einer Gilde zusammenschlossen, versuchten in Köln elternlose oder aus Not ihrer Eltern vernachlässigte, zum Teil obdachlose und herumstreunende Kinder und Jugendliche, sich durch die Bildung von Banden durchzuschlagen, die sich auf kleine Gaunereien und Diebstähle, mitunter auch reguläre kriminelle Handlungen verlegten und mit ihren Delikten immer wieder in den städtischen Kriminalakten auftauchen.
Am 14. November 1597 wird ein ca. 18 Jahre alter Jugendlicher (iuvenis) namens Claeß von Clermundt auf dem Frankenturm wegen Diebstahls und ungehörigen Verhaltens (leckereien) mit Ruten geschlagen und am folgenden Tag durch die »klocken« zur Stadt hinausgebracht.

17 Rute; Randzeichnung im Kölner Turmbuch von 1571

Während des Verhörs und nach der Strafprozedur bekennt er, wie er vor etwa anderthalb Jahren aus »Welschland« nach Köln kam; unterwegs habe er damals gebettelt, »wie er dan auch, inmittelst her hie gewest, langs die duiren gaen pitten und ihn den hospitalen eine zeitt lanck geschlaffen.« Ins Hospital zum Ipperwald dürfe er aber nicht mehr kommen, denn der Hospitalsmeister habe ihn ans Schwertfegerhandwerk verdingt, er jedoch sei dem Meister weggelaufen, »da er nitt satt zu eßen kregen«. Im Urteil des genannten Hospitalsmeisters ist er denn auch »ein bub undter allen schelmen, schlehet den armen kindern uff der gaßen duppen und schußelen ihn stucken und fuhret sie an zu spielen, filleicht auch zu stelen«.
Ausführlich berichtet Claeß über eine Anzahl weiterer Jungen, in deren Gesellschaft er gewesen sei. Fast alle tragen Spitznamen, ihn selbst nennen sie »graehoedt«, eine typische Erscheinung des Gaunermilieus, in das diese Jugendlichen mehr und mehr hineingeraten.
Nur flüchtig kenne er das Luichtgen und den Geck, die mit einem dritten im Sommer zu Wesseling gehängt worden seien – Luichtgen habe ihm einmal seinen »duppen« entzweigeschlagen, Geck im Hospital zum Ipperwald bei ihm geschlafen –, dann den Welschen Jacob und Cryn von Oesterradt alias Moen Tryn, mit dem er im Hospital zum Ipperwald einmal, als im »heimlichen gemach« etwas zerbrochen war, zu den Mädchen geklettert sei.
Weiter gebe es einen kleinen Jungen, der Krischer genannt werde – seine Mutter wohne auf der Bach neben einem Brauhaus –, welcher vor etlichen Tagen einen anderen, den Dickart, als der mit ihm (Claeß) auf dem Altermarkt unter den Bänken schlief, mit Wasser begossen habe. Dickart wohne auf der Schmierstraße in des Holsten Haus. Der vorigen Hospitalsmeisterin im Ipperwald soll er ein 8-Pfund schweres Kupfergewicht gestohlen und es in der »Bottegaßen« verkauft haben. Ein anderer Junge, der Plack Hans, sei, als er im Sommer einer Frau auf der Cäcilienstraße ein Messer mit silbernem Griff stehlen wollte, von deren Mann ertappt worden. In Koblenz habe Plack Hans in seinem Beisein anderthalb Ellen englisches Tuch entwendet und in Metternich bei einem Juden für 21 Albus verkauft.
Dann sei da Thomas, der in Koblenz früher Schafe gehütet habe. Mit einem anderen Jungen, dem Uhrmecher, den der Hospitalsmeister auf der Breite Straße ans Lederbereiter-Amt verdingt habe, wovon er ebenfalls entlaufen sei, habe er zu Koblenz in der Kartause ein Paar Strümpfe (strumpe) gestohlen. Jener und noch einer namens Mein Bain oder Gerlichs Peter, der »quaden plack« auf dem Kopf habe, hätten in Koblenz auch ein Paar kleiner Schuhe entwendet. All ihr

Diebesgut hätten sie entweder beim Juden in Metternich oder in »Luitz Coblentz« (Koblenz-Lützel) bei Christ oder Krisch Becker verkauft.
In Koblenz habe er auch den Lancksack, einen der schlimmsten Diebe, der ebenfalls zu dieser »kompagnie« gehörte, getroffen. Weitere Mitgesellen seien der Schottgen und der Heringh gewesen. Jener Mein Bain sei jetzt in Köln und stehle Riemen und anderes; neulich z. B. habe er »reiremen« am »Wolsack« mitgenommen und einem anderen Jungen, Hennikes Godt, für 6 Heller überlassen; von dem habe er selbst sie dann bekommen; sie hätten »dopp« (Kreisel) damit gehauen. Dieser Hennekes Godt, von Beruf ein Blechschläger, sei ein »arger bub«, schlafe in den Hospitälern. Neulich habe er ein mit Blei ausgegossenes Kupfergewicht von 2 Pfund an der Neugasse (Newergassen) gestohlen und einem Gürtelmacher auf dem Domhof für 4 ½ Albus verkauft, wovon er (Claeß) 6 Heller bekommen habe. Hennekes sei der oberste unter den Jungen, die sich im Dom finden lassen.
Dann gebe es den Buppart, den Eulenfenger und dessen Bruder, den Turtelteuffgen, dann den Diedenhoven und Ruttger, der den »boesen grindt« am Haupt habe, weiter den Bedtseicher; sie alle seien Diebe, desgleichen auch der Moer, der den Hausleuten auf dem Markt die »rentzen« und »knapsack« entwende; dessen Geselle sei der Holtzbock. Weiter gehörten zur »kompagnie« der Hasenkoetell, der Schlimme, der Schwarze – die gehörten zu den übelsten und seien mit den in Wesseling Gehängten gegangen –, der Bierenbießer und der Duvendentzer, der das, was der Schwarz gestohlen habe, verkaufe.
Damit ist die Liste der »undugenden jungen« – in einer Randbemerkung heißt es »catalogum furum et nebulorum« – noch nicht beendet. Claeß führt weitere an, welsche und deutsche. Unter den welschen heiße einer Paßbortutt, einer Kappuyn, einer der Placknaß, der seinen Namen davon hat, daß Hennekes Goedt ihm die Nase eingeschlagen habe, dann Gehelhoedt, Kruppin, Fallion oder Bruder, welcher einäugig sei. Unter den deutschen seien zu nennen der Ertzenzeller, der Prutteltesch, Klein Dreißgen, Paeßappell, Siebener, der durch die Pocken ein Auge verloren habe, Mattheiß der Merkatz von Mainz und Peckmutz, der auf den Schiffen betteln gehe. Dann gäbe es etliche »kueten schrepffer«: den Oicker Jan, Jan van Sybergh, Latz, Hans Wilhelm, der auch das Handwerk aufgegeben habe, Everdt, Milckbardt und schließlich den schon erwähnten Welschen Jacob.[163]
Einige der oben genannten Jungen erscheinen hier nicht zum ersten-

mal in den städtischen Verhörprotokollen: Da ist z. B. das Luichtgen, der mit anderen in Wesseling hingerichtet worden war, der Pruttel-tesch oder der Ertzenzeller. Schon sieben Jahre zuvor, am 22. November 1590, wird Luichtgen von Tilman (15 oder 16 Jahre alt), Sohn Peters von Cappellen auf der Friesenstraße, als Mitglied einer Bande Jugendlicher angegeben. Er (Tilman), Heinrich Servas, Mevіß in der Koegaß, Simon, dann jener Luichtgen, Peter Bimbe, das Schelgen – dessen Vater Unter Sachsenhausen wohne –, einer genannt der Bekker, der seit dem Tod seiner Eltern mit anderen Jungen stehlen gehe, Thonieß hinder der Abtißen Kuchen, dessen Bruder Wilhelm, wohnhaft in der Thieboldsgasse (Dievegaß) bei einem Schröder, und ein Junge namens Hanß, der bei einem Schneider auf der »Sandtkuell« wohnt, bildeten eine »compagnie«; ihr »capitein« sei Thonieß, der ihnen die Tips zu neuen Anschlägen – meist Diebereien – inner- und außerhalb der Stadt gebe. Was sie auf solche Weise bekämen, lieferten sie ihm ab, und wenn sie etwas zu ihrer Notdurft benötigten, gebe er es ihnen. Wollten sie trinken, führe er sie in ein Wirtshaus, spendiere ihnen Hering, Käse und Brot und bezahle die Zeche. Aus diesem Grunde hätten sie ihn auch zum »capitein« gewählt, dem sie zu Gehorsam verpflichtet seien, auch wenn er vermutlich den größten Teil der Beute für sich behalte. Meist sei er nicht in Köln, da er »undter dem von Milendunck gelegen«.[164]

Prutteltesch kam im Spätsommer 1590 nach Köln. Damals war er etwa 12 Jahre alt. Seine Eltern lebten nicht mehr. Mit 13, am 17. September 1591, ist er zum ersten Mal wegen Diebstahls mit dem Gesetz in Konflikt geraten. Noch nennt er sich beim Verhör allein nach seinem Geburtsort Peter von Latem (Lank-Latum bei Krefeld).[165] Vier Jahre später trägt er den Spitznamen Brutteltesche und ist mit anderen Jungen Mitglied einer »kompanie«, die vor allem dem Diebstahl nachgeht. Zu ihr gehören Starck Herman aus dem Moselland, Thomas Drommenschlegers Sohn auf der Bach vor Guilich, Lang Pieter, Frentzgen, der Niederländer, dann auch schon der im Geständnis des Claeß von Clermundt genannte Bedtseicher, schließlich Schunß und Stoffell von Istorff. Letzterer, auch Schenk genannt, weil Schenk, ein Heerführer während des Kölner Krieges, ihm eine Narrenkappe habe machen lassen, ist 15 Jahre alt, ein nackter Bettler. Er stammt aus der Gegend von Istrup bei Brakel (bei Paderborn) und geht jetzt schon etliche Jahre in der Stadt betteln, »deß sommers (habe er) in den faßern auff der gaßen, des wynters aber ihn der fleischhallen geschlaffen«, wenn er nicht, was meistens in der kalten Jahreszeit der Fall gewesen sei, »dabuißen auff den dorpffern gewest« sei. Er kennt auch schon

den Pechmutz, der jedoch nicht zur ihrer Kompanie gehöre, sondern mit anderen Jungen gehe.[166]
Schließlich der Ertzenzeller, mit richtigem Namen Gerhart, Sohn Jacobs zu Sinzenich (Sinsenich) bei Zülpich (Zullich). Schon 1595 leben seine Eltern nicht mehr. So treibt er sich in Düsseldorf, Neuss und Köln herum und hält sich mit Diebstählen über Wasser. Am 15. Juli 1595 wird er deshalb zusammen mit anderen Jungen am Ring mit Ruten geschlagen und der Stadt verwiesen.[167]

10. Am Ende steht der Galgen

Die Gefahr, daß die verwahrlosten Jugendlichen und Herumtreiber in berufsmäßiges Gaunertum und Kriminalität absanken, war groß. In einer Reihe von Fällen läßt sich dieser vorgezeichnete Weg tatsächlich verfolgen. Tilman, Claeßgen Fhormans Sohn, Johan Peltzer von Efferen, Johan Filenheuwer und Henrich Tueschger z. B. bilden schon zu Beginn der 70er Jahre eine Bande. Im Frühjahr 1572 sind sie während der Messe in Frankfurt und verdienen ihr Brot damit, daß sie die »hellerskarre« ziehen. Anschließend halten sie sich wieder in Köln auf oder schlafen bei den Höfen um Köln in den Scheunen und betteln. Im Mai 1572 brechen sie mit anderen in Efferen in ein Haus ein und stehlen eine große Menge Garn, das sie in Köln verkaufen.[168] Ein knappes Jahr später wird Tilman als Mitschuldiger an einem Mord hingerichtet.[169]
Als Heinrich Servas, der oben mit Luichtgen, Peter Bimbe und anderen als Angehöriger einer Bande genannt wird, im Dezember 1589 auf dem Frankenturm verhört wird, ist es schon das vierte Mal, daß er gefangen sitzt. Zweimal wurde er mit Ruten ausgehauen, beim dritten Mal der Stadt verwiesen. Anschließend betrieb er einen ambulanten Handel mit spanischen Nähnadeln und führte Botengänge aus. Als die Gelegenheit günstig war, stahl er mit Johan zu Bingh im Wohntrakt und in der Küche von St. Maria im Kapitol etliches Silberzeug, das sie zu Mülheim bei einem Juden versetzten. Heinrich kaufte für seinen Anteil »kraemerei«, nämlich Messer, Riemen, Spiegel und dergleichen, womit er nach Frankfurt und Nürnberg zog, »und dweill die zerungk so hoch gefallen, hett ehr berurten seinen kraem verkauffen mußen und verzertt«. Am 10. Januar 1590 wird er dem Greven überantwortet. Sein Urteil lautet abermals auf Ausweisung. Aber schon im November desselben Jahres wird er, inzwischen 20 oder 21 Jahre alt, wieder we-

gen »leckereien und diebstalß« verhört. In Köln hatte er sich nach der Ausweisung in diversen Herbergen versteckt, unter anderem im Winkell auf dem Brand, auf der Schmierstraße im Engel und bei seinen ›Gesellen‹: Luichtgen, Thonieß hinter der Abtißenküchen, Herman an der Mühlengasse, Tilman auf der Friesenstraße und Philipß auf der Weyerstraße; letzterer habe einen kleinen Bruder, der ihm stets den Degen – die »wehr« – hinterher zu tragen pflege. Seinen Unterhalt verdient er wieder mit dem Verkauf von Kramwaren, die er nach Düren und Aachen trägt, als Kranknecht und Dieb. Haben er oder die Gesellen etwas Geld, gehen sie ins Weinhaus und betrinken sich. So gesteht Heinrich, daß er einmal, »alß ehr den tag das radt am craenen getretten«, sich am Abend so ›voll gesoffen‹ habe, daß er zu St. Marien in der Kirche gelegen, sich unflätig verhalten und – »mitt zuchten« – in der Kirche übergeben mußte. Auf die Frage, wo sich die anderen aufhielten, antwortet er, »sie treckten (zögen) hinder den landen und giengen mitt falschem krautt umb«. Am 23. Februar 1593 wird Heinrich Servas zu Melaten mit dem Schwert hingerichtet,[170] Luichtgen, einer seiner Gesellen, im Sommer des Jahres 1597 in Wesseling gehängt.[171]

18 Siegel des Leprosenhauses Melaten (16. Jh.); Darstellung der Szene Reicher Mann – Armer Lazarus

1. Die Siechen vor den Mauern

An der Aachener Straße, beim Friedhof Melaten, befand sich seit dem Mittelalter bis in die zweite Hälfte des 18. Jahrhunderts das große Kölner Leprosenspital Melaten. Die heute noch vorhandene und von der griechisch-orthodoxen Gemeinde genutzte Kapelle, im wesentlichen ein Bau des ausgehenden 15. oder des 16. Jahrhunderts, ist der letzte Rest einer einstmals großen Anlage, bestehend aus einem bäuerlichen Wirtschaftshof (mit Wohnhaus, Scheune, Ställen, Backhaus, Brauhaus, Waschhaus und anderen Gebäulichkeiten), einer Kapelle mit Friedhof und einem Haus mit Kammern für die Kranken, dem Gasthaus; letzteres trat vermutlich beim Wiederaufbau des Hospitals nach dem Neußer Krieg (1474) neben eine unbestimmte Anzahl kleiner Häuschen oder Buden, die den Aussätzigen ebenfalls als Wohnungen dienten: Zusammen bildeten sie den Armenhof. Spätestens im 16. Jahrhundert läßt sich außerdem eine Gastwirtschaft nachweisen. Aus ihr bezog das Hospital seinen Bedarf an Bier[172] (vgl. Abb. 19).
Der Name des Anwesens leitet sich her vom französischen »malade« (krank, leidend), das seinerseits auf das lat. »male habitus« (schlechter, übler Zustand) zurückgeht. Ihrer Bestimmung nach diente die Anlage der Aufnahme von Personen, die an Lepra erkrankt waren, einer durch ein Tuberkelbakterium verursachten chronischen Infektions-

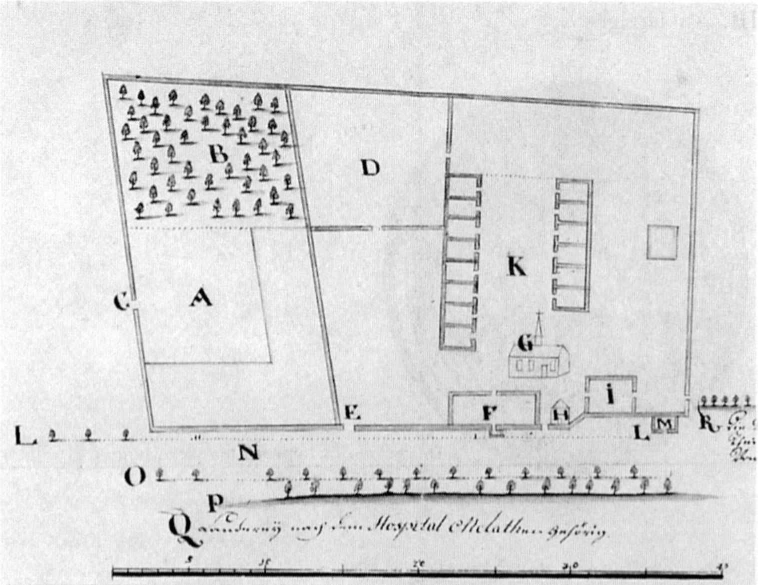

19 Plan der Anlage des Leprosenhauses Melaten, 1740

A – Melatener Pachthof;
B – Obstgarten;
C – Einfahrt;
D – Garten des Rentmeisters;
E – Einfahrt zum Hospital und Wirtshaus;
F – Wirtshaus;
G – Kirche;
H – Kapelle;
I – Haus des Offermanns;
K – Wohnungen der Leprosen;
L – zwischen beiden L ist eine gerade Linie sechs Fuß von der Mauer entlang der Treppe zum Wirtshaus F, die das Melatener Gelände mit großen unbehauenen Steinen von der Landstraße trennt;
M – das strittige, auf Melatener Grund 1740 errichtete Häuschen für den Einnehmer des Wegegeldes;
N – Landstraße von Köln entlang Melaten;
O – neue entlang der Landstraße 1740 von Kurköln gepflanzte Bäume;
P – alte Bäume, die auf Melatener Land längs dem Acker gestanden haben und die teils der Melatener Rentmeister, teils Kurköln im Jahre 1740 haben abhauen lassen, außer einem, der noch da steht.

krankheit, die auffällige Veränderungen an Haut, Nerven und Knochen (Geschwüre, Knoten, Verstümmelungen) hervorruft.[173]
Seit dem frühen Mittelalter findet sich diese Krankheit in Europa; in einigen Rückzugsgebieten trat sie hier bis ins 20. Jahrhundert hinein auf. In tropischen und subtropischen Ländern verlangt ihre Bekämpfung noch heute erhebliche medizinische Anstrengungen. Da man im Mittelalter kein Heilmittel gegen die Krankheit kannte und sich vor Ansteckung fürchtete, versuchte man, sich durch Absonderung der ›Sondersiechen‹, durch Ausstoßung – Aussetzung – der von ›Aussatz‹

Befallenen zu schützen. Anfänglich wurde ihnen in einiger Entfernung zu menschlichen Siedlungen einfach ein Stück Land zugewiesen, auf dem sie sich als sogen. ›Feldsieche‹ primitive Hütten erbauen konnten. Auf Grund intensiver Anteilnahme der Kirche und schon früh einsetzender Spenden aus der Bevölkerung entwickelten sich diese Ansiedlungen zu Leprosorien, speziellen Hospitälern, deren Zweck allein in der Aufnahme von Leprakranken lag.[174]

So war es auch in Köln. Der ›campus leprosorum‹ lag westlich der Stadt an der großen Straße nach Aachen, was den Siechen ermöglichte, ihren Unterhalt von der Mildtätigkeit der Reisenden zu bestreiten, soweit sie nicht selbst noch Gartenbau oder Landwirtschaft betrieben. Auf dem Gelände der seit dem 12. Jahrhundert urkundlich belegten Ansiedlung wurde spätestens im 13. Jahrhundert ein reguläres Spital errichtet. Mit dem 1243 genannten Neubau des Siechenhauses war auch der Bau einer Kapelle verbunden, die am 6. Juni 1245 zu Ehren der Hl. Dreifaltigkeit, Marias und des hl. Dionysius von Erzbischof Konrad von Hochstaden geweiht wurde. Sie war der Vorgängerbau der heutigen Kapelle und stand bis 1474; dann wurde sie im Zuge der Verteidigungsmaßnahmen der Stadt Köln gegen Karl den Kühnen von Burgund abgerissen.[175] In dieser Kapelle fand regelmäßig Gottesdienst statt. Ein Offermann (Küster) wohnte auf dem Hof, und der ›Pastor von Melaten‹ kam zu allen kirchlichen Handlungen aus Köln. Als er sich im November 1572 »der unzeithlicher winterlicher zeith beklagt, unnd angezeigt, das er im ungewidder na Melaten jeder zeith gahen moißen«, erhielt er als Belohnung zwei Gulden.[176] Diese Zulage wurde ihm auch künftig gewährt. Seine jährliche Entlohnung betrug in der ersten Hälfte des 16. Jahrhunderts 36 Gulden,[177] in den 70er Jahren 60 Gulden.[178]

Solche Leprosenhospitäler – Leprosen- oder Siechenhäuser, Siechkobel, Gutleuthäuser, Kotten – gab es in der Nähe fast jeder Gemeinde;[179] bei größeren Städten finden sich oft mehrere Anlagen, wie z. B. in Köln, wo neben dem großen Hof zu Melaten noch drei weitere, allerdings kleinere Siechenhäuser bestanden: in Rodenkirchen, am Judenbüchel (vor dem Severinstor) und in Riehl (vgl. hintere Einbandinnenseite), die im 14. und 15. Jahrhundert erstmals nachweisbar sind. Auch bei ihnen befand sich jeweils eine Kapelle, umgeben von den Häuschen der Kranken. Ihre Verwaltung lag bei den Provisoren des Spitals »zu den groesen Melaten«,[180] deren Ernennung im Laufe des 14. Jahrhunderts in die Zuständigkeit des Rates überging. Diese Provisoren vertraten die Siechen in allen rechtlichen und wirtschaftlichen Angelegenheiten, prüften mit weiteren Vertretern des Rates die Rechnungen, die der Hospitalsmeister des Haupthofes führte, und entschieden über die Aufnahme oder, wenn es etwa zu Verstößen gegen die Hospitalsordnung gekommen war, die Ausstoßung der Kranken.

2. Lepraschau

Kam jemand in Verdacht, am Aussatz erkrankt zu sein, so mußte er sich einer Untersuchung in einem dazu allgemein anerkannten Leprosorium unterziehen. Im Kölner Raum und weit darüber hinaus war es üblich, eine Beurteilung durch die Lepraschau zu Melaten einzuholen, die als die »oeverste« des Landes angesehen wurde. Viele Städte, z. B. auch Kalkar, Kleve und Neuss, forderten vor der Aufnahme eines Kranken in ihre Siechenhaus ein Zeugnis von hier. 1604 erhielt eine siehe Frau, die sich zu Melaten hatte besehen lassen, eine Beisteuer von 20 Mark zur Rückreise ins Herzogtum Luxemburg.[181] Die Untersuchung wurde durch die Leprosen selbst, und zwar von mindestens drei Frauen und drei Männern, die das Amt der vereideten »proiffmeister« ausübten, durchgeführt. Dabei sollte mit größter Vorsicht und Sorgfalt vorgegangen werden, um angesichts der daraus unweigerlich resultierenden Konsequenzen die Gefahr eines Fehlurteils möglichst gering zu halten. So sollte die Schau nur am lichten Tage anderthalb Stunden nach Sonnenaufgang vorgenommen werden, an »duesteren daeghen« durfte überhaupt nicht besehen werden. Nach »gueder alther ersamlicher formen« mußten sich die Patienten vollständig ausziehen. Während der Untersuchung sollte man sich enthalten »van allen . . . fremden klaffen, lachongen, und der glichen saechen, de nehtt (nicht) antreffent das besehn«. Ausdrücklich verboten war den Prüfmeistern die Annahme von Geschenken oder irgendwelchen Aufmerksamkeiten (leiffnisß) seitens derjenigen, die sich untersuchen lassen wollten.[182]

Bestätigte sich der Verdacht einer Ansteckung, so sprachen sie dem Kranken folgendes Urteil:

> »Sich, Jobell, wyr handt dich besehn nach eirsamlicher und uffrechtiger formen unsers hoeffs, so vinden wyr an euch als an eynem krancken und seichen manne, und wysen darůmb euch kranck und seich, wyr wůlten euch lieber saghen, das yr gherne hůertt, doch unsers eitz halben, den wyr gethaen handt, moessen wyr euch, das recht ist, saeghen, herumb so wyllĕt heir innen geduelt haben, so werdt yr eyn khindt des ewichen lebens . . .«.[183]

20 Lepraschau

Seit 1478 wurde die Lepraschau auf Wunsch auch alternativ durch die medizinische Fakultät der Universität vorgenommen. Im Zweifelsfall war jetzt deren Urteil maßgeblich.[184] Die Kosten für die medizinische Untersuchung orientierten sich am Vermögen der Patienten. Der Reiche hatte den vollen von den Ärzten festgelegten Tarif, der ›Mittelmäßige‹ einen entsprechend seiner Möglichkeiten ermäßigten Preis, der Arme brauchte nichts zu bezahlen.[185]

3. Die lebenden Toten

Eine Erkrankung hatte für den Betroffenen schwerwiegende Folgen. War der Urteilsspruch gefällt, so galt er fortan als für die Welt tot und mußte die bittere Konsequenz der Absonderung von der Gesellschaft der Gesunden auf sich nehmen. In einem rituellen kirchlichen Verfahren – mit Begängnis und Commendation[186] – wurde er gleichsam wie ein Verstorbener aus der Gemeinde ausgesegnet.[187] Zugleich verlor er wesentliche Persönlichkeitsrechte und mußte sich – in vieler Hinsicht entmündigt – in die Gemeinschaft der Siechen einordnen.
Deren Leben war im allgemeinen, wie die überlieferten Leprosenordnungen zeigen, streng geregelt. Ein sehr frühes Beispiel dafür ist die vom Rat der Stadt Lübeck erlassene und auf das 13. Jahrhundert zurückgehende Ordnung des vor der Stadt gelegenen St. Jürgen-Hospitals, von deren insgesamt 35 Artikeln hier die wichtigsten in Ermangelung eines vergleichbaren Zeugnisses aus Köln hervorgehoben seien.

- Die Bewohner des Spitals, Brüder (fratres) wie Schwestern (sorores) – die Bezeichnungen verweisen ebenso auf die bruderschaftliche und am Beispiel geistlicher Orden orientierte Organisationsform der Hospitalsgemeinschaft wie die einheitliche blaue oder graue Tracht der Insassen – sind zu jeder Mahlzeit zum Gebet (fünf Vaterunser und fünf Ave Maria) verpflichtet.
- Streitigkeiten unter ihnen werden mit Strafe belegt: Beschimpft z. B. einer den anderen als Hurensohn (filius meretricis), so soll ihm für 14 Tage die Pfründe entzogen werden; gibt einer dem anderen eine Ohrfeige, verliert er seine Pfründe für 12 Tage, wehrt sich der andere und schlägt zurück, dann muß auch er sechs Tage ohne sie auskommen.
- Sexuelle Kontakte sind den Insassen sowohl untereinander als auch zu Gesunden, selbst wenn es der Ehegatte ist, verboten.

- Verboten ist auch die Ausübung eines Handwerks, nicht jedoch der Kaufhandel.
- Über Geld, Kaufmannsgut und Erbgut dürfen die Kranken frei verfügen; ihre Kleider und ihr Hausrat sollen dagegen nach ihrem Tode dem Hospital zufallen.
- Gegenüber dem Hospitalsmeister und der Priorin sind sie zu Gehorsam verpflichtet; Arbeiten im Interesse des Hauses, zu denen sie körperlich in der Lage sind, müssen sie ausführen.
- Die Schlafenszeit bestimmt der Hospitalsmeister.
- Nur dieser darf einen besonderen Platz am Feuer beanspruchen.
- Gebadet wird zweimal in der Woche.
- Kein Kranker darf zum Einkaufen in die Stadt.[188]

Nach einem Trierer Rituale hatten die Siechen spezielle hygienische Vorschriften zu beachten, um eine Übertragung der Krankheit möglichst zu verhindern: Jeder Kontakt zu den Gesunden – in der Kirche, auf dem Markt, im Wirtshaus, in der Mühle, am Backofen, in Volksversammlungen – war ihnen verboten, die Hände durften sie nicht in Quellen mit fließendem Wasser waschen, Trinkwasser sollten sie nur mit ihrem Becher oder einem Gefäß schöpfen, das Haus durften sie nur in Schuhen verlassen; es war ihnen untersagt, einen Gegenstand, den sie kaufen wollten, mit der Hand zu berühren; wollten sie mit einem Gesunden sprechen, mußten sie zuvor aus dem Wind gehen; passierten sie einen Steg oder eine Brücke, sollten sie das Geländer nur mit Handschuhen berühren.[189]
Gleiche Regelungen galten grundsätzlich, mit Abweichungen vielleicht im einen oder anderen Fall, auch in Köln. Z. B. durften sich hier die Bewohner ohne Erlaubnis des Hospitalsmeisters nicht über Nacht vom Hof entfernen; ein dreimaliger Verstoß gegen diese Bestimmung führte zum ersatzlosen Verlust der Pfründe.[190] ›Unzucht‹ wurde mit der Ausweisung aus dem Hospital bestraft.
So erging es z. B. 1573 Johan Korffmecher »von wegen syner schelmerei, das er die magt auff dem hoiff beschlaeffen« und »allerhandt straiffliche leckereien (Ungehörigkeiten) bedreben« hatte. Er durfte sich dann in Rodenkirchen niederlassen und erhielt als Zuschuß zur Reparatur eines »huißgens«, in dem er dort wohnte, einen Goldgulden (10 ⅓ Mark).[191] 1577 wurden Jost von Coln und Anna von Coln »irer untzuchts halber« des Hofes verwiesen.[192] Jost wurde im Jahr darauf wieder aufgenommen, mußte sich aber neu einkaufen.[193] Ende 1589 nahm der Rat dem lahmen Lentzis »hurereyen unnd ehebruchs halben« die Pfründe.[194]

Der Erwerb einer solchen Pfründe war die Voraussetzung zur Aufnahme in das Hospital. Dabei meint ›Pfründe‹ die regelmäßige Zahlung gewisser Geldbeträge und die Lieferung von Naturalien, die zusammen mit eigenem Vermögen oder eigenen Einkünften den Lebensunterhalt der Kranken garantierten. Im einzelnen unterschied man halbe, ganze und doppelte Pfründen. Über ihre Höhe informiert erstmals der Aufnahmevertrag Johans gen. Hadeler aus dem Jahre 1456: Für 600 Mark, deren ratenweise Abzahlung ihm zugebilligt wurde, und die Überlassung von 100 Mark aus dem Nachlaß nach seinem Tode bekommt er eine wöchentliche Rente von 1 Mark und außerdem die sogen. »smaele provende ... glijch anderen siechen broederen«. Wie die Rechnungen des 16. Jahrhunderts ausweisen, beinhaltete die ›schmale Pfründe‹ die Teilhabe an bestimmten Verteilungen von Holz und Lebensmitteln wie Bier, Fleisch und Butter.[195] 1458 erwarb Johan, genannt Bloitworst, eine halbe Pfründe von wöchentlich 6 Schilling, dazu ebenfalls die schmale Pfründe für 300 Mark; außerdem sollte seine gesamte Habe nach seinem Tode dem Hospital zugute kommen.[196] Viel geringer war der Kaufpreis, der im gleichen Jahr für Fye van Stamhem seitens ihrer Verwandten für eine halbe samt schmaler Pfründe ausgehandelt wurde: Nach Fyens Tod sollten lediglich einmal 50 Mark an das Spital gezahlt werden.[197] Die sichtbare Rücksichtnahme auf die Vermögensverhältnisse der Bewerber um eine Pfründe zeigt sich auch in den Verzeichnissen der Bewohner des Melatenhofes aus dem 16. Jahrhundert. Von den mindestens 17 Personen, die 1545 verpfründet waren – nicht gerechnet das Verwalterehepaar und die Mägde –, hatten sieben ihre Pfründe mit Beträgen zwischen 100 und 670 Mark gekauft.[198] Fünf Pfründnern hatte man das Einstandsgeld erlassen. Das von 1554 bis etwa 1563 fortlaufend geführte Aufnahmeregister verzeichnet neben zehn Personen, die ihre Pfründe kostenlos erhielten, Kaufsummen von 80 bis 1650 Mark.[199] Die mit solch unterschiedlichen Beträgen erworbenen Leistungen wichen zwar voneinander ab, aber bei weitem nicht in dem Maße, wie die Kaufsummen vermuten lassen. So erhielt Herman von Altena für den genannten Höchstbetrag von 1650 Mark eine wöchentliche Pfründe von 3 Mark, Moen Cecylia für ihre 80 Mark eine solche von 1 ½ Mark, woraus sich ergibt, daß die Vermögenden mit ihren hohen Kaufgeldern die Versorgung der wenig oder nichts Bezahlenden mitfinanzierten. Zu dem regulären Preis für den Einkauf ins Hospital hatte jeder Neuankömmling in der Regel seinen eigenen Hausrat einschließlich des Bettes mitzubringen. Darüber hinaus mußte er für die Kapelle, den Rentmeister, den Pastor, Offermann und für jeden Insassen bestimmte Beträge – im 16. Jahrhundert zwei Pfund Wachs und zusammen 18 $^{2}/_{3}$ Mark – erbringen und eventuell auch eine Mahlzeit ausrichten.[200] Auch in anderen Siechenhäusern waren Einstandsessen üblich.[201]

Trotz einer gewissen Tendenz zur Nivellierung bei der Vergabe von Pfründen und der Unterwerfung aller unter die Bedingungen der Krankheit wie der Hospitalsordnung entwickelte sich in dem weitgehend autonomen Gemeinwesen keine egalitäre Gesellschaft. Eine soziale Differenzierung blieb bestehen: Sie beruhte auf der Höhe der Präbende und des Vermögens, und zwar auch des vom Verpfründungsvertrag nicht berührten Privatvermögens. So stellten die sechs Kranken mit den höchsten Pfründen die Prüfmeister, denen besonderer Rang und Ansehen zukam.

Ein bedeutender Faktor für die soziale Stellung auf dem Hof war auch die Dauer der Anwesenheit. Verstärkt wurde die Differenzierung durch die unterschiedliche soziale Herkunft der Kranken. Unter ihnen finden sich Angehörige aller Stände und Schichten: Geistliche, Mitglieder führender Familien, vor allem aber Handwerker und Unselbständige. Folgende Berufe (einschließlich der Ehefrauen und Witwen, deren Männer die betreffenden Berufe ausübten) sind in Köln/Melaten vertreten:

Badstübner, Bauer, Brauer, Drechsler, Faßbinder, Fuhrmann, Gärtner, Weingärtner, Gaffelbote, Karrenschieber, Knecht, Korbmacher, Korbmacherin, Lohgerber, Magd, Messermacher, Müdder, Pförtner, Schirrmacher, Schneider, Weinschröder und Taschenmacher.[202]

Eine soziale Differenzierung bestand weiterhin zwischen dem Hospital zu Melaten und den Leprosorien in Riehl, Rodenkirchen und am Judenbüchel. Im Gegensatz zu dem Haupthof konnte man sich hier auch ohne eigenen Verpfründungsvertrag niederlassen und ein Haus oder eine Hütte bauen, wozu die Provisoren mitunter Zuschüsse gewährten; z. B. bekam am 28. Januar 1575 ein siecher Faßbinder, der zu Rodenkirchen gebaut hatte, eine Beihilfe von 24 Mark.[203]

Zweifellos wohnten in diesen drei Spitälern die ärmeren Siechen, die wenig oder auch gar kein Vermögen besaßen. Auf manchen Komfort, der zu Melaten geboten wurde, mußten sie verzichten. So standen ihnen auch keine Aufwartefrauen zur Verfügung, wie sie dort in Gestalt zweier »weschmaigt« (Waschmägde) den Pfründnern die wichtigsten Arbeiten abnahmen: Alle Werktage gingen sie morgens nach Köln auf den Markt und erledigten für die Kranken, die sie am Abend vorher nach ihren Wünschen fragen sollten, die Einkäufe.

Täglich machten sie ihnen die Betten, schleppten das zum Kochen und Waschen nötige Wasser, spülten zweimal wöchentlich die Schüs-

seln, fegten das Haus (Montag bis Freitag zweimal täglich, am Sonnabend dreimal!), sorgten für die Reinigung der Wäsche, wobei sie für jedes Mal, das sie »over de hoightzeittz wesch« zu waschen hatten, 1 Albus oder eine Mahlzeit und für jede »hoichtzeitts wesch« von jedem Armen, dem sie dienten, auch 1 Albus »vur offergelt« erhalten sollten. Kleine Wäsche – »doechelger, wilchs alltzeitt zo thoen ist« – sollten sie, wann immer sie anfiel, »an (ohne) murmelen« erledigen. Das Waschhaus hatten sie in Ordnung zu halten.
Sie putzten »all hoichtzeittz« den Hausrat der Kranken, erledigten Botengänge, kümmerten sich um die Bettlägerigen und besonders Pflegebedürftigen – wofür sie gegebenenfalls aus dem Nachlaß der Verstorbenen bedacht wurden – und sorgten für Ordnung und Reinlichkeit des Gasthauses und der »proiff«, d. h. des Raumes, in dem die Lepraschau stattfand.
Wenn jemand baden wollte, trugen sie das Wasser in die »badtstoeffenn« und hatten diese anschließend sauber zu machen. Schließlich sollten sie dem Offermann als dem ältesten »proevener« bei der Gartenarbeit helfen. Für diese nicht geringen Aufgaben bekamen sie neben dem für Hausgesinde üblichen Lohn (Geld, Hemden, Schuhe) Naturalien in Form von Holz und Bier und wurden bei der Verteilung von Lebensmitteln und Brotgeld an die Kranken mitberücksichtigt, so daß sie zu den Spitzenverdienerinnen unter den Kölner Dienstboten zählten.[204]
Schon früh wurden auch gesunde Pfründner zu Melaten aufgenommen. Nicht nur, daß ein gesunder Ehegatte seinem kranken Partner, eine gesunde Magd ihrem erkrankten Dienstherren auf den Hof folgte, auch völlig Gesunde schlossen mit dem Hospital Unterhaltsverträge ab. Der älteste überlieferte Vertrag dieser Art stammt aus dem Jahre 1428: Everhart Sadelmecher van Walde und seiner Frau Metze wird von den Provisoren von Melaten »umb groisser gunst, freuntschafft und gaven willen«, die sie den Armen stets erwiesen haben, vergönnt, lebenslang die »degelichs proven groiss ind cleyne« dort zu beziehen wie die anderen armen Leute. Sie erhalten zusätzlich auf Kosten des Hospitals eine Wohnung in Köln, ›frei und unbeschwert‹, und übertragen dem Hospital dafür ihren ganzen Besitz, ausgenommen 2 Morgen Land und 40 rheinische Gulden.[205]
Solche Vereinbarungen ließen das Hospital zu einer Art ›Rentenanstalt‹ werden, von der gegen Zahlung eines bestimmten Betrages lebenslanger Unterhalt erworben werden konnte. Im 16. und 17. Jahrhundert verstärkte sich die Tendenz dahin erheblich. Die Provisoren

erschlossen dem Hospital so offensichtlich eine zusätzliche Einnahmequelle.
Angesichts der besonderen Situation, daß die an der »abschawlichen kranckheitt deß aussatz«[206] erkrankten Menschen seitens der Gesellschaft zwangsweise separiert, rechtlich zumindest teilweise entmündigt und der Möglichkeit des selbständigen Erwerbes ihres Lebensunterhaltes durch eigene Arbeit weitgehendst beraubt wurden, stellt sich die Frage, ob die gesellschaftlichen Einrichtungen, die ihnen in Form der Leprosorien zur Verfügung standen, quantitativ in ihrer Aufnahmekapazität und qualitativ nach Art und Umfang der von ihnen erbrachten Leistungen ausreichten. Gesicherte Angaben über die Anzahl der Siechen bieten erst die Verzeichnisse und Rechnungen des 16. und 17. Jahrhunderts: Beim Haupthof Melaten schwankt sie zwischen 15 und 25 Personen.[207] Wieviele Kranke in Riehl, Rodenkirchen und am Judenbüchel wohnten, ist nicht bekannt; sehr wahrscheinlich aber waren es weniger als zu Melaten. In Riehl wurde 1573 ein größeres Gebäude für die Kranken errichtet.[208]
Alle Anzeichen sprechen dafür, daß die Aufnahmefähigkeit oder -bereitschaft des großen Hospitals wie der drei anderen Leprosorien begrenzt war. Mehrfach finden sich Hinweise, daß die Zahl der zu vergebenden Pfründen nicht beliebig vermehrt wurde, 1582 z. B. der Rechnungseintrag, daß die Provisoren Sibertt von Aldenratt auf Fürbitte seiner Verwandten »ein zum negst vacierende (d. h. freiwerdende) platz und proven« von 10 Albus wöchentlich für 520 Mark zu verkaufen bereit waren.[209] In den Verzeichnissen des ausgehenden 16. und beginnenden 17. Jahrhunderts werden die Angaben bezüglich neu aufgenommener Pfründner häufig an Stelle von verstorbenen Personen, deren Namen durchgestrichen wurden, notiert.[210] Leicht konnten die Präbenden ohnehin nicht erworben werden. Abgesehen vom Einkaufsgeld bedurfte es dazu auch guter Beziehungen und des Einsatzes der ›Freunde‹ und Verwandten. So heißt es in dem »sechen breiff«, wonach der oben genannte Johan genannt Hadeler, »van gotz verhenckenysse (durch Gottes Schickung) myt der suychden der mallaitschaff beladen«, mit 700 Mark eine ganze Pfründe erwarb, daß ihm dabei seine »frunde . . . behulpelichen gewest synt an den eirsamen luden den provisoren des huys zo den malaiten buyssen der stat muyren van Coelne«.[211]
Die Beschränkung der Insassen von Leprosenspitälern auf eine bestimmte Anzahl war übrigens auch andernorts üblich: St. Jürgen vor Lübeck z. B. hatte im 14. und 15. Jahrhundert nie mehr als 40 Bewohner, und in Hildesheim reduzierte der Rat 1321 für das Leprosorium

St. Katharina die Zahl der Kranken auf 30, da sich zur Zeit so viele im Haus befänden, daß sie nicht unterhalten werden könnten, und noch weitaus mehr um Aufnahme nachsuchten.[212]

Auf die unterschiedliche Höhe der Pfründen (halbe, ganze, doppelte) wurde schon oben eingegangen. Besonders, wenn mittellose Sieche um Gottes Willen Aufnahme fanden, kamen sie meist nur in den Genuß der niedrigsten Sätze. Diese schwanken zwischen 6 und 10 Albus pro Woche. Z. B. erhielten am 3. Juni 1564 zwei arme kranke Kinder lebenslang je 6 Albus ohne Gegenleistung,[213] ein Korbmacher von der Caecilienstraße am 4. August 1565 eine Pfründe von 10 Albus[214] und am 26. April 1567 eine arme Begine (sůster) von der Antonsgasse sowie ein armes Korbmachermädchen jeweils eine solche von 7 Albus, ebenfalls »umb gotzwill«.[215]

Allerdings kamen zu dieser Rente noch Naturalleistungen und Spenden hinzu: Zu bestimmten Feiertagen wurden Wachs, Wecken, Eier, Salz u. a. auf dem Altar geopfert und unter den Armen verteilt,[216] die Bruderschaft zu Herrenleichnam in Köln steuerte zum Unterhalt der Kranken bei;[217] zudem war die Unterkunft kostenlos. Einmal im Jahr, am Mendeltag (Gründonnerstag), wurde ihnen ein besonderes Essen ausgerichtet, zu dem auch der Wirt und der Pächter des Bauerngutes mit ihren Frauen erschienen. 1610 kaufte der Hospitalsmeister für diese Mahlzeit folgende Lebensmittel und Gewürze ein:

75 ½ Pfund frischen (groenen) Fisch à 6 Albus
200 Walnüsse (baumnuß) für 8 Albus
3 »feßger« Erbsen für 13 Albus
5 Pfund geschmolzene Butter à 9 Albus
1 Pfund gesalzene Butter zu 8 Albus
3 Quart Essig à 7 Albus
6 Pfund Rosinen für 7 mr
9 Lot Ingwer (genghbers) für 6 Albus
½ Lot Nelken (negell) für 2 Albus
1 Lot Muskat (bloemen) für 5 Albus
4 Lot Pfeffer für 4 Albus
¾ Lot Safran für 18 Albus
¼ Pfund braunen Zucker für 3 ½ Albus
¾ Pfund Meerrettich (krenten) für 7 ½ Albus
12 Lämmer von zusammen 204 Pfund à 4 ⅔ Albus[218]

Dennoch ist es mehr als fraglich, ob diese Leistungen, besonders während der Teuerungszeit des 16. Jahrhunderts, zum Unterhalt der Kranken ausreichten, namentlich derjenigen, die sich mit einer geringen Pfründe begnügen mußten. Es kann jedenfalls nicht verwundern, daß Betteln trotz der guten Dotierung des Hospitals eine übliche Form zur Verbesserung des Lebensunterhaltes der Siechen war und blieb. Alle, die nicht in den Genuß einer Pfründe kommen konnten und keine eigenen Mittel besaßen, waren ohnehin auf Almosen angewiesen. Dazu gehörten sicherlich viele der Siechen in Riehl, Rodenkirchen, am Judenbüchel und insbesondere die fremden, denn die Leprosenspitäler nahmen Auswärtige, wenn überhaupt (wie z. B. in Köln), nur dann auf, wenn sie für ihre Pfründe bezahlten.

Die materiell oft bedrängte Situation selbst vieler Hospitalsbewohner verlangte auch von offizieller Seite den Appell an die Freigebigkeit der Gesunden. So stellte das Hospital einen sogenannten Schellenknecht an, der mit einer Glocke, einer Büchse und einem Bettelsack Tag für Tag durch Köln ging und Almosen – Geld und Lebensmittel – einsammelte. Dabei hatte er sich an einen festgelegten Wegeplan zu halten, der ihn an jedem Tag der Woche in einen anderen Stadtbezirk führte: am Dienstag z. B. zum Kepplerßhoeff, die Trankgasse hinauf, zum Kloster St. Mariengraden, von dort das Ufer entlang, die Kotzgasse hinauf, weiter auf der Johannisstraße bis zur Blümchensgasse (Bloemesgaesß), die Machabäerstraße (Mavierenstraiß) bis zum Kloster St. Johann Cordula, dann über das Kunibertskloster den Wall entlang bis auf den Eigelstein, die Straße hinauf bis ans Backhaus, dann durch den Zehnthof den Wall entlang und über die Weidengasse bis zur Straße, von dort zur Fleischhalle und weiter bis zur Maximinenstraße, sodann die Marzellenstraße hinauf wieder bis zur Fleischhalle und von dort zur Abtei St. Revilien (St. Ursula) und über die Friesenstraße zur Stadt hinaus.[219]

Als Lohn erhielt er die Hälfte des gesammelten Brotes – das er vermutlich größtenteils weiterverkaufte –, das Geld, das in die Büchse gegeben wurde, soweit es sich nicht um namhafte Beträge handelte, und außerdem hatte er Teil an einigen Naturallieferungen, wie sie auch die Kranken bekamen. Diese Form der Sammeltätigkeit hatte möglicherweise Tradition; denn schon für die Jahre 1433–1446 verzeichnet die Schlußabrechnung der Provisoren u. a. bedeutende Einnahmen aus der »boyssen« (Büchse).[220]

1550 gestattete der Rat ausdrücklich den ›Vorgängern‹ der Siechen, nach alter Gewohnheit mit der Schelle zu betteln.[221] 24 Jahre später setzte er fest, daß jedes Siechenhaus für den täglichen Bettelgang einen gesunden Mann anstellen solle.[222]

Auch bei anderen Spitälern bediente man sich eines solchen abgeordneten Almosensammlers, in Frankfurt des Klingelmanns oder Klinglers, in Nürnberg des Glöckners,[223] in Straßburg ebenfalls des »klingeler(s)«.[224]

Der ständige Kontakt zu den Kranken konnte mitunter auch zur Ansteckung führen: In Köln wurde 1567 Clais, der den Armen lange Zeit als Schellenknecht gedient hatte, »uissetzigh«. Darauf vergönnten ihm die Provisoren, sich in Rodenkirchen niederzulassen, und gaben ihm als Lohn, zu Dank und für seine Gerechtigkeit 26 Mark.[225]

Die Siechen selbst durften nur zu bestimmten Zeiten, den vier ›Hochzeiten‹, in die Stadt kommen. Besonders beliebt war der Ostertermin; schon der Mendeltag (Gründonnerstag) galt traditionell als Tag, an dem jeder, der wollte, ungehindert dem Bettel nachgehen durfte. Wieviele Sieche während dieser Zeit Köln aufsuchten, läßt das Testament des Doktors der geistlichen Rechte Magister Johannes Eversberch aus dem Jahre 1472 erkennen, worin er bestimmt, daß in der Karfreitagsnacht, wenn die Siechen vor den Kirchentüren (ante wolvas ecclesiarum) sitzen, bis zu 4 Mark in der Weise unter ihnen verteilt werden sollen, daß jeder 1 Heller bekommt. Er rechnete folglich mit maximal 288 Kranken.[226]

Die solcherart im Land umherziehenden und von Spende zu Spende, von Bettelmöglichkeit zu Bettelmöglichkeit wandernden Siechen wurden 1469 der Beaufsichtigung durch den städtischen Schwertträger unterstellt.[227]

1545 stellte der Rat fest, daß die Siechen »mit grossen heuffen uß frembden landen« nach Köln kämen, und gab Befehl, ihre Namen aufzuschreiben und die Fremden unter ihnen nicht in die Stadt zu lassen.[228]

Leprosen, die sich solcherart in der Öffentlichkeit zeigten, war das Tragen ihrer Klapper und Tracht – Joppe, Kniehose, der bis zu den Knien reichende (weiße) Siechenmantel,[229] weiße Handschuhe,[230] ein großer Hut auf dem Kopf –, wie sie das sogenannte Leprosenmännchen[231] im Kölnischen Stadtmuseum erkennen läßt, vorgeschrieben,[232] damit sie in der Öffentlichkeit sofort als Leprakranke erkannt werden konnten. Eine derartige Kenntlichmachung bestimmter Bevölkerungsgruppen durch ihre Kleidung ist in der mittelalterlichen Gesellschaft nichts Außergewöhnliches, wenn man z. B. an die Juden oder die Prostituierten denkt. Für die Leprosen blieb sie auch dann noch zwin-

21 Das Kölner Leprosenmännchen, um 1630

gend, als die Erfahrung gezeigt hatte, daß ihre Krankheit nur schwer und nur bei dauerndem Zusammenleben auf Gesunde übertragen wurde. Auch das Zeugnis, das den Siechen von der Lepraschau zu Haarlem ausgestellt wurde, und dessen Wortlaut als Muster in einer Kölner Akte Ende des 16. Jahrhunderts festgehalten wurde, verpflichtete die Kranken mit dem Urteilsspruch, eine besondere Kleidung anzulegen und die typische Leprosenklapper zu tragen:

> »Auff dieß mannier werden die siechen zo Harlem gehalten und diß ist testimonium derselbige, so siech geweist werden, de verbo ad verbum und ist dit forma irer breffen:
> Kenlicht tzo allen leuden hoe, dat mein gemein geschworen von St. Jacobs Capell buyter Harlem geproefft und mit aller nerstigeit (Fleiß) besehen hebben ein mans person genomt Michaell von der Hove, wilchen wy nhu ter tyt melaets utgeven tho wesen met lazarie, waer umme daer hy gaen sall mit vliegers (tabbert, mantelartige Kleidung), ein klepp hebbende auff die borst, ein schwarte hoedt upt hoefft bekleidt mit einem weiten (weißen) bandt sonder ander baendt, und diesen breff auß seinde tzo vier jaren ist doet und tzo net, ihn kenneße der worheit, so hebben wy gemeinde verschworen vorschreiffen (oben genannt) diesen breff besiegelt mit unserem gemeinen siegell ihn jaer, dagh und monat«.[233]

Außerhalb der oben angegebenen Termine durften die »melaitschen oder siechen mynschen«[234] das Stadtgebiet nicht betreten. Die häufig fruchtlosen Maßnahmen des Rates, mit denen er die Einhaltung dieses Verbotes durchsetzen wollte, belegen jedoch, daß sie immer wieder in unerlaubter Weise die Stadt aufsuchten und dort bettelten. Diese Bestrebungen der Obrigkeit setzen in der Mitte des 15. Jahrhunderts ein. Das Eidbuch von ca. 1450 verpflichtet die Gewaltrichterboten ausdrücklich, darauf zu achten, »dat gheyne krancken lasarusmynschen in Coelne komen, gaen noch en blijven, dan zo den zijden, die yn unse heren vanme raide zogelaissen haint«. Zuwiderhandelnde Kranke sollen sie ins Gefängnis bringen, und wenn sie erfahren, daß jemand Leprose beherbergt, so sollen sie solches den Provisoren von Melaten melden, damit diese für Bestrafung sorgen.[235]

Seit den 40er Jahren des 16. Jahrhunderts häufen sich die Edikte gegen die Leprosen. Dennoch finden sie sich immer wieder in der Stadt, und einige halten sich sogar dauernd in den Bögen der Stadtmauer versteckt.[236] Nur 1596 ändert der Rat vorübergehend seine starre Haltung: Die Siechen, die allernächst der Stadt bei den Siechenhäusern wohnen, die der Befehlsgewalt des Rates unterstehen, dürfen nun wöchentlich am Freitag und Sonntag nach Köln kommen und um Almosen bitten, doch ist ihnen nicht gestattet zu übernachten.[237] Die libe-

rale Phase hielt nicht lange an, weil Kranke, die einmal die Torwachen passiert hatten, nicht mehr zu kontrollieren waren. Am 8. Oktober 1608 ließ der Rat ein Edikt publizieren, wonach die Leprosen, »welche eine zeit hero sich ohne alle schew under die bürger in und vor den kirchen, so wol auch auff den gassen, marckten und andern orten, und zwaren theils in solchen kleydern, dass man sie vor andern nicht erkennen mögen, wider die ordnung und alle billichkeit eingemischt«, künftig, wenn sie ergriffen werden, bei Wasser und Brot gefangen zu setzen sind.[238] Nicht einmal ein Jahr später sah sich der Rat erneut genötigt einzuschreiten: Ein Bürger hatte etliche Leprose beherbergt, weshalb er zur Rechenschaft gezogen werden sollte. Außerdem wurde nochmals das Verbot, Sieche in die Stadt einzulassen, eingeschärft.[239]
Was sich für die Obrigkeit als ein ordnungspolitisches Problem darstellte, war für die Kranken oft eine Frage des Überlebens. Die Hospitalsrechnungen von Melaten spiegeln in einzelnen Eintragungen die Situation der fremden, von Ort zu Ort ziehenden, mit keiner oder zu geringer Pfründe versehenen Kranken. Sie belegen auch, daß in extremer Lage die Hilfe seitens der Spitäler nicht ausblieb, aber bis es soweit war ...
1572 z. B. gaben die Provisoren einer armen Frau, die am Rhein lag, eine halbe Pfründe von 10 Albus um Gottes Willen und wiesen sie ins Leprosenhaus zu Riehl ein;[240] Hans von Trier, ein siecher Mann, wurde 1586 vom Wall bei Herrenleichnam nach Melaten gebracht. Er hatte keinen Unterhalt und wollte wieder nach Trier ziehen, wofür er ein Zehrgeld von 12 Mark erhielt.[241]
1609 fand man einen armen aussätzigen ›Lazarus‹ auf der Gasse bei den Frauenbrüdern und nahm ihn zu Melaten auf. Er war sehr »bresthafft« und »geracht« (vom Schlag getroffen), auch voller »unreinigkheitt« und starb bald darauf. Die siechen Bewohner des Hospitals und die Mägde erhielten für seine Verpflegung und wegen des erlittenen »boesen geruchs« 21 ²/₃ Mark. Er selbst besaß an Geld, das ihm ›gute Leute‹ gegeben hatten, 34 ⅓ Mark, hatte also immerhin erfolgreich gebettelt.[242]
All dies sind relativ späte Beispiele. In der Zeit, der sie angehören, hatte die Lepra längst ihren Höhepunkt überschritten. Im Laufe des 17. Jahrhunderts erlosch sie mehr und mehr. Als der Kölner Rat 1712 die neun Aussätzigen von Melaten medizinisch untersuchen ließ, stellte sich heraus, daß acht von ihnen gesund und nur eine Frau in geringem Maße leprös war.[243] Damit war das Ende der Kölner Siechenspitäler gekommen. Wie im umliegenden Land wurden sie nun abgerissen oder einem neuen Zweck zugeführt. Die Einkünfte von Mela-

ten dienten künftig der Unterstützung armer Bürger und wurden 1765 dem neu gegründeten Zucht- und Arbeitshaus zugewiesen. 1810 wurde auf dem Gelände des Hofes der neue – inzwischen nun auch schon wieder alte – Kölner Friedhof Melaten angelegt.

22 Rücksiegel des Leprosenhauses Melaten mit der Leprosenklapper (16. Jh.)

IV. Kranke von Sinnen und Witzen

1. Eine Kiste voller Narren

Im Jahre 1481 wurde in Köln ein Mann unter dem Verdacht, »eynen jueden geplundert ind beroufft« zu haben, inhaftiert. Am 12. Juni schreibt der Abt des Klosters Heisterbach, Wilhelm von Richwynsteyn, einen Brief an die Stadt, worin er sich für ihn einsetzt: Der Täter, Joeris, Sohn Steffens von Flerzheim, sei krank von Sinnen und mit der »befleckonge der raserye untreyniget«. Seit langem kenne man ihn in seiner Heimat als einen »armen doren«. Der Abt bittet, ihn für seine Tat nicht zu strafen.[244] Zwei Tage später wendet sich der Ritter Diederich van Gymmenich in gleicher Angelegenheit an Köln. Was Joeris getan habe, sei nicht aus bewußtem Vorsatz geschehen; vielmehr habe es ihm »die grymmige raserye« eingegeben, »as syn antzlaitz des leyder getzuych gifft« (wie man schon an seinem Gesichtsausdruck sehen kann). Er kenne Joeris und seine Eltern aus der Nachbarschaft; nie habe man gehört, daß jener etwas Übles getan habe. Um Gottes und seiner vier heiligen Marschälle willen möge man ihn freilassen.[245]

Damit zeichnet sich der Fall etwa folgendermaßen ab: Ein Geisteskranker, der bis dahin nicht aufgefallen war, so daß man ihn als ›harmlos‹ ansah, hatte in einem plötzlichen Anfall einen Juden ausgeraubt. Von einer Bestrafung war abzusehen; denn in der mittelalterlichen – wie in der modernen – Rechtsprechung werden Irre als für ihr Tun nicht verantwortlich angesehen: »Ubir rechte thoren unde sinnelosen man en sal man ouch nicht richten«, heißt es im Sachsenspiegel.[246] Als rechtlich handlungsunfähig erhielten sie Vormünder oder Pfleger – im obigen Fall wurde diese Aufgabe noch von den Eltern wahrgenommen –, ohne die sie rechtswirksam nichts unternehmen konnten. Richteten sie Schaden an, so mußten die Verwandten dafür aufkommen, die auch für den Unterhalt des Kranken zu sorgen hatten. Dafür stand ihnen das Vermögen des Bevormundeten zur Verfügung, wogegen der Geisteskranke selbst vom Erbe ausgeschlossen war.[247]

Was mit Joeris weiter geschah, ist nicht bekannt. Vermutlich wurde er aus der Haft entlassen und der Stadt verwiesen. Jedenfalls dürfte man in Köln kaum die Absicht gehabt haben, sich mit einem armen Irren zusätzlich zu belasten.

Über die Behandlung und Unterbringung geistig behinderter Menschen im mittelalterlichen Köln ist vor der Mitte des 15. Jahrhunderts kaum etwas bekannt, doch besteht kein Grund zur Annahme, daß sie von den traditionellen Formen in irgendeiner Weise abwich. Traditionell meint, daß auch hier für die Irren grundsätzlich ihre Verwandten verantwortlich waren, bei denen sie wohnten und verpflegt wurden. Zeigte sich das Krankheitsbild derart, daß eine Gefährdung der Öffentlichkeit nicht zu befürchten war, so ließ man sie frei herumlaufen, steckte sie eventuell in ein Narrenkleid, wie die Darstellung eines mongoloiden Kindes auf dem linken Flügel des um 1515/20 für die Kölner Karmeliterkirche geschaffenen Passionsaltars (heute im Aachener Münsterschatz) zeigt[248] (vgl. Abb. 23). In Fällen von gemeingefährlichem Irrsinn dagegen hielt man die Kranken eingesperrt und verwahrte sie zu Hause oder auf bestimmten Türmen der Stadtmauer. Andere Städte kannten daneben sogenannte »dordenkisten«, Tollkisten, die vor den Toren aufgestellt wurden, wo die Insassen am ehesten von den Almosen der Passanten profitieren konnten, aber auch ihrer Spottlust ausgesetzt waren. Eines der ältesten Beispiele – aus dem Jahr 1386 – ist für Hamburg belegt. In Lübeck stand eine Tollkiste vor dem Mühlentor, eine weitere vor dem Burgtor.[249] Noch 1550 wurde in Düsseldorf ein Holzkasten für Irre gezimmert.[250]

Wie die Geisteskranken noch in der Mitte des 16. Jahrhunderts in einer Anzahl oberdeutscher Städte gehalten wurden, zeigt das Ergebnis einer Umfrage der Augsburger Almosenherren, »zu erkondigen, wie man sich mit denjenigen verhalte, so vom bösen gaist leiplich besessen, gleichfals mit denen, so gaistlich angefochten und dermassen gequelt, das sie verzweiflen und irem leben feind werden, derhalben alle mittel, weg und gelegenhait suechen und fürnemen, wie sie sich selber entleiben und umbringen möchten«. In Ulm, so lautete das dortige Antwortschreiben, legt man die vom bösen Geist Besessenen im Spital »inn die unsinnige heisern«, die Besessenen aber bringt man an stillen Orten in Gewahrsam, sorgt dafür, daß sie sich nichts tun können, »legt sy auch an« und versucht, sie durch Prediger von ihrer »fantasey« abzubringen; wenn das nichts fruchtet, bringt man sie zu den Unsinnigen. Aus Nürnberg kam die Mitteilung, daß man arme Bürger ins Spital aufnehme, worin sich zwei verschiedene Stuben befänden: »In der ainen sein underschidliche gemechlen oder kemerlen, darin sy auf ain stro an ain kettin und eisen an ain fueß gelegt werden, darun-

23 Mongoloides Kind; Ausschnitt aus dem »Aachener Altar«, um 1515–1520

der sein etliche, so nichts am leib gedulden, sondern gantz nackent auf dem stro ligen; soverr sy aber gar ungestem und stetz fast und lautt schreyen, werdens inn andere presen (Gefängnisse), so an der stattmaur, auf den zwinger und (wo) der hall (d. h. das Geschrei) und liechter (Fenster) gegen dem stattgraben ausser der statt hinauß geen, gleicher gestalt gelegt, auch bißweilen auf die thuren (Türme), deren hie ein zimblicher anzal ligen hin und her«. Die Selbstmordgefährdeten versucht man zunächst durch »gottselige leutt« von ihrem Vorhaben abzubringen. Bleibt das Bemühen jedoch erfolglos, »und sonderlich, da sy arm und nit zuzusetzen haben, sover sy auch burger, werdens gleicher gestalt in spittal genomen, inn die ander stuben, darinnen 12 in 13 böttstatten steen mit irem böttgewand, darein sy an ain fueß mit ainem starcken lederinen riemen gelegt werden, mögen also bey irem bött sitzen, ligen oder steen, und wirt sonst bey inen alles rainlich und sauber gehalten . . .«.
Ähnlich wurde in Frankfurt und Straßburg verfahren. Auffällig ist die menschliche und psychologische Betreuung bei den Schwermütigen, die man von ihren Selbstmordplänen abzubringen suchte; sie steht in einem eigenartigen Kontrast zu der lediglich die elementaren biologischen Bedürfnisse – und selbst diese nicht immer – berücksichtigenden ›Verwahrung‹ der regulären Geisteskranken.[251]

2. Mitleid mit Grenzen

In Köln wurde ein verstärktes öffentliches Engagement bei der Versorgung von ›Unsinnigen‹ durch eine Stiftung Johann Rincks über 1000 Goldgulden aus dem Jahre 1462 eingeleitet.[252] Mit diesem Geld ließen die Provisoren des Krankenspitals St. Revilien einen unbewohnten Beginenkonvent hinter ihrem Hospital zu Nutzen der »wansynniger lude, dae ynne zo unthalden«, umbauen.[253] Zunächst wurden sechs Kammern – die Hospitalsrechnung vom 23.–29. Januar 1485 spricht von den »geckhuseren«,[254] die von 1561 von den »hundthuyseren«,[255] die von 1621 von »dolhuißgen«[256] – errichtet, die jeweils von einem Kranken ›bewohnt‹ werden konnten. Johanns Sohn, Dr. Peter Rinck, ordnete dann den Bau zweier weiterer Kammern an: In seinem Testament vom 5. Mai 1500 stiftete er eine Erbrente von 96 Goldgulden und einigen Schillingen für die Kranken des Hospitals St. Revilien und besonders »zo uphaldunge der armen und krancken van sinne und witzen« in den sechs kleinen »kemmergen und woenunge«, die sein Vater noch bei Lebzeiten hatte einrichten lassen. Da noch Platz vorhanden sei, wünschte er noch »zwey andere gelyche kemergyn zo machen, up dat zwey personen van denselven gebreche van synnen weren, vorder in entfangen mogen werden«.[257] Bei diesen acht Kammern blieb es dann bis zu ihrem Neubau Ende des 17. Jahrhunderts.[258] In einer Anweisung zur Säuberung derselben aus der Mitte des 16. Jahrhunderts heißt es: »Dit is van dollhuysgeren myt irenn heymlichen gemachern, war man die upbrechen sal zo reynigen. Item zum eirsten synt uff die deuren gerijtz no. 1. 2. 3. 4. 5. 6. 7. 8.«[259]

Die Aufnahme von Irren in diesen ›Hundehäuschen‹ erfolgte in der Regel auf Grund entsprechender Gesuche durch den Rat. So lautet ein Beschluß vom 22. Januar 1524, einen »doll und unsinnigen« Menschen, der ein Bürger ist, in St. Revilien unterzubringen.[260] Die Ratsprotokolle enthalten etliche solcher Einträge.[261]

Auch zu St. Revilien wurden gefährlich scheinende Kranke gebunden oder angekettet. So ist Gerhard, Sohn des Leinenhändlers Johann de Ruremunde, in Folge strenger Schuldhaft wahnsinnig geworden. Man bringt ihn ins genannte Hospital, wo er noch 1489 in Fesseln gehalten wird.[262]

In den Kammern lagen die Kranken nach Ausweis der Rechnungen auf Stroh, das man viermal jährlich im Zuge einer Generalreinigung erneuerte. Dabei wurden die Bewohner vom Bartscherer oder seinen Knechten gesäubert und geschoren, oft unter Mitwirkung der Gewaltrichterdiener, die besonders beim Wiedereinschließen behilflich waren.[263]

Als Eßgeschirre dienten eiserne Pfannen. Zwei Verzeichnisse für das Jahr 1503 bzw. die Jahre 1561–1563 halten gleichsam als Momentaufnahmen die Namen der Irren im Hospital St. Revilien fest. 1503 heißt es: »Item dyt synt dy armen gecken in den hunthuseren«:

Lyse van Busch
der Stum(me)
Bele up dem Heumart
Styn van Kettwych
Gert van Duysseldorp
Johan van Wys
Peter van Walde
Johan van Wydenborch.[264]

Im Herbst 1561 waren nur fünf der Häuschen belegt; in ihnen saßen:

Endreiß, ein Schwabe
Richard Coppeldieck, Engländer
Entgen Geirlachs, Schiffsfrau

Ffie van der Alderkyrchen
Cornelius de Kortte.

Außerdem befand sich im Hospital Hensgen Honerfresser, »eyn narr«, doch durfte er sich frei bewegen. Am 7. Oktober kam durch Ratsbeschluß Heynrich Voß, ein »doll geck«, in ein »hondt huyß«. Bis März 1563 folgten noch zwei Neuzugänge: Entgen, ein »dolmetgen«, Tochter eines Leinenwebers in der Thieboldsgasse am 24. Juni und am 15. Februar 1563 auf Ratsbefehl Bernt Schyffbawer, ein »doll-man«, der aber schon am 19. des Monats wieder entlassen wurde.[265] Tatsächlich mußte der Aufenthalt in den Häuschen nicht von Dauer oder gar lebenslang sein. Es kam durchaus vor, daß Geisteskranke nur vorübergehend darin in Sicherheitsverwahrung gehalten und nach einiger Zeit abgeschoben wurden. So hatte Everdt Lauffhanß, ein Weseler Faßbindergeselle, als ein Schwachsinniger im Winter 1610/11 zu St. Revilien »ihm hundtheußgen geseßen«. Am 22. März 1611 ordnete der Rat seine Freilassung an. Durch die Gewaltdiener wurde er an die Trankgasse geführt und in einen Nachen, das ›Narrenschiff‹, gesetzt, der ihn hinab bis Stommeln bringen sollte. Man gab ihm einen Taler als Zehrgeld und verwarnte ihn, nochmals nach Köln zu kommen bei Strafe des Loches zu St. Gereon, wo er bei Wasser und Brot sitzen müsse.[266]

Die Türme der Stadtmauer dienten übrigens auch weiterhin der Verwahrung von Geisteskranken: 1529 gab der Rat Anweisung, Huprecht den Narren auf einem Turm einzusperren, ihm aber wegen der Kälte »wat warms« zu geben.[267] 1568 hatte man eine wahnsinnige Frau erst im Ratsgefängnis in ›schwerer Verstrickung‹ untergebracht, bevor man sie ans Hospital St. Revilien überwies.[268]

Die so geschilderte Behandlung von Irren bezog sich natürlich besonders auf Formen schweren Wahnsinns. Im Falle leichterer oder ›harmloser‹ Erkrankung konnten die Betreffenden auch vom Hospital aufgenommen werden, ohne ins »dolhuißgen« zu müssen. War Vermögen vorhanden, mußten sie sich einkaufen – oder einkaufen lassen – wie gesunde Pfründner; ihre Hinterlassenschaft fiel meist ans Hospital.[269]

Grundsätzlich wurde die Versorgung der Geisteskranken, auch nachdem die Öffentlichkeit sich auf diesem Sektor eingeschaltet hatte, in erster Linie als Aufgabe der Familie angesehen. So genehmigte der Rat 1570 den Antrag etlicher Nachbarn »uff der Bach« auf Bau eines »gemach(s)« zur Unterbringung eines Wahnsinnigen[270] und 1577 lehnte er die Aufnahme eines unsinnigen Knechtes ins Hospital ab und beauftragte die Verwandten mit dessen Verwahrung. Der »dolle« Bruder Gerhard Questenbergs lebte bis zu seinem Tode im väterlichen Haus.[271]

Die Menschen des Mittelalters standen geistig Behinderten, vor allem, wenn ihre Krankheit sich in schwerer Form äußerte, in einer eigenartigen Mischung aus Scheu, Verständnislosigkeit, Neugier und Roheit gegenüber. Sie dienten als Objekt der Volksbelustigung, weckten Furcht und waren Anlaß zur Scham, wenn die eigene Familie oder der eigene Verband betroffen war. 1588 starb der Organist des Kölner Karmeliterklosters »mit groissem smerzs«, wie Hermann Weinsberg berichtet. Er war »ins heubt irre«, lief aus dem Kloster, »dollet« und lief nackt im »Polmerbusch« herum. Schließlich legte er Hand an sich selbst und versuchte, sich die Kehle durchzuschneiden. Als Grund für die Erkrankung nahm man an, »ein bois weib hett im was ingeben, davon er so unsinnich war geworden«. Der Prior und die übrigen Mitglieder des Konvents schämten sich, daß sie durch ihren Mitbruder so ins Gerede kamen, zumal der Ruf der Geistlichkeit ohnehin nicht sonderlich gut war.[272]

Einer der wenigen, die eine aufgeklärte und humane Haltung gegenüber Geisteskranken zeigten, war Hermann Weinsberg. Anläßlich des Todes der fast 80jährigen Moen Else im St. Jakobs Kovent in der Buttgasse, die in dem Ruf stand, eine »zeufnersche« (Zauberin) zu sein, und »doll« geworden war, schreibt er, wie er und sein Bruder sie hin und wieder gegen allerlei Anfeindungen und das Bestreben, sie aus dem Konvent zu vertreiben, beschützt hätten: Man könne doch sehen, daß sie »doll« sei, »das eim jeden guten menschn widderfaren mogt, so moist doch jeder sin hausfrau, motter, dochter, swester und hinwidder ein frau ihren man, fatter, sohn, broder, frunt, wan sie oder er dol und irer sinne beraubt wurde, (pflegen); so moisten der weiber wie sustern auch ein die ander dulden, ubertragen und leiden; wist emans, wa man sie laissen sol, der sage (es); ist ein menschs, hat vormals pferts arbeit getain, dienet nit, das man sie uff die strass wurf«.[273]

3. Hoffen auf ein Wunder

Vielfach vermutete man bei den Kranken einen Einfluß des bösen Geistes oder des Teufels: Heilchancen für Besessene versprachen Benedictionen und andere kirchliche Mittel. Eine junge Person aus Düsseldorf namens Aletgin wurde 1585 vom Jülicher Herzog nach Köln geschickt, damit ihr hier geholfen werde. In der Kirche zu St. Revilien versuchte man, sie zu bannen; die Jesuiten und andere Geistliche sprachen Gebete über sie. Die Zahl der Zuschauer war dabei so groß, daß man die Kirche schließen und den Heilungsversuch an einem ruhigen Ort fortsetzen mußte. Es half aber alles nichts, und da die Krankheit nicht gemeingefährlich war, ließ man das Mädchen in der Stadt frei gehen. Hermann Weinsberg, der auch diese Nachricht überliefert, beendet seinen Bericht: »Got weis, wie es faren wirt. Man sagt, man moist sie nach S. Hupert foiren.«[274]

St. Hubert war ein Wallfahrtsort in den Ardennen, zu dem speziell Geisteskranke in der Hoffnung auf Heilung pilgerten oder von ihren Angehörigen gebracht wurden. Hier versuchte man auch, Tollwutkranke zu behandeln. Als 1445 ein »rasen werwoulf« (also ein tollwütiger Wolf) im Kirchspiel Rheindorf (oder bei Bergheim) etwa 14 Personen biß, führte man sie nach St. Hubert, wo die Bißwunden ausgebrannt wurden.[275]

Ein anderes Wallfahrtsziel für geistig Erkrankte war Kornelimünster. Dorthin kamen besonders Epileptiker. Als »pylgerym des hilgen marschalck« leisteten sie alljährlich eine Bittfahrt zu ihrem Heiligen. 1490 verwendet sich der Abt von Kornelimünster, Wilhelm van Ghoir, in einem Schreiben für Claessghyn van Manderscheit, der sehr »begaefft mach syn mit der suechden des levendigen heyllantz, des groissen heren sent Cornelius«, und bittet, ihn aus der Haft zu entlassen.[276] Fünf Jahre später setzt sich Henrich von Binsfelt, ebenfalls Abt zu Kornelimünster, in einem Schreiben an die Stadt Köln für seinen ›Untergeborenen‹ Clais van Breydenich und eine Frau ein, die auf dem Frankenturm gefangen gehalten würden. Clais sei immer unbescholten gewesen, und das gleiche gelte von seinen Eltern. Außerdem sei er ein Pilger des hl. Marschalls St. Cornelius und unternehme jedes Jahr seine Wallfahrt nach Kornelimünster. Sollte er etwas Ungesetzliches getan haben, so möge man zur Ehre Gottes und des hl. Marschalls von einer Bestrafung absehen.[277]

Hubertus wie Cornelius gehören mit den Heiligen Antonius und Quirinus zur Gruppe der vier Schirmherren, die im Kölner Bereich die Marschälle Gottes genannt werden. Cornelius wird besonders gern bei Krämpfen und Fallsucht angerufen. Im Rheinland wallfahrtet man in der Zeit vom 15. bis 26. September zur Reichsabtei Kornelimünster, deren Kirche ihm geweiht ist und Reliquien ihres Patrons besitzt. Die Pilger erhalten dann ›Corneliusbrot‹ und speziell Epileptiker gesegnetes Wasser, das ihnen aus dem sogenannten Trinkhorn des Heiligen gereicht wird.[278]

So reihten sich geistig behinderte Menschen unter die große Schar der Pilger und, wenn sie mittellos waren, auch der Bettler. Es sieht so aus, als ob die zwiespältige Haltung ihnen gegenüber den Erfolg beim Heischen eher gefördert hat und zum betrügerischen Bettel auch der Gesunden animierte. Die Bettlerliteratur des 15. und 16. Jahrhunderts jedenfalls warnt vor den »Grantnern«, die Seife in den Mund nehmen, sich auf die Erde werfen und, Schaum vor dem Mund, mit Händen und Füßen um sich schlagen, die Augen grausam verdrehen und Almosen »in sant Veltens ehre« sammeln – und was ihnen gegeben wird, vertrinken sie fröhlich in St. Urbans Namen –, oder vor den »Woppern«, Männern und Frauen, »die sich annemen unsinnigkeit und lassen sich furen an ketten und an stricken, als weren sie unsinnig und besessen und fahen an zu wutten und schlahen umb sich selber, und ist doch ein angenommene unsinnigkeit«.[279]
Schon 100 Jahre zuvor berichtet die Koelhoffsche Chronik unter dem Jahre 1374 von einer Krankheit der Sinne, von den Zeitgenossen als »Manie« bezeichnet, »dat is raserie of unsinnicheit«. Die von ihr angesteckt waren, Männer und Frauen, begannen laut zu kreischen und warfen sich auf die Erde; sie mußten um Bauch und Lenden mit straf-

24 Tanzwütige

fen Tüchern gebunden werden und tanzten dann mit dem Ruf »here sent Johan so so vrisch ind vro here sent Johan«. Solche Tänzer kamen auch nach Köln. Ihr Zustand dauerte 15 Tage, dann wurden sie wieder gesund. »Vil boverie und droch« wurde damit getrieben; denn etliche verstellten sich, als ob sie krank wären, »up dat si mochten gelt daedurch bedelen«.[280] Bei derartigen Verstellungskünsten handelte es sich offensichtlich um einen zeitlosen Trick: 1596 wurde ein Engländer, Richardus Jung, zu Turme gebracht, weil er so getan hatte, als ob er nicht vernünftig sei, die Leute auf der Gasse ›anlief‹ und diejenigen, die ihm nichts geben wollten, mit seinem Dolch zu stechen drohte. Nach etlichen Tagen Haft wurde er wieder freigelassen und bei Strafe erneuten Gefängnisses aus der Stadt gewiesen.[281] Nicht anders erging es 1611 Bielgen von Herckenradt, die mit einer alten Frau herumzog und um Almosen »in St. Crynß (Quirin) ehre« bat, als ob sie einen Mangel am Haupt habe, also geisteskrank sei.[282]

V. Bader und Barbiere, Ärzte und Quacksalber

Vor einigen Jahren behauptete »Der Spiegel«, daß wir mit den heutigen hohen Ärztehonoraren auch für die jahrhundertelange Diskriminierung der medizinischen Praktiker bezahlen. Daran ist ein gutes Stück Wahrheit, wenngleich es nicht an Nachrichten über extreme Honorarforderungen von Ärzten des späten Mittelalters und der frühen Neuzeit fehlt.
Auf die interessanten, z. T. sicher überzogenen Thesen Werner Danckerts über die magisch-sakralen Urgründe der ›Unehrlichkeit‹ von Badern und Barbieren, die Rückführung auf den Wasserkult und die Sakralität des »Haaropferers«,[283] kann hier nicht weiter eingegangen werden. Wie bei den Gauklern und Spielleuten treten im Spätmittelalter und in der frühen Neuzeit die sekundären Begründungszusammenhänge der Diskriminierung eindeutig in den Vordergrund.

1. Treffpunkt Badstube

Die mittelalterliche Badekultur erreicht zwar nicht die Höhe einer besonderen Lebensform, wie sie in der griechischen und römischen Antike gegeben war, aber zumindest bis zum Auftreten der Syphilis war die Badefrequenz unserer Vorfahren wohl ebenso hoch wie heute – und sie hatten mehr Spaß daran. Baderäume enthält der Klosterplan von St. Gallen, die als Wannen- und Schwitzbad, zu deutsch Sauna, dienten; sogar für die Fremden und Armen hatte man eigene Baderäume eingerichtet.[284] Papst Hadrian I. ordnete 795 an, daß alle Diakone der von ihm eingerichteten drei Diakonien jeden Donnerstag prozessionsweise und Psalmen singend ins Lateranbad zu gehen hätten, um dort Almosen an die Armen zu verteilen.[285] Man badete nie allein, immer in Gesellschaft, weil das Beheizen der Badestube für eine Person zu teuer gekommen wäre, und man wollte gemeinsam singen, musizieren, reden, scherzen, essen und trinken und was sonst noch Freude machte. Bäder dienten – anders als heute – auch einem fröhlichen und weitgehend uneingeschränkten Liebesleben. Wer das

Bad mied, galt als besonders asketisch; Bischof Reginard von Lüttich († 1037) soll sich zeitlebens nicht gewaschen haben, die heilige Elisabeth von Thüringen erklärte mit dem Eintauchen eines Fußes ins Wasser das Bad für genommen und kam so in den Geruch der Heiligkeit;[286] Erzbischof Brun von Köln schließlich galt trotz seiner Erziehung in einer ausgesprochen luxuriösen Umgebung nicht als Liebhaber von Wasch- und Badeutensilien.[287]

Badstuben waren öffentliche Einrichtungen mit besonderem Recht und Frieden. In der Badstube spielten Musikanten auf, Bader und Bademägde standen zu Diensten, man ging zwischendrin spazieren, tanzen, und das meist in der leichten Badekleidung.

Im frühen 15. Jahrhundert kam die Badereise in Mode. Den wohl größten Zulauf hatte Wildbad im Schwarzwald.[288] Eine der ausführlichsten und amüsantesten Beschreibungen des mittelalterlichen Badevergnügens verdanken wir dem Italiener Poggio di Guccio Bracciolini (1380–1459), der als Apostolischer Sekretär am Konzil von Konstanz teilnahm und von dort aus einen Abstecher nach dem als Badeort bereits recht gut frequentierten Baden im Aargau unternahm. 1417 schrieb er an einen Freund in Florenz[289] mit der Präzision eines zur Passivität verurteilten Voyeurs folgendes:

»Ungefähr eine Viertelstunde von der Stadt (Baden), an der anderen Seite des Flusses, hat man zum Gebrauch der Bäder ein sehr schönes Dorf erbaut. In der Mitte desselben befindet sich ein freier geräumiger Platz, und umher liegen prächtige Gasthäuser, die eine Menge Menschen fassen. Jedes Haus ist mit einem eigenen Bade versehen, dessen sich allein diejenigen bedienen, die in demselben wohnen. Die Zahl der öffentlichen sowohl als der Privatbäder beläuft sich auf dreißig. Für die niedrigste Klasse des Volkes aber hat man zwei von allen Seiten offene Plätze, wo Männer, Weiber, Jünglinge und unverheiratete Mädchen, kurz alles, was von Pöbel hier zusammenströmt, sich zugleich baden.

Eine bis an den Boden herabhängende Scheidewand, die jedoch nur Friedfertige abhalten könnte, sondert in diesem die Männer von den Weibern. Lächerlich ist es anzusehen, wie beides, alte Mütterchen und junge Mädchen vor den Augen Aller hinabsteigen und sich, nackt wie sie sind, den Blicken der Männer preisgeben. Oft hat mich dieser sonderbare Auftritt belustigt und mir die Floralischen Spiele ins Gedächtnis gebracht, voll Verwunderung über die Einfalt der Leute, die so wenig die Augen dahin wenden als sie Arges davon denken oder reden.

Die Bäder in den Privathäusern sind überaus schön, aber auch diese

25 Gemeinsames Bad mit Schmauserei und Musik

sind beiden Geschlechtern gemein. Gewisse Scheidungen von Brettern trennen sie zwar, allein es sind in denselben viele niedergelassene Fensterchen angebracht, durch welche man zusammen trinken und reden, von beiden Seiten sich sehen und berühren kann, wie dieses denn häufig geschieht. Über denselben hat man Gallerien gebauet, wo sich Mannespersonen zum Zuschauen und Plaudern einfinden.

Jeder nämlich, der einen Besuch machen, einen Scherz haben, sich erheitern will, darf in fremde Bäder gehen und sich in denselben aufhalten und beim Hereintritt in das Bad und beim Aussteigen das Frauenzimmer am größten Teile des Leibes nackend sehen.

Keine Posten bewahren die Zugänge, keine Türen verschließen sie, keine Furcht des Unanständigen. An vielen Orten gehen sogar Männer und Weiber durch einen Eingang ins Bad, und nicht selten trägt es sich zu, daß ein Mann einem nackten Frauenzimmer, das Frauenzimmer einer nackten Mannesperson begegnet. Doch binden die Männer eine Art von Schürzen vor, und die Weiber sind mit einem kleinen Ge-

wande bekleidet, welches aber von oben bis in die Mitte, oder an der Seite ganz offen ist, so, daß weder Hals, noch Brust, noch Arme, noch Schultern davon bedeckt werden. Sie liegen auch wohl zusammen und essen selbst im Bade von einer angerichteten, auf dem Wasser schwimmenden Tafel. Männer pflegen dabei zu sein. Selbst ich ward in dem Hause, wo ich badete, einmal zu einem solchen Feste eingeladen. Ich bezahlte meinen Teil, kam aber nicht hin, ob man mir gleich sehr zusetzte, und das nicht aus Scham, die man hier für Trägheit und Mangel an Lebensart hält, sondern weil ich der Sprache nicht mächtig war. Es kam mir abgeschmackt vor, daß ein der teutschen Sprache unkundiger Italiener stumm und sprachlos zwischen zarten, schönen Mädchen einen ganzen Tag im Bade bloß mit Essen und Trinken zubringen sollte.
Zwei meiner Gefährten fanden sich jedoch zu ihrem größten Vergnügen dabei, schäkerten, aßen und tranken mit ihnen. Auch redeten sie, obschon durch einen Dolmetscher, zusammen, und wehten ihnen von Zeit zu Zeit mit einem Fächer Kühlung zu. Nichts fehlte als jenes Gemälde Jupiters, wie er durch einen goldenen Regen Danaen gewinnt usw. Sie waren mit dem leinenen Gewande bekleidet, das Männer anzulegen pflegen, wenn sie in Frauenzimmerbäder gehen. Ich sah alles mit an von der Gallerie, die Sitten der Leute, ihre Gewohnheiten, ihr gutes Essen und die freie ungebundene Art ihres Umgangs.
Wunderbar ist das Zutrauen, mit welchem die Männer Fremde unter ihren oft saubern Weiberchens herumtändeln sahen. Sie wurden durch nichts beunruhigt, schienen nichts zu bemerken, nahmen alles auf das Beste. Nichts ist so schwer, das nach ihren Sitten nicht federleicht werde. Sie hätten sich vortrefflich in Platons Republik geschickt, deren Gesetze alles gemein machen, da sie schon, ohne seine Lehre zu kennen, sich zu seiner Sekte neigen.
Einige Bäder gebrauchen Männer und Weiber zugleich, die untereinander durch Bande des Blutes oder der Freundschaft verbunden sind.
Man besucht täglich drei bis vier Bäder, und bringt den größten Teil des Tages mit Singen, Trinken oder Tanzen zu. Selbst im Wasser setzen sich einige hin und spielen Instrumente. Kein Anblick aber ist reizender, als wenn eben mannbare, oder schon in voller Blüte stehende Jungfrauen im Wasser mit dem schönsten Gesicht, der freiesten, offensten Miene, an Gestalt und Sitten Göttinnen gleich, in ihre Instrumente singen.
Ihr leichtes Gewand ist zurückgeworfen und schwimmt auf dem Wasser, daß man so ein Mädchen für eine zweite Venus halten sollte. Die

Frauenzimmer haben die Sitte, wenn Männer ihnen von oben herab zusehen, daß sie scherzweise um eine Gabe bitten. Da wirft man denn, besonders den schöneren, kleine Münzen zu, die sie mit den Händen oder mit ausgebreitetem Gewand auffangen, indem eine die andere wegstößt, bei welchem Spiele sehr oft die geheimeren Schönheiten enthüllt werden. Man wirft gleichfalls aus mancherlei Blumen geflochtene Kränze herab, mit denen sie sich im Bade das Haupt schmücken.

So großen Reiz für mich hatte diese vielfältige Gelegenheit, das Aug und den Geist zu vergnügen, daß, da ich nur zweimal badete, ich die übrige Zeit mit Besuch anderer Bäder zubrachte, und oft Münzen herunterwarf und Kränze, wie die übrigen. Denn unter dem immerwährenden Geräusch von Flöten, Lauten, zusammenschwimmender Musik und Gesang war weder zum Lesen noch Denken Zeit, und hier allein weise sein wollen, wäre die größte Torheit gewesen, zumal bei einem, der kein selbstpeinigender Menedem, sondern ein Mensch ist, der sich von keiner menschlichen Schwachheit frei fühlt.

Zur höchsten Lust fehlte nur noch die Unterhaltung in Gesprächen, die von allen Arten des Umgangs die erste ist; es blieb mir also nichts übrig als meine Augen an den Schönen zu weiden, ihnen nachzugehen, sie zum Spiele zu führen und zurück zu begleiten. Auch war zum nähern Umgange Gelegenheit, und so große Freiheit dabei, daß man sich um kein Gesetz der Bewerbung kümmerte.

Außer diesen Vergnügungen gibt es noch eine von nicht geringem Reiz. Hinter dem Dorfe, nahe am Fluß, liegt eine grüne, von vielen Bäumen beschattete Wiese. Hier kommen nach dem Essen alle zusammen und belustigen sich mit mancherlei Zeitvertreib. Einige tanzen, andre singen, die meisten spielen Ball. Dies geschieht nicht auf unsere Weise, sondern Männer und Weiber werfen sich, jeder der Person, die er am liebsten hat, einen Ball voller Schellen zu. Alles läuft ihn zu haschen; wer ihn fängt, hat gewonnen, und wirft ihn wieder der Geliebten zu; alle strecken die Hände empor ihn zu fangen, und wer ihn hat, tut, als ob er ihn bald dieser, bald jener Schönen zuwerfen wollte . . .

Fragst Du nach der Kraft dieses Wassers, so ist dieselbe verschieden und mannigfaltig, in einem Stück aber besonders groß und fast göttlich; auf der ganzen Welt, glaube ich, ist kein Bad, welches mehr die Fruchtbarkeit der Weiber beförderte. Kommt eine hierher, deren Leib verschlossen ist, so erfährt sie bald die bewundernswürdige Wirkung dieser Bäder, wenn sie nur fleißig die Mittel anwendet, so die Kunst den Unfruchtbaren vorschreibt.

Unzählbar ist die Menge der Vornehmen und Geringen, die, nicht sowohl der Kur, als des Vergnügens wegen hier zusammen kommen. Alle, die lieben und heiraten wollen, und alle, die das Leben im Genuß suchen, strömen hierher, wo sie finden, was sie wünschen.
Viele geben körperliche Leiden vor und sind am Gemüte krank. So sieht man eine große Anzahl sehr schöner Frauenzimmer ohne Männer, ohne Verwandte, nur in Begleitung zweier Mägde und eines Dieners, oder eines alten Mütterchens von Muhme, das sich leichter hintergehen als bestechen läßt.
Alle aber, soviel es die Zustände erlauben, tragen Kleider mit Gold, Silber und Edelsteinen besetzt, so daß man denken sollte, sie wären nicht ins Bad, sondern zu einem prächtigen Feste gekommen.
Auch Nonnen, oder richtiger zu reden, Floralische Jungfrauen, Aebte, Mönche, Ordensbrüder und Priester leben hier in größerer Freiheit als die übrigen; letztere baden sich wohl gar zugleich mit dem Frauenzimmer, schmücken ihr Haar mit Kränzen, und vergessen alles Zwanges ihrer Gelübde.
Alle nämlich haben einerlei Absicht, Traurigkeit zu verbannen, Vergnügen zu suchen, keinen Gedanken zu haben, als wie sie des Lebens und seiner Freuden genießen mögen. Keiner ist bemüht, sich dem gemeinschaftlichen Vergnügen zu entziehen; man sucht vielmehr das Besondere allgemein zu machen.
Zu verwundern ist es, daß bei einer so großen Menge (es sind fast tausend Menschen hier) bei so verschiedenen Sitten, in einem so freudetrunkenen Gemisch keine Uneinigkeit entsteht, kein Zwist, kein Aufstand, kein Beklagen der einen über die andern, keine Zänkerei.
Männer sehen, daß mit ihren Weibern getändelt wird, sehen sie mit ganz Fremden, und zwar unter vier Augen; aber das alles rührt sie nicht, sie wundern sich über nichts, glauben, alles geschehe in der besten, freundschaftlichsten Absicht.
Der Geist der Eifersucht, der fast alle Ehemänner einnimmt, ist unter diesen nicht zu finden. Sie kennen diese Krankheit gar nicht, haben für diese Leidenschaft keinen Namen. Und kein Wunder, daß die Benennung fehlt, wo die Sache selbst nicht ist. Noch nie hat man unter ihnen einen Eifersüchtigen angetroffen.
O Sitten, wie unähnlich den unsrigen!
Wir sehen alles von der schlimmsten Seite an, und finden so sehr am Verläumden und Afterreden Geschmack, daß, wo nur der schwächste Schein des Argwohns ist, wir sofort auf die schwärzesten Verbrechen schwören.
Öfters beneide ich die Gemütsruhe dieser Deutschen und verfluche

unsere verderbte Denkungsart, die wir immer klagen, immer begehren, durch keinen Gewinnst befriedigt, durch keinen Wucher gesättigt, Himmel und Erde umkehren, um Schätze zu finden.
Wir erbeben vor künftigem Elend, werden von immerwährendem Kummer, ewiger Angst umhergetrieben; um nicht unglücklich zu werden, hören wir nie auf, unglücklich zu sein, starren mit unverwandten Blicken das Gold an, und gönnen weder der Seele, noch dem Leibe eine Erholung . . .
Diese Glücklichen hingegen, mit wenigem zufrieden, leben herrlich und in Freuden, streben nicht nach Reichtümern, kümmern sich nicht um den morgigen Tag, tragen gelassen alle Widerwärtigkeiten.«
Der Aufgabenbereich des Baders und seines Personals war weit gespannt; er reichte vom Abspülen des Körpers mit heißem und kaltem Wasser über Massieren, Schlagen oder Abreiben mit dem Badewedel und der Badebürste aus Kardendisteln bis zur Schönheitspflege, Rasieren und Haareschneiden, was in den meisten Städten zu einem Dauerzwist mit den Bartscherern führte. Diese intensive Beschäftigung mit dem menschlichen Körper, vor allem bei der Übernahme ärztlicher Aufgaben, und die fast als selbstverständlich vorausgesetzte Bereitschaft, den losen Sitten der Badegäste zu entsprechen und Sonderleistungen auf sexuellem Gebiet anzubieten, förderten den schlechten Ruf der Badstuber und Barbiere und verstärkten die Anrüchigkeit dieser Gewerbe.
Der Aderlaß, das Setzen von Schröpfköpfen oder Blutegeln zur Verminderung des hohen Blutdrucks, meist Sache des Barbiers, die Behandlung offener Wunden, die Untersuchung des Urins, die Durchführung von Operationen, besonders Amputationen, überhaupt der Kontakt mit eitrigen, blutigen, absterbenden Teilen des menschlichen Körpers rückte die ärztlichen Praktiker des Mittelalters und der frühen Neuzeit in die Nähe von Henker und Abdecker, der verfemten Berufe par excellence. Es war außerordentlich schwer, jenen Vertrauensbonus zu entwickeln, der den heutigen sozialen Rang der Ärzteschaft so sehr festigt. Hinzu kam jene eigenartige Mischung aus Wunderglauben und Mißtrauen gegenüber den Stars und den schwarzen Schafen im Medizinergewerbe, den Scharlatanen, Wunderheilern, Quacksalbern, Theriakskrämern und anderen Spezialisten aus dem Kreis der Fahrenden Leute, die gewöhnlich in marktschreierischer Weise ihre Qualitäten als Bruchschneider, Zahnreißer, Starstecher, Schädeltrepanierer und Syphilisheiler anpreisen mußten; all dies konservierte die teils berechtigten, teil unberechtigten Zweifel an der ärztlichen Kunst der einheimischen Bader und Barbiere.[290]

Der Kuppeleivorwurf war sicher in vielen Fällen nicht von der Hand zu weisen. Das anonyme Gedicht »Des Teufels Netz« aus dem späten 15. Jahrhundert[291] bringt die Volksmeinung auf den eindeutigen Nenner:

»Der bader und sin gesind
Gern hůren und bůben sind.
Das sich wol dik enphind
Dieb, lieger und kuppler,
Und wissend alle fremde maer.
Och kunnend sie wol schaffen
Mit laigen und och mit phaffen,
Die ir uppkait wend triben,
Und kunnend die fröwlin zů in schieben.«

2. Zwischen Lust und Angst

Im spätmittelalterlichen Köln hatten nur die besseren Häuser und die Klöster eine besondere Badstube mit eigenem Kamin und Badepfanne. Das Badehäuschen im Minoritenkloster war anscheinend nur für die Reinigung der Füße bestimmt (domus, in qua lavant pedes).[292] Auch die Zahl der öffentlichen Badstuben scheint nicht besonders groß gewesen zu sein; im 15. Jahrhundert lag sie jedenfalls noch höher als im 16., der Schock der Syphilis saß tief. Der Autor der Koelhoffschen Chronik meldet ihr Auftreten in Köln und am Niederrhein zum Jahr 1496, nur wenige Jahre nach der ersten Amerikafahrt des Kolumbus; er nennt diese »vremde krenkde« St. Jobs Krankheit: »ind wurden vast vil lude (sehr viele Leute) dairmit passioneert ind doch weinich surven van der krenkden.«[293] Reinold Kerkhörde, der Dortmunder Chronist, erwähnt die ›französische Krankheit‹ erst zum Jahr 1498.[294] Das Baden wurde mehr und mehr zum privaten Vergnügen, sofern man es sich leisten konnte. Insgesamt ging die Begeisterung für die Hygiene zurück; Puder und Schminke begannen, die Seife zu verdrängen.

Ob man in Köln an dem schönen und geheimnisvollen Brauch der Johanniswaschung, den Petrarca 1330 in Köln miterlebte und dem man die neunfache Kraft eines Bades zu anderen Zeiten zuschrieb,[295] noch in späteren Jahrhunderten festhielt, ist leider nicht festzustellen: »Am Vorabend des Geburtstages Johann des Täufers zogen ... Köln's Frauen und Jungfrauen in großen Schaaren bei Sonnenuntergang mit wohlriechenden Blumen geschmückt an den Rhein, um sich unter hei-

teren Sprüchen mit den Fluthen des Rheines zu besprengen und mysteriöse Waschungen darin vorzunehmen.«[296] Es war ein halbheidnischer Kultbrauch, der sich wohl nicht mehr lange halten konnte, obwohl das Wasser dieses Stromes in Zedlers Universallexikon noch im 18. Jahrhundert als »klares, lauteres und blaulichtes Wasser, so nicht allein zum trincken und baden sehr gesund, sondern auch zum kochen, waschen et cetera nicht undienlich ist«, gepriesen wird.[297]
Badstuben dienten als Kontakthöfe für Gelegenheits- und Berufsdirnen, das Etablissement in der Nähe des Kölner Dirnenhauses auf dem Berlich im 16. Jahrhundert sogar mit obrigkeitlicher Duldung.[298] Der Aufenthalt wurde zu einem gefährlichen Spiel zwischen Lust und Angst. Die Ansteckungsgefahr blieb groß, aber wenn es passierte, konnte man bald zur ärztlichen Behandlung wiederkommen.

Einen aufschlußreichen Fall aus dem Jahre 1600 können wir anhand des Protokolls[299] über das Verhör des Diederich von Wylich, Badstuber auf der Maximinenstraße ziemlich genau rekonstruieren: Diederich ist spezialisiert auf die Behandlung von Syphilitikern. Neben der eigentlichen Badstube hat er auf dem Boden ein erbärmliches Krankenzimmer eingerichtet, »eine verworffen cammer«, schief, mit undichtem Boden, durch den der Wind pfeift; für die Patienten gibt es nur ein Bett. Die Heilkur dauert 12, 14 Tage oder drei Wochen; bisher, so sagt er, sind alle wieder gesund geworden. Für die Therapie benutzt er verschiedenes Holz aus der Apotheke, dessen Namen er nicht kennt; es seien »saltzparillen« darunter – vermutlich handelte es sich um Chinarinde mit kristallinen Salzen, ohne Zweifel keine schlechte Medizin –. Daraus bereitet er einen Sud, den die Patienten dreimal täglich, morgens, mittags und abends jeweils nach dem Essen trinken müssen, immer einen »peßigen Romer« voll (= ca. ¼ Liter). Das Getränk muß heiß genommen werden, damit man tüchtig schwitzt. Salben braucht er nicht, die »dinger« (Franzosenpocken) fallen von alleine ab. Eine Diagnose stellt er ebenfalls nicht, da er die menschlichen »Complexiones« nicht kennt; er hat es bisher auch nicht nötig gehabt zu prüfen, ob es wirklich die »Frantzosen« seien und nicht etwa andere Krankheiten; denn alle Patienten hätten ihm selbst bekannt, daß sie die Krankheit durch ›Unkeuschheit‹ bekommen haben.

Gelernt hat er diese ›Kunst‹ von unbekannten fremden Meistern; ob diese »der kunst selbst erfahren gewest«, weiß er nicht. Jedenfalls hat er keine Angst, Patienten damit umzubringen; denn seit eineinhalb Jahren hat er die Kur an acht oder neun Personen erprobt, die sich alle »guter curation bedanken«.

Die bohrenden Fragen der Turmmeister zielen auf die Aufklärung eines Todesfalles: Vor kurzem ist ein Schuhmachergeselle krank zu Diederich gekommen, hat gebadet und ist, weil der Badstuber »Kinder pocken« (Windpocken) vermutet, mit einer »Purgation namens Laxenteuis«, einem kräftigen Abführmittel behandelt worden (¾ Lot, ca. 11,5 g). Er legt sich ins Krankenzimmer; nach acht Tagen stirbt er. Diederich wehrt sich gegen den Vorwurf, in seinem »Laxativis« sei Gift (venen) enthalten gewesen; er nehme es schließlich selbst. Der Apotheker habe ihm gesagt, es seien »turbitt minorall« (›rührende‹ Mineralien) und andere harmlose Dinge darin, über deren ›Zurüstung‹ er, Diederich, nichts wisse. Davon sei der Schuhmachergeselle jedenfalls nicht gestorben.
Die Turmmeister bohren weiter und Diederich muß noch einen Kunstfehler zugeben: Einem Mann, der »greachtig gewesen«, also mit einer Geschlechtskrankheit behaftet, hat er vier oder fünf Tage vor dem Hochzeitstermin (bestettnuß) eine Salbe zum Einreiben gegeben, ihm aber keineswegs versprochen, daß er dann rein sei und die Frau nehmen könne, ohne sie anzustecken. Nur daß er ihn heilen wolle, habe er ihm gesagt; daß die Krankheit nicht bald wieder »aufbrechen« werde, »da wolte ehr nicht gutt fur sein«, also keine Garantie übernehmen.
Prompt steckt sich die Frau an; Diederich schickt ihr die Medikamente (drei Pillen zu drei Terminen) ins Haus, den Mann kuriert er in seinem Krankenzimmer mit Abführmitteln (mit Laxativißen purgiert). Die Pillen sind »von Mercurion praecipitato, item triracles (Theriak)«; woraus der »Mercurio praecipitato« gemacht ist, kann Diederich nicht sagen, aber der beim Verhör als Sachverständiger geladene Dr. Arnold Manlius aus Brügge, Medizinprofessor an der Kölner Universität,[300] berichtet, sie würden »von schiedtwaßer (Salpetersäure) und quecksilber gemacht«. Das Rezept für diese Pillen hat er von einer alten Frau, Moen Dreutgen Leiendeckers aus einem Beginenkonvent in der Cäcilienstraße gegenüber von Hans Wolkenberg, die schon vielen Leuten geholfen habe. Von ihr hat er ein kleines Bleigewicht bekommen, etwa $^{1}/_{8}$ Lot schwer, um den »Mercurio praecipitato« richtig zu dosieren; dazu tue er dann soviel »des tyriaci« (Theriak, Latwerge), daß es ein Kügelchen werde.
Noch immer wissen die Turmmeister nicht genug; das Verhör, am 18. Juli begonnen, zieht sich hin. Diederich bestreitet heftig, daß er die Kranken in der Badstube, also im Beisein Gesunder, zum Schwitzen gebracht habe; erst nach der Heilung seien sie, wie das auch bei anderen Meistern gehalten werde, wieder dort gewesen. Trotz der ge-

genteiligen Aussage der drei amtierenden Meister im Barbiergewerbe bleibt er bei seiner Behauptung. Den Verdacht der Kuppelei weist er ebenfalls entschieden zurück: Unter seinem Gesinde habe er keine ›unkeusche‹ Personen gehalten, nur einmal, vor Jahren, habe er in seiner Unerfahrenheit einen Gesellen an eine Dirne verwiesen. ›Huren, Buben und Ehebrecher(n)‹ habe er nicht aufgehalten, ansonsten wohl allerlei Leuten.

Die Kunst, »die catharren zu zapffen« – gemeint ist wohl die operative Behandlung des Stirnhöhlenkatarrhs –, hat er von Hermann Linflieger gelernt und an vielen Patienten erprobt, auch am Stallknecht im Bonner Hof; daß dieser blind geworden sei, davon wisse er nicht.

Am 24. Juni wird das Verhör fortgesetzt, und zwar mit der Vernehmung eines früheren Patienten des Badstubers, von Ludwig Weilandt, gebürtig zu Hilden, und dessen Schwiegervater Werner Schroder, wohnhaft in der Neckelskuhle, von Beruf Schneider. Wie sich bald herausstellt, ist Ludwig Weilandt der Neffe der Badstubersgattin. Auch bei Ludwig geht man im Verhör das ganze Vorleben durch: Er fängt als Eisenkrämer und Hausierer an, läßt sich um 1582 in Oberwesel nieder und handelt weiter mit »eiserwerck und leinenkraem«. Vier Wochen nach Ostern des Jahres 1600 zieht er nach Köln, weil die Geschäfte in Oberwesel schlecht gehen; die »haußleute« kaufen auf Kredit und zahlen nicht – in Köln hofft er auf besseren Verdienst. Obwohl er es versäumt, rechtzeitig das Bürgeraufnahmeverfahren, die Qualifikation, durchführen zu lassen – Jacques Tacquet aus der Judengasse hat ihn falsch informiert –, mietet er ein Haus in der Severinstraße und hält am Ladenfenster seine Kramwaren feil, Nägel, Schnüre, Leinen und Galläpfel, auch ein wenig Pfeffer und Ingwer, Restbestände aus Oberwesel. Während er auf Hausierertour ist, hält die ebenfalls aus Oberwesel mitgebrachte Magd ›offene Fenster‹.

Zu seinem Haushalt gehört auch ein Mädchen, Ludwigs Tochter aus zweiter Ehe, erst ein paar Jahre alt, aber schon mit den »boisen dinger(n)« behaftet. Weilandt gibt sie zum Meister Diederich in Kur; sie kostet drei Reichstaler und ist erfolgreich. Nach der Heilung soll sie zu Meister Werner, dem Schneider, in Pflege und Dienst gegeben werden; bei diesem ›Handel‹ lernt Ludwig seine dritte Frau kennen. Vom Spezialtrunk des Badstubers bekommt er einen Vorrat mit nach Hause, weil er möglicherweise »etwas Mangels im halß« hat; diese Sorge stellt sich angeblich als unbegründet heraus.

Wie das Kind an die »boisen dinger« geraten sei, wird Ludwig gefragt. Er schiebt die Schuld auf die Mutter oder die »seugh ammen«. Ob die Mutter, seine zweite Frau, sie gehabt habe? Er antwortet: Das wisse er nicht, manche hätten es gesagt, andere nicht, im übrigen sei sie im »Kindelbedt« gestorben. Und er selbst? Ja, vor zwei Jahren ist er erkrankt, nun aber frei dank der Heilkunst einer Müllerin, der Walderfincks Mergh zu Oberwesel in der Niederbach hinter dem Nonnenkloster. »Auff einem heimblichen gemach« habe er sie bekommen, »nicht durch hurrerei«. – Dem Badstuber hat er es anders erzählt: Eine ›welsche Frau‹ hat ihn angesteckt.

Und dann ist da noch die Sache mit der Magd, die zur gleichen Zeit wie das kleine Mädchen vom Badstuber behandelt worden ist, weil sie »die boisen dinger im Hals gehabt und sich verlauten lassen, daß es die von genanntem Ludwig habe durch Essen und Trinken«. Weilandt, damals vermutlich entgegen seiner obigen Behauptung doch in der Rachengegend infiziert, hütet sich, fellatio und cunnilingus zuzugeben: Die Magd, etwa 20 Jahre alt, sei in Oberwesel gesund aus seinem Haus gegangen, habe überhaupt nur drei Wochen bei ihm gedient, sei dann ein Dreivierteljahr weggewesen und von einem Herrn zum anderen gelaufen. In Köln sei das Mädchen wieder zu ihm gekommen, habe ihn beschuldigt, es hätte sich in seinem Haus angesteckt, und von ihm gefordert, die Kosten für die Heilung zu übernehmen, »worauf er geantwortet, es solle von der Tür bleiben oder er wolle es abschmieren (ohrfeigen), sei ein leichtfertig medtgen«. Immerhin, auch dem Badstuber gegenüber hat das Mädchen nicht behauptet, Ludwig habe mit ihr Unzucht getrieben.

Die Urteile vom 28. Juli sind hart: Diederich hat binnen eines Monats die Stadt zu verlassen, Ludwig muß wegen unberechtigter Öffnung des Ladens ein Bußgeld zahlen, wird dann am 31. Juli entlassen. Innerhalb einer Woche soll er sich mit seinem Hausrat ebenfalls zur Stadt hinausmachen; der Rat will ihn nicht länger dulden.

Für die Stadt war das Abschieben von Syphiliskranken – auf den Dauererfolg solcher Kuren konnte man sich nicht verlassen – sicher eine bequeme Lösung. Ob man die Ansteckungsgefahr angesichts der kaum durchführbaren ärztlichen Kontrolle der Dirnen und der hohen Besucherfrequenz einschränken konnte, muß dahingestellt bleiben. Nur wenn ein Fremder, wie etwa im April 1613 der Hutmacher Lambert Magier aus dem Stift Lüttich, gleich nach seiner Ankunft in Köln auf den Markt zu den Quacksalbern ging, um lauthals herumzufragen, ob sie nicht ein Mittelchen gegen die Krankheit in seinem Leib, »nempe morbum gallicum«, die ›Franzosen‹, hätten, wurde er natürlich gefangengesetzt, verhört und schnell wieder aus der Stadt getrieben.[301] Erfahrene Badstuber wie Diederich von Wylich waren diskret, solange sie nicht auffielen.

26 Gebet zu St. Minus gegen die Franzosenkrankheit (Syphilis)

Die tiefe Kluft zwischen der überwiegend theoretisch orientierten Medizinerausbildung an den Universitäten und der im handwerklichen Rahmen bleibenden täglichen Praxis vertiefte sich im 15. und 16. Jahrhundert. Bei den Badern und Barbieren[302] traten die medizinischen Dienstleistungen immer stärker in den Vordergrund. Die Lehrzeit betrug in Köln vier Jahre, am Ende des 15. Jahrhunderts acht Jahre.[303] Arm- und Beinamputationen durften die Barbiere zunächst nur im Beisein der erfahrenen Obermeister des Amtes durchführen.[304] Seit 1460 verlangte man eine Sonderprüfung für Chirurgen vor vier Amtsmeistern und zwei Ratsbeauftragten.[305] Sie war notwendig geworden, weil einige Meister und Brüder so vermessen waren, mit bunten Reklametafeln (breder gemailt mit figuren van cirurgien of van arzedien), Fähnchen mit gemalten oder (gerissenen?) Zähnen (banner mit zenden) und Schüsseln mit Aderlaßblut (gelassen bloit) vor der Tür der ›Praxis‹ für ihre Künste zu werben. Wie diese ›Facharztprüfung‹ im einzelnen vonstatten ging, wissen wir nicht, aber man mußte die »kunsten von cirurgien« vor der Kommission »beweren ind bewijsen ... mit blichender dait ind schijnberen (= offenbaren) werken«, durch praktische Vorführung an Patienten; dann durfte man auch die Bretter oder Zeichen aushängen. Im März 1493 nahm man zunftintern eine Reihe von Todesfällen zum Anlaß, dem Meister Conrad vor St. Katharinen zu verbieten, gefährliche Krankheiten oder Verletzungen ohne Zuziehung eines erfahrenen Kollegen zu behandeln, »da sorge an leit, dat emans doit blif ader lam wurde«.[306]

Auch Honorarfragen regelte man einvernehmlich: Wer einem Verletzten erste Hilfe leistete, besaß einen Provisionsanspruch an den Barbier, der die weitere Heilbehandlung übernahm.[307]

Kurz vor 1500 hatten die Wundärzte unter den Kölner Barbieren vereinbart, wahrscheinlich wegen der blamablen Behandlungen durch Meister Conrad, bei lebensgefährlichen Verletzungen oder Lähmungen spätestens nach dem vierten »gebende« (Verbandwechsel) die amtierenden Meister zuzuziehen, um Wunde und Verband zu kontrollieren. Die amtsinterne Kontrolle funktionierte aber nicht besonders gut, vielleicht wegen der Honorarforderungen letzterer, und so mußte man feststellen, daß dadurch so mancher Mensch »des lidderlichen gebentz ind versummnis der wonden halven verwarloeist ind afliffich (tot) worden ist«. Auf Bitten des Amtes nahm sich der Rat der Sache am 18. Dezember 1500 an, machte die Kontrollpflicht zur Vorschrift und setzte das Honorar der ›Oberärzte‹ auf vier leichte Weißpfennige pro Patient fest; die »goetzarmen« sollten gratis behandelt werden. Wer dagegen verstieß, zahlte 10 Mark Buße.[308] Um diese Zeit – ob vor oder nach dem Ratsbeschluß wissen wir nicht – mußten sechs Barbiere unter Eid erklären, daß sie am Tod des Patienten Girlich Voerman (Fuhrmann) unschuldig seien: Sie hätten ihn »so flijslichen« verbunden und gepflegt; wenn sich der Girlich vor der »kelden« (Erkältung, Lungenentzündung) gehütet hätte, wäre er an seiner Wunde nicht gestorben. Man habe sie schließlich acht Tage länger als nötig offengehalten.[309]

Am 8. Juni 1545 nahm der Kölner Rat den Umstand, daß »allerlei frembde medici und cyrurgi« nach Köln kamen und sich ›unterstanden‹, die Leute zu ›kurieren‹, weshalb dann viele Personen »verdorven und versumpt« wurden, zum Anlaß, den ›Doctores medicinarum‹ von der städtischen Universität zu befehlen, diese Kurpfuscher zu examinieren und bei dieser Gelegenheit zusammen mit zwei Ratsherren auch gleich die Apotheken zu visitieren[310]. Kurz vor Weihnachten beschloß man, auch den einheimischen ›empiricis‹, den praktischen Ärzten, weitgehende Beschränkungen aufzuerlegen. Den Anstoß gab das Examen des Meisters Peter van Anttorff durch die Universitätsprofessoren: Bei der ersten Prüfung war er durchgefallen, zur zweiten gar nicht mehr erschienen. Er bekam Praxisverbot, durfte aber in der Stadt bleiben, wenn es ihm gelänge, sich in anderer Form »bürgerliche« zu ernähren. Künftig sollten jedenfalls »solche ungeschickten emporici« nicht mehr zugelassen werden. Johann van Gent in der Glockengasse, ein anderer Praktiker, sollte seine Reklametafel abhängen und sich, die Zustimmung der Meister vom Barbieramt vorausgesetzt, nur noch als gewöhnlicher Wundarzt betätigen[311].

Zwei weitere ›schwarze Schafe‹ waren 1544 und 1563 unliebsam aufgefallen. Meister Goddert, »hoedtschnider und dodengrever«, wurde am 15. Dezember 1544 verhört, weil er die sinnige Verbindung seiner beiden Berufe zur Vertuschung einer mißglückten Operation mißbraucht hatte: Ein Mann vom Eigelstein, an dem er eine Hodenbruchoperation ausgeführt hatte, starb in seinem Haus. Goddert handelte schnell: Er hat den »doden lich(n)am«[312] einfach in einen Sack »gestochen« und zum Friedhof getragen. Am 16. August 1563 kam Meister Velten, Stein- und Hodenschneider, in Turmhaft, weil er die Frau des Johannes van Nehem verführt, Unzucht mit ihr getrieben und sie um ihren Besitz gebracht hatte. Der Rat nahm den Fall zum Anlaß, wieder einmal an die Antikuppeleigesetze zu erinnern[313].

Es liegt an der Natur der Quellen, daß man über die tägliche erfolgreiche Praxis der meisten Kölner Bartscherer und Ärzte kaum etwas erfährt und die gerichtsnotorischen Kunstfehler, Mißstände und Schlampereien ein wenig das Bild verfälschen. Die niedergelassenen Wundärzte waren besser als ihr Ruf, den ihnen die ›Wunderärzte‹ mit ihren besonderen, marktschreierisch dargebotenen Künsten seit dem 16. Jahrhundert allerdings gründlich verdarben. Köln profitierte ferner trotz der Vertreibung der Juden 1424 weiterhin in seiner medizinischen Versorgung von der hochstehenden ärztlichen Kunst der in Deutz wohnenden Juden, die regelmäßig tagsüber Geleit nach Köln bekamen.

Die Bevölkerung vertraute den Praktikern eher als den Universitätsmedizinern; nur in verzweifelten Fällen zog man sie zu. Das Hausbuch des Hermann Weinsberg enthält eine Fülle von Nachrichten über die Inanspruchnahme ärztlicher Dienstleistungen, die er mit der Akribie eines leicht hypochondrisch Veranlagten notierte, ob es sich um die eigene Hodenquetschung, die Dauermigräne seiner zweiten oder auch die schwere Krankheit und das langsame Sterben seiner ersten Frau handelte. Weisgin, die schon seit Beginn der kurzen Ehe mit Hermann an offenen Beinen und einem Frauenleiden litt (gebrech an der moder), erkrankte Mitte Mai 1557. Am Montag (17. 5.) klagte sie über Rückenschmerzen und Kopfsausen (das sult rauschen wie ein wassermull); Meister Derich Bartscherer, der sie behandelte, hielt die Wunde an dem »bois« Bein, die nun zuheilen wollte, »mit gewalt offen«; am Dienstag machte er einen Aderlaß und noch ›einiges mehr‹. Erst am Donnerstag fühlte sie sich so schwach, daß sie das Bett hüten mußte; am Freitag ließ sie zum zweiten Mal ihr „wasser besehen" (Urinuntersuchung), noch zwei oder drei Doktoren und einige Praktiker rufen, die eine Gebärmuttererkrankung diagnostizierten. Sie gaben ihr »koildrank« gegen das hohe Fieber (sei was seir hitzich und brant). Am Samstag suchte sie in ihrer Verzweiflung gesundheitlichen Rat bei einer Begine, die sie kommen ließ, aber es wurde nicht besser. Am Montagmorgen nahm sie auf Rat der Doktoren noch ein Purgativum ein – aus der Hand ihres Neffen Johann Ripgin, dem sie vertraute; »sunst wolt sei nitz apteken mehe innemen« –, fühlte sich ein wenig besser, aber sehr schwach. Am Dienstagmorgen machte sie ihr Testament, am Nachmittag ihren Frieden mit Gott, litt geduldig bis zum Freitag, verlor am Nachmittag das Bewußtsein und starb nach der sechsten Stunde »also stillich sois, als het sei geschlafen«.[314]

Auch hier klingt schon durch, daß Weinsberg ein etwas gespanntes Verhältnis zu den Universitäts- und praktischen Medizinern hatte. 1563 geriet er in eine handfeste Auseinandersetzung mit dem Bartscherer Johann Brussler, der seine Frau »swarz und bla gesclagen«

hatte, weshalb sie bei ihm juristischen Rat einholte. Brussler ärgerte sich darüber, bedrohte Weinsberg in seiner Schreibkammer unter dem Rathaus mit seinem »silber degen« und beschimpfte ihn so lange, bis dem der Kragen platzte (kruff mir das bloit): »Und van stunt an scloich ich in mit feusten umb den kop.« Man konnte die Streithähne nur mühsam trennen.[315]
Weinsberg notierte auch säuerlich die Honorarforderungen der Barbiere: 1571 kostete die Heilung des gebrochenen Beines eines Jungen aus der Verwandschaft 10 Taler,[316] 1576 verlangte der jähzornige Johann von Brüssel (Brussler) für die Heilung von Lisbetgin Horns, Mieterin im Haus Weinsberg, 20 Taler. Die Behandlung war allerdings risikoreich; der Doktor Collenberch hatte „ex urina" auf Pest (pestis) diagnostiziert. Lisbetgin machte ihr Testament, empfing die Sterbesakramente, dann brannte (fleimde) ihr Meister Johann das Geschwür am Hals aus, gab ihr Tränkchen ein und es wurde besser. Man ließ sie allein, räucherte das ganze Haus mit Wacholder aus, aß »pillen, triakel (Theriakmedikamente), essich« und hütete sich, so gut es ging, vor Ansteckung. Alle überlebten,[317] auch Weinsberg, der bei seiner Mieterin noch drei Tage vor der fatalen Diagnose einen Krankenbesuch gemacht hatte. – Im Juli 1586 ließ der Kölner Rat für die im Rahmen des Kölnischen Krieges bei Junkersdorf Verwundeten Geld sammeln; es kam viel zusammen. Als die »barbirer« davon hörten, die zur Hilfeleistung verpflichtet waren, haben sie, wie Weinsberg kritisiert, »iren geiz gesucht« und 1600 Gulden gefordert; auch die Herbergswirte wollten einen Teil der Spenden abhaben.[318]
Im folgenden Jahr wurde Weinsberg Mitglied einer Dreierkommission des Rates »zu reformeren chirurgos, empiricos et pharmacopolas«, obwohl er die eigene Kompetenz und die seiner Kollegen gering einschätzte und meinte, man hätte besser »phisicos et medicos« von der Universität berufen sollen. Aber der Rat hatte gute Gründe: ». . . die medici selbst durfen die barbirer, arzt und apteker nit verzornen, haben iren nutz von innen«. Großen Arbeitseifer entfaltete die Kommission nicht; man lud einige fremde Ärzte vor – dabei blieb es.[319]
Immerhin, einige der Kölner Mediziner wußte auch Weinsberg – wenngleich mit leiser Ironie – zu würdigen, z. B. den 1595 verstorbenen Meister Adrian, »bartscherer und keismenger« auf dem Heumarkt: Er war »ein erfarner wontarzt«, Mitglied der ›Vierer‹, der Prüfungskommission für angehende Chirurgen und offenkundige Pfuscher; reich aber wurde er an Häusern, Gut und Renten durch seinen Käse- und Butterhandel.[320]

Noch angesehener – als Universitätsabsolventen und Praktiker – waren der 1587 verstorbene Doktor Nicolaus Stapedius, Sohn eines Kölner Apothekers, der viele Jahre in Frankreich praktizierte und »grois gelt erobert(e)«,[321] und der Doktor Birckman:[322] Er »war ein weitberoimter medicus, der bei Fursten, herrn und burgern kostlich gehalten wart, kunt vil leuten helfen«. Aber bei seinen Brüdern, Verwandten und Schwägern schlugen die Kuren übel an; nur wenige haben ihn laut Weinsberg überlebt, obwohl er selbst früh, kaum 50 Jahre alt, am 15. September 1586 starb. Sein Vater war der reiche Buchdrucker Arnold Birckman; mit der »medicin« vermehrte der Sohn den Reichtum, kaufte das berühmte Haus Brabant, früher auch Costin-Greven-Haus genannt,[323] das er, weil es nach 1550 durch Anbauten und Nachlässigkeit der Besitzer baufällig geworden war, »herlich widder aufbauwete«; dazu ließ er ein eigenes Tannenholzfloß aus Basel den Rhein herabführen. Birckman war ein Anhänger der neuen, auch forschungsorientierten Medizin: »Hat vil leut doit uffgesneiden, exemptereirt und gebalsamet«. Auch sein Sterben gestaltete er stilvoll: Zuletzt ließ er sich auf Lauten, Zithern und Harfen vorspielen.
Sezierungen zur Feststellung der Todesursache führten gegen Ende des 16. Jahrhunderts auch Barbiere durch; 1591 z. B. wurde die Leiche eines achtjährigen Mädchens auf Wunsch der Mutter seziert.[324]

27 Fahrender Quacksalber

Es gehört zu den Paradoxien dieses an Gegensätzlichkeiten ohnehin nicht armen 16. Jahrhunderts, daß mit der allmählichen Durchsetzung der modernen, wissenschaftlich fundierten praktischen Medizin auch die Glanzzeit der ärztlichen Magier beginnt. Seit den 1570er Jahren fanden Stein- und Bruchschneider, Okulisten (Augenärzte, Starstecher) und Quacksalber, die in Köln nur vorübergehend ihre Zelte und Buden aufschlugen, mit Vorliebe auf dem belebten Altermarkt, wachsendes Interesse der Obrigkeit. Der Rat handhabte die Geleitspraxis restriktiv, nur in der großen Freiheit um die Gottestracht nach Ostern war man gewöhnlich großzügiger.

Am 16. Juni 1574 erhielten die Steinschneider die Auflage, vor jeder Operation an gebrechlichen Leuten die Bürgermeister zu informieren;[325] die Kontrolle dieses gefährlichen Eingriffs war zweifellos geboten. Ein Jahr später ließ der Rat alle fremden Quacksalber aus der Stadt treiben,[326] mit welchem Erfolg, bleibt offen. Auf jeden Fall wurde noch am 14. Mai das Geleitsgesuch[327] des fahrenden Arztes Johann Eisenbartt abgelehnt, eines Namensvorgängers des berühmt-berüchtigten Dr. Johann Andreas Eisenbart (1661–1727) aus dem oberpfälzischen Oberviechtach, der die ›Leut nach seiner Art‹ kurierte, als Arzt aber besser war als sein Ruf. Das schöne Volkslied vom Doktor Eisenbart gerät leider mehr und mehr in Vergessenheit.

Gegen Ende des 16. Jahrhunderts lockerten sich die Restriktionen wieder; die Examenspflicht bestand zwar weiter,[328] aber der Rat machte auch Ausnahmen. Am 10. Mai 1595 vergönnte er dem gerade angekommenen »Oculisten und Artisten der Zendt« Jacob Sulten (Soldan) Krumpe, der sich besonderer Künste gegen »Zendtwee« rühmte, die Ausübung derselben nach dem üblichen Examen. Aber schon neun Tage später – vielleicht hatte er einige zahnwehgeplagte Ratsherren sanft und mit Erfolg behandelt – erlaubte man ihm eine längere Niederlassung nach Zustimmung der Barbiererzunft, »ganz ohne daß er dem examini medico sich nötig solle unterwerfen«. Am 19. Juli erhielt er für weitere sechs Wochen die Aufenthaltserlaubnis.[329]

Willkommen war im August 1597, auf dem Höhepunkt einer schweren Pestepidemie, auch der »Pestmeister« Isaac Bossart, der aus Frankfurt anreiste, anscheinend ein erfahrener jüdischer Arzt. Da er sich bereit erklärte, ›in der Person sich zu den Kranken zu begeben‹, war er auch den Barbieren und Medizindoktoren willkommen und erhielt auf sechs Monate Geleit. Sollte sich seine Kunst als ›richtig‹ herausstellen, konnte er mit Verlängerung rechnen.[330]

Nach Köln zog es 1602 den Okulisten und Steinschneider Bartholomeus Friederich,[331] 1604 den Steinschneider Eyloff van Groningen,[332] im April 1605 zur Gottestracht den Johann Hiller aus Brühl, um seine ›berühmte Kunst, Steine und Brüche zu schneiden, auch Zähne auszubrechen‹, zu erproben,[333] im Juni desselben Jahres den Leodegarius Serranus van Oisterholt, der über besondere Mittel (gebenss) für »gebrochene und schadhafte« Bürger verfügte,[334] Ende November 1607 den Steinschneider und Okulisten Bartholomäus von Laß, vielleicht identisch mit jenem von 1602, und den Stein- und Bruchschneider Johann Schutz. Über Bartholomäus wußten die Barbiere nichts Unbilliges zu sagen; er gebe sich als bewährter Meister, der keinen ›Abscheu‹ trage, sich »mit den doctoribus und chyrurgis seiner kunst halber in communication zu begeben«, klage aber über den anderen, den Meister Johann Schutz, daß er »ein idota und unerfahren« sei. Beide hatten nebeneinander ihre Stände auf dem Heumarkt aufgeschlagen.[335] Wie das Examen, zu dem auch die Universitätsmediziner beigezogen wurden, ausfiel, wissen wir nicht.

Gesprächiger sind die Kölner Quellen, wenn einer dieser Wander- und Wunderärzte in den Verdacht einer strafbaren Handlung geriet und ausgiebig auf dem Turm verhört wurde. Am 5. Juni 1588 passierte dies dem »operateur« Abraham Topett aus der Nähe von Orléans, den man zusammen mit seinem Gefolge wegen des Verdachts, in Burtscheid bei Aachen einen Kollegenmord begangen zu haben, festgenommen hatte. Seine Aussagen und die seiner Diener, des Petrus Maßanus (Moßanus) aus Düsseldorf, des Israell Artaw oder Hertzogh aus Schneeberg in Meißen (Erzgebirge) und des kleinen Jungen (parvus iuvenis) und Lehrlings Nicolaus Bonaventura Cornuy, gebürtig aus der Gegend von Besançon, verraten erstaunlich viel über den typischen Werdegang eines Wanderarztes und die doch nicht immer so glänzende tägliche Praxis:[336]

Abraham Topett hat die Kunst, Steine und Brüche zu schneiden, bei Meister Peter Capito in Holland gelernt; seit zweieinhalb Jahren reist er selbständig in Brabant und Flandern umher, den letzten Winter hat er in Lüttich Quartier bezogen. Im April 1598 zieht er für drei Wochen nach Namur, dann über Lüttich nach Aachen, wo er im Haus Cronenbergh nicht weit vom Markt fünf Wochen lang ›herbergt‹. Überall hat er die notwendige behördliche Erlaubnis erhalten, in Lüttich auch das übliche Medizinerexamen bestanden. Von Aachen aus macht er auch Krankenbesuche in die Umgebung, z. B. nach Burtscheid, wohin ihm eine Patientin aus Lüttich gefolgt ist, die im »Romer« Quartier genommen hat; außer ihr behandelt er noch vier Frauen. In Aachen gibt es nicht viel zu tun, deshalb will er nach Köln

und über Frankfurt durch Deutschland nach Italien ziehen. Sein Aachener Apotheker zahlt die Transportkosten; der Diener Israell und der Junge reisen mit der Karre und dem Gepäck (pagasi) voraus, am 2. Juni folgen Topett und der zweite Diener in einer kleinen Karawane, zu der auch der Aachener Stadtbote gehört.
Am 4. Juni werden Topett und seine Begleiter verhaftet: In Burtscheid ist ein Mord passiert, ausgerechnet ein Kollege, ein Quacksalber, kein »operateur« – die gebe es nach Topetts Aussage in Aachen nicht. Beschuldigt wird aufgrund der Beschreibung von Kleidung und Statur der Petrus Moßanus. Der Verdacht auf Konkurrenzneid liegt auf der Hand. Man hat den Aachener Quacksalber vor etwa zwei bis drei Wochen ›gequetscht und mit einem Beil ins Haupt gehauen, auch ins Kinn und in die Schultern‹, erst am Montag vor Topetts Abreise ist er gestorben. Topett und seine Diener werden nach etwaigen Kontakten mit dem Kollegen befragt: Topett gibt zu, einmal habe er den Petrus hingeschickt, um den Quacksalber aufzufordern, seine ›Dinge‹ (= Reklameschilder und -briefe) beieinander zu hängen, damit er auch Platz habe. Dessen Frau sei dazu bereit gewesen, sie habe Petrus aber auch gebeten, nicht zu verbreiten, daß sie noch einen anderen Mann in Holland habe, dessen Kinder bei ihr lebten. Als der Quacksalber verwundet in Burtscheid lag, habe er nach ihm fragen lassen, wie man eben nach einem Menschen frage, wenn er gequetscht sei.
Topett lenkt den Verdacht bewußt auf die bigame Frau und die beiden Diener, mit denen sie in Burtscheid eingezogen ist. Der Bruder des Quacksalbers habe sich nach dessen Tod davongemacht, weil er Angst hatte, seine Schwägerin könnte ihm einen ›Trank‹ eingeben, ihn also vergiften.
Petrus Moßanus und Israell Hertzog bestätigen im wesentlichen die Aussage Topetts, geben aber das Gerücht weiter, zwei »lymschlyver« (Lehmschleifer/Bauhandwerker) hätten den Quacksalber verwundet. Im übrigen hätten sie mit dem Mann nicht weiter gesprochen; denn es heiße, ›die Kunst hasse sich etc‹.
Tatsächlich erweist sich dann einer der beiden Diener des Aachener Quacksalbers, Nicolaus Rosa, ein ›welscher‹, als der Täter, und die Truppe wird am 8. bzw. 15. Juni aus der Haft entlassen.
Am Schicksal des kleinen Cornuy werden die Härten der Lehrzeit eines angehenden praktischen Arztes deutlich: Vor einem Jahr ist er mit Jan Baptista, chirurgus, aus seiner Heimat weggezogen, der tritt ihn nach vier Monaten zu Lüttich an einen anderen Meister, Gyllis Dore, ab, nach Ostern 1598 kommt er in den Dienst des Abraham Topett. Israell ist schon drei bis vier Jahre bei dem Meister, Petrus Moßanus

seit dem 14. Februar 1598. Sein Vater, ›Dechant‹ in Düsseldorf, hat ihn vor zweieinhalb Jahren zu Petrus' Bruder nach Maaseyck gegeben, um den Apothekerberuf und »artem chirurgicam« zu lernen. Topett und seine Gesellen zählten zweifellos zu den vielen unsteten Vertretern ihres Berufs, die es den niedergelassenen Praktikern so schwer machten, die gewünschte gesellschaftliche Reputation zu gewinnen, aber er war vermutlich kein schlechter »operateur«. Ein echtes ›schwarzes Schaf‹, der Quacksalber Cyriacus Vense (Fense) aus dem Amt Spangenberg in Hessen, geriet am 23. April 1611 in die Mühlen der Kölner Justiz:[337] Auch er zieht herum, mit Frau und drei Kindern, »dwelche nicht viell zum besten«. Im Winter nimmt er gewöhnlich Quartier bei seiner Mutter im Stift Fulda; jetzt logiert er hier in Köln bei einer Witwe auf dem Buttermarkt. Er sei »artz«, »breche zähne auß«, könne auch Zahnweh vertreiben, brauche eigentlich keine Arznei, höchstens einmal ein wenig Theriak (Latwerge), den er auch verkaufe. Seine Kunst hat er vom Bruder seines Vaters, einem »Feldtscherer«, gelernt. Er kommt in Verdacht, weil er ein »krautt« feilhält, das angeblich gut gegen Zauberei ist. Er muß es gar nicht besonders zubereiten oder in einer »composition« mit anderen Elementen vermischen; es wirke, wenn er beim Herausziehen der Wurzel ein Kreuz schlage und dazu folgendes Gebet spreche (der Turmbuchschreiber vermerkte dazu am Rande: »Haec poßunt in legendi omitti, nisi domini voluerint audire« – wir halten das Gebet für absolut mitteilenswert):

»Ich grabe dich du wurtzell gut,
durch unsers hern Jhesu Christi kostlichs bluedt,
ich grabe dich mit der macht und mitt der crafft,
die dir godt unser her Jhesus Christus gab,
do ehr an dem creutz stundt,
da sein theures bluedt fur unser arme sunder vergoßen wurdt,
daß diese wurtzell und krautt so geweiß sei fur alle zauberei,
an roiß und rindt,
an man, weib und kindt,
des helff mit godt der heiligh man,
daß du wurtzell und krautt wollest dringen durch die wolchen,
wollest widersprengen und holen allen christgleubigen menschen
die verloirne milch und molchen,
ihn nhamen deß vatters, sohns und heiligenn geistes.«

Diese Kunst hat Cyriacus von Meister Urban, dem Henker zu Wolfenbüttel, gelernt; er glaubt fest an die Wirkung des Krautes, es sei an vielen Orten ›probiert‹, auch durch Meister Urban; wer es bei sich trage, der sei »für (=von) zauberei frei«. Aus den Nachfragen der Turmherren ergibt sich: Das Kraut ist ein Mittel zur Hexenprobe, um in »Badern« oder an anderen verdächtigen Orten auszuprobieren, ob Zauberinnen vorhanden seien. Vense bestreitet, es selbst gebraucht zu haben; in Mainz, Frankfurt und anderswo habe er es verkauft, ohne Ärger zu bekommen. Ein Kölner wollte sogar noch sechs Stück haben. Die Turmherren glauben ihm, daß er selbst nichts mit Zauberinnen zu tun hat; doch am 25. April muß er mit Weib und Kindern die Stadt verlassen.

28 Arzt und Patient

4. Von der Unehrlichkeit zum Traumberuf

Der Emanzipationsprozeß der praktischen Ärzte aus der ›Unehrlichkeit‹ der Badstuber und Barbiere dauerte lange. Die Haltung der Gesellschaft war zwiespältig wie bei fast allen partiell diskriminierten Gruppen: Man braucht sie, sucht sie auf und verachtet sie gleichzeitig. Es war sicher eine geschickte Verschleierung der allgemeinen Abneigung gegen diese Gewerbe, wenn z. B. 1347 der Augsburger Rat beschloß, die Bader, Bartscherer und Chirurgen von allen öffentlichen Ämtern zu befreien, damit sie Tag und Nacht unverdrossen ihrer Kunst obliegen könnten.[338]

In Köln ließ man die Barbiere, die spätestens seit 1397 eine eigene, kräftige Zunft bildeten[339] und gemäß dem Verbundbrief von 1396, der Verfassungsurkunde der Stadt Köln, politisch in der Gaffel der Harnischmacher organisiert waren, zusammen mit Schwertfegern, Pferdekummetmachern, Taschenmachern und Seilern,[340] nicht zum passiven Wahlrecht zu. 1428/29 notierte man im ersten Eidbuch lapidar: »Unse heren v(anme) r(aide) haint verdragen (= beschlossen), dat man geynchen bartscherre zo raide noch zo 44 kiesen en sall.«[341] Stadtrat und Mitgliedschaft im Kontrollgremium der Vierundvierziger (je zwei Mann aus den 22 Gaffeln) blieben ihnen auch weiterhin verschlossen. Im Rahmen der Septemberrebellion von 1481, die bis zum Februar 1482 zu einer leichten Umgestaltung der Verfassung führte, versuchten auch die Bartscherer, diesen diskriminierenden Zustand zu ändern. Sie wählten auf der Gaffel einvernehmlich mit den Harnischmachern einen Barbier zum Ratsherrn, Symon van Rummerskirchen, einen angesehenen und wohlhabenden Mann (eyn onberuchtigt manne van guder wandelonge ind naronge), und baten den Rat, ihn zu bestätigen. Eine Abordnung des Rates verhandelte mit den Barbieren, erklärte ihnen, daß man natürlich nichts gegen Symon habe und man überhaupt sie, die Barbiere, ihre Frauen, ihre Kinder und Freunde, ihre Ehre und ihr Wohlergehen in keiner Weise »smeen noch achtersetzen« wolle, sondern ihnen gern gleich anderen Zünften diese Ehre gönnen würde, aber zustimmen könne der Rat beim besten Willen nicht; denn seit fast 54 Jahren habe man es immer so gehalten, noch nie einen Barbier in den Rat gewählt – und dabei müsse es bleiben. So beschloß der Rat am 28. Dezember 1481.[342] In der Begründung fehlte nur noch das dritte klassische Entscheidungskriterium: Da könnte ja jeder kommen.

Die Barbiere fügten sich, obwohl sie geltend machen konnten, daß sie sich für das Wohl der Stadt 1474/75 vor Neuss »truwelich gehalden ind bewyst, yre vleysch ind bloyt« eingesetzt hatten. Die Zunft war überdurchschnittlich wohlhabend; der nach Gaffeln geordneten Liste der reichen Kölner von 1417 zufolge zahlten 14 Barbiere eine Sondersteuer von einem Gulden.[343] Sie dürften etwa ein Viertel bis ein Drittel der Meister gestellt haben; denn nach Aussage mehrerer Personenlisten der Barbiere von 1442–1446 umfaßte die Zunft 49–56 Meister, ferner 1446 den nicht mit dem Meistertitel geschmückten Hinrich »hodensnider«.[344] 1469 ließen die Zunftmeister in ihrem Rechnungs- und Tagebuch alle Meister aufzeichnen, die eine Bescheinigung über ihre eheliche Geburt (von frumem, elichem stot geboren) beibringen konnten; immerhin 36 Barbiere schafften dies,[345] ein deutlicher Be-

weis für das Bestreben, wenigstens den Makel der unehelichen Herkunft zunftintern künftig aus der Welt zu schaffen und sich den Ehrbarkeitsforderungen in den anderen Zünften anzugleichen.
Wie sehr die anderen Zünfte auf sie herabsahen, zeigte der Prozeß des Chirurgensohnes Jakob Biermann aus Worms gegen die besonders vornehme Kölner Goldschmiedezunft[346] in den 1480er Jahren. Jakob wurde etwa 1476 von seinem Oheim, dem Goldschmied Jakob von Herten (bzw. van der Salzgassen) als Lehrling angenommen. Biermann erkundigte sich seiner Aussage von 1486 zufolge damals bei den Amtsmeistern, ob es ihm oder dem Goldschmiedeamt »hinderlich« sein könnte, daß sein verstorbener Vater »gesneden (operiert) have ind arzeder geweist sij des homeichtigen fursten ind herren palzgraven bij Rijne etc«. Darauf habe man ihm aus dem Amtsbuch vorgelesen, das folgende Voraussetzungen verlangte: eheliche Geburt, persönliche Freiheit (niemands eigen) und als Vater weder Bartscherer, Leineweber oder Spielmann.[347] Biermann, der schon sehr fein zwischen Bartscherer und Arzt unterschied, und ein Echtzeugnis beibringen konnte, erklärte sich in den übrigen Punkten ebenfalls für »unschuldich« und blieb als Lehrling fünfeinhalb Jahre lang unbehelligt. Dann bekam er angeblich Ärger mit anderen Gesellen bei ihren regelmäßigen Zusammenkünften und Spielen. Sie fingen an, ihn zu meiden, wollten nicht mehr mit ihm zusammen arbeiten und verbreiteten, er sei »eins hodensniders son«. Biermann wehrte sich; sein Vater habe Hodenbrüche nur mit »wasseren« geheilt und nicht auf andere Art. Im achten Lehrjahr, kurz vor dem Abschluß der Ausbildung, zog das Amt dann Konsequenzen: Man habe herausgefunden, daß Biermanns Vater tatsächlich »ein snieder gebrochener lude«, ein Bruchschneider, war und damit »offentligen« sein Geld verdiente, und erklärte dem Jakob, deshalb sei er dem Amt »unbeqweme«; denn »sulche snidere ind bartscherere« seien ebenso verwandte Handwerke wie Goldschmiede und Goldschläger; der von ihm gemachte Unterschied zähle also nicht; denn eigentlich sei »der snider ampte« noch viel verachteter (versmaeliger) als das Bartschereramt. Es stimme nicht, daß Biermann die Zunft schon zu Beginn seiner Lehrzeit informiert habe, sondern erst jetzt, wo seine acht Jahre um seien. Jakob van Herten, sein Oheim, habe ihn nur »umb levens ind stervens willen« einige Zeit als Lehrling beschäftigt. Im übrigen praktiziere man die Aufnahmebeschränkungen schon seit 200 Jahren.
Am 25. November 1485 wiesen die Meister Jakob Biermann aus der Zunft: Er sollte sich einen anderen Beruf suchen. Um die Entscheidung auch sachlich besser vertreten zu können, konstruierte man auch

noch einen Verstoß gegen die fachlichen Zunftsatzungen, nämlich die Verarbeitung von unreinem (boisvelligen) Silber in der Werkstatt eines Meister, mit dem er keinen Arbeitsvertrag hatte, und beschlagnahmte, weil er das geforderte Bußgeld von einer Mark nicht bezahlen wollte, Bruchsilber im Wert von acht Mark. Als er es im Dezember 1485 vom Amt zurückforderte, bot man ihm den Verzicht auf das Bußgeld und die Herausgabe des Silbers an, wenn er nur endlich ginge. Biermann dachte nicht daran und wandte sich an Pfalzgraf Philipp. Dessen Schreiben vom 23. Juni 1486 an den Kölner Rat, eingegangen am 9. Juli, machte zunächst wenig Eindruck, schon gar nicht das Argument: »Wiewol . . . Jacop Birmans vatter ein wondarzt und schnider gebrochener lute genant wirt, so mein(en) wir, das doch solchs kein ursach si«, dem Sohn die Zunft zu versagen. Auch das allgemeine und das Städterecht gäben dazu keine Grundlage.

Das Goldschmiedeamt antwortete, Biermann sei ihnen schon als Geselle unleidlich gewesen, vollends unleidlich würde er ihnen als Meister und Zunftbruder, zumal er nicht ausgelernt habe. Erst als der politische Druck zu stark wurde, gaben die Goldschmiede nach. Der Rat mußte ihnen aber am 7. Februar 1487 zusichern, daß die Rechte und Privilegien des Amtes durch die Aufnahme Biermanns nicht beeinträchtigt würden. Sonst könnte in Zukunft jeder kommen, man bekäme Streit mit anderen Zünften, aus denen man bisher Bewerber abgelehnt habe, und es bestehe die Gefahr, in anderen Landen den guten Ruf (deshalven . . . verschemt) zu verlieren.

Die Haltung des Kölner Goldschmiedeamtes ist typisch für die meisten Zünfte im späten Mittelalter und in der frühen Neuzeit. Nicht selten haben wirtschaftliche Erwägungen die Herausstellung der ›Ehre‹ einer Zunft verstärkt; auch durch die Erhöhung der Aufnahmehürden im Wege der Ausgrenzung von unehelich Geborenen und der Kinder ›unehrlicher Leute‹ konnte man die Zunft klein und in Zeiten wirtschaftlicher Depression den Durchschnittsverdienst, die ›Nahrung‹, auf einem sicheren Niveau halten. An die Stelle rationaler oder magischer Begründungen der ›Unehrlichkeit‹ tritt immer mehr die bloße Betonung der Tradition und der Hinweis auf die allgemeine gesellschaftliche Einschätzung dieser Berufe, auf Vorurteile.

Die kaufmännisch oder am Landadel orientierte Oberschicht der Städte zeigte sich offener, die Haltung der gelehrten Mediziner war begreiflicherweise gespalten. Die Ehrlichmachung der praktischen Mediziner ging eindeutig von der politisch-sozialen Spitze der Gesellschaft aus. Kaiser, Könige und Fürsten setzten sich schon früh für die Hebung des gesellschaftlichen Ansehens jener Leute ein, auf deren

Geschicklichkeit und Wissen sie angewiesen waren und deren Arbeit als Wund- und Feldärzte immer unentbehrlicher wurde. 1406 erklärte König Wenzel, dessen Gemahlin in der sogen. Wenzelsbibel als sehr verführerische Bademaid mit Kardendistel und Holzeimerchen dargestellt ist, daß Bader und Barbiere grundsätzlich als ehrliche Menschen zu betrachten seien.[348] Auch Kaiser Karl V. wandte sich auf dem Augsburger Reichstag von 1548 entschieden gegen die Herabsetzung dieser und anderer gesellschaftlich notwendiger Berufsgruppen.[349] 1633 richtete die bayerische Regierung in Aibling eine eigene Baderschule ein, aus der viele Wund- und Militärärzte hervorgingen, die sich Chirurgen, seit 1822 sogar Landärzte nennen durften. Hier ist eine Entwicklungslinie sichtbar, die z. T. wenigstens erklären kann, warum der Landarztberuf heute nicht ganz die Attraktivität der sonstigen ärztlichen Berufsfelder erreicht hat: Landarzt = Handarzt = Handwerker.[350]

Am meisten behinderte den Emanzipationsprozeß der praktischen und niedergelassenen Mediziner aus der ›Unehrlichkeit‹ die Existenz und Konkurrenz der Kurpfuscher, die ihr Wesen und Unwesen außerhalb zünftischer Ordnungen trieben. Was man ihnen vorwarf, war nicht, daß sie schlechte Kuren machten, sondern ohne ordentliche und nur in Ausnahmefällen nachprüfbare Ausbildung praktizierten. Erschwerend kam hinzu, daß sie sich meist auf ein ganz enges Sortiment von Behandlungen oder Heilmitteln beschränkten, keine Dauerpflege machten, ihre ›Kunst‹ in marktschreierischer Weise anboten und durchgehend auf die psychosomatische Wirkung ihrer Kuren spekulierten. Oft war der Erfolg nur vorübergehend – am schönsten ist dieser Aspekt in der Eulenspiegelgeschichte von der Räumung des Nürnberger Armenspitals verarbeitet – oder gar schädlich; aber bevor die Leute den Betrug merkten, waren die fahrenden Wunderheiler schon wieder weitergezogen.

Der Marburger Arzt Johann Eichmann, der sich Dryander nannte, schrieb schon 1537 im Vorwort zu seinem »Neu Arznei- und Praktizierbüchlein« u. a.: »Zuletste müste den Beyärzten oder Landtbeschissern auch yr Latein gelesenn werden, das sie mit uffrichtigen Sachen sonder Betrug umbgangen, oder ein wenig weither, dan uff Eydt angehalten würden, solt der Betrug nit so gewaltig inreissen.«

Die Liste der Mittelchen, der wundertätigen Arzneien, mit denen auch ›abgebrochene‹ Studenten gern hausieren gingen, ist lang und bunt: Petroleum, Quirinusöl (Pferdeheilmittel), Rosmarinbalsam, Skorpionenöl, Elephantenschmalz, Planetengestein usw. Die Allheilmittel – nicht nur der landfahrenden Ärzte – waren Theriak, vor allem bei Sy-

29 Theriakhändler beweist die giftwidrige Wirkung seines Theriaks durch das Vorzeigen einer Schlange

philiskuren, und Mithridat; die stark opiumhaltige Latwerge konnte leicht die Wirkung einer raschen Linderung und Heilung vortäuschen; das homöopathische Mithridat machte angeblich langsam unempfindlich gegen Gifte.

Alle diese Mittel wurden mit einem hohen Reklameaufwand an den Mann und wohl noch öfter an die Frau gebracht; man nutzte die unbezwingbare Schaulust der Leute, kombinierte Schnellkuren und Arzneimittelverkauf mit artistischen Darbietungen, Wandertheater oder Zirkusvorstellungen mit exotischen Tieren und Spaßmachern, was die Zuschauer sicher ebenso beeindruckte wie heute der Laborgeräte- und Maschinenpark einer gut ausgestatteten Facharztpraxis.

Und doch verdanken diesen Magiern der Heilkunst, die der allgemeinen Bereitschaft zum Wunderglauben so sehr entgegenkamen, heute nicht nur die Heilpraktikerstars der Illustrierten und des Fernsehens und die Gesundbeter in den kulturellen Rand- und Rückzugsgebieten von Eifel, Hunsrück oder Niederbayern, sondern auch die Mediziner in Hochschulen, Krankenhäusern und Praxen das ungebrochene Fortleben jenes Glaubens und Glaubenwollens an die heilmagische Kraft der Schamanen und Priester-Ärzte der Vorzeit, das ihre Spitzenposition in der Einkommenshierarchie und der gesellschaftlichen Prestigeskala sichert.

VI. Gaukler und Spielleute

1. Schaulust: Grundbedürfnis des Lebens

»Da erschienen sie mit tanzenden Bären, Hunden und Ziegen, Affen und Murmeltieren, liefen auf dem Seil, schlugen Purzelbäume nach vorwärts und rückwärts, warfen Schwerter und Messer und stürzten sich unverletzt auf deren Spitzen und Schneiden, verschlangen Feuer und zerkauten Steine, übten Taschenspielerkünste unter Mantel und Hut, mit Zauberbechern und Ketten, ließen Puppen miteinander fechten, schmetterten wie die Nachtigall, schrien wie der Pfau, pfiffen wie das Reh, rangen und tanzten beim Klang der Doppelflöte, hüpften in grotesken Tiermasken umher, führten rohe, theatralische Szenen auf, spielten den Betrunkenen und den Dümmling, zankten sich in komischen Streitgesprächen, parodierten weltliche und geistliche Stände und trieben alle jene tollen und derben Possen, an denen sich einst der kranke liebe Gott in Arras gesund gelacht hat. Dazu erscholl allerart Musik, das Lied des Sängers und das Gekreisch des Marktschreiers . . .«.[361]

Jahrmarkt, Messe, Kirchweihfest oder was auch immer: willkommene Unterbrechung des Alltags, der langen Arbeitstage, Gelegenheit zum Essen, Trinken, Tanzen und vor allem zum Schauen, Hören, Lustigsein, zur Befriedigung der Neugier, der Sucht nach dem Aufregenden, dem Besonderen, Unerhörten, noch nie Gesehenen. In einer Gesellschaft ohne Rundfunk, Kino und Fernsehen haben Leute, die ›Spiel‹ und Schau-Spiel, d. h. Zeitvertreib, Belustigung und Erbauung anbieten, gute Konjunktur; man braucht sie wie das tägliche Brot, an den Höfen und Residenzen, auf den Burgen und Schlössern des Adels, in großen und kleinen Städten, in Dörfern und Weilern. Unterhaltungskünstler, Musiker, Possenreißer und Zwerge gehören zum festen Bestandteil des Hofpersonals, Pfeifer und Trompeter zum Stamm der städtischen Bediensteten in den größeren Zentren, aber den Großteil der Kräfte im Schau-Geschäft stellen die fahrenden Leute, »jene bunte Gesellschaft von Gauklern, Tierbändigern, Taschenspielern, Seiltänzern und Akrobaten, Sängern und Musikanten, die ihr Gewerbe im Herumziehen von Ort zu Ort betreiben.«[362] Den Kern bilden die musizierenden Spielleute, die oft neben mehreren Musikinstrumenten auch noch andere Künste beherrschen, die Tierführer und Monstrositätenschausteller, schließlich seit dem 16. Jahrhundert in wachsender Zahl die wandernden Komödianten- und Schauspielertruppen.

In einer großen Stadt wie Köln, die ständig eine Unzahl von Fremden anlockte und tagsüber sehr viel stärker bevölkert war als nachts nach der Schließung der Tore, konzentrierten sich diese Aktivitäten natürlich in besonderer Weise; man konnte immer mit einem beifalls- und zahlungswilligen Publikum rechnen. Stärker als das Mißtrauen gegen alles Fremde, gegen die Elemente von der Landstraße, war die Neugier. Man beaufsichtigte, kontrollierte, konzessionierte, bürokratisierte das »Kulturleben« im 16. Jahrhundert in zunehmendem Maße, aber die Obrigkeit wußte sehr wohl, daß man den Grundbedürfnissen des Volkes nach Unterhaltung weitgehend nachgeben mußte, um den inneren Frieden zu wahren – und außerdem waren die wirtschaftlichen Nebenwirkungen, zumindest für die Nahrungsmittel-, Gaststätten- und Beherbergungsgewerbe, nicht zu verachten.

2. Bärenführer, Artisten und Monster

Welche Lieder und Epen etwa der Sänger Heinrich im späten 14. Jahrhundert, 1434 Christian der Sänger oder 1470 Johann von Dernbach in Köln vortrugen, ist den knappen Angaben der Geleitsbriefe und Geleitsregister leider nicht zu entnehmen.[363] Die spätmittelalterlichen Chronisten mit ihrer Vorliebe für das kuriose Detail widmeten ihre Aufmerksamkeit vor allem Künstlern, Tierführern und Schaustellern von Monstrositäten. 1343 lockte ein kunstfertiger Krüppel aus dem Oberland viel Publikum zum Rathaus. Unter den Gaddemen, bei den Tuchverkaufsständen, verblüffte er seine Zuschauer: »Er war gelähmt an beiden Händen und entwickelte mit den Füßen eine Geschicklichkeit, die mancher andere seinen Fingern wünschen mochte. Mit den Zehen spielte er Schach; er nahm einen kleinen Löffel zwischen die Zehen und warf aus einer bestimmten Entfernung jede Figur vom Schachbrett, welche man wünschen mochte; mit einem scharfen Messer traf er jedes Mal einen bestimmten Punkt in einem Brett, welches einen oder mehrere Schritte vor ihm stand. Auf seinen Kopf setzte er einen Humpen, und ohne einen Tropfen zu vergießen, schenkte er denselben mit einem Fuße voll Wein, und mit bewundernswerter Fertigkeit fädelte er einen Faden in eine Nadel, machte den nöthigen Knoten und fertigte irgend eine beliebige Naht.«[364]

Noch mehr Aufsehen erregte 1482 der erste Elefant in Köln, »ein grois dier, desgelichen in desen landen nie gesien was«.[365] Das Eintrittsgeld war hoch, zuerst 1 Albus (12 Heller); aber dann flaute das Interesse ab und der Preis sank über 8 auf 6 Heller. Nach der Koelhoffschen Chronik setzte der Elefantenführer mit dem Tier über den Kanal nach England: »dairnae erdrank he in der see mit dem elephant«. Leonard Ennen nennt als Schausteller den Diener des Kaisers Hans Vyltzhover, als Tierpfleger einen Sklaven (vermutlich einen Mohren), der den Elefanten (angeblich) erstach und dann die Flucht ergriff.[366] Die verläßlichste Nachricht enthält ein Schreiben der Stadt Köln[367] an den Amtmann zu Mainz vom 14. November 1483: Der ›Sclave‹, den Vyltzhover um seiner »beesten (= Tier) willen des Elefantt« gekauft habe, sei entflohen; »das Elephant« habe ihn – entweder den Sklaven oder den Hans Vyltzhover – gestochen. Sollte sich der Sklave zu Mainz aufhalten, bitte der Vyltzhover um Nachricht.

Die vornehme Sitte, sich mit schwarzen Sklaven zu umgeben, weist Hermann Weinsberg auch für Köln nach;[368] er charakterisiert den 1580 verstorbenen Kanoniker und Dekan von St. Aposteln, Born, mit den Worten: »War prachtig, plach einen morian vor einen diener zu halten.«

Im 16. Jahrhundert fließen die Quellen nicht sehr reichlich; erst gegen die Wende zum 17. Jahrhundert werden die Ratsprotokolle recht gesprächig: Im Oktober 1599 erhält Joseph Peters die Erlaubnis, 14 Tage lang »den crocodil« zu zeigen; er soll pro Person aber nicht mehr als 1 Schilling nehmen.[369] Im März/April 1600 darf ein ›armer‹ Mann ein sehr bresthaftes Kind, »welches schier einem monstro, wie angezeigtt, gleich sein soll«, ebenfalls zwei Wochen lang zum gleichen Eintrittspreis ausstellen.[370] Am 19. April 1602 wird einem Schiffmann vergönnt, »einen indianischen fremdden fischs« für Geld zu zeigen.[371] 1604 darf Johann Gademum aus Amsterdam jedermann für 3 Albus in seinen »spegell« (einen Vexier- oder Zauberspiegel?) gucken, Peter Rodiers aus Emmerich für 1 Albus die Bären tanzen lassen;[372] im Mai 1606 Clauß von Costnitz (Konstanz) acht Tage lang, aber ohne störende Trommelschlagreklame, den Adler und seine ›berühmten‹ Kunststücke vorführen, zwei Leopardenführer dagegen dürfen im Juni sogar die Trommel rühren lassen,[373] um zahlende Zuschauer anzulocken. 1607, im April, zur großen Freiheit anläßlich der Gottestracht, kommt ein kleiner Wanderzirkus nach Köln: Für 1 Fettmännchen (= 8 Heller) pro Person führt Steffan Geißler aus Wiedenbrück (b. Paderborn) mit seinen Affen und Knaben allerhand Spiel und »Gauchelwerk« vor.[374] Am 7. Januar 1608 wird einem Englän-

KVnd vnd zuwissen sey jedermänniglich / daß von heut Dienstags an / wie auch folgende zwen tag / Mitwochs vnd Donnerstag / der Orientalische Elefant in dem neuen Comödienhauß auff der Schüt / wirdt zusehen seyn / da Er dann mehr als zuvor geschehn / sich mit wunderlichen Künsten wirdt sehen lassen / soll ein Alte Person geben 4 kreutzer / ein kleine person 2 kreutzer: mag so lang zusehen als jhn beliebt / dann man wirdt den gantzen Tag / morgens von 7 biß zu 11 / vnd nach Mittag von 1. biß 6 vhrn / solchen sehen lassen.

30 Ankündigung der Schaustellung eines Elefanten, der 1629 zu Nürnberg gezeigt wurde

31 Bärenführerin

der, der mit Bären, englischen Marionetten (docken) und auch sonst allerlei »kurzweil« erzeugen kann, eingeschärft, von den »spectatores« auf keinen Fall zu hohe Eintrittsgelder zu nehmen und seine Tiere so gut zu verwahren, daß niemand durch sie zu Schaden kommt.[375] Auch im April und Juni dieses Jahres gibt es ein reiches Programm: Michael Kem und Wilhelm Solderblock, fremde ›sprenger‹ (Springer, Artisten), dazu Hans Funck aus Hagen, der »wachsene« Bilder und Kunststücke zeigt, dürfen auftreten – bei mäßigen Preisen und Vermeidung ›unzüchtigen, unehrbaren Wesens‹.[376] Die fremden »Musicanten und Sprenger«, die im Juni ihre Kunst zur Schau stellen, sollen ebenfalls keine ›ärgerlichen Sachen‹ treiben.[377]

Den Zwerg, das ›kleine Menlin‹, und andere Kunststücke darf Reinhart Brunlin im Februar 1609 für 8 Heller vorführen,[378] im Juni dagegen wird eine auswärtige Artistengruppe abgewiesen, erst im November darf Hans Ep aus Augsburg ein ›besonderes Kunststück um ein leidliches‹ darbieten.[379]

Pünktlich im April 1610 ist Hans Funck auf seiner Tournee wieder in

Köln; er darf sogar die Trommel schlagen und »trommeten blasen« lassen, aber nicht vor morgens 8 und nach abends 6 Uhr.[380] Im Oktober 1611 gibt es acht Tage lang ein »meermonstrum« zu besehen,[381] im April 1612 den »Comediant und sprenger« Thomas Seger aus Heinsberg,[382] im Juni 1613 für 2 Fettmännchen »ein klein weibsbildt«, eine Zwergin,[383] zur Schau gestellt von einem Engländer, im August das »indianische thier«, das niederländische Schiffleute mitgebracht haben,[384] im November, wiederum für 2 Fettmännchen, die kürzlich (in nuweligkeit) aufgefundenen Gebeine eines Riesen (rysen) und schließlich Anfang Dezember – aber hierzu mußten die Kölner wohl nach Deutz fahren, weil der Rat »aus bewegenden Ursachen« das Gesuch des Hermann Greff aus Attendorn ablehnte[385] – einen lebendig begrabenen und wieder aufgefundenen 18jährigen Knecht aus Attendorn, der 15 Stunden in einem fünf Fuß tiefen Grab verbracht haben soll. Hermann Greff konnte das Mitleid des Rates nicht einmal mit der löblichen Absicht rühren, den ›armen Knecht‹ nur deshalb für Geld auszustellen, damit er ›zu einem Handwerk gebracht werden könne‹. Man traute der Sache nicht; kurz vorher, im November 1613, hatte man den »planetenleser« Philipp Mock für einige Tage eingesperrt.[386]
Es mag vielleicht herzlos erscheinen, Menschen und Tiere als Monstrositäten oder Schauobjekte so in einer Reihe nebeneinanderzustellen. Aber dieses Nebeneinander entspricht genau der Gleichbehandlung durch die Gesellschaft; die Lebensform dieser Zwerge und Zwerginnen und der menschlichen Monster lag kaum über derjenigen der tierischen Monster. Neugier und Geldgier waren stärker als das Mitleid mit diesen gequälten Kreaturen.

3. Pfeifer, Trommler und Lautenschläger

In der Hierarchie der Spielleute standen die Wandermusiker klar an der Spitze. Hofdienst und städtischer Dienst öffneten für einige den Weg zu Seßhaftigkeit, dauerhafter Anstellung, relativ guter, zumindest sicherer Bezahlung und zur Freiheit vom Makel der Rechtlosigkeit und ›Unehrlichkeit‹.[387] Die städtischen Herolde, Trompeter und Pfeifer waren geachtete Leute, die sich allenfalls wegen zu niedriger Bezahlung beschwerten, obwohl diese höher lag als bei den reitenden und laufenden Boten. Der Kölner Rat war durchaus bereit, die Gehälter dieser Leute, die ja Repräsentationsaufgaben innerhalb und außerhalb der Stadt wahrnahmen, von Zeit zu Zeit an die steigenden Lebenshaltungskosten und die Geldentwertung anzupassen. Am 29. De-

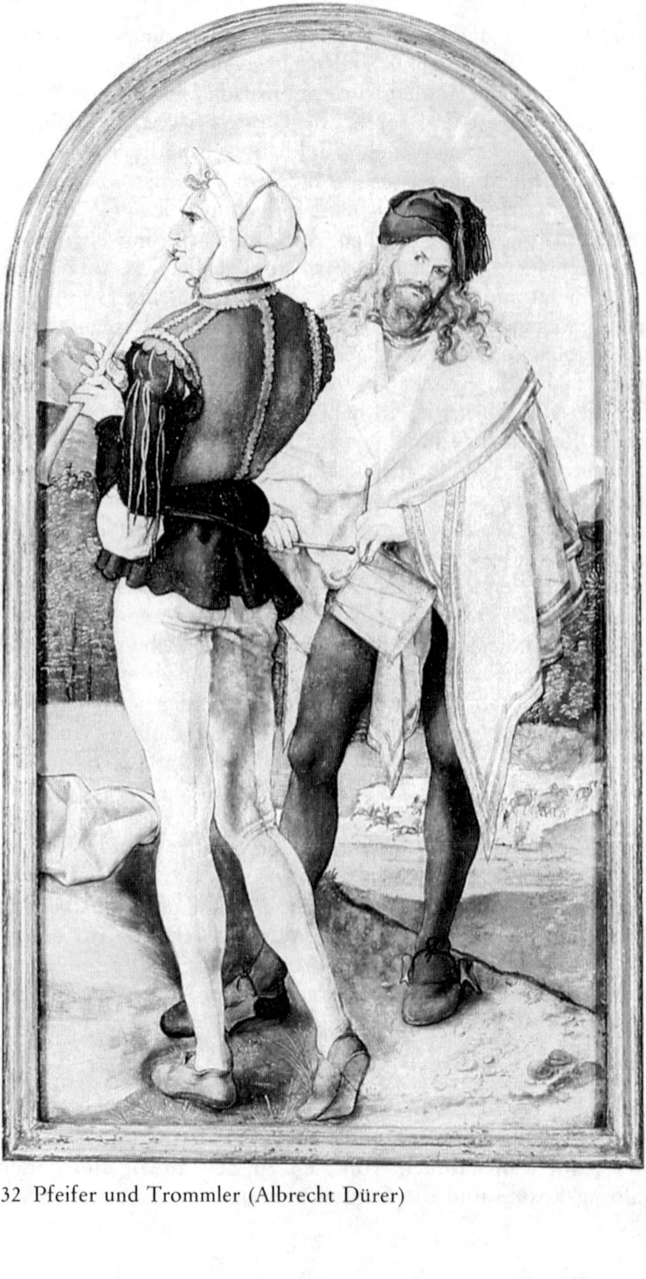

32 Pfeifer und Trommler (Albrecht Dürer)

zember 1522 z. B. erhielten die Spielleute und Boten eine Zulage (offergeld), die Musiker je 12 Mark, die Boten, ob reitend oder gehend, je 10 Mark.[388] Am 22. Februar 1553 besserte man auf Supplikation der Stadtmusikanten die Besoldung wieder auf, da sie in der jetzigen teuren Zeit »wenig schaffen«, also nebenher verdienen könnten: Meister Hans Kruß, der Posaunist (basuner), sollte 50 Gulden haben, seine Mitgesellen mußten sich mit 36 Gulden begnügen. Da man aber nur in leichter Münze, d. h. in Scheidemünzgeld zahlen konnte, wurden daraus 70 bzw. 50 Rechengulden.[389] Als die schwere Teuerungsphase der 1570er Jahre vorbei war, sanken die Gehälter wieder, und am 1. September 1563 mußte sich der Rat erneut zu einer Teuerungszulage für die vier Trompeter und Stadtpfeifer bequemen.[390]

Auch den freiberuflichen und fahrenden Spielleuten stand der Kölner Rat im Grunde sehr wohlwollend gegenüber, zumindest im 15. Jahrhundert. Bei der großen Verwaltungsreform in den 1430er Jahren gerieten sie, wie viele andere Berufsgruppen, in die Fänge des wachsenden städtischen Bürokratismus. 1439, im Zusammenhang einer umfassenden Anti-Luxusgesetzgebung, regelte man ihre Arbeitsbedingungen bei Hochzeiten (bruloften):[391] Nur vier »speellude myt seyden«, Musiker mit Saiteninstrumenten, durften beim Brautgang zur Kirche, in der Kirche und beim mittäglichen Hochzeitsessen aufspielen, auf keinen Fall Pfeifer; Blasinstrumente durften erst »aventz zome dantze« ertönen, gespielt von der gesetzlich festgelegten Zahl von Pfeifern (eyn gesetz pijffer). Etwa ein Jahr später folgten die Ausführungsbestimmungen, die »ordinancie . . . up die speellude«, mit genauer Festlegung der Honorare:[392] Am Polterabend (dobeldach), wenn man »dat rijss«, den Brautstrauß, übergibt, bekommt jeder der vier Saitenspieler eine Mark, am eigentlichen Hochzeitstag zwei Mark, es sei denn, man schickt sie nach dem Kirchgang weg – dann kostet es nur eine Mark. Wer zur Nachfeier am ersten Tag nach der Hochzeit auch noch Spielleute braucht, zahlt für den ganzen Tag eine Mark, für den halben Tag die Hälfte (6 Schillinge). – Kein Spielmann darf pro Tag mehr als eine Hochzeit »dingen«; es sollen alle ihre ›Nahrung‹ haben. Verboten ist auch, potentielle Kunden »da heyme« aufzusuchen, um sich zu verdingen, es sei denn, man wird gerufen. – Fremde Spielleute sollen nur einen Monat lang in Köln spielen, es sei denn, sie wählen eine Gaffel oder ein Amt und schwören den Eid der Eingesessenen. – Von Diskriminierung ist hier keine Spur; im Gegenteil, der letzte Passus war eine direkte Aufforderung zum Bleiben.

1441 merkte man, daß die Honorare zu großzügig angesetzt waren:[393] Nun sollten pro Hochzeit, »we lange de werde«, insgesamt nicht mehr

als zwei Mark bezahlt werden. Die Kapelle zum abendlichen Tanz durfte zusammen nicht mehr als 20 Mark erhalten; das ›Gesetz‹ Pfeiffer war also etwa 8–10 Mann stark. 1470 mußte man das Gebot, beim Gang zur Kirche vor der Braut und den Freunden des Bräutigams keine Musiker mit »pijffen, fleuten noch bongen« (Trommeln) einzusetzen, noch einmal einschärfen.[394]
Ob sich die reicheren Kölner bei diesem großen Familienfest an die Ordnung hielten, ist fraglich; auch die Stadt rechnete fest mit Übertretungen, denn die Bußen für Mißachtung der Anti-Luxusgesetze waren eine beachtliche Einnahmequelle, die immer mehr den Charakter einer ordentlichen Luxussteuer annahm.
Musikanten waren auch bei den anderen Festlichkeiten gefragt, bei Prozessionen, vor allem bei der großen Gottestracht am zweiten Freitag nach Ostern, beim Holzfahrttag am Donnerstag nach Pfingsten, dem großen Volksfest aller Kölner im Ossendorfer Wäldchen,[395] an den kirchlichen Hochfesten und bei feierlichen Begräbnissen.
Natürlich durften sie beim Kölner Karneval nicht fehlen, vor allem nicht beim »Mommen«. Wie ein solches Ensemble zusammengesetzt war, erfährt man aus einem Turmbucheintrag vom 6. Februar 1573:[396] Heinrich Thornbleser, der die Trompete bläst, und Thers van Burscheidt, Weinrufer und Trommelschläger, spielen und blasen zum »groessen fastabend« mit drei »mommen«; einer der vermummten Jekken ist der Junker Stummel. Das Grüppchen geht in verschiedene Häuser, in denen »Mummenschanz« getrieben wird; weil man das Vergnügen bis nach fünf Uhr am Montagmorgen ausdehnt – in diesem Jahr fällt der Rosenmontag wegen des hohen Festes Mariä Reinigung für den Karneval aus – und mit Trompete und Trommel Lärm macht, werden die Musiker festgenommen, auf Fürbitte ungenannter, zweifellos für den Volksbrauch aufgeschlossener Leute aber begnadigt und freigelassen.
Die teure Lustpartie des ›Kränzchens‹, der Verschwörer von 1512/13, die man Anfang 1513 hinrichtete oder verbannte,[397] im Jahre 1508 nach Neuss, über die sich die Kölner maßlos ärgerten, war nicht zuletzt deshalb so ›geräuschvoll‹, weil man sich auf dem Ratsschiff von Musikern aufspielen ließ.[398] Dem schweren Hochwasser am 5. März 1595, als der Rhein an einem Tag um 17 Fuß stieg, die halbe Stadt unter Wasser stand und die trockenen Stockfische im Fischkaufhaus wieder das Schwimmen lernten, gewannen jene, die es sich leisten konnten, eine sehr vergnügliche Seite ab: »Die richen (reichen Leute) haben binnen mauren mit nachen, mit cytharn und violen gefaren spacern, ire frunde visiteirt.«[399]

33 Spielleute aus dem 16. Jahrhundert

Abgesehen von solchen besonderen Gelegenheiten verdienten Berufsmusiker ihr tägliches Brot in den Gasthäusern, Tavernen, Camerettchen, nicht selten auch in den Badstuben und den Häusern der Bartscherer, die bis 11 Uhr nachts Gäste bewirten durften.[400] 1599 bestrafte der Kölner Rat den Hans Koell aus Goslar mit einigen Tagen Haft, weil er am Karfreitag im Weinhaus auf dem Altermarkt »uff der gigen gespilet« hatte. In Zukunft sollte er sich hüten, an solch hohen Feiertagen in Wein- und Bierhäusern Musik zu machen.[401] Bei einem privaten Gastmahl, zu dem Hermann Weinsberg 1591 eingeladen war, spielte ein Blinder auf dem Virginal und anderen Instrumenten. Die Aufgabe, die Gäste zu unterhalten und froh zu stimmen, teilte er sich mit einem Büchsenmacher, einem begabten Gelegenheitsunterhalter: »wist (wußte) vil kunsten, zu singen, zu predigen (sicher Parodien!), zu kurzwilen, da hatten wir kein ursach zu trauren«.[402]

Ein großer Teil der Musiker und Künstler stammte zweifellos aus dem Kreis der Armen, Krüppel und Waisen. Eine wahrscheinlich nicht untypische ›Karriere‹ ist einem Turmverhör am 16. Mai 1591 zu entnehmen:[403] Der erst 14jährige Michael Farber, gebürtig aus Zabern im Elsaß, wo noch seine Mutter wohnt, eine »arme fraw«, die »sich deß spinnens ernehre«, ist wegen versuchten Diebstahls in Haft gekommen. Er erzählt: Im Alter von neun oder zehn Jahren hat ihn sein Vater ›oben im Land‹ zu Schiffleuten getan; ein oder zwei Jahre ist er geblieben, dann aber, übel gehalten und oft geschlagen, weggelaufen und kurze Zeit in Straßburg betteln gegangen. Dann kommt er in Frankfurt bei einem »gockler« (Gaukler) namens Melchior in Dienst, bleibt ein halbes Jahr und schlägt die »trumme«. Springen, d. h. artistische Darbietungen, kann er nicht, versteht aber etwas von der ›Kunst mit Meister Hemmerlin‹, d. h. vom Spiel mit Handpuppen, wie uns ein Gaukler von heute, Wolfgang Sulzberger alias Dr. Mystifax, dankenswerterweise erklärt hat. In Frankfurt tritt er in den Dienst eines anderen Gauklers, Christianus, der ihn mit zwei weiteren Knechten nach Köln mitnimmt. – Da Michel aus Hunger zum Dieb geworden und es seine erste Straftat ist, wird er am 21. Mai begnadigt mit der Auflage, sich aus der Stadt zu machen.

Fahrende Musiker gerieten immer sehr leicht in Verdacht, kriminell zu sein oder mit zwielichtigen Elementen Verbindung zu haben: Ende Dezember 1593 wird Thomas Baptista de Frode, gebürtig aus Brüssel, in Köln verhaftet, als er versucht, ein silbernes Kreuz zu verkaufen. Seiner Aussage zufolge zieht er im Land umher, »singe deß sommers, des wynters hab ehr specerei feile, aber ungestoßen«, er lebt also von Musik und Gewürzhandel. Seit 18 Jahren sucht er regelmäßig Köln

34 Dudelsackpfeifer, Blaterpfeifer und Bettelmönch

auf, wohnt immer in derselben Herberge auf der Schmierstraße; jetzt kommt er gerade aus Mainz, hat in seinem Wollsack 60 Königstaler, teils aus seinem Erbbesitz (patrimonio) zu Enghien im Hennegau, wo sein Vater geboren ist, teils »mitt singen verdient«. Er hat vor Fürsten und Herren gesungen und schon das ganze Römische Reich durchreist. Das Silberkreuz hat er zu Mecheln in der Herberge »Portugal« an der hohen Brücke von einem Brüsseler Sattler und Scherenschleifer gekauft, der all sein Geld im Spiel verloren hat. – Man kann ihm das Gegenteil nicht nachweisen; trotzdem muß er binnen acht Tagen die Stadt verlassen.[404]

4. Die Stunde der Komödianten

Das Interesse am Theater, dem Schau-Spiel schlechthin, gehört zu den Grundzügen der mittelalterlichen und frühneuzeitlichen Gesellschaft. Fast ebensogroß wie die Lust am Schauen war die Freude am Spielen, ob es sich um den Vortrag von Liedern, Versrelationen herausragender Ereignisse oder um die Mitwirkung vor allem an geistlichen Spielen handelte. Der Kölner Rat begünstigte aus seinen gegenreformatorischen Bemühungen heraus seit der zweiten Hälfte des 16. Jahrhunderts die Aufführung von Passions- und anderen erbaulichen Spielen mit einer meist dem Alten Testament entlehnten Thematik.

Um diese Zeit erfolgt aber auch auf breiter Front der Übergang vom Laienspiel zur Aktion von Berufsschauspielern; nun beginnt, nicht zuletzt von englischen Wanderschauspielern beeinflußt – in der Zeit Shakespeares (1564–1616, seit 1592 als Schauspieler in London nachzuweisen) – die goldene Zeit der Komödianten. Der tiefgreifende Wandel ergibt sich aus einem um 1600 erstaunlich dichten »Theater-Spielplan« einheimischer und auswärtiger Schauspielertruppen in Köln, den man im wesentlichen nach den Konzessionen in den Ratsprotokollen[405] rekonstruieren kann (vgl. Tabelle!).

Theater in Köln 1553–1613

Datum der Konzession	Autor/Darsteller	Typ oder Inhalt des Stücks	Zahl der Aufführungen/ Dauer des Aufenthalts	Eintrittspreis	Auflagen
1553 II 10	Etliche Studiosi	Spiel von »Judith und Holopherno«	St. Mariengradenkloster	?	nicht auf dem Altermarkt erlaubt
1558 IV 22	Heinrich Wirri aus Solothurn/ Schweiz	»ein spil van der passion unsern hern Christi«	?	?	keine
1567 IV 2	? (auf Bitten einiger Gesellschaften)	»spill vom verlorenen Sohn und homulo«	?	?	keine

1569 VI 22	Deutzer Kinder (auf Suppl. von Schultheiß und Schöffen zu Deutz)	»historie von Judith«	einige Male	?	›züchtig und ohne Rumor in der Stadt‹
1576 XII 28	Adam von Trier und seine Gesellen	»comedien«	?	?	›züchtig‹, ohne Trommeln nach 5 Uhr nachmittags
1581 XII 22	einige junge Gesellen	»etliche historias aus dem alten Testament«	?	?	keine
1589 VIII 28	Jesuitenpatres	»comediam«	?	?	auch Trommeln und Trompeten erlaubt
1589 IX 1	ein »kokeler« (Gaukler)	»historien Jonas«	?	?	keine
1592 XI 4	Andreas Groten	»comedien«	8 Tage	7 Heller	keine
1593 I 8	Peter Freundschafft aus Geisingen	»schauspill«	8 Tage	7 Heller	keine
1600 IV 10 1600 IV 17	12 englische »comedianten und musici«	»comedien«	2 × 8 Tage	4 Albus (48 Heller)	sofern die Komödien nicht ärgerlich sind
1600 X 16	»comoedianten« aus Hessen	»kurtzweill«	?	1 Batzen (48 Heller)	keine
1600 XI 20	Veit Gillis aus Sittard und seine Gesellen	?	14 Tage	»um ein billiges«	keine
1602 I 4	Einige englische »comedianten«	»comedien«	?	»für ein ziemliches«	»comedien« sollen »zuchtig« sein.
1602 IV 19	Einige englische »comedianten«	»kurtzweill«	14 Tage	»für ein ziemliche verehrung«	keine
1602 X 25	Conrad Leuw, Buchsetzergeselle	»comediam Tobiae«	?	?	sofern nichts Ärgerliches
1603 XII 26	Ein Florentiner mit seinen Gesellen	»historien«	?	?	nach Examinierung durch zwei Ratsherren

1604 X 8	englische und kölnische »comedianten«	»comedia«	14 Tage	?	unter Aufsicht der Kommissare über die englischen Schauspieler
1605 V 4	englische »comedianten«	?	?	für ein Gebührliches	keine
1605 X 24	englische »commedianten«	»comedias und schauspill«	Verlängerung um 8 Tage	?	auf Bitten des Grafen v. Hohenzollern, Chorbischof am Hohen Domstift
1606 IX 8	etliche Bürgerskinder	»commedie von Josepho und Susannen«	?	2 Fettmännchen (16 Heller)	
1607 IV 9	Niclauß Sontagh und seine Mitgesellen	»ehrliche und züchtige kommedien«	Üben und Spielen nach den Ostertagen	2 Albus (24 Heller)	am Ende des Stücks darf die Trommel gerührt werden
1610 IV 21	englische »Komedianten«	»comedias und Music«	?	?	›gebührlicherweis‹
1611 I 19	englische »Comedianten«	?	kommende Fastnacht	?	»sollen keine scandalose Sachen darin mischen«
1613 VII 31	etliche englische »comedianten oder musicanten«	?	14 Tage	?	mit mäßigem Trommelschlag; sollen mit der Trommel nicht auf den Heumarkt gehen

Der Autor des Passionsspiels von 1558, Heinrich Wirri, verfaßte auch das »schöne neue Lied von der Stadt Metz«, auf das Hermann Weinsberg einmal anspielt.[406] Was die Laien- und Berufsschauspieler aufführten, war echtes Straßentheater mit tragbaren Bühnenteilen. Man spielte auf den großen Plätzen, machte, wenn es der Rat erlaubte, mit Trommelschlag und Ausrufern Reklame und begleitete die Komödien – ob geistlichen oder weltlichen Inhalts – immer mit Musik.

Manchmal war der Andrang so groß, daß man jede sich bietende Schaumöglichkeit nutzte. Am Sonntag, dem 6. Mai 1612, führte man auf dem Heumarkt den Totentanz auf. Auch Leonhardt Weingarttner, geboren zu Lüttich, wohnhaft auf dem Alten Graben bei Maria Ablaß, von Beruf Glaskrämer, ließ seinen Gläserstand auf dem Markt im Stich und kletterte, um »den todten dantz sehen dantzen«, wie bereits andere vor ihm auf die Bude (hutten) eines Wachsbilderverkäufers. Der kam heraus, bewarf sie mit Dreck und »schrotten« und schlug so lange nach ihnen, bis sie alle herabfielen. Dann gab es eine große Prügelei, bei der anscheinend auch Leonhardts Gläser zu Bruch gingen. Er bat den Rat, die Sache schnell gerichtlich zu klären, er »were ein armer gesell«.[407]
Das dichte Gedränge der Zuschauer bot ideale Gelegenheiten für Taschendiebe; manchmal kam auch ein Mitglied der Truppe oder einer von den Hilfskräften der Schausteller in den Verdacht, die auf das Spiel gerichtete Aufmerksamkeit der Zuschauer auszunutzen. Bei der Samstagsvorstellung des eben genannten »todtendantz und sprinckspiel«, bei dem die Kinder eines Niederländers auf dem Heumarkt tanzten, versuchte Joest Thurn aus Aschaffenburg dem Kölner Lizentiaten Gaill, Mitglied einer der reichsten Kölner Familien, einen Beutel zu klauen, stellte sich aber so ungeschickt dabei an, daß er die Geldbörse einem Studenten auf die Füße fallen ließ. Joest, ein junger Mann mit einer interessanten Laufbahn, – Küchenjunge am kurmainzischen Hof, im Zuge eines Personalabbaus entlassen, Söldner, dann Bauarbeiter und am vergangenen Mittwoch als Aushilfsruderknecht mit einem Schiffmann aus Frankfurt gekommen –, wollte nach Ablauf der Spielzeit mit dem Niederländer als Ruderknecht weiterreisen. Man hielt ihn durch Zeugenaussagen für überführt; am 16. Mai wurde er durch den Gewaltrichterdiener auf dem Frankenturm mit »roiden (Ruten) dapffer gestoupfft und abgestrichen«, dann aus der Stadt gejagt.[408]
Nicht selten wurde eine Schauspielertruppe in Köln auch abgelehnt: 1596 traf es Liborius von Freiburg mit seinem »spillen«,[409] im Dezember 1600 den Musiker Antonius von Winden[410] und nach 1600 trotz des großen Erfolgs beim ersten Auftreten der 12köpfigen englischen Truppe im April 1600 – ungeachtet des hohen Eintrittspreises von vier Albus gönnte man ihnen noch acht Spieltage – immer wieder Engländer. Am 22. Mai 1603 begründete der Rat seine Ablehnung damit, daß »die englischen comodianten ein übermäßiges nehmen und nichts Taugliches spielen«.[411] Mit den Engländern, die am »fasselabend« 1611 anscheinend ein sehr derbes Stück zeigten, wollte man im dar-

auffolgenden Jahr[412] nichts mehr zu tun haben und verweigerte Hugo Floyd und Johann Ludowicus, denen im Februar 1613 das Geld ausgegangen war, sogar einen Zehrpfennig.[413] Erst im Juli 1613 hatte man diese Enttäuschungen vergessen, vielleicht wieder unter Nachhilfe mächtiger Gönner aus dem theaterbegeisterten Domklerus.

Kulturgeschichtlich bemerkenswert ist das gemeinsame Auftreten von englischen und Kölner Schauspielern 1604. Man darf nicht mit Sicherheit annehmen, daß die Ausländer immer die niederdeutsche Sprache gebrauchten. Zumindest im Fall der italienischen Schauspielertruppe, die 1603 »historien« aufführte, mußten die anscheinend sprachkundigen Ratsherren Hermann Widdig und Peter van Lins die Textbücher examinieren, ob »die nichts Schändliches innenhaben« oder gar »fransosische exempla calamitosa« seien. Man ließ zwar französische Tanz- und Sprachlehrer in Köln arbeiten, 1605 z. B. den Vincentius Lecock, weil er ›seine Person qualifiziert‹, d. h. das Bürgerrecht erworben und nachgewiesen hatte, dem rechten katholischen Glauben anzuhängen,[414] aber man war aus außenpolitischen Gründen seit vielen Jahren hochsensibel, wenn irgendwo, sei es als Druck oder im öffentlichen Vortrag, »allerlei famoß libell oder liedlicher (Liedchen), sonderlich eines auf den König von Frankreich sprechend«, ihr Publikum fanden. ›Buben‹ und Müßiggänger, die sich damit befaßten, sollten inhaftiert und bestraft werden.[415]

Von der in anderen Regionen und Ländern stark ausgeprägten Diskriminierung der Spielleute, von Zeichen der Ehr- und Rechtlosigkeit ist in Köln wenig zu spüren. Vielleicht ist es daher am Niederrhein auch zu keiner überregionalen Spielleutevereinigung, keiner Spielmannszunft mit einem Pfeiferkönig an der Spitze gekommen wie seit dem 14. Jahrhundert am Mittelrhein, am Oberrhein und in Frankreich.[416] Mit dem 1385 durch Adolf von Mainz zum »kunige farender lute« in seinem ganzen Erzbistum und Land gemachten kurfürstlichen Pfeifer und Diener Bracht[417] hat der 1513 in Köln hingerichtete ›Bubenkönig‹ Adam von Nürnberg[418] nichts gemeinsam, wenngleich ihn Danckert in eine Reihe mit dem französischen »roi des ribauds«, dem privilegierten Gaunerkönig, stellt.[419] Adam von Nürnberg war Gewaltrichterdiener, hatte insofern zwar viel mit ›Buben‹ zu tun, aber er war ein ›König gegen die Buben‹; die Bezeichnung ›Bubenkönig‹ dürfte eher ein Spott- oder Übername gewesen sein; sie deutet nicht auf besondere Befugnisse innerhalb eines regional begrenzten ›kunigriches‹ wie bei den mittel- und oberrheinischen Pfeiferkönigen. Hier trug die Bildung von überregionalen Pfeiferzünften ganz wesentlich zur sozialen Aufwertung, der ›Ehrlichmachung‹ der Spielleute bei.

35 Gaukler vor einer Mühle

Auch von magisch-sakralen Unterströmungen, die als tiefere Ursachen der ›Unehrlichkeit‹ der Spielleute von Danckert mit Recht angenommen werden, ist in Köln kaum etwas zu bemerken. Nur die sekundären Gründe der Infamierung scheinen gelegentlich durch: die teilweise Rekrutierung der Spielleute aus dem Randgruppenmilieu, die fahrende Lebensform mit dem unvermeidlichen Kontakt zu anderen gesellschaftlichen Außenseitern, die Ausübung des Musikerberufs in anrüchigen Spelunken, heimlichen Bordellen und anderen verrufenen Häusern, der leichte Verdienst mit einer Tätigkeit, die fast als Müßiggang angesehen wird, und der grundsätzliche Verdacht der Unmoral, von dem sich Zirkusleute, Schausteller, Musiker und Schauspieler bis heute nicht ganz freimachen konnten.

VII. Zauberer, Wahrsagerinnen und Werwölfe

Köln im Sommer 1591. Die Ernte ist teilweise schon eingefahren. Kinder, Mägde und Frauen gehen auf den abgeernteten Feldern vor den Mauern Ähren lesen, unter ihnen auch Tryn von Rychradt, Ehefrau des Grasmähers und Weingärtners Gerhardt von Urfell. Als sie einer Gruppe von Mägden nahekommt, wird sie von ihnen angefahren: »Du alte Zaubersche, ganck zurugk!« Sie wehrt sich, schimpft die Mädchen »diebische Huren«. Auf die Frage, warum sie so übel von ihr redeten, antworten jene, sie hätten es von anderen gehört, daß sie eine Zauberin sei.

Zu Gehör kam ›es‹ auch der Obrigkeit: Zwischen dem 14. August und dem 7. September werden Tryn und eine große Anzahl Zeugen auf dem Turm verhört. Man wirft ihr vor, den plötzlichen Tod mehrerer Menschen verursacht zu haben. Einem Mädchen, dem sie in der Stadt begegnete, soll von Stund an ›wehe und bang‹ geworden sein; binnen anderthalb Tagen sei es tot gewesen, habe erst wachsgelb, dann schwarz ausgesehen. Als dem Burggrafen auf dem Gereonsturm der Lehrjunge weglief, meinten etliche, Tryn, die »molckenzaubersche«, habe den Jungen aufgestachelt. Der Burggraf erinnert sich auch, daß im Sommer viele Raupen mit großen Köpfen seinen Kohl heimgesucht hätten, die er und seine Frau nicht abnehmen mochten. Er sage das aber nicht, um Tryn zu verdächtigen. Eine Frau erzählt, daß jene ihr vor einiger Zeit ein Ei geschenkt habe. Als sie nach acht oder 14 Tagen daraus mit etwas Mehl einen Pfannekuchen machen wollte, habe das Ei ein Loch gehabt, sei innen voller lebender Würmer gewesen und habe gestunken. Ob Tryn damit etwas zu tun habe, wisse sie nicht. Sie habe das Ei »wunders halber« einer Nachbarin gezeigt. Auch diese wird als Zeugin vorgeladen und sie bestätigt, es seien weiße Maden darin gewesen.

Und Tryns Stellungnahme? Man wisse wohl, was junge Leute den alten so nachredeten. Sie habe ihr Leben lang schwer gearbeitet und kein Zaubern gelernt. Auf das Ei angesprochen, meint sie, davon wisse sie nichts. Wenn es aber so gewesen sei, so müßte es eine »offenbare zaubersche« gewesen sein, die solches dem Ei angetan habe. Vielleicht habe es aber auch nur zu lange gelegen. Sie jedenfalls sei daran unschuldig.

Die städtischen Behörden waren davon weniger überzeugt. Am 17. September überwiesen sie den Fall und die Gefangene dem erzbischöflichen Greven. Wie die Untersuchung endete, ist nicht überliefert.[420]

1. Kölner Gerüchteküche

Die Episode zeigt, wie leicht eine Frau in den Ruf einer Zauberin kommen konnte in einer Zeit, in der aufgrund allgemein herrschenden Aberglaubens jedes außergewöhnliche Ereignis auf den Einfluß übersinnlicher Kräfte zurückgeführt wurde. Zwar war man durchaus in der Lage, natürliche Zusammenhänge zu sehen, aber gewöhnlich neigte man doch gerne dazu, allen möglichen schwer erklärlichen Erscheinungen oder Vorgängen magische Ursachen zu unterstellen. Hexen, Zauberer und Geister schienen allerorts ihr Unwesen zu treiben. Bot sich dann noch eine Person an, die in irgendeiner Form schon einmal aufgefallen war, lag für viele der Fall klar auf der Hand. Und hatte ein Verdacht erst einmal aufkommen können, geriet er nur zu leicht in die allgemeine Gerüchteküche aus Klatsch und Tratsch: »Ja, die lude sagtens, das gerucht geibs«, war oft der einzige Grund, eine Frau als »zubersche« zu verdächtigen.[421] Meist dauerte es dann nicht mehr lange, bis sich auch die Obrigkeit mit der Angelegenheit beschäftigte.
Dabei konnte sich von dem Glauben an Zauber und Magie kaum jemand freimachen, weder diejenigen, die einen Verdacht faßten und weiter verbreiteten, noch die Betroffenen selbst.
Gewiß gab es auch skeptische und kritische Stimmen. Als 1589 die Kunde von den Zauberer- und Hexenverfolgungen im Stift Trier nach Köln gelangte und man hier ein plötzliches Unwetter mit starkem Hagelschlag, das am Abend des 30. Juni niederging, dem Wirken von »hexen oder zeuberschen« anlastete, nahm der Chronist Hermann Weinsberg dies zum Anlaß, aus seiner Sicht zu dem Problem Stellung zu nehmen. Ihn verwunderte es, daß es im »catholischn, hilligen stift von Treir« so viele böse Frauen geben solle, nicht aber in Köln, und daß Gott dem Teufel dort so viel mehr Spielraum gebe als hier. »Wer hat ehe gehort, das einig zeuber oder zeuberin in Coln verurtelt oder verbrent sei?« Untersuchungen gegen solche Personen seien immer im Sande verlaufen, obwohl die Kölner Justiz allemal so gut sei wie anderswo. Sicherlich, an üblen Weibern sei auch hier kein Mangel, aber

daß es gleich Zauberinnen sein sollten? Er, Weinsberg, habe jedenfalls noch nie gesehen, daß eine Hasen, Hunde, Katzen, Mäuse, Schlangen, »Kraden« (Kröten) gemacht habe, daß sie durch den Schornstein mit dem Bock in den Weinkeller geflogen sei oder mit dem Teufel getanzt habe. »Es sin gar boese lude, die emans als zuberschen schelten, berugtigen sie und brengen (sie) dadurch in der lude mont, das man sie darvor helt. Und kun(en) es doch nit wissen.«[422]

Nichtsdestoweniger war auch Weinsberg nicht gänzlich frei von Aberglauben, aber sein Fazit über die Erzählungen von Geistern, weißen Frauen, Zwergen und Gespenstern lautet doch: »ich habe es ... vur phantasei geacht«.[423]

Als seine Mutter einmal meinte, sie sei verzaubert, suchte sie bei Wahrsagern und »duvelsfenger(n)« Rat. Mit Mühe konnten Hermann und sein Vater sie davon abbringen; sie glaubten an eine natürliche Ursache ihrer Krankheit.[424]

Solch nüchterner Sinn fehlte vielen Zeitgenossen. Selbst die Opfer abergläubischer Anschuldigungen gestanden freimütig, auch ohne Folter, die gegen sie erhobenen Vorwürfe. Hermann Weinsberg berichtet im Rahmen der gerade genannten Stellungnahme zum Hexenwesen von einem »alt, arm weib uff dem Altenmart«: Auf die Behauptung hin, daß sie eine Zauberin sei, bekannte sie es öffentlich und verlangte, verbrannt zu werden.[425]

Als ein Ausfluß überspannter Phantasie erscheint die folgende Aussage Elisabeths, Ehefrau Berndt Zimmermanns an der Griechenpforte, aus dem Jahre 1592: Aus Kleinmut habe sie sich dem Bösen ergeben. Dieser sei mehrmals nachts zu ihr gekommen, habe sie gepackt und am Hals herumgezogen mit der Aufforderung, mit ihr in den Dom zu gehen, wo sie zwei Silberscheiden finden werde. Ein andermal sei er ihr als großer schöner Edelmann erschienen und habe gesagt: ›Willst du mir folgen, so sollst du alle Zeit genug haben‹; dabei soll er gesprochen haben wie ein Jude, »und gargelte derselbig ihr auß dem halß und stinckete unfletigh«. Einmal sogar habe der böse Feind, der »so raw (rauh) über sein leib wie ein peltz« und dabei kalt wie Eis gewesen sei, sich zu ihr ins Bett gelegt und habe ihr ein »mundtgen« gegeben. Als sie ihn fragte, ›Wer bist du‹, habe er geantwortet: ›Ich bin Berndt, dein Mann‹; darauf sie: ›Nein, du bist der Boeß‹, womit sie ihn fortwies. Er aber sei ihr von unten in den Leib gekommen und habe ihr aus dem Hals geredet.[426]

So ist es nicht weiter verwunderlich, daß sich auf der Grundlage dieser abergläubischen Mentalität eine reiche »magische Subkultur« entfalten konnte. Mangelnde Einsicht in die Ursachen bei Unglücksfällen, Naturereignissen, Krankheiten weckte leicht den Wunsch, mittels Zauberformeln und Beschwörungen Einfluß auf ein Geschehen zu nehmen, das sich im übrigen dem menschlichen Zugriff entzog. Die Versuche dazu reichen in graue Vorzeit zurück. Nicht umsonst gehören zu den ältesten Denkmälern der deutschen Sprache magische Formeln wie die Merseburger Zaubersprüche oder der Lorscher Bienensegen.

Während des ganzen Mittelalters und im Grunde bis in die Gegenwart finden sich immer wieder Männer und Frauen, die mittels magischer Praktiken – Zauber, Segen, in die Zukunft sehen – den Mitmenschen in ihren Wünschen und Ängsten zu helfen oder deren diesbezügliche Bedürfnisse zum eigenen Vorteil zu nutzen suchen, während sich umgekehrt stets die Bereitschaft zeigt, teils aus Neugierde, teils aus Hoffnung auf Erfolg und wirklicher Überzeugung heraus, den Rat und die Hilfe solcher in geheimen Künsten geübten Personen in Anspruch zu nehmen.

Es scheint sogar spiritistische Zirkel gegeben zu haben, die mit den Wesen der übersinnlichen Sphäre in Verbindung zu treten suchten. Jedenfalls wurde 1521 »Johan, den man nent Moisselhenne«, in Köln inhaftiert, weil man ihn verdächtigte, von der ›Gesellschaft‹ zu sein, »die die geiste beswerent.« Es gelang ihm aber, seine Unschuld zu beweisen, und so kam er wieder frei.[427]

Zauberei und Hexerei zählten seit dem frühen Mittelalter zu den strafbaren Handlungen. Ihre Bewertung und Bestrafung unterlag im Laufe der Zeit jedoch einem erheblichen Wandel. So belegte die Lex Salica (Anfang 6. Jh.) selbst zauberische Menschenfresserei nur mit einer Buße,[428] während der Sachsenspiegel Zauberei ebenso wie Unglauben (Ketzertum) eines Christen und Giftmischerei mit dem Feuertod bedrohte.[429] Die Constitutio Criminalis Kaiser Karls V. von 1532 (Carolina) unterschied zwischen Schadenzauber (maleficium), für den sie ebenfalls die Feuerstrafe vorsah, und schadloser Zauberei, bei der das Urteil dem Richter anheimgestellt wurde.[430]

Die entscheidende Verschärfung in der Beurteilung des Delikts wurde Ende des 15. Jahrhunderts durch die Kirche eingeleitet. 1484 setzte Papst Innozenz VIII. in der sogen. Hexenbulle »summis desiderantes affectibus« zur Verfolgung des ketzerischen Zauber- und Hexenwesens, das, wie es dort heißt, sich u. a. in den Erzbistümern Mainz, Trier und Köln immer weiter ausbreite, eigene Hexentribunale ein und bevollmächtigte die beiden Dominikaner Heinrich Institoris und Jacob Sprenger als Inquisitoren für Deutschland, gegen »alle und jede Person, wes Standes und welcher Ehrenstellung sie sein mag«, die sich des Verbrechens der Hexerei schuldig gemacht habe, vorzugehen. Jede Behinderung der Inquisitoren und jeder Widerstand gegen ihr Wirken wurden als widerrechtlich denunziert und mit schwersten Strafen bedroht.[431] 1487 bestimmten Heinrich Institoris und Jacob Sprenger im sogen. »Hexenhammer« (malleus maleficarum) für Hexen die schwersten Strafen, schwerer als für alle anderen Verbrecher der Welt.[432] Dieses Werk, das sie im Auftrag des Papstes ausgearbeitet hatten, ist das von seiner Wirkungsgeschichte her bedeutendste der Hexenbücher. Es bietet ein System des Hexenglaubens und war von den Verfassern als »Handbuch der Hexenverfolger gedacht, das neben Begründungszusammenhängen und Argumentationshilfen auch ganz präzise Anweisungen für Richter enthält: wie zu verhören, wie zu foltern, wie zu verurteilen und wie zu bestrafen sei«.[433]

Die nun einsetzende Prozeßwelle erreichte in Deutschland in der ersten Hälfte des 17. Jahrhunderts ihren Höhepunkt. Köln wurde von ihr im Vergleich zu anderen Städten und Territorien weniger berührt. Zwischen 1500 und 1655 gab es hier »nur« 73 Hexenprozesse. Davon endeten 24 mit der Verurteilung zum Tode, alle erst 1617 und in den folgenden Jahren, 11 mit der Übereignung der Delinquentin (oder des Delinquenten) an den Greven, 7 mit Ausweisung, 9 mit Aushauen und immerhin 22 mit der Freilassung. Der Grund für die relativ geringe Zahl der Prozesse und ihren zum Teil recht glimpflichen Ausgang ist darin zu suchen, daß allein der Rat der Stadt das Recht hatte, die Voruntersuchungen zu führen und dabei gewöhnlich auf die peinliche Befragung (Folter) verzichtete.[434] Anders dagegen im benachbarten Siegburg: Als dort 1636 der Straftatbestand der Zauberei der Zuständigkeit des Sendgerichts, das in solchen Dingen stets milde geurteilt hatte, entzogen und – unter Leitung des Hexen-Commissars Dr. Franciscus Buirmann – dem Hochgericht übertragen wurde, kam es in der kleinen Siegstadt zu einem drastischen Anstieg der Verfahren, denen in den drei Jahren bis 1638 mindestens 22 Personen, darunter auch der Scharfrichter, zum Opfer fielen.[435]

Solche Hexenverbrennungen waren – wie alle Hinrichtungen – Schauspiele von großer Anziehungskraft, zu denen ein zahlreiches Publikum oft von weither anreiste. Als 1574 bei Linz am Rhein eine Hexe verbrannt wurde, kam es bei der Heimfahrt der riesigen Zuschauer-

menge auf dem Rhein zu einem Unglück: Mehrere überfüllte Boote kippten um, wobei 40 Personen ertranken.[436]
Zeugnisse für die Verfolgung von Zauberinnen und Hexen finden sich in Köln seit dem 15. Jahrhundert. 1456 holte der Rat der Stadt in Metz Erkundigungen ein wegen einer von dort stammenden Frau namens Ydot, die man gefangen genommen habe »umb quaider (übler) handelonge willen«, besonders, »dat sy quaide luycht (Licht) ind weder (Wetter) machen konne«.[437] In einem Schreiben an Wynrich van Awßhem, Vogt zu Bergheim, bat die Stadt 1491 um Auskunft betreffs einer »zuvenersche«, die dieser kürzlich habe hinrichten lassen, da auch in Köln etliche Frauen unter dem gleichen Verdacht inhaftiert seien.[438]
Umgekehrt wünschten Vogt und Schöffen von Rheinbach (Reymbach) im Jahre 1506 in Köln »khundtschafft wegen einer hexen, Styn Duvernaels«, die von Geirtgyn, Witwe Kristianns, verklagt wurde, sie habe sie verdorben.[439]
Der Verdacht, mittels Hexerei den wirtschaftlichen Ruin eines Handwerkers verursacht zu haben, führte im November 1559 zum Verhör Catharinas von Aich auf dem Frankenturm. Von den zwei Fragen, ob sie den »duvell« unter den Färbkessel auf dem Malzbüchel gebannt und ob sie dem Färber Güter entwendet habe, um sie zu verkaufen, bejahte sie nur die letztere; daß sie den Teufel gebannt und andere »zufferey« getrieben habe, wies sie beharrlich zurück.[440]
Wie wenig aus der Sicht eines aufgeklärten Standpunktes solche Vorwürfe eine Berechtigung haben konnten, so wenig entbehrten andererseits die Untersuchungen gegen Zauberinnen und Hexen eines realen Hintergrundes. Die Existenz von Frauen (und Männern), die sich magischer Praktiken bedienten, ist ebenso unbestreitbar wie der Volksglaube an die Wirksamkeit ihres Tuns. Die Kölner Turmbücher aus der zweiten Hälfte des 16. Jahrhunderts enthalten eine Anzahl von Verhörprotokollen, wonach die Untersuchungshäftlinge, ohne daß die Folter gegen sie angewandt wurde, zugaben, Wahrsagerei, Zauber und Magie selbst ausgeübt zu haben. Einige Beispiele sollen im folgenden vorgestellt werden.

3. Das Zauberbuch

Im Jahre 1593 kommt es zu einem ausgedehnten Untersuchungsverfahren gegen Johann Kramer, einen ehemals im Dienst der Stadt Köln tätigen Kornmesser (Müdder), der wegen angeblicher Untreue im Dienst – er soll falsch gemessen haben – im Mai 1592[441] seines Amtes enthoben worden war. Damals war ihm sein »vaß« (das Meßgefäß) abgenommen und er selbst von einem Vertreter des Rats am Rathaus in aller Öffentlichkeit vor der Gemeinde als meineidiger Dieb gescholten worden. Da er sich unschuldig fühlt, zeigt er sich im Januar 1593 »mitt angehencktem strick am halse« auf dem Rathaus und in der Stadt, um ein Wiederaufnahmeverfahren zu erzwingen. Das gelingt auch, doch werden in diesem Zusammenhang über den Angeklagten Erkundigungen eingezogen, die weit über den eigentlichen Zweck der Untersuchung hinausgehen. So kann u. a. Tryn die Burggrevische, Ehefrau des Burggrafen auf dem Frankenturm, zu Protokoll geben, Kramer Johann habe ihr erzählt, einmal, als er im trunkenen Zustand Geld verloren hatte, sei es ihm gelungen, dieses mit Hilfe eines Buches zurückzubekommen.

Darauf berichtet dieser: Vor etwa 12 Jahren habe er im Auftrag des Junker Frentz an der Windmühle Renten und Gefälle eingezogen, davon für den Junker allerhand eingekauft und erledigt und alles auf seinem Schreibtäfelchen verzeichnet. Seine Tasche, worin dieses samt dem Geld gewesen sei, habe er dann bei St. Christoph abgelegt und vergessen. Als er nun kein Mittel wußte, wieder an die Tasche zu kommen, fiel ihm ein, daß der Kornmesser Albert am Hahnentor zwei Bücher besitze, die ein inzwischen verstorbener geistlicher Herr in seinem Haus liegengelassen habe. Als sie einmal darin gelesen hätten, sei »eß ihn der lufft herkommen floiten oder brusen gleich wie ein kugell, so ein loch in hatt«. Diese Bücher habe er sich von Albert ausgeliehen. Um Martini (11. November) sei er nach einem Wirtshausbesuch angetrunken heimgekommen. Seine Frau sei schon zu Bett gewesen. Auch er habe sich hingelegt, aber nicht einschlafen können; er habe vielmehr an die verlorene Tasche denken müssen und sei sehr traurig gewesen. So sei er wieder aufgestanden, hätte sich das Hemd um die Schultern geworfen und die Bücher hervorgeholt. Darin seien durcheinander deutsche und lateinische Zeichen gewesen, unter anderem auch diese Worte: »Ich beschwöre dich, Satan«. Als er sie las, habe er auf der Galerie ein Geräusch gehört und Kerzengeflacker gesehen. Vor Schreck habe er wieder aufs Bett springen wollen, doch sei ihm der Verstand vergangen, so daß er nicht mehr gewußt habe, was ihm geschah. In einem wachen Moment habe er sich auf dem Wall zwischen dem Friesen- und Ehrentor gefunden. Dann seien ihm die Sinne erneut geschwunden und endlich sei er im Hof seines Hauses zu sich gekommen. Er sei dann ins Haus gegangen, wo die Nachbarn und

sein Schwiegervater am Feuer saßen und ihm Platz gemacht hätten. An seinem Körper habe er keinen Schaden erlitten, nur der eine große Zeh sei schwarz gewesen. Sie hätten ihn dann zu Bett gebracht, und der Schwiegervater habe die Bücher ins Feuer geworfen.
Wo die vermißte Tasche war, habe er daraus nicht erfahren, sondern eine Nachbarin hätte es ihm gesagt.[442]
Solche »Zauberbücher« waren im 16./17. Jahrhundert weit verbreitet und auf Grund der nach Erfindung der Buchdruckerkunst möglichen Massenauflagen auch relativ preiswert zu haben. So besitzt auch Anna Maria Schehalten, gebürtig aus Meiningen in Sachsen, ein »Planetenbuch«, das sie in Amsterdam für einen Königstaler gekauft hat. Darin habe sie, wie sie 1612 ausführt, studiert, »also das sie sich auff die Liniament und complexion der Menschen ettwas verstehe«.[443] Ebenso berichtet Magdalena von Schwadorp 1592, daß ihr ein Buch gehöre, in dem die »hendt und haubter, die mändt (Monde) und die planeten« stünden, und daß sie mit Hilfe dieses Buches wahrsage.[444]

4. Der Werwolf

Am 31. Oktober des Jahres 1589 wurde zu Bedbur ein Werwolf (eigentlich ›Mannwolf‹)[445] hingerichtet. Hermann Weinsberg berichtet darüber in seinen Denkwürdigkeiten.[446] Ein Bauer aus Erprath, Stupe (oder Stump) Peter, hatte, wie man in einer Flugschrift lesen konnte, laut seinem eigenen gerichtlichen Geständnis 25 Jahre lang mit einer »duvelinnen gebolet« und daneben Blutschande mit seiner Tochter Bela getrieben. Er besaß einen Gürtel, durch den er, wenn er ihn antat, zum Werwolf wurde, ohne jedoch seinen Menschenverstand zu verlieren. Legte er ihn ab, verwandelte er sich wieder in einen Menschen. 13 Kinder im Alter von sechs oder sieben Jahren, darunter seinen eigenen Sohn, tötete er in Wolfsgestalt und fraß ihr Hirn, ermordete zwei Männer und eine Frau und übte großen Schaden unter dem Vieh. Seine Hinrichtung war eine Sensation, bei der eine große Menschenmenge zuschaute. Ein Nürnberger Flugblattholzschnitt, der noch im selben Jahr herausgebracht wurde (wohl derselbe, den auch Weinsberg vor Augen hatte), zeigt das grausige Geschehen in Form einer Bildergeschichte (Abb. 36). Oben links sieht man Stump Peter aufrecht als Wolf und wie er ein Kind überfällt; im Vordergrund wird seine Marter und Hinrichtung dargestellt: Peter wurde auf ein Rad gebunden, mit einer glühenden Zange gepeinigt, dann wurden ihm

36 Hinrichtung des »Werwolfes« Peter Stump zu Bedbur, 1589

Arme und Beine mit einer Axt zerschlagen, schließlich der Kopf mit dem Schwert abgehauen. Den Leichnam verbrannte man zusammen mit seiner Tochter und seiner »gefatterschen« Tringen Trumpen, die zum Feuertod verurteilt worden waren. Auf dem Richtplatz wurde ein Rad mit einem hölzernen Wolf aufgerichtet und der Kopf des Hingerichteten daraufgesteckt.

Das Gerücht von den Untaten des Werwolfs war in Köln und Umgebung schon »den sommer durch . . . seltzam gangen« und hatte die Phantasie der Menschen beschäftigt. Weinsberg selbst stand dem Fall sehr skeptisch gegenüber und äußerte nochmals seine Zweifel an all dem, »was man vom zaubern sagt, dreumt und nachswetzt«. Immerhin war es nicht der letzte Werwolf, der das Kölner Land verunsicherte. Am 15. Mai des Jahres 1600 ordnete der Rat an, daß der Zimmermann Heinrich Sternenberg gemäß der Wachtordnung Strafe zahlen oder zu Turm gebracht werden solle, weil er einen auswärtigen Mann, der auf keiner Gaffel vereidet war, kein Zeugnis seines Heimatortes vorlegen konnte und im Verdacht stand, »das ehr eyn wer wolff sei«, bei sich aufgenommen hatte. Der Werwolf selbst, Martin Schmidt von Cochem, der den städtischen Hauptmann ›schmählich angetastet‹ hatte, sollte eine Zeitlang im Gereonsturm inhaftiert und ›mit Wasser und Brot gespeist‹ werden. Doch schon nach zwei Tagen ließ der Rat ›die Person, die für einen Werwolf gescholten‹ wurde, aus der Stadt weisen.[447]

13 Jahre später, Ende März 1613, sitzen der Strohdecker Arndt von Paffradt, wohnhaft auf dem Eigelstein, unverheiratet, und Ulrich von Paffradt im »Olephandt« auf dem Eigelstein beim Bier und unterhalten sich. Unter anderem sprechen sie über Aleff von Paffradt, »so mitt am bollwerck arbeite«, und Ulrich bemerkt, daß der immer knapp bei Kasse sei – »die burß vermochte denselben nicht am besten« –; außerdem ginge das Gerücht, »alß wan ehr sich unsichtigh machen kondte«, worauf Arndt meint, daß er davon auch schon in Paffrath gehört habe. Als Aleff erfährt, was man über ihn redet, geht er vor Gericht. Ganz ohne Risiko war das nicht, aber ihm bleibt keine Wahl, wenn das Gerücht nicht immer weitere Kreise ziehen soll. Tatsächlich wird er ebenso wie Arndt inhaftiert. In Untersuchungshaft erzählte dieser am 15. Juni dann alles, was er über Aleff weiß, daß er eine Ehefrau habe, »so hiebinnen gehe heischen, dwechle ehr laßen sitzen«, daß er mit einer anderen, die jetzt auch in Köln wohne, anderthalb Jahre lang gezogen sei und daß er hinter St. Herrenleichnam wohne. Zwei Tage später wird Aleff selbst vernommen: Er sei von Beruf Schröder und habe an die 30 Jahre in Paffrath, ab und zu auch in Köln gewohnt. Seit sechs Jahren habe er sich hier dauernd niedergelassen, und sein Quartier befinde sich hinter St. Gereon bei der Windsmühle, »unter dem bogen«. Zur Zeit arbeite er am Bollwerk. Auf einer Gaffel habe er noch keinen Eid abgelegt, wohl aber das dazu nötige Führungszeugnis aus Paffrath geholt. Arndt rede ihm hinter seinem Rücken nach, »alß wan ehr sich wie ein wehrwulff unsichtbar machen und sein fraw auß einem post milch zapffen kondte«.[448]

Alle Anschuldigungen, auch daß er seine Frau verlassen habe, weist Aleff zurück.

Anfang Juli werden drei Zeugen geladen: Theis Schomacher, Gerichtsbote auf dem Eigelstein, der Notar Heinrich von Hoingen und der oben genannte Ulrich von Paffradt, der sich seit ca. fünf Jahren in Köln aufhält, sich bei einer alten Frau auf einem Weichhaus hinter St. Herrenleichnam eingemietet hat und wie Aleff am Bollwerk arbeitet. Alle drei bestätigen das Gerücht, wonach jener sich unsichtbar machen könne.

In diesem Fall trauten die Turmherren, die die Untersuchung führten, keinem, weder dem Denunzianten noch dem Verdächtigten. Am 5. Juli wurden Arndt und Aleff mit der Auflage entlassen, daß sie sich samt ihren Frauen ›zur Stadt hinaus machen‹ sollten.[449]

Will man das Phänomen ›Werwolf‹ deuten, so sind vor allem mythische Vorstellungen zugrunde zu legen: der weitverbreitete Seelenglaube, wonach die Seele den Leib verläßt und die Gestalt eines Tieres annimmt, in Europa und Nordasien die eines Wolfs, auch eines Bären, in Indien die eines Tigers, in Afrika eines Löwen, Leoparden oder einer Hyäne. Der Gestaltwechsel, in dessen Gefolge der Mensch auch die Stärke und die Mordlust des betreffenden Tieres gewinnt, kann aber auch durch das Überwerfen eines Gewandes, in diesem Fall eines Wolfsfelles, bewirkt werden. Der zauberkräftige Gürtel, den Stump Peter besessen haben soll, ist eine letzte Reminiszenz daran. Außerdem dürfte der Werwolfglaube auch auf der Lykanthropie, einer Geisteskrankheit, beruhen, die in dem von ihr Befallenen die Einbildung weckt, daß er ein Wolf sei, und ihn entsprechend handeln läßt.[450] Schon Geiler von Kaisersberg setzt sich in seinen Fastenpredigten (Straßburg 1516) auch mit dem Werwolf-Phänomen auseinander. Gemäß dem verbreiteten Volksglauben bezeichnet er die Werwölfe als »Kind- und Menschenfresser aus Hunger, Grimm, Alter, Versuchung, Erfahrung«. Zur Deutung führt er sieben verschiedene Ursachen an, von denen sechs gewöhnliche Wölfe oder Bären seien, die aus Hunger oder Tollwut die Menschen anfallen. Als siebente Ursache aber nennt er den Teufel; es gebe Männer, die sich einbildeten, Wölfe zu sein und dementsprechend Kinder töteten.[451]

5. Häschenzauber

Gertrud ist gerade sieben Jahre alt. Ihre Mutter, eine gebürtige Aachenerin, ist mit ihr – man zählt jetzt das Jahr 1591 – vor ca. 2½ Jahren nach Köln gezogen. Hier wohnen sie hinter Hoven bei St. Kunibert. Mit Jenne, dem Dienstmädchen einer Nachbarin in einem »stroen heusergen«, versteht sich Gertrud gut; mitunter übernachtet sie bei jener und kommt, sehr zum Leidwesen der Mutter, auf ein oder zwei Tage gar nicht nach Hause. Jenne oder die Nachbarin, Tryn von Neuss, genaues läßt sich nicht mehr ermitteln, kennen eine ›Kunst‹, die sie auch dem Kind beigebracht haben, nämlich, wie man aus einem »schurtzell« (Schürze) ein Häschen machen kann: Man braucht dazu etwas Reisig von einem Besen, dann nehme man den »schurtzell« unten an beiden Enden, wickele ihn darum, schlage dreimal auf den Arm und spreche jedesmal ›Kreuz Teufel‹, und ›in Marien Name‹, und schon ist die ›Kunst‹ verrichtet; der Hase springt alsbald dahin, kommt auch zurück und spielt mit einem. Die Schürze findet man später wieder.

Das Mädchen weiß noch mehr. In einer Apotheke am Domhof könne man Johanniskraut kaufen, auch den Samen; der sei ›der heiligste‹. Wenn man ihn in ein Papier lege, könne man probieren, ob jemand von der ›Kunst‹ sei oder nicht.

Daß sie diese beherrscht, spricht sich schnell herum. Ihre Mutter wird deshalb von einer Nachbarin als »wedermachersche und zaubersche« gescholten; eine Frau in der Kotzgasse, die Schwartze Drew genannt, sagt ihr auf den Kopf zu, ihr Kind könne Zauberei. Das Gerücht hält sich hartnäckig, auch wenn niemand Konkretes gesehen hat. Gertrud selbst gibt sich beim Verhör den anwesenden ›Herren‹ gegenüber optimistisch. Freilich, am Freitag könne sie die Kunst nicht; sonst aber wolle sie das Häschen gern in ihrer Gegenwart machen.

Wie die Geschichte ausgeht, läßt sich leicht erraten. Als der Versuch am Morgen des 24. August – es war ein Samstag – unternommen wird, beginnt das Kind zu weinen und will zu seiner Mutter. Ein weiterer Termin endet nicht besser; lapidar vermerkt der Turmschreiber: »Dabei eß also verplieben und nichtz davon geworden«.[452]

6. Erzauberte Liebe

»Der Liebeszauber dient dem Wunsch, den Liebeswillen eines anderen zu beeinflussen, zu fesseln, zu vergewaltigen und bedient sich über die natürlichen Mittel hinaus magischer Mittel ... Er hat also zur Voraussetzung sittliche Zustände, die die natürlichen Möglichkeiten der Liebeswerbung und Liebesbegegnung als unzulänglich erscheinen lassen (weshalb er im Mittelalter besonders von dem zur eigenen Liebeserklärung nicht berechtigten weiblichen Geschlecht und von verlassenen Bräuten geübt wird), und sittliche Begriffe, nach denen die erotische ›Inbesitznahme‹ als liebe- und ehebegründend wesentlicher ist als der ›consensus‹.«[453]

Von einem Liebeszauber, den sie selbst ausprobiert hat, berichtet die oben genannte Magdalena von Schwadorp während des Verhörs im Jahre 1592: Man benötigt dazu einen Totenkopf, den man in des Bösen Namen 24 Stunden lang in reinem Brunnenwasser kochen und anschließend wieder dahin tragen muß, wo man ihn hergeholt hat. Der Zweck: Wenn jemand wäre, »so gern einen auswendigen hierher in Coln haben wolte«, und man wende diesen Zauber an, dann würde

der Betreffende erscheinen. Als einmal ein niederländisches Mädchen namens Taenickhen bei Magdalena Rat suchte, wie sie mit ihrem Freund, der in der Fremde weile, sprechen könne, machte sich diese ans Werk. Sie holte einen Totenschädel vom Elenden-Friedhof und begann, ihn in ihrem Hause zu sieden; ihr Holzvorrat reichte jedoch nicht aus, so daß sie den Kopf im Haus ihrer Nachbarin weiterkochen mußte. Beim Anzünden des Feuers soll sie gesagt haben: »Nhun bren ihn thausent Theuffell nhamen«; den Nachbarn erläuterte sie: je heftiger das Wasser koche, umso schneller würde der, den man herbeiwünsche, erscheinen. Doch war alles Mühen vergeblich; es erschien niemand.[454] Vielleicht – so die Überlegungen des heutigen Betrachters – weil die Zauberhandlung unterbrochen worden war?
Eine andere Form des Liebeszaubers praktizierte Elisabeth, Ehefrau Berndt Zimmermanns:
Einer Frau, die sich über ihren Mann beklagte, daß er vielleicht ein Zauberer sei, weil er kaum Interesse an ihr zeige und sich möglicherweise mit der Magd einlasse, gab sie zwei pergamentene Briefchen mit jeweils gleichlautendem Text, die der mit der schwarzen Kunst vertraute Pferdehändler (roßteuscher) Heinrich von Eßen anfertigte. Das eine Briefchen sollte die Frau bei sich tragen, damit der Mann ›eine gute Natur‹ zu ihr bekomme, das andere war für jenen selbst bestimmt. Der Inhalt lautete (in heutiges Deutsch übertragen):
›Gott ist das Wort und das Wort ist Gott; ich rufe dich an, Herr, himmlischer Vater, wie Maria, die einige Mutter Gottes, ihren Sohn am Weißen Freitag am hl. Kreuz anrief: Oh, Herr, tröste mich, nicht mehr begehre ich.‹
Dabei stand der Name des Mannes ›Daem‹ und weiter: ›tröste mich, ich bescheide dich Rechtfertigkeit zwischen Himmel und Erde; was mir von Gott ist beschert, muß mir werden‹.
Außerdem war dreimal das Wort »pana« dazu geschrieben, was auf deutsch heiße: ›Alle böse »gespentz« weiche von mir.‹
Diese »Kunst«, so berichtet Elisabeth, könne sie aus einem Buch, das ihr ein Mönch von Marienforst (bei Bonn) gegeben habe, und das sich jetzt in der Propstei von St. Gereon befinde.
Elisabeth kannte auch noch einen weiteren Liebeszauber: Als eine vornehme Frau sich bei ihr beklagte, daß sie mit ihrem Mann niemals Frieden habe, empfahl sie ihr, an drei oder fünf Freitagen nacheinander drei weiße Almosen, nämlich drei Wecken oder drei Eier, um Gottes Willen zu geben und dabei zu sprechen: »ihn den nhamen, deß ich dir daß geben, pitt fur mich«.[455]

7. Mit Kristall und Sieb: der Blick in die Zukunft

Die am häufigsten praktizierte Form des Wahrsagens war das Lesen aus den Händen. Magdalena von Schwadorp kannte sich auf diesem Gebiet ebenso aus[456] wie Idtgen Walttnielß[457] oder Hilla Crosch.[458] Idtgen konnte auch »die Planeten lese(n)« und benutzte eine Kristallkugel[459] oder ein schwarzes Papier, um den Leuten vorherzusagen, ob sie Glück oder Unglück haben werden.[460] Zudem verstand sie den Gebrauch eines »sifft« (Zaubersieb):[461]

Man nimmt es auf zwei Finger im Namen Lucae, Marci, Matthiae und Johannis und spricht dazu: »Ich gepiett ihn krafft der 4 Evangelisten und bei dem Evangelio S. Johannis, so whar alß das warhafftigh ist, und ihn den nhamen Jhesu Christi, daß du wilst mir erzeigen die rechte warheitt deß dings, so man begertt zu wissen«; geht es dann rechts herum, so ist das ein Zeichen, daß es wahr ist, geht es links herum, so ist es nicht wahr.[462]

Ursula, Ehefrau des Schneiders Melchior Schuelers, bediente sich zum Wahrsagen, z. B. ob jemand Glück habe oder nicht, etlicher Kerzen, die sie zur Ehre Gottes, seiner lieben Mutter und der Hl. Dreifaltigkeit aufstellte; dabei bat sie Gott, daß er fügen wolle, was die Leute begehrten, damit sie das Geld, das diese ihr gäben, nicht umsonst verdiene. Die Kunst, aus den Händen zu lesen, hatte sie von einer Zigeunerin gelernt.

Nicht ohne Stolz bestätigt sie vor Gericht, behauptet zu haben, daß andere Wahrsagerinnen die Leute nur betrögen und ihnen ihr Geld abschwätzten, sie aber sei ihrer Kunst »fix«.[463]

8. »Casisa, hasisa, mesisa medantor«: Wiederbringzauber

Für den Fall, daß etwas gestohlen wurde, beruht die ›Magie‹ meist auf einem in eine rituelle Handlung eingekleideten psychologischen Trick: Die schon genannte Elisabeth, Ehefrau Berndten Zimmermanns, z. B. betet, wenn jemand etwas vermißt, zwei, mitunter auch drei oder vier Tage lang je 60 Vaterunser und 60 Ave Maria bei »reinem putzwasser« (Brunnenwasser). Wenn die Leute das Verlorene wiederbekommen sollen, so sieht sie es im Wasser liegen, sonst nicht. Sie hat auch schon erzählt, sie könne die Gesichter der Diebe im Wasser erkennen. Tut sie ihre Einsicht kund, so werfen diese, zumindest, wenn sie unter den Hausbewohnern oder Nachbarn zu suchen sind,

das Gestohlene aus dem Haus. Auf diese Weise hätten schon viele ihr Eigentum zurückerhalten.[464]
Idtgen Walttnielß in der Kämmergasse bedient sich in solchen Fällen ihres Kristalls, in den sie hineinsieht, oder des schwarzen Papiers, das sie sich selbst mit Schwärze und Baumöl anfertigt. Über ihre Erfahrungen mit den Kunden sagt sie: ›Die Leute wollen etwas hören, und wenn ich ihnen sage, ich kann ihnen nicht helfen, so werden sie ungeduldig‹.
Wenn sie den Kristall oder das schwarze Papier gebraucht, spricht sie folgende Worte, die sie nicht versteht und deren Sinn ihr auch gelehrte Leute nicht zu deuten wissen: »Nettor gedede in munda, Casisa, hasisa, mesisa medantor, wagor, Ruffus huß«. Wenn die Leute dann das vermißte Gut zurückerhalten sollen, so sieht sie in dem Kristall oder Papier einen schwachen Schein wie ein Gesicht.[465]
Eine dritte Methode kennt Hiltgen oder Hilla Crosch: Wenn etwas verlorengegangen ist, sich aber noch im Haus befindet, so läßt sie sich die Namen der Hausbewohner mitteilen. Dann zündet sie vier Kerzen an, die 1. für Gott, den Vater, die 2. für den Sohn, die 3. im Namen der Dreifaltigkeit und die 4. im Namen der hl. Helena. Die Kerzen müssen gleich schwer sein und gleichzeitig angezündet werden. Dann muß man sich niederknien und zu jedem Namen eines Hausbewohners fünf Paternoster und Ave Maria sprechen, dazu das Glaubensbekenntnis. Geht St. Helenas Kerze als erste aus, so ist das Vermißte noch im Haus.
Die Namen würde sie sich geben lassen, damit das Gesinde im Haus einen Schrecken bekommt – und sich so verrät oder das Gestohlene herausgibt.[466]
Auch mit »sifft« (Sieb) und »schier« (Schere) kann man gestohlenem Gut auf die Spur kommen. Wie, das erfuhr Hiltgen von einem Junker aus dem Bergischen Land, der bei ihr Rat suchte, als sein Junge ihm mit der Reisetasche durchgebrannt war. Er ließ sich Sieb und Schere geben (wobei er meinte, daß eine »schäffs schier« – Schere für die Schafsschur – am besten geeignet sei), stach die Schere ins Sieb, nahm dieses dann in die Hand und sagte: ›Ich beschwöre dich bei St. Peter, St. Paulus, St. Mattheus und Mattheiß, sag mir im Namen des Vaters, des Sohns und des hl. Geists, ist mein Junge, der den »waedtsack« entwendet hat, hier in Köln? Darauf sei das Sieb ihm in der rechten Hand ›umgegangen‹.[467] Der Junker sagte dann zu ihr: »Frochgen« (Frauchen), ihr seid in so »kostlichen planeten« geboren, ihr könnt noch ein Stückchen Brot damit verdienen. Er habe ihr das Sieb in die rechte Hand auf den »median« zwischen die Finger gesetzt und erläu-

tert, wenn es ›gegen die Sonne‹ geht, so bedeutet es Unglück, wenn es aber zur rechten Seite ›mit der Sonne‹ umgeht, Glück, und sie müsse in dem Fall ihr Gebet, 15 Vaterunser und 15 Ave Maria, in Jesu heilige Wunden sprechen.[468]

Selbst ›seriöse Kreise‹, etwa Rat und Geistlichkeit, suchten in aussichtslosen Fällen Hilfe beim Magier. Als 1574 aus dem Dom Schmuck und wertvollste Kleinodien, die vor dem Dreikönigsschrein ausgebreitet lagen, gestohlen wurden, soll man, wie Hermann Weinsberg reden hörte, den Wahrsagern 300 Taler geboten haben, wenn sie die Diebe ausfindig machten, »aber man wart nit gewar«.[469]

9. Wetter-, Wurm- und Brandsegen

Segensformeln der angesprochenen Art gehören zu den elementarsten magisch-religiösen Beschwörungen überhaupt.[470] Auf diesem Gebiet kennt sich besonders gut Hiltgen Crosch aus. Ihr Lehrer war ein uralter Mann, der angeblich das biblische Alter von 110 Jahren erreicht hatte und dem Beruf des Buschhüters nachging. Er wohnte in Esch bei Longerich. Mit 10 oder 11 Jahren erlebte Hiltgen bei ihm ein großes Unwetter, so daß sie zu ihm sagte: ›Oemgen Caspar, hier werden wir alle tot bleiben‹. Darauf segnete der alte Mann den Wind, indem er sprach: »Jesus und der heiliger Chorst waldt eß durch den vatter, durch den sohn und durch seinen heiligen geist. Nhu scheide dich Wetter und windt, wie Maria ist gescheidenn vonn ihrem l(i)eben kindt, durch den vatter, durch den sohn und den heiligen geist«. Dann fiel er auf die Knie, betete 15 Vaterunser und 15 Ave Maria in die hl. Wunden Jesu und in das Zittern, das er am Kreuz und Galgen gelitten hat. Wenig später habe, laut Hiltgens Bericht, sich der Sturm gelegt.[471]

Von dem Alten lernte sie auch einen Wurmsegen, mit dem dieser Pferden und Menschen half. Einen ganzen Reichstaler mußte sie dafür bezahlen, daß er ihr den Spruch verriet: »Jheses waldt eß und der heiliger Chorst durch den vatter, durch seinen sohn und durch seinen heiligen geist; der lieber St. Job ihnn der misten, dha ehr lagh, uff ihnn den hohen himmell daß ehr sagh unnd sprach: O herre meister mein, wie bistu meiner also jemerlich vergeßenn unnd daß due mich diese maden unnd diese leidige wurmb also leiß essen. Unß lieber herr auß dem himmell sprach: Nein Job, ich bin deiner nicht vergeßen, die maden unnd die leidige wurmb sollen dich nit langer eßen; die seindt weiß oder greiß, danaetten und die sanguinen, blae oder grae, geel oder groen, der roedt ist der neundter genant, die buese dir gott und der hailiger Chryst, daß du auff den 9t(en) tagh todt willest sein, diser statt dich wilß miden und nit willes ryden, ihn nhamen deß vatters, deß sohns und deß hailigen geists.« Dazu müsse man 45 Vaterunser und 45 Ave Maria sprechen, und zwar alle Tage dreimal, dann helfe es.[472]

Einen Brandsegen kannte Aell (Adelheid) von Wesell, Witwe des Scholeppers (Flickschusters) Johan Wiltgen auf der Machabäerstraße: »Uns lieff fraw häb auff (möge erheben) ihr rechte handt, sie segene diesen brandt, daß ehr nicht schwere und nicht einfreße, ihn nhamen desß vatters, desß sohns und desß heiligen geist«.[473]

10. Kräutersud und Heilsegen

Die enge Beziehung zwischen Magie und medizinisch wirksamen Maßnahmen ist bekannt. Selbst die moderne Medizin bedient sich des Placebo-Effektes bestimmter von der Substanz her eigentlich unwirksamer Medikamente und kennt die Wirkung psychologischer Beeinflussung auf den Heilprozeß. Im frühneuzeitlichen Köln betätigen sich etliche Frauen, die sich der oben genannten magischen Praktiken bedienten, auch auf medizinischem Gebiet. Idtgen Walttnielß z. B. macht »trencke« für kranke »beeste« und kranke Leute.[474]

»Wan jemandt den nachtzgriff (Alpträume), die roese (Gesichtsrose) oder sunst mangell ihm haupt habe«, so zündet Hiltgen Crosch morgens vor Sonnenaufgang drei Kerzen im Namen der Hl. Dreifaltigkeit an und betet, sobald die Sonne über dem Horizont steht.[475] Bei Krankheiten am Kopf mißt sie diesen mit einem »rauwen fadden von der spillen« (Spindel) einmal in der Länge im Namen des Vaters, dann in der Quere im Namen des Hl. Geists und spricht dazu: »Den fungk, den ich hie gefunden, der will vergaen und verschwinden wie die handt, die den heren ahns heilige creutz bandt, dieselbe handt die versanck unnd sie verschwank, so muße der schade wie die hand ist verschwongen auch ahm heupt unnd beinen oder wha der mangell wahr, verschwingen«. Gelernt hat sie dies von Herrn Johan, dem lahmen Pfaffen zu St. Andreas. Gegen Zahnschmerzen gebraucht sie »hondtz heider neßelen (Brennesseln) mit der wůrtzelen gewachssen, gedrugt (getrocknet) unnd ihn einem newen duppen gesodden, und den safft ihn den mundt, daß krautt aber ihnn ein tuch auff daß backen gelagt unnd den mundt damitt gespultt, und das helffe«. Im Winter dagegen solle man von einem »Seffen«-Baum (Senfbaum?) unten drei Stückchen im Namen des Vaters, des Sohns und des Hl. Geistes abpflücken, sieden, damit die Zähne spülen – und es helfe auch.[476]

11. Die Not der Weisen Frauen

Was waren das für Frauen, die sich solcherart mit Wahrsagen, Zaubern und allerhand Magie beschäftigten, teils aus echter Überzeugung heraus wie Idtgen Walttnielß, die ihre Beschwörungsformel bei Gebrauch des Siebs für so ›kräftig‹ hält wie der Pastor seine Worte in der Kirche bei einer Taufe, teils aber auch in gewisser Distanz zum eigenen Tun?

Auffällig ist, daß sie mehrheitlich aus bescheidenen Verhältnissen stammen, was sich schon an ihren normalen Berufen erkennen läßt; Magdalena von Schwadorp etwa, wohnhaft im Kofferhove, arbeitet als Haarspinnerin für den Bombasinweber (eine Art Baumwollgewebe) Herman von Bordtschet. Elisabeth, Ehefrau Berndten Zimmermanns, reinigt Kleider (tut »flecken aus«). Strohkörbe verfertigt Aell von Wesell, Witwe Johan Wiltgens des Scholeppers auf der Machabäerstraße; daneben beschäftigt sie sich mit Spinnen und erbringt im Auftrage anderer religiöse Leistungen, etwa Bittgänge. Als Spinnerin arbeitet auch Ursula, Ehefrau des Schneiders Melchior Schueler in der Achterstraße, außerdem übernimmt sie alle Arbeiten, die sie ›sonst zu tun kriege‹.

Die Erwerbsmöglichkeiten für Frauen waren in der fraglichen Zeit relativ eingeschränkt, der Verdienst bei den angeführten Tätigkeiten gering. Waren noch kleine Kinder zu unterhalten, so reichte er kaum zur Deckung der elementarsten Bedürfnisse.[477] So nimmt es nicht wunder, daß die meisten der Wahrsagerinnen als Grund für ihre – wie die gerichtliche Verfolgung beweist – nicht ganz ungefährliche Tätigkeit Armut anführen. Sie sei eine »arme person« (Magdalena von Schwadorp); »groeße nott und armutt« hätten sie zu der Kunst gezwungen, damit sie ihre vier kleinen Kinder aufziehen könne, und wenn ihr Mann, der »gantz versoffen und verhuyret« sei, das Trinken nicht lasse, »werde sie noch armutz halber zu weitherem unheill gedrungen werden, dan sie ihre Kinder nicht ernheren kondte« (Elisabeth, Ehefrau Berndten Zimmermanns); »die nott hab sie getzwungen, daß sie sich dieses handelß gepraucht« (Idtgen Walttnielß); »daß sie sich deß dings undernhommen, hab sie armutz halber gethan, weill ihr mann gebrechlich, auch daß amptt (d. h. die Zunftgerechtigkeit) nit hab, daß er ettwas verdienen konnen« (Ursula, Ehefrau des Schneiders Melchior Schuelers).

Ihre Kundschaft finden die Frauen, wenn man ihren Worten Glauben schenken darf, beinahe in allen Bevölkerungskreisen, sogar unter Angehörigen der führenden Kölner Familien oder des Adels. So zählt Hiltgen Crosch zu denen, die von ihrer Kunst profitieren wollten, einen Junker aus dem Bergischen Land, die Frau des Junkers Ludwig Heimbach und die Frau des Herrn Dulcken.

Interessant ist auch die Rolle der Geistlichen, die sich vielfach in der Materie auskennen, Zauber- und Planetenbücher besitzen und z. T. auch ihr magisches Wissen an die Frauen weitergeben, die ihnen ihr Tun und ihre Traumgesichte im Beichtstuhl offenbaren. Sie stehen durchaus nicht in einer einheitlichen Front gegen das Zauberwesen, sondern sind selbst mitunter tief darin verstrickt, wobei sie die damit verbundene Problematik durchaus erkennen. So empfahl Hiltgen Croschs verstorbener Beichtvater zu St. Cäcilien ihr, als sie den Gebrauch des Zaubersiebs (sifft) beichtete, sie solle es geheim halten: Zwar »were das sifft ein ryß (Abbild?) des himmels lauff«, doch könnten es die Leute für »duvelschwerck« halten.

Die Anwendung der Magie erweist sich also im 15. und 16. Jahrhundert als eine allgemeine Zeiterscheinung.[478] Sicherlich gehört sie in den Bereich der Subkultur, doch wird ihre Ausübung wie die Zuflucht zu ihr von der Gesellschaft nicht in jedem Fall verurteilt, allenfalls, wenn es zur Hilfeleistung einer mit Zauberkräften begabten Frau für einen Kriminellen kommt. So suchte z. B. der Mörder des reichen Goldschmiedes Nicasius Hackeney 1483 die in der Walengasse wohnende Katharina von Houff auf und schenkte ihr aus seiner Beute eine diamantene Rose im Wert von 1500 Gulden. »Diese Trina stand in dem Rufe, sich auf verschiedene Zauberkünste zu verstehen, namentlich glaubte man von ihr, sie sei imstande, die Soldaten im Kampfe hieb- und schußfest zu machen und einen Gefangenen seiner Ketten zu entledigen und aus dem Kerker zu befreien; durch genanntes Geschenk sollte sie bestimmt werden, sich der Mörder mit ihren Zauberkünsten anzunehmen . . .«.[479]

Gewöhnlich gilt eine Frau, die sich dem Geschäft mit der Zauberei widmet, nicht a priori als eine zu fürchtende Außenseiterin, die man mit Schimpfworten wie Hexe, »zaubersche« etikettiert und tunlichst zu meiden sucht. Dazu muß ein weiteres kommen, und zwar der Verdacht des Schadenzaubers. Erst dieser ›verbannt‹ die Beschuldigte aus dem Kreis ihrer Mitmenschen, führt zur sozialen Diskriminierung, nun aber unabhängig davon, ob sie sich in magischen Handlungen versucht hat oder nicht. Schon die eingangs angeführte Episode zeigt diesen Zusammenhang. Noch deutlicher wird er an den drei folgenden Beispielen.

Im August 1589 muß sich Moen (Bezeichnung für Tante oder ältere Frau) Eva Beckersche auf dem Frankenturm gegen den Vorwurf verteidigen, eine Zauberin zu sein. Unter anderem soll sie viele Menschen krank gemacht und einem Mädchen den ›Bösen in den Leib gezaubert haben‹. Außerdem heißt es, sie könne nicht weinen, auch wenn man sie schlage. Allein dies ist schon ein hinreichendes Indiz für ihre Schuld, denn es gilt »als das sicherste Zeichen auf Grund der alten Überlieferung«, daß eine Frau »das, nämlich Tränen vergießen, nicht kann, wenn sie eine Hexe ist«.[480]

Das Gerücht in die Öffentlichkeit gebracht hat Herr Claes, Pater zu den Oliven (Olffen),[481] als er einer Magd, die ein krankes Kind zu ihm brachte, erzählte, ›er habe den Bösen mit 10 oder 12 Pferden bei sich in der Kirche gehabt, der ihm angezeigt, daß gen. Eva die principalin unter den zauberschen sei‹. Als Zeuge vernommen erklärt er, daß er jene überhaupt nicht kenne; verschiedene Kranke hätten sich jedoch bei ihm beklagt, daß sie ihnen Schaden zugefügt habe. Er weiß auch einen guten Rat, der Sache näherzukommen: Wenn Meister Hans (der Scharfrichter) über sie kommt, wird man die rechte Wahrheit erfahren. Bei der Gegenüberstellung versucht der Pater, die Frau mittels eines Zauberspruches zu bannen: »Acha, fara, foßa, kruka, tuta, mora, morsa, pax, max, deus, homo, imax«, worauf Moen Eva ihn wütend anfährt, er solle doch zu seiner Hure gehen, mit der er neuerdings zusammenwohne. Auf die – angesichts dessen, daß der Fall vermutlich stadtbekannt war – überflüssige Frage, woher sie wisse, daß der Pater umgezogen sei, erwidert sie (mit feiner Ironie?), der Engel des Herrn habe es ihr eingegeben. Den Vorwurf der Zauberei weist sie entschieden zurück. Aber sie kennt ein Motiv für den Rufmord, dem sie ausgesetzt ist: »Diejenigen, so ihr broidt geßen und ire sonst zuthun gewest unnd nicht betzalen wollen, hetten ire solchs felschlich nachgeredt.«[482]

Nicht anders erging es 1612 Trin von Bedorp, Witwe des im Vorjahre gestorbenen Keßelß Gerhardt, »welcher der armen zu Melaten schelle getragen« und zugleich auch »nachtz thurwechter« bei St. Severin an der Windmühle gewesen sei. Sie wohnt zusammen mit einer Bela, deren Mann alles Gut durchgebracht haben soll, so daß sie vom Betteln leben muß, an der Stadtmauer beim Weyertor in einer Kammer und verdient ihren Lebensunterhalt durch Spinnen.

Bela gegenüber hat sie lediglich einmal geäußert, daß sie bei einer Wahrsagerin gewesen sei. Bei ihrer Verhaftung halten ihr die Gewaltrichter vor, sie habe zwei Kinder bezaubert. Die Zeugenvernehmung bringt dann den ›wahren‹ Sachverhalt ans Licht: »eß sei ein gantz nachpaur geschrei, das behaffte Trin ein zaubersche sei«, erklärt der Schiffsknecht Peter von Koningshoven. Selber kann er zur Erhärtung dieses Gerüchts nichts beisteuern.

Trins verstorbener Mann war da nüchterner gewesen. Er soll sich einem Zeugen gegenüber geäußert haben, »wofern seine fraw eine zaubersche were, so mochte sie eine plieben, ehr wolte nicht einen heller daran lagen«. Dem Gericht war die Sache jedoch suspekt genug, um die Gefangene dem Greven zu liefern.[483]

Der dritte Fall: Er betrifft ein Mädchen vom Land, Gertrud, Johan Jechens Tochter von Pütz. Ihre Mutter war vor Jahren zu Pütz im Amt Kaster als »zeubersche« verbrannt worden. Sie war damals nicht bei ihren Eltern, und seit der Hinrichtung traut sie sich nur selten zu ihrem Vater nach Pütz, da sie sich des schändlichen Todes der Mutter schämt; drei Jahre sei sie »als ein arm verlaissen kindt uber Landt beddelen gelauffen«. Später verdingte sich Gertrud bei verschiedenen Leuten, zuletzt in Sürth. Soweit, so gut; doch die Vergangenheit holt sie ein. Von einem Besuch bei ihrem Vater zurückgekehrt, halten ihr etliche Leute vor, sie habe ihre Kleider nach Rodenkirchen (in Sicherheit) gebracht und dann als eine »zeubersche« das große Unwetter in Sürth angerichtet und den Nachbarn verderblichen Schaden zugefügt. Sie sucht Hilfe bei zwei Oheimen, die mit ihr nach Sürth gehen, doch wird sie dort inhaftiert. Es gelingt ihr, sich zu befreien und nach Köln zu entkommen. Hier wird sie auf Veranlassung etlicher Sürther Einwohner erneut gefangen genommen. Man konfrontiert sie nun mit einer Fülle von Anschuldigungen: Zusammen mit ihrer Mutter soll sie eine Schwester vergiftet haben, da diese das Zaubern nicht lernen wollte; ein Bauer in Rodenkirchen sei an ihrem Zauber gestorben; den Tod der beiden Kühe, die dem Nachbarn ihres Vaters in Pütz vergangener Tage verendeten, lastet man ihr ebenfalls an. Schließlich soll sie ein Ei, aus dem ihre Mutter gezaubert habe, weggenommen und, als diese gefangen war, damit fortgeflogen sein.[484] Gertrud kennt die Wirkung der Folter und macht sich keine Illusionen über ihre Standhaftigkeit. Auch sie werde, meint sie, wie wahrscheinlich auch ihre Mutter, die Unwahrheit bekennen, nur um Pein und großen Schmerz zu vermeiden.[485]

Einige wesentliche Elemente, die für die Hexenverfolgungen des 16. und 17. Jahrhunderts bestimmend waren, lassen sich an diesen Beispielen erkennen: zum einen individuelle Beweggründe, vielleicht Neid, vielleicht das Bemühen, durch eine falsche Anschuldigung sich eines lästigen Gläubigers entledigen zu können. »Man kan der alter weiber und verhaster leut nit balder quidt werden, dan auf sulche ... maneir«, weiß auch Hermann Weinsberg.[486] Doch reichen solche Rationalisierungen für sich allein nicht aus, um die Massenhinrichtungen vor allem in der ersten Hälfte des 17. Jahrhunderts zu erklären. Hinzu kommt die Furcht breiter Schichten vor unerklärlichen und als bedrohlich empfundenen Geschehnissen und Entwicklungen. Die subjektiv spürbare und objektiv vorhandene Verschlechterung der Lebenssituation seit Beginn des 16. Jahrhunderts, verursacht durch rasches Bevölkerungswachstum, Klimaänderung, Teuerung, Krieg, führte zur Suche nach einem vermeintlich verantwortlichen Sündenbock. Die Zuweisung der Schuld an Hexen und Zauberer, deren undurchschaubares magisches Treiben die anonyme Bedrohung zu symbolisieren schien, war eine Möglichkeit, ein Ventil für die aufgestauten Ängste zu schaffen.

VIII. Zigeuner

RAUCH

Einst lebte das Land. Grüne Wagen
Zogen durchs Dorf. Im Frühlicht
Schnaubten die Pferde
Am Fluß

Wohin sind sie gezogen, die Kesselflicker
Und Musikanten? An welchem Ufer
Weiden ihre Pferde? Unter welchem Mond
Singen ihre Geigen?

Niemand hat sie gesehen. Spurlos
Rauch in den Wolken
Zogen sie
Fort

Volker von Törne

»Unter der Planierraupe endete die Hoffnung vieler Zigeuner«: Mit dieser Schlagzeile kommentierte eine bekannte Tageszeitung im August 1983 das Scheitern eines Experiments, dessen hoffnungsvoller Beginn im Jahre 1979 die Integration einer Gruppe Roma in die moderne städtische Gesellschaft zum Ziel gehabt hatte.[487] Der Versuch war mißglückt, weil wieder einmal Integration mit Assimilation verwechselt worden war, und diese nur unter Aufgabe der eigenen Identität seitens der Zigeuner zu erreichen gewesen wäre. Den hohen Preis konnten und wollten die Roma nicht zahlen. Polizei- und Verwaltungsorgane zeigten daraufhin keine Bereitschaft, abweichendes Verhalten, zumal einer auch ethnisch von der übrigen Bevölkerung geschiedenen Minderheit, länger zu tolerieren. Das (vorerst) letzte Wort sprachen Raupe und Bagger. Der Name der Stadt, deren Ordnungsbehörden nach mancherlei Konflikten das den Zigeunern als Notunterkunft zugewiesene Haus mitsamt ihrem darin befindlichen Besitz abreißen ließen (Darmstadt), ist nicht von Belang; denn die hinter dem Geschehen stehende Problematik ist an keinen Ort gebunden.

Dies zeigte sich auch im Winter 1976/77, als eine Gruppe Balkanzigeuner vom Stamm der Lovari, die ohne gültige Papiere aus den Niederlanden in die Bundesrepublik Deutschland abgeschoben worden waren, in Köln an der Weiterreise gehindert und schließlich nach langem Hin und Her zurückgeschickt wurden.[488]

Zigeuner zwischen Verfolgung und Romantisierung, lautete das Thema einer im Herbst 1983 im Hamburger Museum für Völkerkunde eröffneten Ausstellung. Romantisierung ist dabei eine vergleichsweise junge Erscheinung. Erst seit dem 19. Jahrhundert werden Zigeuner wegen ihres in den Augen der Nichtzigeuner freien und ungebundenen Lebens – ohne Abgaben und Steuern –, wegen ihrer Erotik, ihres Temperaments, ihrer faszinierenden Musik zum »Gegenstand geheimer Wünsche und Sehnsüchte«,[489] beginnen Literatur, Oper und Operette ein zigeunerisches Traumland als Kontrast zu den Zwängen des bürgerlichen Alltags zu schaffen. Die Lebenswirklichkeit sah anders aus. J. W. von Goethe hat sie schon 1771 in seiner »Geschichte Gottfriedens von Berlichingen mit der Eisernen Hand«, der ersten Fassung des »Götz«, knapp und realistisch geschildert.[490]

1. Wanderung ohne Ende

Jahrhundertelang bedeutete Zigeuner-Sein einen verbissenen Kampf ums Überleben in ständiger Abwehr obrigkeitlicher Verfolgung, in Deutschland angefangen von den Reichsabschieden zu Lindau (1497), Freiburg (1498) und Augsburg (1500) über eine Fülle reichsgesetzlicher und territorialstaatlicher Edikte im 16., 17. und 18. Jahrhundert bis zu den Maßnahmen zur »Bekämpfung der Zigeunerplage« in den leidvollen Jahren 1933–45. Wenn es den Sinti und Roma dennoch gelang, ihre Existenz als ethnische Gruppe und ihre kulturelle Identität zu bewahren, dann einerseits auf Grund des festen Zusammenhaltes in Sippe und Familie, ihrer geschickten Überlebensstrategie, andererseits in Folge der Uneffektivität der staatlichen Polizeiorgane zumal auf dem Gebiet des politisch zersplitterten Deutschen Reiches, nicht zuletzt aber auch wegen der vielfältigen Beziehungen zur einheimischen Bevölkerung und der Hilfen, die ihnen – sicherlich auf dem Weg der Gegenseitigkeit – von Nichtzigeunern zuteil wurden.[491]

Die Herkunft der Zigeuner ist seit langem durch sprachwissenschaftliche Untersuchungen geklärt: Sie kamen aus Indien und zogen in einer Jahrhunderte dauernden Wanderbewegung, immer wieder unterbrochen durch lange Phasen relativer Seßhaftigkeit, nach Europa. Im 14. Jahrhundert finden sie sich in Griechenland und auf dem Balkan.

37 Zigeunerlager

Unter dem Druck der türkischen Expansion in diesem Raum wandten sie sich weiter nordwestwärts und erreichten zu Beginn des 15. Jahrhunderts das Gebiet des Deutschen Reiches. Zeitgenössische Quellen nennen sie 1407 – unter dem Namen »tateren«, Tataren – in Hildesheim, 1414 und 1422 in Basel, 1417 in Augsburg, Soest, Magdeburg, Hamburg, Lübeck und weiteren Ostseestädten, 1418 in Leipzig, Frankfurt und Straßburg, 1420 in Brüssel, 1427 in Paris.[492] In den Augen der Chronisten sind sie schrecklich anzusehen und schwarz wie die Tataren,[493] ein »loß diebisch, veretherisch und ungetreues volck von allerley losen gesindlein als huren und buben zusammengerottet«,[494] »eyn volck wandernde van steden to steden, van landen to landen, myt wyven und myt kynderen, ... eyn ungetemet (gesetzlos) volck, bitter und vred (abgehärmt), unreinlich und unkuesch, und to male clock to stelne (gewandt im Stehlen) un to clokende (betrügen)«.[495] Meist erscheinen sie in Rotten, bis zu einigen hundert Personen stark, ein Teil von ihnen zu Pferde, unter Führung eines Herzogs oder eines Grafen, und fast immer können sie obrigkeitliche Geleitsbriefe vorweisen, »hatten darzu vom babst und könig passporten, darumb man sie (wiewol mit unwillen des landvolcks) ziehen liesse«; so

lautet ein Vermerk zu ihrer Ankunft in Basel und im Wiesental 1422.[496] Noch um die Mitte des 16. Jahrhunderts können sie dem Kosmographen Sebastian Münster in Heidelberg Empfehlungsbriefe zeigen, die ihnen Kaiser Sigismund ausgestellt hat.[497]
Wo die Zigeuner hinkamen, dort erzählten sie von ihrer Herkunft aus Ägypten, daß sie sich geweigert hätten, die Heilige Familie auf ihrer Flucht aufzunehmen und deshalb zur Buße heimatlos umherziehen müßten,[498] oder eine andere Version: Sie seien unter dem Druck der Sarazenen vom christlichen Glauben abgefallen, später erneut bekehrt und zur Strafe aus ihrem Heimatland vertrieben worden. Der Papst, zu dem sie gezogen seien, um ihre Sünden zu beichten, habe ihnen auferlegt, sieben Jahre lang in der Welt umherzuziehen, ohne in einem Bett zu schlafen.[499]

2. Die Heiden in Köln

Aus Köln fehlen Nachrichten über den Besuch von Zigeunern oder ›Heiden‹, wie sie hier und am Niederrhein genannt werden, bis zur Mitte des 15. Jahrhunderts. Zwar werden sie bereits 1439 in den Stadtrechnungen von Siegburg erwähnt,[500] aber erst am Freitag, dem 26. Mai 1452, gewährt die Stadt »den vreymden heydenschen luden« Geleit bis zum Montag, dem 29. Mai, vorausgesetzt, daß sie nicht stehlen (salvo quod non furentur). Offensichtlich sind keine Klagen laut geworden, denn die Aufenthaltserlaubnis wird ihnen bis zum Freitag (2. Juni) verlängert und am Freitag, dem 16. Juni, gibt der Rat »den 7 vreymden heyden« abermals Geleit bis zum kommenden Montag.
Bis in das zweite Jahrzehnt des 16. Jahrhunderts schweigen die Kölner Quellen nun wieder. Offizielle Genehmigungen zum Besuch der Stadt wurden nicht mehr erteilt oder zumindest in den Geleitsregistern nicht schriftlich festgehalten. Möglicherweise überwog hier wie andernorts das Mißtrauen gegenüber den Fremden. So versuchte man in Siegburg nach Ausweis der Stadtrechnungen, die Zigeuner mittels Geldgeschenken zum Weiterziehen zu bewegen, ›um der Stadt Schaden zu vermeiden, um die Heiden den Leuten von der Hand zu weisen‹.[501] In Bamberg erhielten sie 1463 ein Geschenk von 7 Pfund Hellern, »darum, daß sie von stund an hin wegschieden und die gemein unbeschädigt liessen».[502]
Der von Neugierde und Bewunderung getragene starke Eindruck, den

die Zigeuner bei ihrer Ankunft in Mitteleuropa nicht zuletzt wegen der Titel und des prächtigen Auftretens ihrer Führer bei der Bevölkerung hinterließen, wich allmählich – in der Konfrontation mit den von ihnen im Rahmen ihrer Überlebensstrategie geübten Praktiken – einer ablehnenden Haltung, die sich deutlich in der Politik der Städte und Territorien in den folgenden Jahrhunderten widerspiegelt.[503]
Ein Signal setzte der Reichstag von Lindau 1497, als er den Schutzbrief Kaiser Sigismunds aufhob. Obrigkeitliche Edikte und Gerichtsakten gewinnen nun unter den Quellen, die über das Leben der Zigeuner und ihr Verhältnis zur ansässigen Einwohnerschaft informieren, zunehmend an Bedeutung. So ist auch das nächste erhaltene Kölner Zeugnis ein Ratsbeschluß aus dem Jahre 1517: Die Gewaltrichter erhalten den Befehl, die »schorensteinsfegern«, die Schotten oder Walen (Wallonen) zu Turm zu bringen.[504] Die eigenartige Aufforderung, die eine kritische Distanz zu Fremden überhaupt signalisiert, wird verständlich durch einen Absatz in Georg Agricolas ›Sprichwörtern‹ von 1529:

> »Es ist ein welsche Nation, die pfleget sich inn teutschen Landen zu nehren, eins theils auß Lombardy, so die Schornstein und Camin fegen, eins theils auch von Creta oder Candia, die werffen ein könig auff und ziehen durch Teutschland, die nennet man Zygeuner, Heidn oder Tattern; dieselbigen unterstehen sich, den leuten warzusagen, sonderlich aber die weiber, nehren sich sonst mit stelen und heimlichen partieren«.[505]

Interessanterweise wurde der obige Befehl, zu dessen Ausführung man wohl noch gar nicht geschritten war, nur eine Woche später zurückgenommen. Jan van Kirdorp, Engell van Bruwyler und Severin Vederhen bekamen nun den Auftrag, die Gewaltrichter (Vertreter der oberen Polizeibehörde) dahingehend zu instruieren, daß sie die ›Schornsteinfeger‹ in der Stadt lassen und nur dann ins Gefängnis stecken sollen, wenn sie sich etwas zu Schulden kommen lassen.[506]
Es folgt ein Ratsbeschluß aus dem Jahre 1523, wonach die »Tataren« oder »Heiden« nicht in Köln bleiben dürften. Noch sollte ihr Abzug durch Verhandlungen erreicht werden.[507] Drei Jahre später erhielten die Gewaltrichter den Befehl, die »heyden« aus der Stadt zu treiben und ihnen bei Strafe des Turms die Rückkehr zu untersagen.[508] Dieser Beschluß wurde im folgenden Jahr wiederholt.[509]
Im Rahmen der städtischen Politik sind die Versuche, sich der Zigeuner zu entledigen, nicht isoliert zu sehen, sondern als Teil eines umfangreichen, auf ›gute Polizei‹ bedachten ›Programms‹, wobei ›gute Polizei‹ ein in jeder Hinsicht wohlgeordnetes Staatswesen meint. Zu

diesem ›Programm‹ gehörte die Sorge des Rates um das sittliche Verhalten der Bürger – Spiel, ›ausschweifende‹ Feste, sexuelle Laxheit oder auch nur ein unmotiviertes Lärmen auf der Straße werden streng bestraft –, gehörte sein Bemühen, Faulheit und ›Müßiggang‹ zu bekämpfen, das Betteln in der Öffentlichkeit abzustellen, die Straßen sauber zu halten und die frei herumlaufenden Schweine abzuschaffen. So nennt der nächste überlieferte Ratsbeschluß vom 28. Januar 1530 Zigeuner in einem Atemzug mit Bettlern und illegal in der Stadt weilenden Leprosen. Die »boevenkoeninck« (Bubenkönige) und übrigen Stadtdiener sollen sie alle zur Stadt hinaustreiben.[510] Die weiteren Ratsbeschlüsse des 16. Jahrhunderts folgen hier in knapper tabellarischer Übersicht:

1532 Auf dem Turm gefangene »Heyden« oder »Egiptieren« sind freizulassen und aus der Stadt zu treiben oder über den Rhein zu fahren (oeverzoswemmen).[511]

1536 Eine in Haft befindliche »Heydynne« soll entlassen und den Zigeunern befohlen werden, daß sie abziehen.[512]

1542 Auf Wallonen (walen), Schotten und Zigeuner (heyden), die »in die mengde sich herinsleyffen«, soll sorgfältig geachtet werden.[513]

1544 Dem im Rat verlesenen kaiserlichen Mandat gegen die »zygyner« soll Gehorsam geleistet werden.[514]

1547 Die Turmmeister sollen den Gewaltrichtern befehlen, daß sie die Heiden »uß der statt dryven« oder auf dem Turm gefangen setzen.[515]

1548 Zigeuner, die in die Stadt gekommen sind, sollen ausgewiesen oder arrestiert werden.
Bei etlichen von ihnen, die gefangengenommen worden waren, hat man falsche Taler gefunden. Frauen und Männer sollen darum gründlich verhört werden. Da einige der Frauen kleine Kinder haben, andere schwanger sind, sollen die Unschuldigen freigelassen werden. Dem »heidenkunig«, also dem Anführer des vor Köln liegenden Haufens, soll zugleich freies Geleit zum Besuch der Stadt gegeben werden, damit er zu den Vorwürfen gegen die Zigeuner Stellung nehmen kann.
Nach Beendigung des Verhörs soll der Turmmeister die Heiden ›schelten‹ und aus der Stadt weisen, wobei man ihnen, falls sie wiederkommen, androht, sie ins Wasser zu werfen.[516]

1550 Einige Zigeunerfrauen, die ein paar Tage auf dem Turm in Haft waren, sollen ausgewiesen werden.[517]

1551 In der Stadt befindliche Zigeuner sind einzusperren.[518]
1568 Heiden, die am Eigelstein merklichen Schaden anrichten, sollen von den Gewaltrichtern gütlich zurechtgewiesen werden; bleiben sie halsstarrig, soll man sie gefangennehmen.[519]
1571 Die Heiden sind aus der Stadt zu weisen.
Die Heiden sollen vertrieben, zum größeren Nachdruck fünf oder sechs von ihnen zu St. Kunibert inhaftiert werden.[520]
1572 Unter Androhung harter Strafe soll man die Zigeuner fortweisen.[521]
1574 Die Heiden sollen endlich hinausgetrieben oder bei St. Kunibert in ein Loch geworfen werden.
Schweine sind von den Straßen zu halten, fremde Bettler und Müßiggänger aus der Stadt zu treiben, die Zigeuner sollen an den Toren nicht geduldet werden.[522]
1575 Da sich schon wieder Heiden vor der Stadt aufhalten, soll man einige gefangen nehmen und bestrafen.
Die Zigeuner sind hinauszutreiben oder zusammen mit denen, die sie heimlich in die Stadt bringen (undersleiffen), ins Gefängnis zu werfen.[523]
1576 Die Heiden sollen an den Kax (Pranger) gestellt und auf ewige Zeiten der Stadt verwiesen werden.[524]
1577 Da der Rat in Erfahrung gebracht hat, daß es viele Mordbrenner geben soll, daß im übrigen sich auch allerhand fremde Bettler samt etlichen Heiden in Köln aufhalten, soll man das ›lose volk‹ in Arrest bringen.[525]
1579 Zigeuner sind unverzüglich auszuweisen.[526]
1593 Zwei ungehörige Zigeuner sollen zu St. Gereon im Loch eingesperrt, zwei weitere aus Köln ausgewiesen werden.[527]
1594 Da die Zigeuner in großer Zahl in die Stadt drängen, bedroht der Rat diejenigen, die sie einlassen, mit zehn Goldgulden Strafe.[528]
1598 »Dweill eyn groisser anzal heiden sich anhero verfuigt, vor den pfortzen liggen und allerhandt bubenstucker uben«, erhält der städtische Hauptmann den Befehl, sie zur Rede zu stellen und fortzuweisen; im Fall des Ungehorsams soll man sie auf dem Turm inhaftieren.[529]
1599 Die Zigeuner, die sich nachts vor den Mauern der Stadt finden, sollen vom Hauptmann verwarnt werden.[530]

Einen deutlicheren Beweis für die Nutzlosigkeit der obrigkeitlichen Bemühungen als die ständige Wiederholung der fast gleichlautenden

38 Gruppe von weissagenden und stehlenden Zigeunern bei einer Bauernhochzeit

Edikte wird man kaum finden. Der Grund dafür lag einmal in der weitgehenden Uneffektivität der städtischen Polizeiorgane, wie sie sich schon im Rahmen der Bettler-Gesetzgebung gezeigt hatte, zum anderen aber darin, daß die Bürgerschaft selbst an Kontakten mit den Zigeunern interessiert war. Man handelte mit ihnen, erfreute sich an ihren Kunststücken, nutzte ihre heilkundlichen Kenntnisse, vor allem auch ihr Geschick im Umgang mit Pferden, und ließ sich die Zukunft vorhersagen. Selbst Hermann Weinsberg, einer der Kölner Honoratioren dieser Zeit, berichtet, daß die Heiden seiner zweiten Frau Drutgin wahrgesagt hätten; sein »doch gelogen« zu der Feststellung, daß die Prophezeiung nicht in Erfüllung gegangen sei, zeigt, daß auch er von dem Glauben an die Künste der Zigeuner nicht ganz unberührt war.[531] Selbst der Rat konnte sich gegen solche Bedürfnisse nicht gänzlich sperren. 1539 gab er einem »heyden oder egiptieren umb etlicher konsten willen« offiziell Geleit[532] und 1599 erlaubte er einer »heidtinnen, so weibercuram profitirt« (sich also auf Frauenheilkunde verstand), auf vier Tage nach Köln zu kommen, um eine adlige Frau zu kurieren.[533]

Auf Kontakte und Berührungspunkte zwischen Zigeunern und Nichtzigeunern verweisen auch einige Verhörprotokolle von Untersuchungshäftlingen in den Kölner Turmbüchern. Im einfachsten Fall gaben Zigeuner ihre Kenntnisse, z. B. heilkundlicher Natur oder auf dem Gebiet der Wahrsagerei, an Interessenten weiter. So erklärt 1572 Ursula, Ehefrau des Schneiders Melchior Schuelers, die sich in der schwarzen Magie versucht, es habe ihr einmal »ein heidinne getzeigt, wie man auß den henden sehen sollte, wie fill menner daß einer habenn solle«.[534] Es kam aber auch vor, daß Einheimische sich einer Zigeunerschar anschlossen, wie Peter von Ffloirftrich, wohnhaft in der Thieboldsgasse (Dyffgaßen), der laut eigener Aussage vom Jahre 1555 seinen Lebensunterhalt damit verdient, daß er Knochenbrüche (bene) heilt. Er sei zehn Jahre lang »under den heiden gezogen« und habe diese Fähigkeit bei ihnen gelernt.[535]

Umgekehrt schloß sich der »Heidenkhonningh« Wilhelm van Urdingen einer Gruppe von rheinischen Kriminellen an und betätigte sich mit ihnen als Dieb und Kirchenräuber. Am 21. Februar 1565 wurde er gehängt. Seine Frau brachte auf dem Dachboden oder der Galerie (leuffen) im Haus des mutmaßlichen Hehlers der Bande, Evert van Dueßberg auf dem Poell hinter St. Peter, »ohn beiweß oder hulff anderer frauwen« ein Kind auf die Welt. Sie besaß weder Windeln noch Leinentücher und ihr Mann hatte, wie es im Turmbuch heißt, »kein sorg noch achtungh uf sein fraw«.[536]

Andere Zigeuner verließen für einige Zeit ihre Sippe und verdingten sich als Soldaten. Jorgen von Nemwegenn z. B. hatte mehrmals beim Grafen von Berg im Kriegsdienst gestanden, doch sei daran, wie er im Oktober 1575 ausführt, »itzo kein profitt«. Verhaftet wurde er beim Versuch, illegal in die Stadt zu gelangen, um seine Mutter zu besuchen. Der Nachtwächter Arndt mit dem Schwerdt ließ sich dabei nur zu gern bestechen. Nicht ohne Selbstbewußtsein erklärt der mitgefangene Balthasar von Burenn, er sei von Kind auf ein Heide gewesen und wolle dabei leben und sterben; ihre Erwerbsquellen seien vor allem Wahrsagerei und »wichelei«, die Ausübung abergläubischer Praktiken.[537]

3. Peter Haidt's ›Carmen‹

Selbst Heiratsbeziehungen zwischen einem Zigeuner und einer »gadschi«, also einer Nicht-Zigeunerin, sind im 16. Jahrhundert schon möglich. So ist Peter, »ein heydt von vatter und muetter geborn«, oder einfach Peter Haidt genannt, der im April des Jahres 1572 auf dem Turm verhört wird, seit vielen Jahren mit Catharina, Tochter Jacob Schroders von Linnich, verheiratet. Sein Schicksal sei hier ausführlich berichtet, denn es zeigt, auch ohne Kommentar, Wesentliches über das Leben der Zigeuner und ihre Möglichkeiten in der Gesellschaft des 16. Jahrhunderts. So finden sich darin einige ›typische‹ Elemente, die das Bild von den Zigeunern bis heute prägen; selbst das berühmte Carmen-Motiv ist hier bereits enthalten.

Die Eheschließung Peters mit Catharina lag 1572 schon 15 oder 16 Jahre zurück. Sie war mit gutem Willen ihrer Verwandten in Würm (Wurm) im Amt Randerath (Randerodt) vom Pastor in der Kirche vollzogen worden. Zunächst lebten die beiden acht oder neun Jahre zu Welz (Welß), anschließend ließen sie sich in Holzbüttgen (Houltzbudtgen) nieder. Auf Frauen scheint Peter eine starke Anziehungskraft ausgeübt zu haben: Nur wenige Tage vor seiner Verhaftung ließ er sich in Köln mit einem Mädchen ein und zog mit ihm in ein Dorf bei Bonn. Als sie ihn nach vier Tagen verließ, folgte er ihr nach Köln, wo er sie im Haus ihrer Tante aufsuchte. Hier kam es zu einer gewalttätigen Auseinandersetzung, die mit seiner Gefangennahme endete.

Seinen Lebensunterhalt verdient Peter mit »pferdt zu heilen«, in welchem Metier er guten Rat bei vielerlei Gebrechen geben könne. Bei sich trägt er eine vergoldete Kette aus Kupfer, mit der er »brangere«

(etwa: prunken, angeben), als ob er vermögend sei, um auf solche Weise reiche Frauen und auch junge Gesellen anzulocken. Die Kette habe er in Wesel von Herman Cranen bekommen. Sechs oder sieben Jahre ist es her, daß er in Eindorf (Endorpff) bei Kettwig »mit einem hauffen heiden« drei Tage lang in Herman Lindtorpffs Haus lag – ein Hinweis darauf, daß die Zigeuner auch im Rheinland auf dem Land Aufnahme fanden.[538] Herman habe eine Tochter gehabt, die nachts zu ihm aufs Bett gekommen sei. Daß er sie zu Schanden gebracht und durch seine Künste irrsinnig gemacht habe, hält er für ausgeschlossen. Als er damals in den Ämtern Angermund und Mettmann seinem Gewerbe nachging und Pferde kurierte, traf er auch eine »lichte (leichtfertige) persoen«, Lyßgen an der Landwheer (noch heute gibt es einen Wohnplatz Landwehr südlich von Heiligenhaus), die, wie er meint, drei Kinder von verschiedenen Männern gehabt habe. Mit ihr zog er kreuz und quer durch das Land, ohne sich um seine Frau zu kümmern. Lyßgen hatte ihn derart gefangen, daß er nicht von ihr loskommen konnte; selbst wenn er 100 Meilen weit von ihr weg gewesen wäre, so hätte er sich doch wieder zu ihr begeben müssen. Vielleicht, so meint er, habe sie ihm etwas eingegeben.
Ungefähr zwei Jahre waren sie zusammen, als er mit ihr in Greven nördlich von Münster den Markt besuchte – der Grevener Markt am Montag nach Bartholomäus, dem 25. August, war bis ins 19. Jahrhundert ein bedeutender Viehmarkt.[539] Ihr Nachtquartier fanden sie mal bei einem Müller, mal bei den Bauern (haußleuthen), wo er einen Mann, der ein Geschwür, den »worm«, am Bein hatte, geheilt habe. Von Greven zogen sie weiter in Richtung Köln. In einem Wirtshaus namens »Schimmeldtbaum«, zwei Meilen südlich von Münster, wo sie mit anderen zu Tisch saßen, kam es zum Streit. Lyßgen sei ›unnütz‹ geworden und habe ihn mit schändlichen Worten angefahren. Der Wirt, der sich einmischte und zu vermitteln suchte, bekam von ihr einen Stich durch die Hand als ›Schiedspfennig‹. Beim Aufbruch entschloß sich Lyßgen, Peter zu verlassen und mit anderen weiterzuziehen. Vor dem Wirtshaus zogen beide ihre Messer; im folgenden Handgemenge erhielt sie einen Stich in den Bauch. Ob sie sich an ihrem eigenen oder Peters Messer verletzt hatte, läßt sich nicht mehr ermitteln. Sie starb nach ein oder zwei Stunden in seinen Armen. Dem Rat des Wirts fortzugehen, folgte er nicht, da er sich unschuldig fühlte. Mit Lyßgens Verwandtschaft und besonders ihrem Bruder Caspar, wohnhaft bei der Landwehr, habe er sich wegen einer Beisteuer für ihre verwaisten Kinder geeinigt und das jüngste Kind mit einer Elle weißen Tuches gekleidet. So lang er lebe, wolle er den Kin-

dern nach bestem Vermögen zu Hilfe kommen. Er habe niemanden geschädigt, sondern sei nur in Ausübung seiner Kunst durchs Land gezogen. Alle, die ihn kennten in den Ländern Jülich, Kleve, Berg, im ganzen Kurfürstentum Köln und den benachbarten Gebieten, könnten das bezeugen.

Am 5. Mai wurde Peter dem Greven als dem Vertreter des erzbischöflichen Hochgerichts übergeben. Sein weiteres Schicksal ist nicht bekannt.[540]

39 Weissagende Zigeunerin

IX. Dirnen

1. Das kleinere Übel

Gewerbliche Prostitution in differenzierten Formen gehört zum Erscheinungsbild jeder entwickelten Gesellschaft; sie setzt ein gewisses Maß an Mobilität, Urbanisierung und Geldwirtschaft voraus. Abgesehen von frühen Sonderformen wie der schon von Bonifatius gerügten Bereitwilligkeit armer englischer Rompilgerinnen, sich das Reise- und Zehrgeld auf wenig fromme Art zu verdienen,[541] oder von der Nutzung der sog. Gynaeceen, d. h. der manufakturartigen Webhäuser an den Adelshöfen und Pfalzen als grundherrschaftliche Bordelle,[542] konzentriert sich das mittelalterliche Dirnenwesen eindeutig in den werdenden und wachsenden Städten. Die städtischen Obrigkeiten haben sich auch sehr früh die pragmatische Auffassung des Kirchenlehrers Augustinus[543] zu eigen gemacht, der in der Prostitution ein unvermeidbares Übel sah, das man, um schlimmere Gefahr für das Seelenheil zu vermeiden, in Kauf nehmen müsse. Dieser Pragmatismus, der – bei aller moralischen und sozialen Diskriminierung der Dirnen selbst – eine gewisse Anerkennung der gesellschaftlichen Notwendigkeit der Prostitution bedeutete, war geboten: In einer strikt monogamen Gesellschaft, die kaum mehr als 30 Prozent der Bevölkerung die Chance zur Eheschließung und Familiengründung bot, strengste Jungfräulichkeitsforderungen an die Braut stellte, vielen Berufsgruppen aufgrund der langen Ausbildungszeiten nur die Spätehe ermöglichte und durchgehend einen erheblichen Frauenüberschuß produzierte,[544] konnte man auf die Ventilfunktion der Prostitution für angestaute Triebüberschüsse nicht verzichten, schon gar nicht in einer Stadt mit vielen Fremden; jedes absolute Verbot wäre illusorisch gewesen.[545] Hinzu kamen eine Reihe weiterer Gesichtspunkte: Man konnte Auswüchsen – ähnlich wie beim Bettlerwesen – nur steuern, indem man kontrollierte und im Rahmen dieser Kontrolle ein bestimmtes Maß an Vergünstigungen oder Privilegien gewährte; damit bekam das Dirnenwesen einen gewissermaßen ›öffentlichen‹, fast legalen Charakter. Der Katalog der obrigkeitlichen Maßnahmen reicht von der Konzentration der Dirnen auf bestimmte Straßen (Strichbildung) über die

Einrichtung von Frauenhäusern, die Unterstellung unter Frauenwirt oder Henker, die Gesundheitskontrolle durch den Stadtchirurgen, die Kennzeichnung durch Kleidung oder besondere Zeichen bis zur Einrichtung oder Förderung von kirchlichen Anstalten zur Aufnahme bekehrter Dirnen. Natürlich hatten auch die »Privilegien« – neben positiven Auswirkungen wie etwa dem Schutz des Lebens- und Arbeitsbereiches bzw. der Abwehr auswärtiger oder heimlicher Konkurrenz – in der Regel eindeutig diskriminierenden Charakter. Die Chancen, dem Milieu zu entrinnen, waren immer äußerst begrenzt; es ist bezeichnend, daß die meisten und die aussagekräftigsten Nachrichten über Dirnen im Spätmittelalter und in der Frühneuzeit aus Gerichtsakten stammen. Das gilt auch für Köln.[546]

Die Überlieferung zum Kölner Dirnenwesen setzt im 13. Jahrhundert ein. 1229, nur wenige Jahre nach der Gründung des Ordens der Magdalenerinnen – auch Reuerinnen, Poenitenzschwestern, Büßende Schwestern der hl. Magd Magdalena oder Weiße Frauen genannt – durch Rudolf von Worms,[547] Kaplan des Kardinal-Legaten Konrad von Urach, wurde die Kölner Niederlassung dieses Ordens eingerichtet und in der Folge nicht unerheblich privilegiert.[548] Obwohl offensichtlich ein dringender Bedarf an solchen Einrichtungen bestand, ging der Magdalenenorden schon in der zweiten Hälfte des 13. Jahrhunderts von der Intention seines Stifters, ›gefallene Mädchen‹ aufzunehmen und zu einem christlichen Leben zu bekehren, ab und akzeptierte nur noch unbescholtene Mädchen; diese »veranderung« kritisierte am Ende des 15. Jahrhunderts noch der Autor der Koelhoffschen Chronik unter Hinweis auf Lukas 15, 7,[549] ›daß diejenigen, die schon einige Jahre auf dem Weg der Buße und Reinheit gestanden haben, jene für unwürdig halten, die noch beschmutzt sind; und sie denken nicht an die Worte Gottes, daß sich die Engel Gottes mehr erfreuen über einen Sünder, der sich bessert, denn über 99, die keiner Buße bedürfen.‹ Es sollte mehr als zwei Jahrhunderte dauern, bis man in Köln wieder einen ernstzunehmenden Versuch machte, Dirnen eine alternative Existenzform anzubieten.[550]

2. Vom ›Haus der schönen Frauen‹ zum ›gemeinen Haus‹ auf dem Berlich

Vom ausgehenden 13. bis zum Ende des 16. Jahrhunderts konzentrierte sich der Wohn- und Arbeitsbereich der Kölner Dirnen in auffälliger Weise auf den Bereich um den Berlich. Es spricht sehr viel dafür, in dem Haus »sconevrowe« (Schönefrau) in der Schwalbengasse beim Berlich, das die Steuerliste des Kirchspiels St. Kolumba von 1286[551] verzeichnet, ein Frauenhaus zu sehen. Es lag in einem der ärmsten Bezirke der Pfarre, der erst spät erschlossen und besiedelt worden war; die niedrigen Grundstückswerte und Hauszinsen verweisen auf wenig entwickelte Wirtschaftskraft.[552] Die Häuserliste von 1487 nennt in der Schwalbengasse mehrere Häuser mit auffallend hohen Mieterträgen; zusammen mit je einer Badstube auf dem Berlich und in der Breite Straße erbrachten sie mit jährlich 1664 Mark (= ca. 8985,6 g Silber) mehr als 11 % der Hauseinkünfte im gesamten Kirchspiel St. Kolumba.[553]

Wenn die Deutung des Hausnamens »sconevrowe« zutrifft, wäre das Kölner Frauenhaus eine der ältesten, wenn nicht gar die älteste nachweisbare (private) Einrichtung dieser Art im deutschen Sprachraum.[554]

Neben Berlich und Schwalbengasse scheinen Dirnen vereinzelt auch in anderen Straßen gewohnt zu haben. Das Verzeichnis der Scharfrichtereinkünfte von 1435 nennt die »gemeyn doichter, de in der stat sytzen, up wat enden dat were«.[555] Seit der Mitte des 15. Jahrhunderts versuchte der Kölner Rat – mit mäßigem Erfolg –, zumindest den Wohnbereich der Dirnen einzuschränken, um den Ruf und den Wohnwert der besseren Viertel und Straßen nicht absinken zu lassen. 1455 wurde eine sechsköpfige Kommission eingesetzt – ihr gehörten die beiden Gewaltmeister und die beiden Turmmeister an –, um »zwey ende« zu finden, wo die »gemeyn frauwen« in Köln künftig wohnen sollten, damit sie sich nicht »up allen enden« in der Stadt einquartierten.[556] Eines der beiden ›Enden‹ muß der Berlich gewesen sein; denn als sich 1486 Meister und Regenten der Bursen auf der Schmierstraße, Unter Sachsenhausen (under 16 huyseren) und auf der Marzellenstraße beklagten, sie und die Studenten in den Bursen würden Tag und Nacht bei Lehre und Studium schwer beeinträchtigt durch die »lijchte ind undoechtige dyrnen«, die nahe den Bursen wohnten, vor allem durch »yre undoechdige ind uneirberlige wercken ind verhandelunge, der sij dach ind nacht gebruychen ind verhanthierende synt«, befahl der Rat den Gewaltrichtern, alle Dirnen aus den genannten Straßen zu vertreiben und hier künftig nicht mehr zu dulden. Falls man sie dort erneut antreffe, sollten sie öffentlich auf den Berlich geführt werden, wie man dies früher schon des öfteren gemacht habe.[557]

Vermutlich dienten dort mehrere Häuser als Dirnenwohnungen; denn im kalten Winter 1520 mußten sich Gerart Bruwer und Johan Mulner

40 Augsburger »Hübschlerin«

vor Gericht verantworten, weil sie mehrere Fensterkreuze und -läden (britzen) abgebrochen und »in der dyrnen huysere verbrant« hatten.[558] Drei Jahre vorher, im April 1517, wurden der Schiffsknecht Johann van Reyde und der Bäckergeselle Diederich für kurze Zeit eingesperrt, weil man sie »up den heyligen Palmdach« auf dem Berlich »in suntlichem handel« ertappt hatte; auf sein flehentliches Bitten hin verzichtete das Ratsgericht auf eine härtere Bestrafung des Bäckerknechts.[559]

Das zweite ›Ende‹ könnte das Altengrabengäßchen (früher auch Spielmannsgasse genannt) im Kirchspiel St. Christoph gewesen sein: In der Häuserliste von 1487 finden wir zahlreiche Häuser mit wöchentlicher Mietzahlung; die meisten tragen Tiernamen: zum Einhorn, zum Hasen, der Fuchs, zum Hirsch (Hirtz), der Hahn, zum Schwanen, zum Esel, zum Aren, zum Löwen, zum Bären, zum Ross.[560] Letzteres, nun Haus »zom Pertgen« genannt, diente noch in den 1590er Jahren als Stätte kupplerischer Geschäfte.[561] Im Altengrabengäßchen wohnten spätestens seit der Mitte des 16. Jahrhunderts auch Scharfrichter und Goldgräber (Abort- und Kloakenreiniger). Eine weitere Konzentration von Randgruppenexistenzen findet sich in der Walengasse. Der Kölner Chronist Hermann Weinsberg charakterisiert sie als eine von alters her »verachte gass«, in der »arme lude, hoeren und gar sclecht folk« zu wohnen pflegten, bis die Gasse durch den Bau eines Lust- und Weingartenhauses seitens des Bürgermeisters Hillebrant Sudermann am Ende des 16. Jahrhunderts ›saniert‹ und aufgewertet wurde;[562] vermutlich sind damals zahlreiche Elendsquartiere in ähnlicher Weise der Spitzhacke zum Opfer gefallen.

Die Bemühungen des Rates, durch Konzentration das Dirnenwesen kontrollierbar zu machen, waren weitgehend zum Scheitern verurteilt, obwohl man 1497 erneut eine »verraemonge« gegen die leichten Mädchen (lichte frauwen) beschloß.[563] Der Autor der Koelhoffschen Chronik kommentiert die Aktion im Anschluß an den Bericht über die Neugründung eines Büßerinnenkonvents auf dem Eigelstein mit drastischen Worten: ›Und darum wurden auch einige vom Rat dazu bestellt, die die Straßen reinigen sollten, damit dieses Gesindel (vasel) beieinander wohne und nicht verstreut durch alle Straßen‹.[564]

Erst in den 1520er Jahren, zu einer Zeit, als in anderen deutschen Städten die privilegierten öffentlichen Frauenhäuser größtenteils schon abgeschafft waren oder vor der Schließung standen,[565] entschloß sich der Kölner Rat, einer Forderung der Zünfte im Rahmen des Aufruhrs von 1525 zu folgen, daß nämlich ein Haus für die gemeinen Personen und Dirnen errichtet und sie dort sämtlich untergebracht werden sollten.[566] Am 9. September 1527 wurden die Rentmeister (= Stadtkämmerer) aufgefordert, alle nötigen Maßnahmen in die Wege zu leiten, um »den Berlinck« bauen zu lassen, damit die »gemeine diernen, so vort und widder in der stat sitzen«, dahin überstellt werden könnten.[567] Hermann Weinsberg beschreibt das Haus 1594 wie folgt:[568] ›Es war ein hölzenes Gehäuse mit steinernen Fundamenten und hatte hinten einen Hof und einen Friedhof für die gemeinen Dirnen; oben auf dem Schieferdach trug es die Stadtwimpel mit den Kronen‹ – Zeichen der Privilegierung und der Eigentumsrechte. Weinsberg konnte nichts Genaues mehr erfahren, was die »voreltern« bewogen haben könne, ein solches »schanthaus« zu erbauen, es sei denn – und damit nimmt er die klassische kirchliche Begründung wieder auf –, ›um schlimme und mehr Sünden zu verhüten‹ wie Ehebruch, Notzucht und dergleichen, bzw. ›daß von zwei unvermeidlichen bösen Werken das mindere gestattet werden möge.‹ Er betont, der ganze Berlich und seine Nachbarschaft, vor allem das nahegelegene Klarissenkloster, die Burgmauer, Breite Straße und Goldgasse mit ihren Häusern seien dadurch »berugtigt, veracht und geschant« worden.

Mit dem Haus verbunden war eine öffentlich zugängliche und der Kontaktaufnahme dienliche Gaststätte, das ›Hurenwirtshaus‹,[569] geführt vom Hurenwirt bzw. der »hoeren wirdtfraw«, denen auch die Wirtschaftsverwaltung der gesamten Einrichtung oblag. Der erste namentlich bekannte Hurenwirt war Henrich Leo van Aldenkyrchen (1561); ihm folgte um 1565 die Wirtin Catharina von Lidburgh, Ehefrau Mattheis Wingarteners, Brauers zu Niehl. Sie bezifferte[570] den jährlichen Getränkeumsatz gegen Ende der 1560er Jahre auf ca. 100 Ohm (= 14 653 l) Bier, die sie ihrem Mann zum Preis von 7,5 Mark (insgesamt 750 Mark = 2115 g Silber) abnehme, und 20 Fuder (17 548 l) Wein, die ebenfalls ihr Mann liefere. Den Wein verkaufte sie an Gäste und Dirnen für 48 Heller pro Quart (= ca. 1,22 l), obwohl die übrigen Kölner Weinwirte nur 32–34, höchstens 36 Heller verlangten.[571] Nimmt man beim Bier nur 50 % Aufschlag auf den Einkaufspreis, was vermutlich zu niedrig angesetzt ist, so lagen die Bruttoeinnahmen des »Familienunternehmens« allein aus dem Ausschank von Wein und Bier bei mindestens 10 725 Mark (= 30 245 g Silber) pro Jahr.

Überteuerte Preise waren offensichtlich auch damals schon typisch für derartige Etablissements, ebenso die rücksichtslose Ausbeutung der dort wohnenden und arbeitenden Frauen: 1585 beklagte sich Endtgen Seechschneidersche,[572] eine der Berlichdirnen, sie habe nichts zu essen und zu trinken, das Einkommen (narung) der Frauen sei allgemein so gering, daß sie sich davon nicht gut erhalten könnten; »und ire hoeren wyrdtt uberschezete sie auch ubermessigh und tractirete sie, die personen, alle gar ubell unnd unpilliglich«. Der Hurenwirt – es dürfte immer noch der Theis (Mattheis) Wingarteners gewesen sein – hatte also wie in anderen Städten, z. B. Ulm, Straßburg, Nürnberg,[573] für das leibliche Wohl der Frauen zu sorgen.

Eine Frauenhausordnung, die, ähnlich der Nürnberger Ordnung von 1470, den Dirnen besseren Schutz gegen Übergriffe des Frauenwirts gegeben hätte, hat der Kölner Rat offensichtlich nicht erlassen, wie man überhaupt feststellen muß, daß die Kölner Frauenhausgründung im Vergleich mit früheren Einrichtungen anderer großer Städte schlecht abschneidet. Es war keine besichtigungswürdige Einrichtung, keine Attraktion wie das Nürnberger Haus, in dem sich Friedrich III. 1470 mehrmals mit silbernen Ketten von den Dirnen fangen ließ und sich dann mit ein paar Gulden loskaufte.[574] Ähnliches berichtet man schon von Sigismund I., Albrecht II. u. a. in Wien und später (1520) von Karl V. in Antwerpen,[575] wobei die Dirnen fast nackt vor dem Herrscher tanzten. In Würzburg speiste am Johannistag der Stadtschultheiß mit seinen Amtsdienern im Frauenhaus bei festlicher Musikbegleitung.[576]

Als Friedrich III. um die Jahreswende 1473/74 nach Köln kam, wollte er – verständlich angesichts der Bedrohung durch Karl den Kühnen von Burgund – zunächst nur »der stet van Coellen geschutz ind gereitschaf van buessen« sehen und er war mit dem, was man ihm im Zeughaus bei St. Clara (heute Kölnisches Stadtmuseum), auf den Türmen und Wachthäusern an Kanonen und Handwaffen vorführte, sehr zufrieden. Dann folgte das Vergnügen: Am 2. Januar 1474 lud der Rat den Kaiser und seinen Sohn Maximilian zum Tanz auf den Gürzenich, »als ouch der Keiser begert, umb die schoenen vrauwen zo Coellen zo besien.« Die schönen Kölner Frauen waren höchst ehrbare adelige Damen; den Tanz führte Herzog Maximilian an mit einer »junferen van Sent Tervilhilligen« (St. Ursula-Stift, ad sanctas virgines) aus dem Hause Finstingen, dann folgten die Erzbischöfe von Mainz und Trier und andere hohe Herren, bis die Tanzformation mit den Kölner Damen und Jungfrauen 32 Paare umfaßte. Man aß feines Gewürzgebäck und trank alten und neuen Wein.[577] Auch bei früheren oder späteren Herrscherbesuchen ist niemals von irgendwelchen symbolischen Kontakten mit den städtischen Dirnen die Rede, hinter denen andernorts vermutlich noch Reste magischer Vorstellungen der Übertragung von Liebes- und Fruchtbarkeitszauber stehen.[578] Die Kölner Dirnen des Spätmittelalters galten als zu gemein und verderbt, sie waren nicht präsentabel, wenngleich jeder Herrscherbesuch wegen der großen Zahl der Begleitmannschaft und des Zustroms von auswärtigen Schaulustigen Hochkonjunktur für Kupplerinnen und Dirnen bedeutete. Dagegen spricht auch nicht, daß 1531 Johann Haselberg in seinem Lobgedicht auf die Stadt Köln das »gemeine haus« uneingeschränkt positiv beschreibt.[579] Es war damals gerade erst gebaut und Kritik darf man in einem Panegyricus ohnehin nicht erwarten:

»Nit verre dar von stet das gemeine haus,
Schoene frewlin gont da ein vnd auss;
So bald ein kaufman kumt darein,
So koscht es in ein flasch mit wein.
Das haus ist new gebawen vberal:
Die alten habent hie gar kein zal:
Was ich hie schreib ist niemantz schad.
zu nesth darbei kumpt man ins bad.«

3. Vom Berlich führt kein Weg zurück

Im Gegensatz zu anderen Städten, in denen die obrigkeitliche Konzession oder Duldung der Prostitution in den Frauenhäusern zu einer gewissen Aufwertung der Insassinnen gegenüber den nicht privilegierten Straßendirnen im 14. und 15. Jahrhundert führte – nicht zuletzt aufgrund sehr pragmatischer Ordnungen wie etwa der Nürnberger –, erreichte die späte Kölner Gründung diesen Effekt nicht, im Gegenteil: Das Frauenhaus auf dem Berlich war für die Großstadt Köln (ca. 40 000 Einwohner) viel zu klein; es bot offensichtlich nur acht Dirnen Wohn- und Arbeitsmöglichkeiten. Zumindest seit der Mitte des 16. Jahrhunderts stellten die ›Berlichshuren‹ eine Negativauswahl aus dem Kölner Dirnenkreis dar; ähnliches gilt für den Kundenkreis. Jede Prostituierte, die etwas auf sich hielt, sich als heimliche Dirne (scloiphoere, Schlupfhure) einen besseren Kundenkreis sichern oder den Weg zurück in ehrbaren Broterwerb nicht ganz verbauen wollte, mußte bestrebt sein, die Abschiebung in das Haus auf dem Berlich zu vermeiden; denn von diesem Moment an war sie als offenbare Dirne abgestempelt, in der sozialen Rangordnung der Gunstgewerblerinnen ganz unten eingestuft und überdies der Ausbeutung durch den Hurenwirt fast völlig ausgeliefert. Ein gewisses Maß an sicherem Verdienst und Wohnung, an Schutz gegen Übergriffe seitens betrunkener oder brutaler Kunden durch den Hurenwirt wog die vielen Nachteile nicht auf. Vom Berlich gab es keinen Weg zurück. Die wenigen Ausnahmen in den gut 60 Jahren von ca. 1530 bis 1591, die das Frauenhaus bestand, bestätigen nur die Regel.

Hermann Weinsberg hat die Situation der Berlichdirnen von einem stark moralisierenden Standpunkt aus, im Ganzen aber wohl recht zutreffend beschrieben:[580] ›Die Berlichshuren waren auch in einem solchen Stande der Verdammnis, daß sie nicht wie Christen zum heiligen Sakrament gehen, auf geweihten Kirchhöfen begraben werden und mit ehrlichen Leuten umgehen durften; denn man hielt dafür, daß wenig Hoffnung auf Besserung bei ihnen sei. Wiewohl etliche Ehemänner genommen und von dannen gekommen sind und ihr sündiges Leben gebessert haben, so geschah das doch selten; denn sie waren gewöhnlich arm und verstockt. Etliche von ihnen waren so schandbar und schamlos, daß sie Ehemänner und Geistliche, einheimische und auswärtige, anmachten, wenn sie dort des Weges kamen, und sie auf das Haus führten; dadurch ist mancher groß in Verdruß, Gefahr, Schande, Schaden, in Pocken-Ansteckungsgefahr[581] sowie Ärger mit seiner Hausfrau gekommen und, von den Gewaltrichtern da ertappt, ob schuldig oder unschuldig gestraft worden. Obwohl sich auch sonst wohl viele böse und schandbare Personen in der ganzen Stadt (von diesem Gewerbe) erhalten, sind sie aber nicht so arg gemein und schandbar, wie es die gemeinen (Berlichshuren) waren. Man sagt, in den großen Städten anderswo habe man (auch) solche gemeinen Häuser. Aber auf dieses Frauenhaus kam niemand Taugliches, nur die schlimmste, verachtetste Hefe des gemeinen Volkes. Diejenigen, die einige Ehre und Tugend im Leib hatten, scheuten das Haus: Viele machten Umwege, durften nicht daran vorbeigehen, auch wenn ihr Weg dort entlang führte. Ich habe mir wohl sagen lassen und es selbst gesehen, daß die Berlichshuren auf die Mittwochsrentkammer[582] gekommen sind und sich beklagt haben, sie müßten ihren Zins aus dem Haus geben, hätten aber keine Einkünfte, weil so viele Schlupfhuren in der ganzen Stadt säßen; dann wurde ihnen erlaubt, einige davon auf Karren zu setzen und auf das öffentliche Haus zu führen; dabei waren ihnen die Gewaltrichterdiener, Scharfrichter, Schinder und Hurenwirt behilflich. Und es gab großes Geschrei, als sie dahin geführt wurden. Auch viele Gewalttaten und Totschläge geschahen auf dem Frauenhaus; das hat vielleicht den ehrbaren Rat wegen der großen Übeltaten und schändlichen Ärgernisse in nicht unbilliger Weise dazu bewogen, dem schamlosen Volk den freien, öffentlichen Zugang zu nehmen und das Schandhaus zu schließen. Die Schlupfhuren müssen ihre Sünden vor den Nachbarn wenigstens verbergen, sonst werden sie von diesen nicht gelitten oder vertrieben.‹ Weinsberg beschließt seine Ausführungen mit dem Wunsch, die Obrigkeit möge alles in ihren Kräften stehende gegen diese »boisheit« tun.

Der Bericht ist in vieler Hinsicht bemerkenswert: Für den ungewöhnlich hohen Grad der Diskriminierung der Frauen auf dem Berlich (Verbot des Sakramentenempfangs und des christlichen Begräbnisses; daher der eigene Kirchhof) gibt es nur wenige Parallelen in anderen Städten und Ländern. In England wurde Dirnen das christliche Begräbnis schon 1458 untersagt; ein allgemeines entsprechendes Verbot erließ im 16. Jahrhundert Papst Pius V. (1566–72), das aber nicht überall befolgt wurde. Der Frankfurter Rat beschloß 1546, die »gemeinen metzen« künftig nicht mehr auf dem allgemeinen Friedhof, sondern auf des »wasenmeisters kaule«, also auf dem Schindanger, begraben zu lassen.[583]

Man darf annehmen, daß die abgrundtiefe Verachtung und das niedrige Niveau des Kölner Frauenhauses schon kurz nach der Gründung gegeben waren und die Insassinnen in der Regel zwangsweise eingeliefert wurden, meist im Zusammenhang mit den oben schon angesprochenen ›Straßenreinigungsaktionen‹ des Rates bzw. seiner Beauftragten. Die Prozedur des öffentlichen ›Berlichführens‹ auf der Henker- oder Schinderkarre, in den brandmarkenden Wirkungen durchaus dem Stehen am Kax, dem Pranger, vergleichbar oder sogar noch diskriminierender als diese Strafe, diente wegen der begrenzten Aufnahmefähigkeit des Frauenhauses aber nur in Ausnahmefällen der Auffüllung der vorhandenen Plätze, sondern in erster Linie der öffentlichen Bloßstellung denunzierter oder überführter ›Schlupfhuren‹, die nun, gerade auch durch die Beteiligung von Henker, Schinder und Hurenwirt an der Aktion, endgültig in die Randexistenz ›unehrlicher‹ Leute hinabgedrückt wurden; verstärktes Interesse und Kontrolle seitens der Stadtpolizei (Gewaltrichterdiener u. a) waren ihnen sicher, im Wiederholungsfalle Gefängnisstrafe, Ausstreichen mit Ruten, Backenbrennen oder Ausweisung aus der Stadt.

Die Ehrenstrafe für ungehorsame Dirnen, »up den Berlich oeffentlichen geleidt« zu werden,[584] gab es schon im 15. Jahrhundert, als das Berlichquartier zu einem der beiden erlaubten ›Enden‹ für Dirnenbehausungen erklärt wurde. Im 16. Jahrhundert war die schwere wirtschaftliche Konkurrenz durch die heimliche Prostitution nicht nur den Berlichsdirnen, wie Weinsberg schreibt, sondern auch dem Hurenwirt ein Dorn im Auge. 1565 beklagte sich der schon genannte Theis, »dat wenig nahrung (Verdienst) uff dat huiß seyn und viel leichtfertige personen in der stadt sitzen«, und bat darum, die »offen-

baren« Dirnen auf den Berlich zu führen.[585] Einige dieser Aktionen sind in den Ratsprotokollen und Turmbüchern verzeichnet: 1568 traf es vier namentlich genannte »gemeinlichte frawen«; am 21. Juni 1570 beschloß der Rat: Weil in einem Wirtshaus auf dem Krummen Büchel, einer Straße bei der Hochpforte, allerhand Kuppelei getrieben werde, sollen Wirt und Wirtin gefangengesetzt, die Huren aber auf der Karre zum Berlich gebracht werden.[586] Am 14. November 1571 wurde Cecilia in der Langengassen, »meretrix« (Hure), die man kurz zuvor »uf das gemeinen frauwenhauß gefuertt und itzo bey einer cuppelerschen in unzucht befonden«, von den Turmmeistern ernsthaft gescholten und nach gelobter Besserung wieder aus der Haft entlassen.[587]
Manchmal kam es auch zu eigenmächtigen Übergriffen der Berlichdirnen gegen die unliebsame freie Konkurrenz: 1585 z. B. erklärte »Klein Tringen, gemeine dyrne« vor Gericht, sie habe im Beisein der »Dicken Trinen«, einer weiteren Bewohnerin des Frauenhauses, auf der Apostelstraße einer Winkeldirne (schloup hoeren) eine kurze Heucke, d. h. eine Kapuzenjacke weggenommen.[588] Regelrechte Gewaltanwendung gegen die freien Gunstgewerblerinnen, wie sie die fast in einer zunftartigen Gemeinschaft lebenden Bewohnerinnen des Nürnberger ›Töchterhauses‹ mit obrigkeitlicher Billigung 1506 praktizierten, gab es in Köln nicht; schon zahlenmäßig wären sie dazu kaum in der Lage gewesen. Die »armen töchter« Nürnbergs, die sich schon 1492 dem Rat gegenüber in einer Beschwerde gegen die nichtorganisierte Konkurrenz auf das, was »von alter herkommen, recht und sitt ist«, beriefen,[589] baten 1506 den Rat um die Erlaubnis, einen »hurntaiber«, eine Winkelwirtschaft, am Fuße der Burg zerstören zu dürfen. Der Rat, pragmatisch auch in dieser Frage, gab grünes Licht: »da sturmten sie das haus, stiessen die tür auf und schlugen die öfen ein, und sie zerprachen die venstergleser und trug iede etwas mit ir davon, und die vögel warn außgeflogen, und sie schlugen die alten hurnwirtin gar greulichen«.[590] Die ›Vögel‹ kamen natürlich wieder zurück – an passenden Tavernen fehlte es in Nürnberg nicht –, und so wiederholte man die Aktion 1538 noch einmal.[591]
Über die innere Struktur des Kölner Frauenhauses wissen wir nur sehr wenig. 1569 werden vier der acht Insassinnen als »meisterschen« bezeichnet.[592] Eine interne Ordnung regelte offensichtlich die Aufteilung der Kunden, soweit diese Frage nicht ohnehin nach dem Grundsatz ›Wer einen potentiellen Kunden zuerst sieht, . . .‹ geklärt war. Neben dem »Hurenwirtshaus« diente anscheinend auch eine nahegelegene Badstube mit Wirtschaft oder Weinausschank als ›Kontakthof‹; Besitzer des einträglichen Etablissements war 1487 der Offer-

mann (Küster) von St. Kolumba, 1510 der Pastor zu Merzenich, Johann Hambroich.[593] Oft saßen die Dirnen auch am Frauenhaus »langhs dhie maure beyeinander« und warteten »uff ire nharungh«. Um ins Geschäft zu kommen, sprachen sie, was Weinsberg scharf kritisierte, Passanten notfalls an und scheuten sich auch nicht, einem Zögernden mit sanfter Gewalt, etwa indem sie ihn bei der Hand nahmen, Mut zu machen und ihn ins Haus zu führen.[594]

Den Kölner Ehemännern war der Besuch des Frauenhauses wie überhaupt jeder außereheliche sexuelle Verkehr streng untersagt. Ehebruch wurde in der Regel mit der Ehrenstrafe des öffentlichen Tragens von ›Kerzen und Stein‹ bestraft, manchmal allerdings auch nur mit einer Geldbuße. 1573 wurde Johann Scharrenberger aus Mettmann, verheiratet und Vater von fünf Kindern, der sich von der Dirne Sophia Farrenkop nach reichlichem Weingenuß aus dem Hurenwirtshaus in das Frauenhaus locken ließ, in der genannten Weise bloßgestellt. Der Turmbuchschreiber vermerkte beim Eintrag dieses Falles den frommen Wunsch: »Gott gebe gnade, daß derselber warhaftigh berouwe und mit der hailigen junffer Marie Magdalene nit mehe sundigen und sich seher bessern wolle. Amen.«[595] Ebenfalls betrunken wurde der Weseler Lakenverkäufer Gißbert van Lennep 1572 als Ehebrecher im Frauenhaus ertappt und festgenommen; das Abenteuer kostete ihn sechs Taler.[596] Auch Auswärtige waren also nicht sicher, sofern ihr Familienstand in Köln bekannt war oder man sie denunzierte. Manchmal dürften auch die Dirnen selbst den Polizeikräften in die Hände gearbeitet haben; denn wenn es ihnen gelang, einen Ehemann – oder auch einen Geistlichen – auf frischer Tat zu ertappen, wozu sie ihn notfalls erst einmal verführen mußten, hatten sie das Recht, ihn auszuplündern. Besonders schlimm erging es 1569 dem ehrbaren Dürener Rektor Martinus Calcopeus: Eine der Frauen, Paetz Groenkeeß, hatte ihn überredet, mit ihr ins Haus zu kommen. Nach etwa einer Viertelstunde folgten die anderen Frauen, lauschten zunächst vor Paetzens Kammer und, als sie sich ihres Erfolges sicher waren, lachten sie auf einmal los, schlossen die Tür auf und fielen sämtlich, »alle acht«, über den Rektor her und nahmen ihm Handschuhe, Mantel, Degen, Tasche und Geld ab. Degen und Tasche gaben sie ihm wieder; eine der Dirnen schnitt sich vom Mantel zwei kleine Silberspangen ab; dann lieferten sie ihn bei den Gewaltmeistern ab.[597]

Soweit sie gerichtsnotorisch wurden, findet man unter den Kunden der Frauenhausbewohnerinnen vor allem Handwerksgesellen, Knechte, besonders Schiffsknechte, Soldaten (Landsknechte), gelegentlich Geistliche und bemerkenswert häufig auswärtige Besucher

Kölns, Niederländer und Italiener. Nicht selten diente der Berlich auch zwielichtigen Elementen, die, aus welchen Gründen auch immer, die Berührung mit den Kölner Strafvollzugsorganen zu meiden hatten, als vorübergehender Unterschlupf.

Auch von den Bewohnerinnen des Frauenhauses – zwischen 1561 und 1591 sind etwa 20 namentlich bekannt – dürften nicht wenige von außerhalb gekommen sein: Namen wie »welschge Jenna« oder »die welsche Margarethe« verweisen auf den französischen oder italienischen Sprachraum; wenn man den Herkunftsnamen folgen darf, reicht der engere Zuzugsbereich von Hessen über Eifel (Nideggen) und Niederrhein (Gerresheim) bis nach Aachen und Herzogenbusch.[598] Übernamen und Spottnamen wie Roedkop, Farrenkop (Stierkopf), Dicke Trin usw. verweisen auf körperliche Eigenheiten, die nicht unbedingt dem zeitgenössischen Schönheitsideal entsprochen haben mögen. Über das Alter der Berlichdirnen sagen die Quellen leider nichts; man darf aufgrund der schon angesprochenen Rekrutierungspraxis aber vermuten, daß es im Schnitt höher lag als bei den freien Prostituierten.

Die qualitative Kluft zwischen den beiden Gruppen illustriert sehr schön ein Vorfall von Ende Oktober 1591: Johann Baptista Theobinus, ein Italiener aus dem Gefolge des Grafen von Lippe, war auf das Frauenhaus gekommen, doch gefielen ihm die »personen« dort überhaupt nicht. Darauf ging eine der Dirnen, das Peltz Grietgen, zu dem früheren Hurenwirt Hanß van Gleen, gen. Steltz Jann, und forderte die offensichtlich junge und hübsche Sybilla Scherkens, die seit etwa drei Wochen beim Steltz Jann wohnte und allem Anschein nach von ihm verkuppelt wurde, auf, zum ›gemeinen Haus‹ zu kommen. Die Reaktion ihres ›Arbeitgebers‹ war eindeutig: Wenn sie dorthin gehe, müsse sie auch auf dem Berlich bleiben; er nähme sie dann nicht mehr ins Haus. Sybilla begriff. Damit aus dem Handel doch noch etwas wurde, brachte man den Italiener in das Privatbordell des Hanß van Gleen. Zunächst verlief alles ganz nach Wunsch: Man aß und trank, letzteres reichlich, einigte sich auf das Salär – zwei Gulden für Sybilla, sechs Kronen an den Wirt für Herberge und Spesen –, vergaß aber das Peltz Grietgen vom Berlich, das sich um die Vermittlungsgebühr und den Ersatz für die entgangene ›Nahrung‹ betrogen fühlte. Als Theobinus gegen Mitternacht die Kleider ablegte und zu Sybilla in die Kammer ging, nahm Grietgen die Garderobe mit etwas Geld in den Taschen an sich und forderte am Morgen sechs Kronen für die Rückgabe. Daß sie bereit war, je zwei Kronen an Sybilla und den früheren ›Hurenwirt‹ abzugeben, läßt auf Verabredung schließen. Theobinus schlug Krach, verlangte alles Geld, das man ihm abgeknöpft hatte, zurück und alarmierte, als ihn der immer noch betrunkene Steltz Jann auslachte, die Gewaltrichterdiener. – Die Vernehmung der beiden Dirnen und des Kupplers erbrachte weitere bemerkenswerte Details. Das Peltz Grietgen belastete Steltz Jann, er habe schon als Frauenwirt auf dem Berlich des öfteren Dirnen gezwungen, ihre Kunden zu bestehlen; einmal habe man mehreren Soldaten aus Kerpen sogar 100 Gulden abgenommen und ihm geliefert. Als diese sich beschwerten, habe Steltz Jann alle Schuld auf die Dirnen geschoben, die dann von den betrogenen Kunden grün und blau geschlagen worden seien. Auch Sybilla wußte Belastendes: Sie gab das Gerücht wieder, der Frauenwirt wisse eine Kunst, »daß ehr stich unnd haw frei were«, also magische Kräfte besitze. Steltz Jann bestritt dies: Er könne keine Messer beschwören.[599] Jedenfalls wird hier der Frauenwirt gefährlich in die Nähe des ebenfalls mit magischem Prestige ausgestatteten Henkers[600] gerückt.

Gegen Ende des 16. Jahrhunderts verstärkte sich unter dem Einfluß der Gegenreformation der öffentliche Druck auf den Rat, das immer weiter heruntergekommene ›Schandhaus‹ auf dem Berlich endlich zu schließen. Die häufigen Gewalttaten und eine Reihe von Skandalen führten schon 1570 zur Verschärfung der Kontrollen: Die ›jungen Gesellschaften‹, die dort angetroffen wurden, sollten zu Turm, d. h. ins Gefängnis gebracht und der Rutenstrafe (stupen) unterzogen werden. Den ›gemeinen Personen‹ sei mit allem Ernst anzusagen, sie sollten sich züchtig (!) halten und sich nicht auf der Gasse finden lassen.[601] 1591 wandten sich die Pastoren der Kölner Kirchspiele mit einer Eingabe[602] an den Rat, das Frauenhaus endlich abzuschaffen. Der Rat machte sich ihre Argumente zu eigen und erklärte am 21. Dezember dieses Jahres, es sei ein gottgefällig, christlich und notwendig Werk, »daß man das gemeine hurenhauß abstellen« müsse. Der Hurenwirt – auch er war natürlich diskriminiert – und die Huren hätten sich binnen drei Tagen aus der Stadt zu machen; widrigenfalls seien sie hinauszutreiben.[603] Wie alle überstürzten Maßnahmen fruchtete auch diese nichts; ohne Rücksicht auf den Weihnachtsfrieden und die kalte Jahreszeit wiederholte der Rat den Ausweisungsbefehl an Heiligabend 1591.

Bei der Schließung des Frauenhauses scheinen auch wirtschaftliche Gründe eine Rolle gespielt zu haben. Zunächst plante der Rat 1594 den Umbau zu einem Wagen- und Karrenhaus mit Kornspeicher, verkaufte es aber dann doch für 400 Taler an einen Privatmann, der darin Mietswohnungen einrichten wollte.[604]

Gelöst war das Dirnenproblem mit Ratsbeschluß und Hausverkauf

keineswegs. An die Stelle der öffentlich geduldeten, kontrollierten und fiskalisch belastbaren Unmoral trat, wie Hermann Weinsberg am Ende seines Berichts die Scheinmoral der besseren Kreise treffend wiedergab, die heimliche Unmoral der Winkeldirnen, die »ire sunden vur den nachparn wol verbergen« müssen, damit sie dem sozialen Druck der guten Gesellschaft einigermaßen standhalten können. Prostitution als – wenngleich nicht anerkannte, so doch geduldete – Lebensform hatte ausgedient. Den für spätmittelalterliche Verhältnisse wirklich bemerkenswerten Pragmatismus der Nürnberger Frauenhausordnung von 1470, in deren Präambel die Notwendigkeit betont wird, den ›gemeinen Weibern‹ »masse und ordnung« wie jedem anderen Wesen auch zu geben,[605] hat man in Köln den Dirnen gegenüber ohnehin nie erreicht. Andererseits duldete man in Köln offiziell nicht, was in Nürnberg bis 1470 gängige Praxis war, nämlich die eigene Ehefrau oder Tochter Schulden halber an den Frauenwirt zu versetzen, bis das Darlehen getilgt war[606] – auch dies entsprach dem eben genannten Pragmatismus, setzte aber voraus, daß der soziale Status der konzessionierten Dirnen nicht so tief lag, um eine Rückkehr ins bürgerliche Leben nicht mehr zu ermöglichen.
Die Schließung des Kölner Frauenhauses erfolgte vergleichsweise spät; in den meisten Städten ging unter dem Einfluß von Reformation und Gegenreformation, z. T. auch infolge der raschen Ausbreitung der Syphilis nach 1492, das privilegierte Dirnenwesen schon in den 1520er Jahren zu Ende.[607] Nun verfuhr man nach dem in dem Revaler Entwurf einer Kirchenordnung von 1524[608] klassisch formulierten Grundsatz: »Wes denne aver heymlick geschut, kan men nicht richten.« Nur offenbare Verstöße gegen die herrschende Moral sollten geahndet werden, mit Bußen, Strafen und notfalls Vertreibung der Dirnen aus der Stadt[609] auf die Landstraße, hinein in den Kreis der Vagierenden und Entwurzelten. Wir werden auch in Köln einige dieser ›Wanderhuren‹ treffen.

4. Rote Schleier sollen sie tragen

Zunächst soll der zweite wichtige Bereich des städtischen Dirnenwesens, der quantitativ die konzessionierte Prostitution im Frauenhaus weit übertraf, das heimliche oder freie Gewerbe, noch eingehender dargestellt werden. Für das 14. und 15. Jahrhundert sind unsere Informationen leider sehr spärlich. Aus den wenigen chronikalischen Nachrichten und einigen Ratsbeschlüssen und Morgensprachen, d.h. den öffentlichen Verlautbarungen vor der ganzen Stadtgemeinde, hat die Forschung seit Leonard Ennen[610] die These von der zunehmenden sittlichen Verwilderung der Kölner abgeleitet. Man muß bei der Interpretation dieser normativen Quellen vorsichtig sein. Sicher hat die Erfahrung der Großen Pest von 1349/50 und der nachfolgenden, mit unheimlicher Regelmäßigkeit auftretenden Seuchen zu einem tiefen Lebensschock geführt, der sich, wie es Giovanni Boccaccio in der Vorrede zum Ersten Tag des Dekamerons in unübertrefflicher Weise zum Ausdruck brachte,[611] auch in einer übersteigerten, fast blinden Lust zum Genuß des tödlich bedrohten Lebens äußerte: »Einige waren der Meinung, ein mäßiges Leben, frei von jeder Üppigkeit, vermöge die Widerstandskraft besonders zu stärken. Diese taten sich in kleineren Kreisen zusammen und lebten, getrennt von den übrigen, abgesondert in ihren Häusern, wo sich kein Kranker befand, beieinander. Hier genossen sie die feinsten Speisen und die ausgewähltesten Weine mit großer Mäßigkeit und ergötzten sich, jede Ausschweifung vermeidend, mit Musik und anderen Vergnügungen, die ihnen zu Gebote standen, ohne sich dabei von jemand sprechen zu lassen oder sich um etwas, das außerhalb ihrer Wohnung vorging, um Krankheit oder Tod zu kümmern. Andere aber waren der entgegengesetzten Meinung zugetan und versicherten, viel zu trinken, gut zu leben, mit Gesang und Scherz umherzugehen, in allen Dingen, soweit es sich tun ließe, seine Lust zu befriedigen und über jedes Ereignis zu lachen und zu spaßen, sei das sicherste Heilmittel für ein solches Übel. Diese verwirklichten denn auch ihre Reden nach Kräften. Bei Nacht wie bei Tag zogen sie bald in diese, bald in jene Schenke, tranken ohne Maß und Ziel und taten dies alles in fremden Häusern noch weit ärger, ohne dabei nach etwas anderem zu fragen als, ob dort zu finden sei, was ihnen zu Lust und Genuß dienen konnte. Dies wurde ihnen auch leicht gemacht, denn als wäre sein Tod gewiß, so hatte jeder sich und alles, was ihm gehörte, aufgegeben.«

Ein bemerkenswerter Zusammenhang zwischen Dirnenwesen und Pestzügen ergibt sich aus einem spätmittelalterlichen Leipziger Brauch, dem Winter- oder Todaustreiben der Frauenhausbewohnerinnen zur Fastnacht. Die Dirnen warfen eine an eine lange Stange gebundene Strohpuppe ins Wasser: »Damit behaupteten sie, die Stadt zu reinigen, so daß sie dann das ganze Jahr über frei von Pest wäre.«[611a]

Den tiefgreifenden Wandel der Einstellung zu Leben, Liebe und Tod im Spätmittelalter, auf den die neuere sozialgeschichtliche Forschung

41 Die Ehebrecherin (Cranach-Schule)

vor allem Frankreichs abstellt,[612] muß man zwar in Rechnung stellen; andererseits ist zu bedenken, daß uns viele Nachrichten über das spätmittelalterliche Dirnenwesen nur deshalb überliefert sind, weil im Zuge der allgemeinen Zunahme der schriftlichen Fixierung von Normen, der Verordnungstätigkeit und der Bürokratie schlechthin eben auch das Dirnenwesen in den Kreis der zu regelnden Angelegenheiten einbezogen wurde. Es mag z. B. ein belangloser Vorfall – und nicht unbedingt ein gravierendes Anwachsen der Prostitution – gewesen sein, der 1389 den Kölner Rat, wie uns die Koelhoffsche Chronik berichtet,[613] bewog, den Dirnen rote Schleier oder Kopftücher als verbindliches Trachtelement vorzuschreiben: »In dem selven jair droigen die gemein frauwen roide wilen up irem heufte, up dat men sie kent vur anderen frauwen.« Markierung, als Schutzmaßnahme für die ehrbaren Frauen propagiert, bedeutete natürlich Diskriminierung und öffentliche Deklassierung für die Dirnen, hieß, sie dem sozialen Druck der Gesellschaft aussetzen. Mit drastischen Worten wetterte schon der berühmteste Prediger des 13. Jahrhunderts, Berthold von Regensburg (ca. 1210–1272), gegen die ›gemeinen Fräulein‹, die nicht ›Fräulein‹ heißen sollten:[614] ›sie haben alle Frauenwürde verloren und wir nennen sie die bösen Häute auf dem Graben; denn sie entziehen Gott alltäglich viele Seelen und überantworten sie dem Teufel, so daß ihrer nimmer Rat wird.‹ Er verurteilte das kokette und herausfordernde Benehmen der Dirnen und ihre auffallende Kleidung, schlug vor, sie nur noch in Gelb zu kleiden, damit man sie besser erkenne; keine anständige Frau sollte Schleier tragen, ›die sie gelb färben wie die Jüdinnen, jene, die auf dem Graben gehen (= Dirnen), und die Pfäffinnen (= Konkubinen der Kleriker)‹.[615] Vom Symbolgehalt der roten, gelben, in einigen Städten auch der grünen Farbe der Dirnenkleidung, den Werner Danckert sicher überschätzt,[616] ist kaum etwas zu spüren; die aktuelle Funktion der obrigkeitlichen Kleidervorschriften für die Kölner Dirnen bringt wieder der Autor der Koelhoffschen Chronik auf einen kurzen Nenner, wenn er das Verbot ›eines Teils zierlicher und ehrlicher Kleidung‹ 1471 mit den Worten kommentiert: »umb zo haven ein underscheit der rudiger schaif van den reinen«.[617] Um diese Zeit begannen auch die oben schon erwähnten ›Straßenreinigungsaktionen‹ des Kölner Rates.

Ob sich die allgemeine Unmoral der Kölner im 15. Jahrhundert tatsächlich steigerte oder nur das Interesse der Obrigkeit, auch hier reglementierend einzugreifen und – wie in vielen anderen Bereichen auch – den Einfluß der Geistlichkeit zurückzudrängen, sei dahingestellt. Jedenfalls nahm der Rat schon in die große Statutensammlung von 1437, vielleicht unter dem Schock der großen Hungersnot in diesem Jahr,[618] einen scharf formulierten Artikel auf,[619] der alle Kupplerinnen, die verheiratete Frauen oder Männer mit anderen verkuppelten, Männern und Frauen des geistlichen Standes den Aufenthalt in ihren Häusern ermöglichten oder auf andere Weise »der lude doch-

42 Dirne tritt ins Wasser (Urs Graf)

tere ind kyndere nae sich lungerent ind zu schanden brengent«, mit Pranger, Brandmarkung auf beide Backen und Vertreibung aus der Stadt unter Rutenschlägen bedrohte: »die sall man up den kaex setzen ind zo backen birnen ... ind vort mit roiden uyss der stat dryven«. Um 1450 wiederholte der Rat das Verbot aller »boelerijen, oeverspiele ind woucherijen«, die in der Stadt betrieben würden, unter Hinweis darauf, daß mittlerweile »sterffde, pestilencie ind duyr tzijt«, Seuchen und Hungerkrisen, über die Stadt gekommen seien und noch kommen würden, wenn man sich nicht bessere.[620] Auch spätere Einschärfungen dürften ebensowenig Erfolg gehabt haben wie die Kleiderordnung von 1467, die neben übertriebenem Luxus vor allem »die schamlose Kürze und die weiten Ausschnitte der Männer- und Frauenkleidung«[621] anprangerte.

43 Ausstäupung

5. Die unaussprechliche stumme Sünde

Im Jahre 1484 erschütterte ein schwerer Homosexuellenskandal die Stadt. Dem Stadtschreiber Edmund Frunt sträubte sich fast die Feder, als er die Aussage des Pastors von St. Aposteln notierte,[622] der – nahe an der Grenze zur Verletzung des Beichtgeheimnisses – den Rat informierte, »dat eine swaire unsprechliche stumme sunde as manspersone mit manspersonen etc. binnen deser heilger stat Coelne verhandelt wurde, dat got erbarmen moiste«. Er könne auch die Betreffenden benennen; denn er habe im letzten Jahr während der Pestseuche einem völlig verzweifelten Pfarrangehörigen die Beichte abgenommen, der ihm jenen Mann mit Namen bezeichnete, »der sulchen oeveldait mit

ieme begangen hedde«: Es sei ein reicher Mann mit Frau und Kindern, Ratsangehöriger, einer der führenden (oeversten) Leute der Stadt mit einem großen Weinkeller, der Pferde zu halten und in der Stadt auszureiten pflege. Bei jeder Begegnung sei ihm das Blut aus dem Gesicht gewichen. Für jedes Mal, das er ihm zu Willen gewesen sei, habe er einen Postulatsgulden erhalten. – Nach Aussage des Pastors seien auch noch ein Amtmann, den er kenne, und darüber hinaus wohl mehr als 200 Leute in Köln »mit deser sunden . . . befleckt«.
Der Rat ließ Recherchen anstellen und Doktoren der Theologie um guten Rat befragen, der wieder einmal nach Kölner Muster ausfiel, nämlich daß man die ganze Sache »umb gotz willen verswege«. Der reiche Ratsherr – vermutlich wußten seine Kollegen genau, um wen es sich handelte – müsse zwar eigentlich bestraft werden, aber dann würden alle nach dem Grund fragen. Wenn man nun seine »missdait« offenbare, könnte das vielleicht anderen »jungen gesellen ind mannen exempel geven, sulchen ungewohnliche dingen zo versoecken«, und dann würde sich diese ›Sünde‹ noch weiter ausbreiten. Der Mann habe bedeutende Freunde, so könnten »grois unwille, slacht ind verdries« innerhalb der ›Freunde‹, d. h. der Kölner Führungsschicht, entstehen. Der Rat bedachte dies wohl, ließ zwar bei Pastoren und Beichtvätern noch ein wenig herumfragen, um sich ein Bild zu machen, setzte am 21. Juni 1484 sogar eine Untersuchungskommission ein, die er am 12. Juli noch erweiterte – und dann verlief alles nach dem Theologenrat doch im Sande. Der ›kölsche Klüngel‹ hatte gesiegt.
Derartige Milde gegen Homosexuelle ist im Mittelalter sonst nicht üblich; wer der – im übrigen recht weit verbreiteten – Neigung überführt wurde, mußte mit harten Strafen, also voller Kriminalisierung und damit Ausschluß aus der guten Gesellschaft rechnen.[623]

6. Das Geschäft der Kupplerinnen

Die beiden Regelformen der Prostitution vor, während und nach der Zeit des Frauenhauses auf dem Berlich waren mehr oder weniger verdeckte Kuppelei einerseits und relativ offene Straßenprostitution andererseits; beide wurden sowohl berufsmäßig als auch als Gelegenheitsprostitution durchgeführt. Dank Weinsberg und einer guten Aktenlage fließen seit dem 16. Jahrhundert die nichtnormativen Quellen reichlicher; sie lassen personengeschichtliche, wirtschafts- und sozialgeschichtliche Analysen zu.

Daß die Organisation der gewerblichen Prostitution vornehmlich in der Hand von Kupplerinnen lag, die in vielen Fällen die wirtschaftliche und soziale Notlage der von ihnen ›betreuten‹ Dirnen ausnutzten – ähnlich wie der ›Hurenwirt‹ mit den Berlichdirnen verfuhr –, beweist schon das später[624] noch zu behandelnde Dirnenlegat im Testament des Dr. Peter Rinck. Der Rat ging, wie einige Turmbucheintragungen zeigen, im 16. Jahrhundert tatsächlich mit den 1437 angedrohten harten Strafmaßnahmen gegen überführte Kupplerinnen vor: 1516 stand Engyn Lynwyrckersse (Leinenwirkerin) als Kupplerin vor Gericht, weil sie ein kleines und noch unberührtes Mädchen, erst elf Jahre alt, das als Lehrkind bei ihr wohnte, dem Domherrn Junker Friedrich, Graf zu Rietberg, in seine Kurie geschickt hatte.[625] Mit dem Domherrn, der »datselve maetgin upgeslossen und die nacht moitwillichlich mit yem gehandelt« hatte, mußten sich die geistlichen Gerichte auseinandersetzen. Der Mißbrauch Minderjähriger war keine Ausnahme: 1517 wurde Jutta, »keuffersse«, d. h. Maklerin, Pfandleiherin oder Auktionatorin, vor St. Agatha, an den Kax auf dem Heumarkt gestellt und dann der Stadt verwiesen. Sie hatte ein erst 15jähriges Mädchen mit einem Mann verkuppelt; in Ermangelung geeigneter Räumlichkeiten stellte sie ihnen ihr eigenes Bett zur Verfügung.[626] Gret van Nuiß wurde 1558 inhaftiert, weil sie ihre eigene Tochter »zur unzucht gekoppelt« hatte. Während Gret ebenfalls mit Kax und Stadtverweisung bestraft wurde, kam die Tochter mit einer tüchtigen Scheltpredigt davon.[627]
Wenige Jahre vorher, 1553, fiel Hermann Weinsberg, der eines seiner Häuser, das Haus zum »Torn« auf dem Büchel, in einer nicht sehr gut beleumdeten Gegend, vermieten wollte, auf das günstige Angebot der verwitweten Leinenwirkerin Metzgin aus der Ehrenstraße herein, die 10 Gulden pro Jahr bot. Sie war, wie er böse in seinem Hausbuch schreibt,[628] »ein gruntzfe hoer«, eine Hure aus der Ecke ›im Grund‹, habe lange Zeit eine Buhlschaft mit einem Juden unterhalten – auch das wertet im 16. Jahrhundert ab – und viele Mädchen, die ihr Leinen wirkten, zu Unzucht und schlechtem Umgang angehalten, so daß der Gewaltrichter einmal sogar eine Hausdurchsuchung durchführen mußte. Einmal, so erzählt Weinsberg, hatte sie ›Gesellschaft‹ auf der Kammer, forderte die Mädchen auf hochzugehen und als diese nicht wollten, ging sie zunächst allein. Wenig später kam sie wieder herunter und herrschte die Mädchen an: »ir unvelatter (Unfläter), sall ich es allein uisrichten?« Weinsberg kündigte ihr, als er davon erfuhr. Bemerkenswert ist hier, ähnlich wie bei der Leinenwirkerin Engyn 1516, die Kombination von Textilverlag – Metzgin stellte das Leinen und in

dem Mietshaus auch die Arbeitsgeräte – und gewerblicher Prostitution, die man durchaus ebenfalls als Verlagsverhältnis ansprechen kann.

Zum Jahr 1582 berichtet Weinsberg, daß die Gewaltrichter am 30. Oktober die Wirtin »in der Blomen auf der Bach«, Witwe des Vitus von Hemerden, zum Turm geführt hätten, weil man sie bezichtigte, »burgers kinder und coppelei uffzuhalten«. Der Denunziant soll ein Lizentiat gewesen sein, der selbst zu den Stammgästen der zeitweise in der Herberge lebenden »denzer und denzerschen« zählte. Die Befragung der Nachbarn brachte mehr Ent- als Belastendes zutage; aber, so Weinsberg, »der hont hat leder gessen«: Trotzdem verlangte der Rat 200 Gulden von der Wirtin – widrigenfalls sollte sie am Pranger stehen und der Stadt verwiesen werden. Ungeachtet der Fürbitte der Nachbarn blieb sie in Haft.[629]

7. Spießbürgermoral: Hermann Weinsberg

Weinsbergs abgrundtiefe Verachtung für alles, was mit Prostitution zu tun hatte – von seiner Verdammung der Berlichhuren war schon die Rede – ist ganz offensichtlich auf einige traumatische, voreheliche sexuelle Erlebnisse zurückzuführen – vielleicht auch auf die negativen Erfahrungen mit seiner xanthippehaften zweiten Frau.[630] Die Art, wie und durch wen er in der Pubertätszeit und als Student in die sexuelle Praxis eingeführt wurde, schließlich sein Verhalten in und zwischen den beiden Ehen selbst scheinen so typisch für das bessere Kölner Bürgertum im 16. Jahrhundert mit seinen Moral- und Scheinmoralvorstellungen, daß ein kurzer Exkurs erlaubt sein dürfte: Im Alter von 13 Jahren, auf der Schülerfahrt nach Emmerich, geriet er in die erste harte Versuchung seines Lebens, »doch rettete ihn hier weniger seine Tugend als seine Blödigkeit, wie er selbst gesteht.«[631] Mit 19 wurde er von einem Kameraden »verfort«, dem Kleriker Joseph Goltberch, im Tal wohnhaftig: »der underricht mich sonderlich, wie er vur und nach mit horen mit unzucht gehandlet hette, fragte mich fil und fil, dess ich nit woste, und bericht mich vil boser sachen«. Das Gerede der Studenten in der Kronenburse machte Weinsberg neugierig: »Ich war einfeltich, noch dannest hort ich so fil, das ich daran gedacht und bose anreizung machte.« Schließlich nahm ihn Goltberch mit in die Schemmersgasse zu einer alten Kupplerin, die nach zwei Seidspinnerinnen schicken ließ. Weinsberg war volltrunken, als er seine »jonferschaft«

an Trein Hoestirne verlor. An dieses Erlebnis dachte er nur mit tiefer Scham und Trauer: »dan mich dochte es ein grausam untugsam handel sin, mit alsulchen lichtfertigen horen zu leben.«[632]
Mit 21 gerade Rektor der Kölner Kronenburse geworden, mußte er sich 1540/41 den Vorwurf gefallen lassen, er habe ruhig mit angesehen, wie zwei mit ihm befreundete Präbendaten sich mit der Magd der Burse, Weinsbergs eigener Nichte, abgegeben hätten. Tatsächlich kam das Mädchen 1542 mit einem Kind nieder; Weinsbergs enger Freund Johann van Zulch entzog sich der Verantwortung.[633] Er selbst mußte sich auch später immer viel Mut antrinken, um seine von ihm freimütig zugegebenen[634] starken Triebbedürfnisse bei Dirnen befriedigen zu können, wobei er Gott dankte, daß er sich dabei nicht an den gerade grassierenden »Franzosenpocken« oder spanischen Krankheit, der Syphilis, angesteckt habe. Im letzten Jahr seiner Amtszeit als Rektor hatte er noch ein ziemlich unappetitliches Erlebnis mit der alten Magd Stine in der Kronenburse.[635] 1545–1547, als er allein im Haus Weinsberg lebte, holte er Greitgin Olups, die Magd seiner Eltern, ins Schlafgemach. Um das 1546 geborene uneheliche Kind Anna kümmerte er sich wenig, bezweifelte seine Vaterschaft, ließ sich von der Mutter des Kindes aber belehren und stattete das Mädchen, nachdem es bei seiner Mutter nähen und sticken gelernt hatte, 1568 zum Eintritt ins Kloster aus.[636] Uneheliche Kinder von Mägden, sonstigen Frauen und Witwen waren nichts Ungewöhnliches und Ehrenrühriges – für die Väter; auch Weinsbergs Großvater, sein Vater und sein Bruder hatten uneheliche Kinder, die allerdings mit diesem Makel leben mußten und sich gewöhnlich nicht auf besondere Fürsorge von Vaterseite verlassen konnten, wenn sie ein ›ehrbares‹ Handwerk lernen wollten.[637]
Nach der kurzen (1548–57), recht glücklichen, aber kinderlosen Ehe mit der zwar sechs Jahre älteren, aber sehr vermögenden, tüchtigen und friedfertigen Witwe Weisgin begann er noch im Trauerjahr eine »bolschaft« mit der jungen Witwe, die sein Haus in der Achterstraße gemietet hatte; er betont ihr Einverständnis und die problemlose Trennung, als er sich wieder verheiratete,[638] diesmal mit der reichen Witwe Drutgin Bars, die ihm bis zu ihrem Tode 1573 das Leben durch maßlose Eifersucht und Geistesschwäche (zelotypiae malum et infirmitas capitis) zur Hölle machte.[639] Abgesehen vielleicht von der sanften Weisgin, seiner ersten Gattin, hat Weinsberg keiner der Frauen, mit denen er verkehrte, irgendwelche tieferen Gefühle entgegengebracht; die Entscheidung zur Eheschließung folgte jeweils wirtschaftlichen Interessen, die ›bolschaften‹ dienten der schieren Triebbefriedi-

gung, bei Dirnen mit schlechtem Gewissen und Alkoholhilfe, bei anderen Frauen kühl sachlich unter Ausnutzung von wirtschaftlichen Abhängigkeiten (Mägde, Mieterinnen). Über Leute, die sich verlieben, aus unglücklicher Liebe fast den Verstand verlieren und sich dem Trunk ergeben konnten wie sein Schwager Dr. Heinrich Faber oder sein Bruder Christian,[640] konnte Weinsberg nur spotten mit dem köstlich-naiven »Reimlein«:[641]

> Liebhaber hör!
> Dich nicht verstör;
> Will sie nicht wohl,
> Werd drum nicht toll,
> Laß ab gering,
> La fa re sing,
> Ade fahr hin,
> Du bist nicht min;
> Sei wohlgemut
> Ein Schiff so gut
> Kommt wieder an,
> Als fuhr davon.

In das Psychogramm des Spießbürgers, der unter seiner eigenen Triebhaftigkeit zwar leidet, sein Verhalten Frauen gegenüber aber durchaus als normal ansieht, paßt die abgrundtiefe Verachtung für die Prostituierten, denen er zumindest in der vorehelichen Sturm- und Drangperiode nicht ausweichen konnte, absolut. Der Wunsch des alten Weinsberg, nach der Schließung des Frauenhauses im heiligen Köln nur noch Prostitution in diskreter Form zu finden, entspricht einem offensichtlich weit verbreiteten persönlichen Verdrängungskomplex. Nur in Ansätzen wird bei Weinsberg ein gewisses Verständnis für die häufig gegebene wirtschaftliche Not und soziale Zwangslage der Dirnen deutlich; die bequeme, von der weltlichen Obrigkeit und der Geistlichkeit durchaus gestützte Annahme ihrer Unbekehrbarkeit, Verstocktheit und unabwendbaren Verdammnis erleichterte das Desinteresse an einer Lösung des Dirnenproblems bei einem Großteil der bürgerlichen Gesellschaft.

8. Dirnenelend – elende Dirnen

Die sozialen und wirtschaftlichen Ursachen der Prostitution beleuchten zahlreiche Turmbucheinträge und sonstige Aktenbelege im 16.

und frühen 17. Jahrhundert. Bezeichnend ist die ›Karriere‹ Annas, der »krueppelersche«, Tochter des verstorbenen Kölner Goldschmieds Johan Geninge: Anna hat eine Zeitlang in Antwerpen als Magd gedient; auf dem Rückweg nach Köln verunglückt sie und bleibt verkrüppelt. So verlegt sie sich auf die Kuppelei. Eines ihrer Mädchen ist Margaretha, »dwilche sich mit jedermenniglich vermische und anlage.« Laut Aussage Annas hat Margaretha sie gebeten, ihr Kundschaft zu besorgen, »umb etthwas zu verdhienen, damit sey sich underhaltten khonte, dan sey groeß gebreech hongers und khummers halber liden mueste.« Weil Anna neben Dirnen auch Ehefrauen »zum schendtlichen fall und ehebruich mit ihrem verdalmetzen bey fremden nationen verfuert« – sie hat in Antwerpen die Sprache der »Italiener, Portagiser« gelernt und dolmetscht gelegentlich –, wird sie am 27. Mai und erneut am 20. Juni 1579 der Stadt verwiesen.[642] – Ebenfalls auf Ausländer, Gesellen aus Brabant, ist 1595 Tryn van Alden auf der Gereonsstraße, genannt die Tuchschererersche, spezialisiert: Sie verkuppelt neben den Dirnen Mergh, Byelgin und Entgin – letztere soll früher »beim hencker gelegen« haben –, also Prostituierten der untersten Kategorie, auch eine Ehefrau, deren Name ›aus Ursachen‹ nicht im Protokoll erscheint; vermutlich stammte sie aus besseren Kreisen und wurde deshalb geschont. Auch Tryn begründet ihre Kuppelei mit Armut: Sie sei Witwe und habe zwei Kinder zu ernähren.[643]

Eng verbunden mit der Kuppelei in Privatwohnungen war die Gasthaus- und Badstubenprostitution, bei der Wirtsleute und Badstuber den Gästen Frauen vermittelten. Köln hatte zahllose Winkelwirtschaften, die regelmäßiger Treffpunkt für Freudenmädchen und ihre Kunden waren. Vor allem Ausländer bekamen solche ›Adressen‹ von den Fuhr- und Schiffsleuten gewiesen. Besonders verrufen waren die Wirtschaften auf dem Lichhof, der Marspforte, der Hasenpforte und das Haus Heinrichs von der Hellen. Ratsbeschlüsse zur Schließung solcher ›Herbergen der Verführung und des Verderbens‹ wurden nicht selten von den Anwohnern mit Beifall begrüßt.[644]

Im Oktober/November 1587 wurden neben zwei weiteren Männern der Trommelschläger Melchior Jeorgh aus Würzburg und der Schuhmachergeselle Simon Leeschge aus Leipzig, Sohn des gleichnamigen Leipziger Ratsherrn und früheren Stadtschreibers, die längere Zeit im Roten Löwen auf dem Brand in der Herberge gelegen und sich mit den »lichten personen« Elsgen und Even eingelassen hatten, mitsamt den Dirnen, der Wirtin und Kupplerin ins Gefängnis gesteckt und erst am 26. Januar 1588 begnadigt.[645] Auf Wirtshausprostitution verweist auch ein Turmbucheintrag vom 3. Januar 1573,[646] wonach Peter van

Colln den »gemeinen hoeren uf der Rennowen« Diebesgut verkauft haben soll.[647] Die »Rheinau« war ein Weinhaus, das vermutlich in der gleichnamigen Straße lag.

1594 und erneut 1611 verbot der Rat zum Schutz der Jugend alle »dantzschoelen, kameretten und leckerbißgen« bei Strafe von 50 Goldgulden,[648] mit wenig Erfolg. Wie es in einer solchen Animierkneipe zuging, zeigt ein Turmbucheintrag vom 25. August 1612: Nach der Aussage von Catharina Cronenbergh, die zu Beginn des 17. Jahrhunderts im Haus »Heider Badt« auf der Bach gedient hatte, wurde das Etablissement von einer Jungfer aus Antwerpen betrieben, die u. a. »leckerbißgen«, Festschmäuse für Gesellschaften, gehalten habe. Es sei nächtelang gespielt (Würfel, Karten) und »indifferenter«, d. h. auch in der Fastenzeit und an anderen Karenztagen, Fleisch gegessen worden. Während der Mann der Jungfer gewöhnlich betrunken gewesen sei, habe diese musiziert, »gedantzen und gesprungen«.[649] Man darf annehmen, daß sie dabei nur leicht bekleidet war.

Auch die gewöhnliche Straßenprostitution ohne dauerhafte Bindung an eine Kupplerin brauchte Weinstuben und Bierkneipen als Kontaktmöglichkeiten. Straßenprostitution erwuchs meist aus der Gelegenheitsprostitution, vor allem, wenn es sich um jüngere, vom Land oder aus anderen Städten stammende Frauen und Mädchen handelte, die in der großen Stadt Köln Arbeit oder eine Anstellung als Dienstmädchen suchten. Manchmal war es Leichtsinn, nicht selten eine echte Notsituation, die sie ins ›Milieu‹ brachten. Oft fielen sie auch auf eine gerissene ›Freundin‹ hinein, die durch das Verkuppeln unerfahrener Mädchen den Aufstieg in die besseren Dirnen- und Kupplerinnenkreise schaffen wollte. An Beispielen fehlt es nicht: Die Waise Tryn von Himmelgeist war mit 15 oder 16 Jahren in den Dienst eines Adeligen in Hardenberg getreten, wo sie ein Knecht, ›ihr erster‹, verführte. Dann zog sie über Himmelgeist, wo sie bei ihrer Schwester wohnte, nach Düsseldorf, und machte Bekanntschaft einer ›leichtfertigen Person‹, der ›dicken Bell‹, die, wie sie eigens betonte, den roten Rock, also Dirnenkleidung trug. Mitte November 1592, inzwischen 17 oder 18 Jahre alt, kam sie nach Köln, quartierte sich in der Spitze bei dem Schneider Nelliß ein, dem sie pro Nacht 1 Albus zahlen mußte – typisch für Vermietung von Dirnenwohnungen. Arbeit als Dienstmädchen habe sie nicht gefunden, so sei ihr nichts anderes übrig geblieben, als sich abends auf den Gassen und Umgängen, vor allem an der Salzgasse, einmal auch am Rheinufer bei der Neusser Herberge, »finden« zu lassen, wo die Knechte, wenn sie Wein holten oder sonst da vorbeikamen, sich mit ihr zu schaffen machten. Sie hätten ihr 1, 2 oder 3 Pfennige gegeben, sie bisweilen aber anschließend auch nur geschlagen. – Am 4. Dezember wurde Tryn auf dem Frankenturm mit Ruten gestrichen und dann durch die Gewaltrichterdiener, die Büttel, aus der Stadt gebracht.[650] Ihre Spur verliert sich wie bei so vielen auf der Landstraße.

Ein ähnlicher Fall: Die 16jährige Margareta von der Burgh kam um Martini 1611 aus Burg a. d. Wupper nach Köln. Hier wohnte sie bei ihrer Schwester, der sie zunächst beim Obstverkauf (eppell und bieren) in ihrem Kramladen half. Dann lernte sie Griet van Effern aus der Eulengasse kennen, die sie einmal ins Bierhaus »zum Loich« einlud. Griets Absichten waren eindeutig: Bald erschienen zwei Fleischhauerknechte, die Griet ins Wirtshaus bestellt hatte, mit denen Margareta, als es dunkel wurde, in die Fleischhalle ging, wo sie »denselben ihren willen gethan«. Am 9. Januar 1612 wurde das Mädchen, weil es noch sehr jung und es die erste derartige Verfehlung war, vom Rat begnadigt.[651]

Die Lage der Straßendirnen war immer schwieriger; ihnen fehlte der häusliche Schutz durch die Kupplerinnen, die, um selbst nicht unangenehm aufzufallen, auch die von ihnen abhängigen Mädchen vor der polizeilichen Kontrolle möglichst bewahren und bei der Auswahl der Kunden Vorsicht walten lassen mußten. Relative Sicherheit genossen auch die Frauen auf dem Berlich – und trotzdem zogen die meisten Straßendirnen die Gefahr, anstelle des knappen Dirnenlohnes nur Prügel und Spott seitens ihrer sozial meist kaum höher stehenden Kunden zu empfangen, aus den oben[652] genannten Gründen dem Aufenthalt im Frauenhaus vor. Viele der jungen Gelegenheitsprostituierten haben auf die Chance, dem Milieu zu entrinnen, wohl nicht verzichten wollen, gelungen ist es ihnen selten.

9. Dirnen und Scharfrichter

Im 14. und 15. Jahrhundert, als die Straßenprostitution bis zu den restriktiven Maßnahmen seit den 1470er Jahren vom Rat mehr oder weniger in Kauf genommen wurde, unterstanden die meisten Dirnen dem Henker. Einen guten Einblick in die finanzielle Seite dieses Abhängigkeits- und Schutzverhältnisses, aber auch in die Topographie der ›Arbeitsstätten‹ gibt das Verzeichnis der Einnahmen und Abgaben des Scharfrichters von 1435:[653] Grundsätzlich unterstehen ihm alle Dirnen (gemeyn doichter) mit Ausnahme der »upholderschen«, d. h.

der Kupplerinnen, die sich – aus begreiflichen Gründen – »neyt helffen en layssen«. Von allen verstreut in der Stadt lebenden Dirnen, wo immer das sei, soll er pro Woche jeweils 6 Pfennige erhalten. Jede neu in die Stadt kommende Dirne zahlt als Einstandsabgabe 4 Schillinge (= 36 Pfennige) und dann den normalen Wochensatz; im Weigerungsfall kann der Scharfrichter »sunder ymans tzorn off kruyht« pfänden. Abweichend ist die Abgabe der Dirnen geregelt, die »up dem doymhove gant ind up dem Houwmart«; sie zahlen ebenso wie die »up dem velde«, d. h. die vor den Stadttoren tätigen Dirnen, den dritten Teil ihrer Einnahmen. In welcher Form der Henker die Höhe der Einkünfte kontrollierte, muß offen bleiben; jedenfalls war die Beaufsichtigung auf den bevorzugten Standplätzen Domhof und Heumarkt leichter durchzuführen als bei der kaum kontrollierbaren Prostitution auf den sonstigen Straßen und Plätzen. Bei den Felddirnen könnten die Torwächter an der Kontrolle beteiligt gewesen sein.
Von allen Dirnen, die »zo Rodenkirchen«,[654] vermutlich zu der berühmt-berüchtigten Maternuskirmes im September gehen und von jenen, die »zo Mechteren«, d. h. in der Nähe des vor der Stadt gelegenen Augustinerinnenklosters (1474 im Neusser Krieg abgebrochen) arbeiten, erhält der Henker eine Flasche Wein im Wert von 4 Schillingen, alternativ den dritten Teil ihres Gewinnes. Es scheint nicht ausgeschlossen, daß der Henker den Dirnen bei pünktlicher und korrekter Zahlung Berechtigungszeichen ausstellte.[655] Der Hinweis der Quelle auf die Kupplerinnen, die sich nicht helfen lassen wollten, belegt eindeutig, daß die Dirnenabgaben durch die Schutzfunktion des Scharfrichters gerechtfertigt wurden.
Leider wird aus den Quellen des 16. und 17. Jahrhunderts nicht deutlich, ob diese enge Verbindung zwischen Henker und Dirnen weiter Bestand hatte. Der Henker war zwar an der Ehrenstrafe des Berlichführens maßgeblich beteiligt, wie zumindest Hermann Weinsberg berichtet,[656] er hat auch bei der Wahl seiner Lebensgefährtin nicht selten auf Dirnen zurückgreifen müssen,[657] aber von regelmäßigen Zahlungen, Pfändungen oder Streitigkeiten um den Dirnengewinn vermelden die Quellen nichts. Aufgrund der eindeutigen charakterlichen Mängel der namentlich bekannten Inhaber des Henkeramts im 16. Jahrhundert darf man deren Fähigkeit und Bereitschaft zum Schutz der Straßendirnen nicht allzu hoch einschätzen. In diesem Jahrhundert bedeutete Straßenprostitution weitgehendes Absinken in Schutz- und Rechtlosigkeit.

So bildeten die Mädchen von sich aus Grüppchen, schlossen sich zu ›Gesellschaften‹ zusammen, ähnlich wie die herumstreunenden und z. T. entwurzelten halbwüchsigen Burschen.[658] Die Basis bot das regelmäßige Treffen auf den bevorzugten Dirnenplätzen, auf dem Domhof, dem Heumarkt, dem Neumarkt und anderen Plätzen, Straßen und öffentlichen Gebäuden. Dort kam es, wie schon erwähnt, zu schnellen sexuellen Kontakten mit der meist anonymen Laufkundschaft; auch die Domtreppe und der Dom selbst wurden hierzu mißbraucht.[659] Die Kontaktzonen waren durchweg öffentliche, meist schon beleuchtete Plätze, nicht selten kirchliche Immunitätsbereiche mit ihrem besonderen Schutz; als ›Arbeitsstätten‹ dienten versteckte dunkle Gassen, Häuser und Hallen, Lauben- und Kreuzgänge, aber auch die Hafen- und Rheinufergegend und – meist in den Nachmittags- und Abendstunden, um rechtzeitig wieder in der Stadt zu sein – die Felder und Gärten vor den Mauern, die Poller Weiden und andere diskrete Plätzchen.

Zur Illustration einige Belege aus den Turmbüchern: Ein ganzes Grüppchen scharte sich um die schon erwähnte »dicke Bell« aus Düsseldorf, die vor 1593 ihr Tätigkeitsfeld nach Köln verlegt hatte. Zunächst bezog sie im Bock, einer Herberge in der Salzgasse, Quartier, dann zog sie für die hohe wöchentliche Miete von 14 Albus zu Styne Overradtz in der Spitze. Weil sie sich abends mal auf der Gasse, unter den »Bagen« (= Stützbögen der Stadtmauer), mal auf dem Neumarkt, dem Heumarkt, unter der Brothalle oder wo sonst sich die Gelegenheit ergab, in »hurrerei unnd unzucht« von jedermann gebrauchen ließ, wurde sie auf den Turm gebracht. Seit vier Wochen wurde sie, vor allem beim Weg zur Brothalle, von der Enne (Änne) aus Rheinbreitbach begleitet; ab etwa sechs Uhr warteten sie auf Kunden, meist junge Gesellen, einige Male auch ein ›greiser alter Mann‹. Den Vorwurf, im Dom Unzucht getrieben zu haben, wies Beele entrüstet zurück; sie habe sich dort nur dann aufgehalten, »wan eß kaltt oder regenachtig wetter gewest«, da sie sonst kaum Arbeit gefunden hätte. Wenn sie dann jemand ansprach, sei sie mit ihm »inß feldt« gegangen. – Änne aus Rheinbreitbach, ihre Kollegin, behauptete, erst seit sechs Wochen Dirne zu sein (»in hurrerei und diesem unfledigen leben gelebt«); im Hauptberuf verkaufe sie Äpfel für die »eppelkramersche« Mergen Paulußen. Mit Beele teile sie die Miete; Interessenten treffe sie am Neumarkt, auf dem Heumarkt, an den Bänken der Altreuscher (Flickschuster), in der Fleischhalle, unter den »Bagen« und in der Markmannsgasse.

Beide Mädchen betonten, die Armut habe sie zu diesem Leben getrieben. Beele, im Turmbuch als »scortum impudens«, als schamlose Hure, bezeichnet, war beim Verhör im Januar 1593 schon hochschwanger; am 25. wurde sie entlassen. Damit sie keinen Mangel leide, schenkte man ihr einen halben Reichstaler. Nach der Geburt des Kindes sollte sie aber die Stadt verlassen. Am 1. Februar erhielt auch Änne die Freiheit wieder, wurde aber ebenfalls aus Köln ausgewiesen.[660] Ein weiteres Dirnenpärchen wurde im Oktober 1612 gerichtsnotorisch:[661] Beatrix, aus Lechenich stammend, hatte zunächst als Magd im Haushalt des Dr. Kempis in Bonn gedient; seit der ›Gottestracht‹, der Fronleichnamsprozession, die immer viel Volk anlockte, war sie in Köln, um sich hier als Dienstmagd zu vermieten, konnte aber nicht »ankommen«; weil ihre geringen Ersparnisse bald aufgebraucht waren, obwohl sie am Weyerstraßenwall bei einem Peter, ›der betteln geht‹, nicht allzu teuer wohnte, sei sie »zu diesem fall kommen, das woll junge gesellen mitt ihro zu thun gehatt«. Sie teilte ihr Zimmer mit Trin Jans aus Dalen. Gewöhnlich trafen sie sich mit jungen Leuten im Bierhaus »Loich«, tranken dort zusammen, setzten dann mit der Fähre nach Deutz über und gingen nach Poll spazieren. Auf der letzten Rodenkirchener Kirmes war Beatrix mit einem jungen Gesellen aus Mülheim; manchmal bekam sie anstelle Geldes auch ein Paar Schuhe, z. B. vom Sohn eines Fleischhauers.

Der Herkunftsbereich der Kölner Straßendirnen entsprach durchaus dem der Berlichfrauen: das nähere und weitere Umland mit Ausläufern bis nach den Niederlanden und zum Mittelrhein parallel zu den wichtigsten Kölner Handelsverbindungen.

Das Maß an teils freiwilliger, teils erzwungener Mobilität war erstaunlich groß; die Grenzen zur Lebensweise der nichtseßhaften, fahrenden Frauen erscheinen sehr unscharf, selbst die in Köln ansässigen Dirnen gingen den ›Gelegenheiten‹ im Nahbereich systematisch nach. Man darf mit Sicherheit annehmen, daß einige regelmäßig den Meßkarawanen nach Frankfurt[662] und Antwerpen folgten, den Kaufleuten, Knechten, Fuhrleuten und Begleitmannschaften unterwegs die Zeit vertrieben und die gute Konjunktur der Messezeiten mit ihren großen Menschenmengen nutzten. Am 1. April 1611 wurde in Köln eine typische Wanderhure auf dem Turm verhört, Anna Maria, geboren irgendwo in Schwaben, in der Nähe von Dinkelsbühl; sie erklärte, nähere Angaben könne sie nicht machen, ihre Eltern habe sie nicht gekannt, von Jugend auf sei sie herumgezogen und »heischen«, betteln, gegangen. Frankfurt, Blankenheim in der Eifel, dann Boppard waren ihre letzten Stationen. Für Geld oder auch mal Schuhe lasse sie sich mit Männern ein, deren Namen sie meist nicht kenne.[663]

Daß besondere Anlässe wie Reichstage, Konzilien, Jahrmärkte, Wallfahrten und Kirchenfeste zu erheblichen Konzentrationen fahrender Dirnen führten, dafür gibt es viele literarische Zeugnisse. Beim Konstanzer Konzil 1414–18 ließ Herzog Rudolf von Sachsen seinen Diener und Begleiter Ulrich von Richental recherchieren, wie viele »offner frouwen« in der Stadt seien. Ulrich ritt mit einem Begleiter von Haus zu Haus: »In ainem funden wir XXX, in dem andern minder oder mer, ettlich in stälen und winfassen (in Ställen und Weinfässern), die an der gassen lagen.« Er schätzte ihre Zahl – ohne die heimlichen Dirnen – auf über 700,[664] die Gesamtzahl auf 1500.[665] Das Baseler Konzil (1431–49) zog ebenso wie der Reichstag zu Frankfurt 1394 etwa 800 Dirnen an.[666]

11. Landsknechtshuren

Eine Sonderform der mobilen Prostitution, die man in Köln grundsätzlich ebenso abweisend behandelte wie fremde Bettler und »moulenstoisser«,[667] und zwar mit wachsender Bedeutung, stellten die Landsknechts- oder ›Kriegshuren‹ dar. In vielen Fällen handelte es sich – ähnlich wie bei den Verhältnissen zwischen Geistlichen und ihren Konkubinen (pfaffenhoren) – nicht grundsätzlich um Prostitution, die es im Landsknechtsmilieu selbstverständlich auch gab – die Übergänge sind fließend –, sondern um quasi-eheliche, von Kirche und Gesellschaft nicht anerkannte, aber wohl oder übel geduldete Beziehungen auf Zeit. Am deutlichsten wird dies darin, daß es eine fallweise Entlohnung der Frau für sexuelle Dienstleistungen nicht gibt: Soweit sie nicht durch Betteln, Gelegenheitsarbeit, Felddiebstahl oder auch echte Prostitution mit zum Lebensunterhalt beiträgt, wird sie von ihrem ›Mann‹ unterhalten; dafür erfüllt sie neben den sexuellen auch andere Verpflichtungen einer regulären Ehegefährtin wie Waschen, Kochen, Transport der mobilen Habe usw. Diese weitgehende Dauerhaftigkeit der Beziehung erklärt, verbunden mit der Tatsache, daß diese Frauen auch zu militärischen (Schanzen, Fuhrdienst, Kundschaften etc.) und Sanitäterleistungen herangezogen wurden,[668] die hohen Zahlen der im Troß der Landsknechtsheere mitziehenden Frauen, soweit man den widersprüchlichen Angaben der Chronisten trauen darf. Im Heer Karls des Kühnen 1474/75 vor Neuss befanden

44 Das Landsknechtsliebchen

sich nach der Koelhoffschen Chronik bzw. Christianus Wierstraat etwa 1500 »vrauwenpersonen« und ca. 400 »paffen, schriver ind bloisser kemerlink«,[669] der Baseler Hans Knebel berichtet von »900 pfaffen im here und 1600 diern«;[670] 1476 bei Grandson waren es angeblich schon 2000. Diebold Schilling führt in seiner Berner Chronik als Teil der Burgunderbeute der Eidgenossen sogar mehr als 3000 »gemeiner und varender frawen« auf.[671]
Aus der Anonymität der großen Zahl führen uns wieder die Kölner

Gerichtsakten des 16. und 17. Jahrhunderts heraus auf Schicksale und ›Karrieren‹ im Grenzbereich zwischen ›Landsknechtsehe‹ und gewöhnlicher Prostitution: 1569 verteidigte sich der verheiratete Landsknecht Hanß Swartz aus Aachen, der bei den Berlichdirnen Anna Roedkop und Mettelen regelmäßiger Gast war, mit den Worten, »ein armer landtsknecht khonne nit jeder zeit seine haußfrawe nachfueren«.[672] Sogar bettelarm war der Landsknecht Johan Roedtbardt, der zu Pfingsten 1569 die Bekanntschaft der Kölnerin Barbara, Tochter des verstorbenen Christian Laimschleyfers auf der Severinstraße, machte und sie als seine »boelschaft« gebrauchte. Als er im Oktober des Diebstahls beschuldigt wurde, sagte sie aus, daß er nichts weiter tue, als auf die Gärten und Dörfer zu ziehen und die Bauern (hausleuth) um das tägliche Brot anzusprechen; so oft sie mit ihm gezogen sei, habe sie nichts Unbilliges bemerkt.[673] – Philip Kreps aus Köln schilderte seinen Lebenslauf und das Verhältnis zu seiner ›Kriegshure‹ 1571 wie folgt: Zunächst habe er am Malzbüchel gewohnt und sein Geld mit einer Schubkarre verdient. Dann sei er Landsknecht geworden; er diente in Ungarn gegen die Türken, dann dem Herzog von Alba in Brabant und Flandern. Seine Frau, die er vor etlichen Jahren in Köln geheiratet habe, sei nun alt und krank und »vonn wegen irer unvermuegenheit« ins Hospital Zur Weiten Tür (St. Catharinen) aufgenommen worden. Vor etwa drei Jahren, zur Zeit des Feldzugs des Prinzen von Oranien, habe er sich im Trunk mit seiner Stieftochter eingelassen und sie als seine »kreighs hoer« gebraucht. Clara sei mit ihm eine Zeitlang in den Niederlanden im Krieg gewesen und ihm mit Waschen ›und sonst‹ zu Willen gewesen.[674] Gerichtsnotorisch wurde Philip, als man ihn, der nun in Köln als Bote (Läufer) arbeitete, der Unterschlagung von Geld und Briefen anklagte.

Ehemalige Landsknechtsdirnen mit z. T. sehr langdauernden ›Ehen‹ gerieten des öfteren in die Mühlen der Kölner Justiz, wenn sie anfingen, als reguläre Dirnen zu arbeiten.[675] Die interessanteste ›Karriere‹ machte Entgin van Oißkirchen 1607–1611: Um 1607 verließ sie ihr Elternhaus in Euskirchen, wo ihre Eltern 1611 noch als »arbeitz leute« lebten, und ging nach Koblenz. Dort lernte sie bei einer Frau namens Styn an der Kölner Pforte nähen. Nach etwa zwei Jahren machte sie die Bekanntschaft der »huir« Barbara, mit der sie als Wanderdirne zwischen Koblenz und Linz und ›oben im Land‹ herumzog. Dann brachte sie eine andere Dirne, die »Rattenfengersche« aus Bonn, in die Niederrheinstädte Köln, Neuss und Düsseldorf, wo sich die Rattenfengersche mit einem Landsknecht aus Meißen einließ; Entgen begleitete ihre Kollegin auch nach Jülich, wo diese im Heerlager Bier

45 Hurenweibel mit Dirne

verkaufte. Das erste Mal ›zu Fall gebracht‹ habe sie ein Soldat in Neuss, danach sei sie auch in Köln, Mainz und Frankfurt auf den Strich gegangen. In Düsseldorf schloß sie sich dann zusammen mit einer anderen Frau zwei Landsknechten an, Anton Tern aus Mülheim bei Koblenz und dem Pulvermacher Conradt Schiedle aus Eßlingen; zu viert zogen sie auf den Höfen herum und bettelten. Im Februar 1611 kam Entgen nach Köln, wo sie ihren und ihres ›Mannes‹ Unterhalt durch Prostitution verdiente: auf der Domtreppe, unter den Bögen am Kloster St. Mariengraden, in ihrer Herberge »zum Buck«. Ihr Anton habe davon gewußt und dem zugestimmt, weil ihnen keine andere Möglichkeit zum Lebensunterhalt offengestanden sei.[676]

Natürlich geben die Turmbucheintragungen nur eine Negativauswahl wieder, aber es besteht kein Zweifel, daß abgemusterte Landsknechte im 16. Jahrhundert das Potential der vagierenden oder nur vorübergehend seßhaften Randgruppenbevölkerung erheblich verstärkten: 1569 wurde der Spieler Dederich Horstingk aus Duisburg inhaftiert, der viele Leute mit »spillen bedruebet unnd muessigh mit einem frauwen menschen ohn einiche eherliche nahrungk durch das landt gezogen«.[677] Ewaldt Spieß aus Nassau a. d. Lahn, von Beruf Bäcker, eine Zeitlang Soldat des Trierer Kurfürsten, der mit seiner »concubin« Elyzabeth aus Welschbillig bei Trier hin und wieder auf die Kölner Gärten zog, wurde 1573 wegen Diebstahls zu Melaten gehängt.[678]

12. Dirnentypologisches

An der absoluten Randlage der Kölner Dirnen im späten Mittelalter und in der frühen Neuzeit besteht kein Zweifel. Ihr gesellschaftlicher Status war extrem niedrig, wenngleich in sich wieder differenziert. Ganz unten rangierten, vor allem, wenn man Hermann Weinsberg folgt, die Frauen im ›gemeinen Haus‹ auf dem Berlich; nicht viel günstiger stand es um die meisten Straßendirnen, die sich seit dem ausgehenden 15. Jahrhundert einem wachsenden obrigkeitlichen und gesellschaftlichen Druck ausgesetzt sahen. Ihre Abgrenzung von der Gesellschaft durch diskriminierende Kleidung, die weitgehende Unterstellung unter den Henker und damit die Eingliederung in die stark tabuisierten ›henkermäßigen‹ Leute, die dauernde Bedrohung durch brandmarkende Strafen und Vertreibung auf die Landstraße, die den Weg zurück ins ›bürgerliche‹ Leben nahezu völlig abschnitten, definierten die soziale Randlage so eindeutig, daß man die Dirnen seitens der guten Gesellschaft im 16. Jahrhundert mit ›gutem Gewissen‹ als unbekehrbar und ohnehin der Verdammnis verfallen aufgeben konnte. Die extreme Randständigkeit der Straßendirnen förderte wenigstens ansatzweise interne Gruppen- oder Grüppchenbildungen, eine gewisse Solidarität untereinander gegenüber der Obrigkeit,[679] aber auch gegenüber der noch tiefer stehenden Gruppe der zeitweise mit den Ordnungskräften zusammenarbeitenden Dirnen im Frauenhaus, deren Organisation Anlehnungen an zünftische Muster verrät.

Noch am besten gestellt waren jene freien und heimlichen Prostituierten, die ihre Kunden durch Kupplerinnen vermittelt bekamen oder selbst einen festen Kundenstamm aufgebaut hatten. Sie hatten individuell die größten Chancen, das Milieu – etwa durch Heirat oder wirtschaftlichen Erfolg in einem anderen Gewerbe – wieder zu verlassen. Ihre potentielle Randständigkeit äußerte sich nicht nur in der Gefahr aufzufallen oder denunziert, im Zuge einer Strafaktion auf den Berlich geführt und endgültig als Dirne stadtbekannt zu werden, sondern auch in der wirtschaftlich und sozial begründeten Abdrängung auf Wohnungen in übel beleumdeten Gassen und Straßen. Es gehörte viel Mut dazu, eine Kölnerin zu heiraten, auf der – ob zu Recht oder Unrecht – auch nur der Schatten eines Verdachts ruhte, Dirne zu sein. Nicht ohne Bewunderung berichtet Hermann Weinsberg[680] von dem 1594 verstorbenen Ivo Funck, der nach dem Tod seiner ersten Frau eine Witwe, wohnhaft im Meithaus auf dem Altermarkt heiratete: Diese Frau war schön; doch kam sie in schlechten Ruf durch »frierait und verloifnis« (freie Lebensart und eine gelöste Verlobung), so daß man ein gemeines Lied auf sie dichtete und es öffentlich sang: »Die dochter im Meithaus ist ein hoir etc.« Das ging so weit, daß einer deswegen am Kax stehen mußte, was die Schande noch vermehrte. »Noch scheuete disser Ivo Funck das alles nicht und nam disse zur ehe.«

Die drei Dirnengruppen unterschieden sich nicht nur hinsichtlich ihrer sozialen Herkunft, sondern bezüglich auch der beruflich-sozialen Stellung ihrer Kunden. Das typische Kölner Straßenmädchen stammte vom Land oder aus einer einfachen städtischen Familie, war kurze Zeit Textilarbeiterin oder Dienstmädchen, wurde meist schon vom Dienstherrn oder einem Arbeitskollegen verführt und scheiterte bei dem Versuch, langfristig in der großen Stadt Köln Arbeit zu finden; der Abstieg in das Dirnenmilieu erfolgte durchweg vor dem 20. Lebensjahr, gelegentlich aus Leichtsinn, sehr oft jedoch aus einer wirtschaftlichen Notsituation heraus. Der Kundenkreis, meist jüngere Leute aus der breiten Masse der unteren Schichten, wechselte stark;

das Niveau der sexuellen Dienstleistungen lag niedrig – oft waren es nur sehr flüchtige Kontakte unter wenig ansprechenden äußeren Bedingungen.

Die Berlichdirnen auf dem Frauenhaus waren gewöhnlich erheblich älter, hatten meist mehrere Jahre Erfahrung auf der Straße hinter sich und scheinen vornehmlich auf stadtfremde Kunden mit relativ niedrigem sozialen Status spezialisiert gewesen zu sein – eine Negativauswahl aus den Straßendirnen.

Unter den heimlichen freien Prostituierten der Kupplerinnen dürften sich neben Mädchen einfacher Herkunft aus der Stadt und von außerhalb häufig auch Gelegenheitsdirnen aus Neigung befunden haben, die aus besseren Kölner Kreisen stammten und selten gerichtsnotorisch wurden.[681] Wenn es doch passierte, wurden ihre Namen ›aus Ursachen‹ verschwiegen. Wir wissen aus anderen Städten, daß gutgestellte auswärtige Besucher nicht selten Wert darauf legten, nicht mit berufsmäßigen Dirnen, sondern mit »ehrbaren« Bürgersfrauen verkuppelt zu werden, wobei sie manchmal von den Kupplerinnen hereingelegt wurden.[682] Die heimlichen Kupplerinnen tarnten ihr Gewerbe gelegentlich als ordentliche Textilgewerbebetriebe; sie waren in der Lage, anspruchsvollen Kunden Sonderleistungen anzubieten, wie dies – aufgrund ihrer Erfahrung – auch die Berlichdirnen vermochten.[683]

13. Dirnenlohn als Lebensgrundlage

Da es in Köln, von wenigen individuellen Ausnahmen wie für die schwangere »Dicke Bell« abgesehen, keine reguläre öffentliche Unterstützung für bekehrungswillige Dirnen gab – von der privaten wird noch die Rede sein –, stellt sich die Frage, ob eine Dirne in ihrem Gewerbe so viel verdienen und zurücklegen konnte, daß sie es nach einiger Zeit aufgeben und – ungeachtet der psycho-sozialen Schwierigkeiten – mit den Ersparnissen ein neues Leben beginnen konnte. Welchen Preis konnten die Frauen für ihren ›Liebesdienst‹ fordern, wie hoch war der »glitt lhoen«, wie hoch waren die Abgaben und Kosten? Aus den Turmbuchprotokollen des späten 16. und frühen 17. Jahrhunderts ergibt sich folgendes Bild:[684]

Der Lohn einer Straßendirne lag – abgesehen von Prügeln oder billigem Schuhwerk – gewöhnlich zwischen einem und sechs Pfennigen für einen schnellen Akt; die junge Tryn von Himmelgeist dagegen

nahm bis zu 4 Fettmännchen (=64 Pfennige), Beele von Düsseldorf 1–8 Albus (=24-192 Pfennige), Änne von Rheinbreitbach für eine ganze Nacht mit Kost und Herbergsgeld 22 Albus (=528 Pfennige). Landsknechts- und Straßendirnen verlangten 4–8 Albus, für eine ganze Nacht auch 1-2 Kopfstücke (=1-2 Vierteltaler = 486/972 Pfennige). Für eine Nacht mit einem Kunden gehobener Stellung, dem Italiener Theobinus,[685] in der Privatwohnung eines Kupplers erhielt die hübsche Sybilla Scherkens 2 Goldgulden. Noch mehr, nämlich 2-5 Kronen, forderte das »Peltz Grietgen« vom Frauenhaus auf dem Berlich für besondere Leistungen auf Wunsch der Kunden; sie bestanden in Geißelungen mit zuvor ins Wasser gelegten Besenruten und anschließendem Beischlaf, wie es drei italienische Kunden 1591 etliche Male ausdrücklich verlangten: »unnd jhe harter sie dieselben geißelten, desto beßer es ihnnen gefille« und umso höher war der Lohn. Bei solchem »werck« waren immer mehrere Frauen beteiligt.[686]
Daß gerade Italiener bevorzugt unter den besonders anspruchsvollen Kunden genannt werden, ist kein Zufall: Italien galt als Paradies der Kurtisanen. In Rom soll der Bevölkerungsanteil der Dirnen 10 % erreicht haben; in Venedig, der großen Vergnügungsmetropole, zählte man 1509 unter 300 000 Einwohnern nicht weniger als 11 654 Dirnen. »Sie übten ihre Tätigkeit anscheinend sehr ungeniert aus, denn in der Mitte des Jahrhunderts erschien zum Besten der reisenden Fremden ein Adreßkalender der Dirnen erster Klasse, worin sie nicht nur mit ihren Wohnungen, sondern auch mit ihren Preisen aufgeführt waren.«[687]
Angesichts der hohen Mietpreise für die Wohnungen der Straßendirnen bzw. der Hauszinse auf dem Berlich, der Ausbeutung der Frauenhausdirnen durch den Hurenwirt, der möglicherweise immer noch bestehenden Abgaben an den Henker und der nicht zu unterschätzenden Ausgaben für Essen und Trinken in teuren Animierlokalen, für ansprechende Kleidung, Putz, Barbierlohn (Frisur), mußte der Dirnenlohn hoch oder das Mädchen fleißig sein. Um brutto den Tagelohn etwa einer Wasch- und Putzfrau zu erreichen, die um 1600 5-8 Albus (=120-191 Pfennige) verdiente – pro Woche waren dies bei etwa 5 Arbeitstagen 4-7 Mark –, oder einer landwirtschaftlichen Arbeiterin, die es pro Woche auf 3-6 Mark brachte,[688] mußte eine Straßendirne im ungünstigsten Fall mehr als zwei ›Kontakte‹ haben; bei den besser bezahlten Dirnen reichte aber ein Kunde pro Nacht durchaus, um die niedrigen Arbeitslöhne zu übertreffen. Man muß allerdings berücksichtigen, daß die Dirnen im Frauenhaus an Sonn- und Feiertagen offiziell keinen Herrenbesuch empfangen durften.[689]

Nichtsdestoweniger scheint der Dirnenberuf ungeachtet der hohen Unkosten auch wegen der potentiellen Verdienstmöglichkeiten eine nicht unbeträchtliche Attraktivität entfaltet zu haben. Wenigstens mit der Hoffnung auf bescheidenen Wohlstand als einem der Motive zur Aufnahme der Dirnentätigkeit wird man rechnen dürfen.

Der Zufall der Überlieferung gibt uns die Möglichkeit, schlaglichtartig zu beleuchten,[690] daß diese Hoffnung in den meisten Fällen auch damals trog und der ›Wohlstand‹, ausgedrückt in den Ersparnissen einer Berlichdirne, gewöhnlich doch sehr bescheiden war: Am 20. Mai 1564 klagte die »gemein person« Anna Roedtkopffs vor dem Rat gegen Martin von Aldendorpff, Zimmerknecht, und den schon erwähnten Landsknecht Swertz Hanß aus Aachen. Da sie letzteren schon mehr als acht Jahre »in frommigcheit gekenth«, habe sie ihm bedenkenlos »ire khammer und armuedt vertrauwet«, während sie eine Kanne Wein holen ging. Unterdessen nahmen die beiden ein kleines Kästchen, das sie in ihrem Bett unter dem Strohsack (bedstroe) verborgen hatte, zerbrachen den Deckel und stahlen den Inhalt: drei Taler in kleinen Münzen – die geständigen Diebe bestritten die Höhe des Betrags –, einen kleinen Korallenpaternoster (Rosenkranz) mit silbernen Pfennigen und einer »linnen mulp«, einem gewöhnlich mit wohlriechenden Essenzen getränkten Leinenbeutelchen.

14. Wege aus dem Milieu

Der Weg, über Ersparnisbildung irgendwann dem Milieu zu entkommen, führte sicher nur in den wenigsten Fällen zum Erfolg. Die meisten Dirnen waren und blieben arm, durch Schulden an ihre Kupplerinnen gebunden, und diese hatten wiederum wenig Interesse daran, solche ›Ketten‹ zu lockern.

Der bekannte Kölner Humanist und Universitätslehrer Dr. Peter Rinck, gestorben 1501, hat das Problem genau gesehen und in seinem Testament vom 5. Mai 1500[691] neben umfangreichen Stiftungen für Kirchen, Universität und Arme auch den hohen Betrag von 400 Gulden bereitgestellt, um den »armen diernen«, die bei den »uphelderssen« auf dem Berlich für Kleidung und Kost in Schulden geraten sind, die Möglichkeit zu geben, sich aus der finanziellen Abhängigkeit zu lösen und von dem sündigen Leben abzuwenden. Um solche Mädchen mit guten Vorsätzen ausfindig zu machen, sollten sich die Treuhänder bei den Dominikanern, den Augustinern oder anderen Beichtvätern erkundigen. Alternativ konnte das Geld auch anderen »sunderssen«, die sich bessern wollen, zu Gute kommen oder dafür verwendet werden, sonstige ordentliche Mädchen zu verheiraten, um »sulchen vall in sunden zo vor [zu] komen«. Damit durften also die gesonderten Legate, 300 Gulden für sieben arme Jungfrauen, die in ein – reformiertes! – Kloster eintreten wollten, 200 Gulden als Heiratsgut für sechs weitere Mädchen, aufgestockt werden.

Im diesbezüglichen Abschnitt des Testaments findet man kein Wort des Vorwurfs, keine fromme Ermahnung für die »armen diernen«, die Rinck – anders als die sonstigen obrigkeitlichen und privaten Quellen der Zeit[692] – auch nicht mit einer abwertenden Bezeichnung versieht. Die Hilfe Rincks, des Kaufmannssohnes mit einem ausgeprägten Wirklichkeitssinn, setzt am entscheidenden Punkt an: Die gewerbliche Prostitution ist zwar nicht aus der Welt zu schaffen, aber man kann helfen, wenn unverschuldete Not zu einem solchen Lebenswandel zwingt.

Vielleicht war Peter Rincks verständnisvolle Haltung für menschliche Schwächen auch ein wenig von der Tatsache beeinflußt, daß er selbst 1481 oder 1482, bereits hoch in den Fünfzigern, Vater eines unehelichen Kindes wurde: Jheronimus Rinck, 1495 in der Kölner Artistenfakultät eingeschrieben, der »ob honorem genitoris« nur die Hälfte der Immatrikulationsgebühren zahlen mußte. Das Ansehen des Vaters blieb unberührt, seinem Sohn erwuchsen aus dem Makel der Geburt keine sonderlichen Nachteile; dies entsprach durchaus den Verhältnissen und der Denkweise der kaufmännischen Oberschicht Kölns um 1500.[693] Diskriminiert war allerdings die Mutter des Kindes, vielleicht eine Magd aus dem Rinckschen Haushalt; ihren Namen verschweigt das sonst so ausführliche Testament, sie wurde nicht bedacht.

Ähnlich wie bei Peter Rinck scheinen auch frühere Dirnenlegate in den Testamenten anderer Kölner Humanisten, Universitätslehrer und Kleriker z. T. wenigstens sehr persönlich motiviert[694] gewesen zu sein. Sie galten einer Einrichtung, mit der 1471 an die Gründungsintention des oben erwähnten Reuerinnenklosters aus dem 13. Jahrhundert[695] angeknüpft wurde, dem Konvent ›Zur Büchse‹ auf dem Eigelstein. Wieder war es eine private Stiftung, zunächst getragen von Angehörigen des 1396 entmachteten ersten Kölner Patriziats, der Familien Quattermart und Hirtz gen. van der Landskrone. Werner vam Quattermart hatte in seiner testamentarischen Verfügung zunächst nur an einen Beginenkonvent gedacht, in den vorrangig ehrbare Dienstmägde, die niemandem mehr dienen konnten, und andere ehrbare alte Frauen aufgenommen werden sollten. Das hierfür bestimmte Haus »tzor

Buyssen«, seit 1267 als Beginenkonvent dienend, aber um die Mitte des 15. Jahrhunderts stark heruntergekommen,[696] war mit einer Kapelle und einem Garten ausgestattet. Die Frauen sollten dort gottgefällig leben, für ihre Wohltäter beten und jährlich am Allerseelentag die Familiengräber »verwaren«.

Die Treuhänder und Vormünder der Kinder Quattermarts, die Brüder Heinrich, Werner und Johann vam Quattermart sowie Dederich Hirtz van der Landskrone, die am 25. Juni 1471 die Stiftung bestätigten, gaben ihr eine neue Zielsetzung und öffneten, da sie von »guyden luyden« darauf angesprochen und »umb gotz willen« darum gebeten wurden, das Haus »armen doechteren, die in eym sundigen roekloesen leben haint gesessen und sich besseren wollen und sich bekeren zor penitentzien«, wobei sie nach der Regel des hl. Augustinus und in der Nachfolge der Büßerinnen Maria Magdalena und Maria von Ägypten leben sollten. Ein Abweichen von dieser Zweckbestimmung des Konvents sollte ausgeschlossen sein. Für eine »sundige bekerte persone« sollte der Stifterfamilie das Präsentationsrecht vorbehalten bleiben.

Wie aus der Gründungsurkunde[697] weiter hervorgeht, hatte der neue Konvent schon am 20. Juni 1471 die Arbeit aufgenommen: Unter der Leitung der beiden Augustinerinnen Katherina Huyffnagels als »mater« (Oberin) und Margaretha Houftz, beide aus dem Kloster Bethania in Brügge (Flandern),[698] waren an diesem Tag 24 ›bekehrte Sünderinnen, die man in einem Monat bekehrt hatte‹, in Gegenwart der Stifter und ihrer Mutter, unter großer Beteiligung der Öffentlichkeit (vyl guyder luyde) und mit Zustimmung des Rates in den Konvent eingezogen.

Der Rat setzte 1472 eigene Provisoren ein, förderte das Unternehmen auch sonst nach Kräften, aber die treibende Kraft blieb das Interesse der Bürger, was auch der Autor der Koelhoffschen Chronik[699] betont: »und dat geschiede overmitz anbringen etzlicher eirsamer ind vrommer burger an den rait der stat Coellen«. Bezeichnenderweise schließt der Chronist an die Nachricht von der Konventsgründung mit den Worten »ind dairumb ...« den Bericht über die erst 1497 erfolgte große ›Straßenreinigungsaktion‹ des Rates direkt an.[700] Diese Fehlzuordnung mag aber ein gutes Körnchen Wahrheit enthalten; sie legt die Vermutung nahe, daß die schnelle ›Bekehrung‹ der 24 Dirnen nicht in jedem Falle ganz freiwillig erfolgte. In der Chronik heißt es weiter: ›Und es kamen viele Personen da hinein, und die Bürger und Bürgerinnen waren ihnen sehr behilflich mit leiblicher und geistlicher Hilfe ... manche schlimme Seele ist auf diesem Wege zur Reue und zu einem vollkommenen und innigen Leben gekommen.‹ Die wirtschaftlichen Anreize und der ›sanfte Druck‹ der guten Gesellschaft haben wahrscheinlich stärker gewirkt als echte Reue. Die Gewöhnung an strenge Zucht und Ordnung, Gottesdienst und Beten fiel gerade den Dirnen der ersten Generation sehr schwer. Kaum ein Jahr nach der Gründung, im April 1472, gab es einen kleinen Aufstand gegen die Mutter Oberin (sich wravelen und ungehorsam halden gegen die matersse), so daß der Rat einschreiten und für die Bestrafung der Frevlerinnen nach dem Rat der Oberin sorgen mußte.[701] Es gab weiter Schwierigkeiten, bis der Konvent am 1. Januar 1476 den Augustiner-Eremiten unterstellt und damit eine bessere seelsorgerische Betreuung gewährleistet war.[702]

Der Andrang blieb weiterhin groß. Schon 1486 sah sich der Rat veranlaßt, die Anzahl der Bewohnerinnen auf künftig 50 statt bisher 62 oder 63 zu beschränken. Im gleichen Beschluß werden die bekehrten Dirnen angewiesen, den Unterricht von jungen »kyndere[n] off maetge[n]«, wie er in anderen Klöstern üblich sei, einzustellen.[703] Diese Art des Erwerbs von zusätzlichem Lebensunterhalt, die übrigens den Alphabetisierungsgrad von Unterschicht- und Randgruppenbevölkerung in neuem Licht erscheinen läßt, war dem Kölner Rat nun doch nicht geheuer.

In den ersten Jahren nach der Gründung des Konvents häuften sich die privaten Stiftungen an diese Einrichtung, auf die man in Köln geradezu gewartet hatte. Das erste testamentarische Legat für den neuen Konvent datiert schon vom 1. Juli 1471: Symon Heynrici de Zierixea, Dr. decr., »pauper clericus« der Diözese Utrecht, vermachte den bekehrten Schwestern auf dem Eigelstein sein Bett mit Leinenzeug.[704] Um die Jahreswende 1472 folgte der Magister und Dr. iur. utr. Loppo Walingi, zu dessen Gemeinschaft im Haus Spanheim auch Symon Heynrici gehörte, mit einem Legat von 80 Mark; ausdrücklich bekundet er die Hoffnung, daß die büßenden Schwestern das löbliche Leben, das sie begonnen haben, beibehalten, sowie seine Freude über ihre Umkehr. Durch ihre Gebete erhofft er sich Fürbitte am Tag des Gerichts. Sollten sie aber durch Verleitung des Teufels wieder abfallen, dann erhalten sie nichts.[705]

Diese Stiftungen mögen z. T. persönlich motiviert gewesen sein, denn der arme Kleriker Symon Heynrici hatte einen unehelichen Sohn von der 1471/72 bereits verstorbenen Wendelspruit de Goreken, der seinem Vormund Loppo Walingi nicht geringen Kummer bereitete. Trotzdem scheint sich zusammen mit dem Rinckschen Dirnenlegat ein spezifisches Interesse von Hochschullehrern und Vertretern des rheinischen Humanismus an diesem Bekehrungswerk zu ergeben. Nach der ersten Gründungswelle des Magdalenerinnenordens in der ersten Hälfte des 13. Jahrhunderts waren im 14. Jahrhundert – Speyer 1303, Straßburg 1309, Florenz 1331, Wien 1384 usw. – weitere Konvente eingerichtet worden; die Kölner Neugründung von 1471 gehört wohl zu einer dritten Welle, die neben anderen Städten auch Paris erfaßte. Für das 1497 gestiftete Haus der Pariser »filles pénitentes« bestimmte Bischof Simon de Champigny in den Statuten: Einerseits sollten nur Mädchen unter 30 Jahren aufgenommen werden, andererseits sollten diese dem Gewerbe doch schon einige Zeitlang nachgegangen sein. Damit wollte er verhindern, daß sich Mädchen nur zu dem Zweck prostituierten, um in dem gutausgestatteten Konvent einen Platz zu erhalten.[706]

Die von Loppo Walingi angedrohte Sperrung der Legate im Falle eines allgemeinen Rückfalles der Büßerinnen war eine vergleichsweise milde potentielle ›Strafe‹. In anderen Städten lieferte man sie dem Henker aus; in Wien soll sie der Büttel in die Donau gestürzt haben.[707] Auch die Strafe des Ohrenabschneidens für rückfällige Dirnen und Kupplerinnen ist in Köln kaum belegt, lediglich die Androhung dieser Strafe.[708] Am 16. November 1571 mußte Barbara von Reidt wegen Ehebruchs öffentlich am Pranger stehen; dann brachten sie die Gewaltrichterdiener zur Stadt hinaus. Falls sie wieder zurückkomme, sollten ihr am Kax beide Ohren abgeschnitten werden. Sie riskierte es tatsächlich, aber am 6. Dezember wurde sie lediglich »oben uf den kaxs gesetzt«, also besser sichtbar der Schande preisgegeben; die Ohren ließ man ihr.[708] Von einem weniger glimpflich verlaufenden Fall im Jahre 1582 berichtet Hermann Weinsberg: Auf Anzeige von zwei Dirnen verlangten die Gewaltrichter von einem bekannten (vernoimden) Doktor die Geldbuße für Ehebruch. Nach Haft, Übergabe an das Hochgericht und Folter rückten die beiden Mädchen von der Beschuldigung ab, verdächtigten nun die Gewaltrichter, diese hätten sie »umb ires nutz willen« zu der falschen Aussage angestiftet, und wurden, weil sie letzteres nicht beweisen konnten, an den Pranger gestellt; einer Dirne schnitt man ein Ohr ab, dann trieb man beide mit Ruten aus der Stadt.[708a]

Abgesehen von der kleinen Revolte 1472 gab es im Kölner Büßerinnenkonvent keine ernsthaften Schwierigkeiten mehr, im Gegenteil: Wie so viele Büßerinnenkonvente scheint auch dieser – gemessen an der Gründungsintention – am allzugroßen Erfolg des Bekehrungswerkes gescheitert zu sein. Es erfolgte dieselbe »veranderung«, die der Autor der Koelhoffschen Chronik[709] schon bezüglich des ersten Kölner Reuerinnenkonvents kritisiert hatte: Die Tendenz, anstelle von echten »sunderschen« lieber unbescholtene Mädchen aufzunehmen, setzte sich im 16. Jahrhundert immer mehr durch, wenngleich die Aufnahme eines ›gefallenen Mädchens‹ immer noch im Bereich des Möglichen blieb. Jedenfalls gewährte der Kölner Rat den »susteren in der penitentz« noch am 18. Februar 1587 einen Zuschuß von 100 Gulden aus dem Arme-Töchter-Fond, der Stiftung des Heinrich Haich von 1452, da sie kürzlich eine ›gute Person‹ aus dem leichtfertigen Leben befreit und in den Konvent aufgenommen hätten.[710]

15. Aufstieg aus eigener Kraft: Ursula Judin

Die Biographie der Ursula Judin, vergleichsweise gut dokumentiert, steht hier stellvertretend für die kleine Zahl der Ausnahmen unter den Dirnen, denen der Ausstieg aus dem Milieu aus eigener Kraft gelang. Man brauchte dazu Mut, Geschäftssinn, überdurchschnittliche Intelligenz und Charakterstärke.

Ursula wurde nach 1560 im hessischen Friedberg als Kind jüdischer Eltern geboren. Um 1573 – der Anlaß ist unbekannt, wahrscheinlich war es der Tod der Eltern – brachte sie eine ›gute Frau‹, die damals in Köln Unter Käster wohnte, hierher. Am 19. Oktober 1573 gab ihr der Kölner Rat, da sie Christin werden wollte, einen Monat Geleit, bis sie konvertiert sei;[711] Juden durften seit 1424 nicht mehr in der Stadt wohnen.[712] Ursulas Oheim, der getaufte Jude Johann Isaac, seit Beginn der 1550er Jahre Hebräischprofessor an der Kölner Universität,[713] brachte sie im Konvent zum Lämmchen auf der Breite Straße unter, damit sie lesen und schreiben lerne und im christlichen Glauben unterrichtet werde.[714] Danach war sie etwa ein Jahr lang beim Bürgermeister Constantin von Lyskirchen als Dienstmagd angestellt – keine üble Position, die durchaus Voraussetzungen für Aufstieg, Heirat und ›gutbürgerlichen‹ Lebenslauf geboten hätte. Aber es kam anders.

In der zweiten Hälfte der 1570er Jahre machte Ursula die Bekanntschaft eines ›jungen Gesellen‹ aus Mainz, wurde schwanger, zog nach Mainz und wohnte dort eine Zeitlang mit dem Kind bei ihm. Ob der junge Mann das verführte Mädchen sitzen ließ oder sie sich von ihm trennte, wissen wir nicht. 1579 jedenfalls ging sie nach Köln zurück; spätestens zu diesem Zeitpunkt begann ihre Karriere als vielbesuchte Dirne. Etwa 1581 kam sie deshalb mit der Obrigkeit in Konflikt: Man warf ihr vor – was sie gar nicht bestritt –, sie habe sich mit jungen

Männern angelegt und sich gegen jedermann dermaßen zuvorkommend gezeigt, daß sie nicht gescheut oder gemieden wurde, sondern alle gerne wieder zu ihr gekommen seien. Am 23. August 1581 beschloß der Rat, die »unzuchtige gedauffte judyn«, die, obwohl sie – beim Weggang nach Mainz? – die Stadt verschworen hatte, wieder zurückgekommen sei, gefangenzunehmen und zu St. Kunibert eine Zeitlang im ›Loch‹ zu verwahren, bis sie ›züchtig‹ sei. Danach sollte sie erneut der Stadt verwiesen werden.[715]

Dazu kam es nicht: Ursula war sehr geschickt und konnte sich wahrscheinlich auch auf die Hilfe dankbarer Kunden verlassen, die ihre Dienste nicht entbehren wollten. Sie wechselte häufig den Wohnsitz, zog aus ihrem ersten Quartier beim Palanter Hof zu einer Frau namens Margarethe in der Huhnsgasse bei St. Mauritius, dann in die Nähe von St. Agneten, bis sie Anfang 1582 für eine Jahresmiete von 8 Talern eine Kammer in der Loergasse bezog. Nach Weihnachten 1581, wieder auf freiem Fuß, reiste sie für einige Wochen nach Frankfurt, vermutlich zur anstehenden Frühjahrsmesse.

An Versuchen, zu einem geordneten Leben zurückzukehren, fehlte es anscheinend nicht. Ein verliebter Jurastudent z. B., Mattheis Bloch aus Aachen, hatte ihr, wie sie im Verhör angab, auf einer mit seinem eigenen Blut geschriebenen Handschrift die Ehe versprochen, sich dann aber davongemacht. Anfang März 1582 wurde sie erneut schwanger – den Vater wußte sie nicht anzugeben – , wiederum aufgegriffen und zu Turm gebracht.

Das Verhör brachte für die Obrigkeit wesentliche neue Erkenntnisse: Ursula hatte nicht nur ihr eigenes Gewerbe – offensichtlich ohne Bindung an eine Kupplerin – mit großem Erfolg betrieben, sondern war inzwischen selbst zur Kupplerin aufgestiegen und verdiente gut an der Prostitution anderer Mädchen; zwei davon, Elsa Scheidenmechersche und Catharina von Haen, die sie auch auf der Messereise nach Frankfurt begleiteten, hatte man im März ebenfalls inhaftiert. Die Arbeitsteilung erwuchs aus der in Köln verbreiteten Wohngemeinschaft der drei Mädchen; sie hielt nicht lange, da die willensstarke Persönlichkeit Ursula ihre Kollegin Catharina zu sehr ausbeutete und die Hälfte ihres Dirnenlohns für sich behielt. Einmal mußte Catharina, was der Turmschreiber mit der Randbemerkung »pfoe, pfoe« kommentierte, an einem Nachmittag sogar fünf Kunden hintereinander auf der Kammer bedienen. Ursula verteidigte sich mit der Behauptung, Catharina habe dies »ex mera lascivia« getan, ›aus schierem Spaß an der Freud‹.[716]

Nun schweigen die Quellen für einige Jahre; vielleicht hat Ursula wieder die Stadt verlassen müssen, zumindest verhielt sie sich, auch wenn sie ihr Leben in subtilerer Weise fortführte, absolut unauffällig. Erst 1587 mußte sich der Rat wieder mit ihr beschäftigen. Es gab Ärger, als sie versuchte, in der Achterstraße ein Haus zu kaufen. Wegen ihres immer noch schlechten Rufes leisteten die Nachbarn Widerstand; die soziale Kontrolle erwies sich als recht stark. Nach einigem Hin und Her – am 7. Oktober bewilligte der Rat Ursulas Antrag, am 10. widerrief er ihn nach Intervention der Nachbarn – einigte man sich am 19. Oktober auf folgenden Kompromiß: Als Eigentümer des Hauses sollte Ursulas Tochter Christina ins Schreinsbuch (Grundbuch) eingetragen werden, sie selbst nur als Nutzungsberechtigte (Leibzüchterin), wobei man sie ausdrücklich ermahnte, sich mit den Nachbarn so zu halten, wie es einer ›ehrlichen‹ (=ehrbaren) Frau gebühre; widrigenfalls müßte man sie aus der Stadt weisen.[717]

Weder konnten sich die Nachbarn damit abfinden, daß nun eine ehemalige Dirne bei ihnen wohnte, noch war Ursula bereit, sich ernsthaft zu ändern. Am 3. September 1590 gab der Rat nach einer Eingabe der Nachbarn auf dem Perlengraben den Gewaltmeistern den Befehl, Ursula Judin als eine ›unzüchtige Person‹ auf die Karre zu setzen und ins ›gemeine Haus‹ auf dem Berlich zu führen. Zunächst bewahrte Ursula eine Erkrankung vor der öffentlichen Bloßstellung als Dirne; am 7. September wurde die Ausführung der Ehrenstrafe bis zur ihrer Genesung verschoben.[718]

Die Situation war brenzlig – und wieder bewies Ursula Umsicht: Sie heiratete den gelernten Buchbinder und Soldaten Niclaß Anraidt, wurde damit ehrbar und die Berlich-Drohung war hinfällig. Aber noch immer gab es Ärger. Man verhörte das Ehepaar im Dezember; beide wiesen die neuen Anschuldigungen ihrer Nachbarn, Johann Bell und Keltzen, entrüstet zurück: Nur Haß und Neid hätten sie zu solchen Verleumdungen getrieben, weil sie jetzt nicht mehr mit »fressen und saufen« könnten; der Bell sei überdies ihr »kopler« gewesen, »der die buben ihr, Ursulen, ihn dem vorigen unzuchtigem standt zu gekoppeltt« und sie heimlich in sein Haus gelassen habe. Der Rat hielt es für geraten, die Sache nicht weiter zu verfolgen, und entließ beide mit der üblichen Ermahnung, sich friedlich zu verhalten und alles Schelten abzustellen.[719]

Zwei Monate später, am 14. Februar 1591, erscheint Ursula schon wieder in den Akten, diesmal aber nicht als Beschuldigte, sondern freiwillig, fast in der Rolle einer frühen Frauenrechtlerin, zur Verteidigung und Unterstützung eines jungen Mädchens, das Anzeige gegen einen Mann wegen Vergewaltigung in seinem Haus erstattet hatte. Als

Ursula von dem Fall hörte, erklärte sie sich bereit, zu den ›Herren‹, d.h. dem Rat bzw. den Gewaltrichtern zu gehen, um dem Mädchen zu helfen, damit es von dem Mann eine Entschädigung erhalte, sofern er überführt werde. Sie, Ursula, wisse mit solchen Dingen umzugehen. Das Mädchen konnte seinen Vorwurf aber nicht überzeugend beweisen, so blieb der Mann straffrei.[720]

Ganz vermochte sich Ursula auch weiterhin nicht aus dem ›Milieu‹ zu lösen und auch bei der Obrigkeit blieben Schatten des Verdachts. Ende 1593 wurde sie ein letztes Mal auf dem Turm verhört: Stark angetrunken hatte sie Streit bekommen mit Gerdtgen von Metz gen. die »Burgermeistersche«, Ehefrau des Trommelschlägers Heinrich von Duiren, und ihr vorgeworfen, sie rüste sich aus und tue immer noch so, als sei sie ein junges Mädchen, womit sie junge Gesellen hereinlege und betrüge – Dirnenneid mit dem ziemlich offenen Vorwurf der Hurerei. Wieder nüchtern hütete sich Ursula, den Vorwurf vor der Obrigkeit aufrechtzuerhalten. Man entließ sie, ihre Tochter Christina und auch Gerdtgen mit der scharfen Ermahnung: Sollte es in Zukunft noch einmal eine Klage »wegen kopelei, begangnen ehebruchs oder dergleichen untugendt« geben, dann sei das jetzige »factum« unvergessen und werde mit dem nächsten bestraft.[721]

Der Rat sah anscheinend die Gefahr, daß die bisher unbescholtene Tochter Ursulas, inzwischen wohl 13–14 Jahre alt, auch auf die schiefe Bahn geraten könnte – der Dirnenberuf hat sich oft von der Mutter auf die Tochter vererbt. Immerhin, von nun an schweigen die Kölner Gerichtsakten über Ursula Judin, die zunächst die typische Kölner Dirnenkarriere machte – Dienstmädchen, selbständige Straßendirne, dann Aufstieg zur Kupplerin –, nicht aus Not, sondern offensichtlich aus Interesse an der Sache und mit einer bemerkenswerten Berufsauffassung, um schließlich fast in letzter Minute durch Heirat und, zumindest nach außen hin, ehrbares Leben die Früchte der Arbeit im eigenen bzw. Haus ihrer Tochter zu genießen. Sie war bei allen negativen Eigenschaften, die aus den Turmbucheintragungen selbst unter Berücksichtigung der obrigkeitlichen ›Brille‹ deutlich werden, eine bemerkenswerte Persönlichkeit, die es verdient, aus dem großen Kreis der Kölner Dirnen ein wenig hervorgehoben und aus dem Dunkel verstaubter Akten ins Licht gerückt zu werden.

Die Kölner Dirnen haben im 15. und 16. Jahrhundert keinen Poeten gefunden wie die leichten Mädchen von Paris in dem Dichter, Magister Artium, Landstreicher, Dieb und Außenseiter François Villon (1431 – nach 1463),[722] keine literarische Würdigung wie die Kurtisanen auf dem Konstanzer Konzil in Honoré de Balzac's Erzählung von der schönen Imperia.[723] Die Heldinnen einiger Balladen Villons, die schöne Handschuhmacherin (la belle Gantiere), Blanche aus dem Schuhgeschäft (Blanche la Savetiere), die holde Wurstverkäuferin (la gente Saulciciere), die Teppichwirkerin Wilhelmine (Guillemete la Tapiciere), die Haubenmacherin Jeannette (Jehanneton la Chapperonniere), die Beutelmacherin Käte (Katherine la Bourciere) u. a. m. hätten ebensogut Kölner Mädchen aus denselben Berufsfeldern sein können. Villons dicke Margot (la Grosse Margot), in Bertolt Brechts Dreigroschenoper wieder auferstanden, hatte ihr Gegenstück in der dicken Tryn oder dicken Bell, die schöne Ysabeau in der hübschen Sybilla Scherkens, das Klagelied der einst so schönen Helmschmiedin (la belle Heaulmiere), die nur noch in Erinnerungen lebt an den faszinierenden Reiz ihres Körpers und nun, früh gealtert und krank, Bilanz zieht:[724] »Was bleibt mir? Sünd und Schande nur«, könnte auch einer der verbrauchten Berlichdirnen an der Mauer vor dem Frauenhaus in den Mund gelegt werden:

»So trauern wir um die alte Zeit,
Wir armen, alten, dummen Weiber,
Beisammen hockend tief und breit,
Wie Knäuel gewickelt die Leiber,
Bei kleiner Glut von hanfnen Fädchen,
Die bald erglommen und bald zerfielen;
und waren einst so liebe Mädchen . . .
So geht es unser gar zu vielen.«

X. Der Henker und seine Gesellen

46 Henkerarbeiten: Enthauptung, Verstümmelung

1. Von der Scheu zum Schrecken

»Der Scharfrichter oder Henker war der Unehrlichste unter den unehrlichen Leuten«.[725] Die Bemakelung des Henkers und aller anderen Berufe oder Tätigkeiten, die in irgendeiner Weise mit ihm zu tun haben, erfolgt im Zuge des allmählichen Übergangs zum berufsmäßigen Vollzug peinlicher Strafen im Spätmittelalter; dieser wiederum hängt eng mit der langsamen Durchsetzung des römischen Rechts zusammen.[726] Die noch heute nachwirkende Auffassung Jakob Grimms, das Henkeramt sei deshalb verachtet gewesen, »weil es dem natürlichen Gefühl widerstrebte, daß ein Mensch sich dazu hingab und gleichsam sein Geschäft daraus machte, andere ums Leben zu bringen«,[727] hat schon Karl von Amira[728] überzeugend widerlegt mit dem Hinweis darauf, daß berufsmäßiges Töten von Menschen den Kriegerstand keineswegs unehrlich machte.

Die tieferen Ursachen der Henkerinfamie, die religions- und rechtsgeschichtlichen Hintergründe hat Werner Danckert einleuchtend dargestellt; man müsse mit dem Fortwirken und der allmählichen Verkehrung eines sehr alten Tabus rechnen: »Die sakrale Todesstrafe der ältesten Zeit war ein entsühnendes Opfer an die beleidigte Gottheit. Dabei treten der Todeswürdige und der Strafvollstrecker in eine polarische Verbindung zum Gott. Beide hatten ja teil an seinem ›Mana‹, seiner numinosen Strahlung. Hatte diese Akte von alters her ein Gewebe ambivalenter numinoser Gefühle umsponnen, so wirkten späterhin, als die (heidnische) Gottesweihe entfiel, an Stelle der vorwaltenden Ehrfurcht mehr und mehr die Gegengefühle: Abscheu, Angst, Entsetzen, Furcht vor Befleckung. Der Henker wird zur blutrünstigen, blutdürstigen, diabolischen Figur, zum anrüchigen, fürchterlichen Mann.«[729]

Das ursprüngliche »Mana« tritt in einer Glosse zum Sachsenspiegel (III, 56), nun christlich gedeutet, noch sehr klar hervor: Der Büttel »mag die leut ohne sünd wol peinigen und tödten. Ja er thut daran ein Gottes werck, das er den sünder umb seiner sünde willen straffet. Dann damit wird Gottes zorn versunet. Sihe nun wol zu, du fronbot oder Scharfrichter, das du den namen mit der that habest, und sey gerecht, dann wirst du heilig genannt!«[730] Auch das im Sachsenspiegel (III, 56 § 3), im Schwabenspiegel (Landrecht 126), und in erzählenden Quellen wie dem Versroman Meier Helmbrecht (Vers 1679 ff.) festgehaltene Recht des Büttels, bei Massenhinrichtungen jedem zehnten Mann das Leben zu schenken[731] – gegen Loskauf oder unter Vorbehalt einer Verstümmelungsstrafe –, deutet in diese Richtung. Erst im 15. Jahrhundert wird aus dem ›heiligen Mann‹ der verstockte, kaum belehrbare, zur Reue nahezu unfähige Sünder, der Absolution und Buße nur vom Papst in Rom persönlich erlangen kann.[732]

Die Verunehrung, die Tabuisierung des Henkers verstärkt sich seit dem 14. Jahrhundert, gleichzeitig wächst aber sein heilmagisches Prestige, obwohl auch dieses mehrheitlich von negativen Gefühlen, Angst gepaart mit verzweifelter Hoffnung, gespeist wird. Man braucht den Henker, aber man will nichts mit ihm zu tun haben – und wenn man auf ihn angewiesen ist, kontaktiert man ihn heimlich, in ständiger Berührungsangst. Die Isolation, die topographische (Henkerwohnung) und soziale Absonderung des Henkers, seiner Familie und seiner Gesellen (Büttel, Schinder, Kloakenreiniger, Hundeschläger u. a.) wird spätestens im 16. Jahrhundert sehr ausgeprägt. Man kann dies am Kölner Beispiel sehr schön aufzeigen.

Das Tabu geht so weit, daß man seinen Personennamen fast durchgehend in den Quellen verschweigt. An Stelle des wertneutralen ›Scharfrichter‹ in offiziellen Quellen, Statuten, Gerichtsprotokollen und anderen Akten treten in eher privaten oder chronikalischen Aufzeichnungen verhüllende oder diffamierende Benennungen wie Meister Hans – ohne Rücksicht auf den tatsächlichen Vornamen –, Meister Stoffel, Meister Fix, in Frankreich ›maître des hautes œuvres‹: »eine doppelsinnige Formel, die nicht nur auf die luftige Höhe des Galgens anspielt, sondern – primär – den Mann der bedeutsamen (ursprünglich sakralen) Werke mit geheimer Scheu umkleidet«,[733] und dann die ganze Fülle von sprechenden Bezeichnungen, die Danckert[734] in alphabetischer Reihung zusammengestellt hat: Angstmann, Auweh, Benedix oder Benz (= Teufel), Blutrichter, Blutscherge, Blutvogt, böser Mann, Dalcher (rotwelsch, = Töter, Mörder), Dollmann oder Dallinger (rotwelsch, = bußfälliger, bekehrter Henker), Dehner (= Folterer), Demmer (hebräisch, = Unreiner), Feldmeister (= Abdecker), Fetzer (noch um 1800 Übername eines sehr gewalttätigen rheinischen Räuberhauptmanns), Filler (= Hautabzieher, Marterer, Quäler), Fleischer (carnifex), Folterer, Feinlein, Freimann, Meister Hämmerling oder Hämmerlein (euphemistische Umschreibung des Teufels, vielleicht auch Anspielung auf das Knochenbrechen beim Rädern),[735] Haher Knüpfauf, Kurzab, Suspensor, Waltpot, weiser Mann, Züchtiger u. a. m.

2. Die Macht des Kölner Henkers

Bis nach der Mitte des 14. Jahrhunderts verschweigen die Kölner Quellen die Existenz eines berufsmäßigen Henkers, obwohl man annehmen darf, daß er bei regulären Hinrichtungen, die durchaus förmlich gestaltet waren, schon vor 1370 die Hauptrolle spielte. Sicheren Boden verschafft uns das kleine Versepos »die weverslaicht«, das den Weberaufstand von 1370/71 und seine Unterdrückung durch die Geschlechter zum Inhalt hat. Der unbekannte Verfasser schrieb es vor 1396. Die Unruhen begannen 1369, als die Weber mit ihrem Anhang die Herausgabe eines im Gefängnis (Hacht) sitzenden Straßenräubers erzwangen und ihm ohne Schöffenurteil den Kopf abschlugen[736] – ein Akt der Lynchjustiz mit Anklängen an ältere Formen der Hinrichtung zu gesamter Hand, aber eindeutig gegen die Rechtsordnung gerichtet. Der Sturz der Weberherrschaft wurde eingeleitet, als sie – wiederum ohne Rechtsbasis – im September 1371 den vom Schöffengericht zum Tode verurteilten Henken van Turne, einen Angehörigen des Wollenamtes (Weberzunft), unmittelbar vor der Hinrichtung befreiten und aus dem »velt«, von der Hochgerichtsstätte, wieder in die Stadt zurückbrachten.[737] Henken hatte man schon dem Scharfrichter übergeben: »dem richter wart hie bevolen, in der haicht moist hie in holen, ind voirt in in dat velt.«[738] Der Autor der Koelhoffschen Chronik

47 Richtstätte (Urs Graf)

macht 1499 aus dem »richter« mit Recht »scharprichter«, weicht aber in der Überschrift zu diesem Abschnitt ab: Man habe den Verurteilten »uis der richterboden hende« mit Gewalt befreit.[739] Um 1370 scheint also der Gerichtsbote, der Büttel, gleichzeitig auch das Henkeramt ausgeübt zu haben; im 15. Jahrhundert tritt der Büttel allenfalls stellvertretend für den eigentlichen Henker in Funktion.
Ansonsten sind die frühen chronikalischen Aufzeichnungen aus dieser Zeit sehr knapp gehalten, was die äußeren Umstände oder gar die Person des Henkers bei Hinrichtungen betrifft, obwohl man viele davon für erwähnenswert hielt. Das gilt etwa für die Hinrichtung des Patriziers und Rentkammerbeisitzers Rutger Hirzelin vom Grin 1367, der wegen Unterschlagungen verurteilt und enthauptet wurde,[740] oder die Vollstreckung der Todesurteile gegen prominente Kölner wie den Stadtschreiber Gerlach von Hauwe, den erzbischöflichen Siegelbewahrer Hermann von Goch und den Ritter, Ratsherrn und Bürgermeister Hilger Quattermart von der Stesse nach der Revolution von 1396.[741] Zum Vorgang der Hinrichtung Hilgers im Jahre 1398 ver-

merkt auch die späte Koelhoffsche Chronik nur, man habe ihn »up einre koilkarren uisgevoirt ind entheufdet ind zo Wyer (= Weyer) begraben«.[742]

Der Kölner Scharfrichter, dessen Amt also wie in anderen größeren Städten (Augsburg 1276, nach 1300 in Lübeck und Braunschweig) sicher schon im 14. Jahrhundert bestand, war kein städtischer Amtsträger, sondern unterstand, da die Hochgerichtsbarkeit bis zum Ende des Alten Reiches in Händen des Erzbischofs und Kurfürsten verblieb, dem erzbischöflichen vicecomes, d.h. dem Greven. Der Greve aber war – wie auch die Hochgerichtsschöffen – Kölner Bürger. Möglicherweise geht das Scharfrichteramt zurück bis auf den in den Kölner Dienstmannenrechten von 1164–74 genannten Aufseher über das erzbischöfliche Gefängnis (qui preest custodie captivorum in betthenkamere),[743] das später ›Hacht‹ genannt wird. In den umfangreichen Aktenstücken, die nach dem Schöffenkrieg von 1375 und im Zusammenhang mit weiteren Auseinandersetzungen zwischen Rat und Schöffen in den 1390er Jahren angelegt wurden, ist zwar häufig von den Boten des Greven und ihrer Funktion als Büttel und Strafverfolgungskräfte die Rede,[744] aber niemals ausdrücklich vom Scharfrichter. Erst das im Zusammenhang mit dem Prozeß gegen den Kölner Bürger Heinrich Theus[745] 1427 angelegte Ratsmemorial, das eine Reihe von Mißständen im Bereich der Hochgerichtspraxis auflistet, nennt neben dem Greven und seinem Schreiber auch »boiden ind scharprichter«, Büttel und Henker, denen von nun an der zuletzt ins Amt gekommene Schöffe im Falle eines Todesurteils befehlen soll, alle Gerätschaften bereitzustellen, damit am jeweils folgenden Morgen die Hinrichtung erfolgen könne.[746] Schon hieraus geht hervor, daß diese Aufgabe, die notwendigerweise Kontakt mit Bütteln und Henker brachte, unangenehm war und daher »der jungste in dem scheffendom« dazu bestimmt wurde.

In der Folgezeit verstärkte der Rat seinen Einfluß auf das Schöffengericht durch vertragliche Vereinbarungen und neue Ordnungen. Die Schöffengerichtsordnung von 1435, Teil einer umfassenden Kodifizierung der Kölner Verfassungsnormen, ermahnt in § 21 nicht nur Greven und Schreiber, sondern auch Büttel und Scharfrichter, die ja an peinlichen Befragungen[747] beteiligt sind, weil sie die Folter durchführen, unter Eid zu absoluter Verschwiegenheit gleich einem Beichtvater. Wer dagegen verstoße, werde des Amts verwiesen.[748]

Die §§ 32 und 33 regeln Urteilsverkündigung und Hinrichtungsakt.[749] Es soll ein würdevoller, erhebender Akt mit erzieherischer Wirkung auf die Öffentlichkeit sein: Das beginnt schon mit dem feierlichen Akt

48 Siegel des Kölner Schöffengerichts, 15. Jh.

der Übergabe eines Angeklagten aus den Händen der städtischen Gerichtsorgane an den Greven. Noch 1613 heißt es im Gerichtsprotokoll von dem Glaswörter Johann Ross aus Bonn: ›wird unten am Frankenturm unter dem blauen Himmel wie von alters bräuchlich mit Kund und Kundschaft dem Greven geliefert, um demselben Recht und kein Unrecht widerfahren zu lassen‹.[750] Wenn ein Todesurteil gefällt ist, muß der Greve, ehe man die (Gerichts- oder Armesünder-) Glocke läutet, jeden Schöffen in der Schöffenkammer um sein Einverständnis fragen, das mit den Worten kundgetan wird: »Dat deylen ich: myt der bennyger clocken« (Bannglocke). Dann soll man die Glocke anschlagen, den Missetäter in den Kreis der vier Schöffenbänke, also vor die Schranken des Gerichts, holen; der Schöffenmeister geht von einem

49 Frankenturm; hier fand Überweisung von Delinquenten an den erzbischöflichen Greven statt

Schöffen zum anderen und fragt jeden »heymelichen in sijn oyr«, ob er sich seiner Verschwiegenheitspflicht bewußt sei (so man dat in halen wall weys). Nach dieser Befragung erhebt man sich aus den Bänken und geht mit dem Verurteilten »an den stein«, d.h. an den berühmten ›blauen Stein‹ auf dem erzbischöflichen Hof, an den er vor der Hinrichtung dreimal mit dem Rücken gestoßen wird[751] zum Zeichen der Anerkennung der hochrichterlichen Gewalt des Erzbischofs. Man fragt ihn, ob er etwa noch mehr verbrochen habe; er sehe nun wohl, daß er sterben müsse, also könne er es doch sagen, damit nicht gar ein anderer seiner Missetat wegen in Verdacht oder böse Nachrede komme; er solle ferner sagen, ob auch noch jemand anderer an der Tat, deretwegen er sterben müsse, als Helfer oder Mitwisser beteiligt gewesen sei. Was er dann vor dem Gericht bekennt, ob er jemand beschuldigt oder entlastet, das soll der Gerichtsschreiber aufzeichnen. Dann reiten zwei Schöffen mit dem Schreiber »in dat velt«, d.h. zur Hinrichtungsstätte,[752] um alles für »sijn leste ende« vorzubereiten.
Die beiden Schöffen nehmen, wobei die Aufgabe innerhalb des Schöffenkollegiums turnusmäßig wechselt, an der Hinrichtung teil. Denn, so heißt es in § 33 weiter, der Greve darf seinen Stab, mit dem er dem Scharfrichter das Zeichen gibt, »van dem leven zo dem dode zu rychten«, erst heben, wenn er die zwei Schöffen gefragt hat, ob es Richtzeit sei und beide nacheinander mit »Ja« geantwortet haben. – In gleicher Weise soll man verfahren, wenn man am »stock«, d.h. im Kerker oder sonst wo »zo huyt off zo hayr« richtet, also eine Stäupung (Auspeitschung), Brandmarkung, Verstümmelung oder ähnliche Strafe verhängt hat.
Der Scharfrichter ist, wie § 33 weiter ausweist, notwendigerweise beteiligt, wenn ein Selbstmord durch Erhängen gemeldet wird: Er muß den Toten abschneiden (aff doyn hauwen), ihn »unden durch den durpell«, unter der Türschwelle hindurch, aus dem Haus schleifen – damit kein Fluch am Haus hängen bleibt –, mit den »koyllperden« auf der – entehrenden – schwarzen Kohlenkarre zum Galgen führen und dort begraben. Der Greve kann dabei »up . . . genade« mildernd eingreifen, aber er darf den Toten nicht in der Stadt lassen und kein Begräbnis in geweihter Erde gestatten. Hier wird die Vermischung christlicher – der Selbstmörder ist verdammt – und magischer Vorstellungen – er hat in den Arbeitsbereich des Henkers durch die Selbst(hin)richtung eingegriffen – in besonderer Weise deutlich.
Im Rahmen der großen Kodifizierungswelle von 1435 befaßten sich Rat und Schöffen noch eingehender mit dem Scharfrichter: Man fixierte seinen Eid und seine Rechte, die Einkünfte und die Ausgaben,

hielt alles fein säuberlich schriftlich fest:[753] Er hat dem Schöffentum »hoult ind getruw« zu sein, muß dem Schöffenstuhl beistehen, Verschwiegenheit, wenn sie geboten wird, wahren, auch die kleinste Aufgabe nach besten Kräften erfüllen und alles melden, was ihm zu Ohren kommt, das sich gegen Ehre und Recht des Schöffenkollegiums richtet.

Hinrichtungen führt er nicht nur in Köln durch, sondern, und dies hängt mit der Oberhofstellung des Kölner Hochgerichts zusammen, in einem weiten Umkreis, an Orten, die (noch) keinen eigenen Scharfrichter haben: Ihm steht das Hinrichten zu im Dorf Kassel (= Oberkassel; rechtsrheinisch b. Bonn), in Deutz, in Brauweiler, in Brühl und in Neuss. Sein Salär beträgt in Kassel und Brauweiler einen alten Schild (écu d'or), in Deutz etwas weniger (1 Gulden), in Brühl etwas mehr (5 Mark), nach heutiger Kaufkraft etwa 700–1000 DM; falls er in Kassel »dat reycht faren layssen«, d.h. einem anderen die Hinrichtung überlassen will, bekommt er trotzdem das volle Geld. Für Neuss ist kein Tarif festgelegt; denn hier gehört ihm von Amts wegen ein Haus mit zwei Morgen Land. Sofern er dort wegen einer Hinrichtung zu tun hat, steht ihm ein Bett zu; daher wohnt in dem Haus eine Frau zinsfrei, die ihm aufwartet. Natürlich gehören ihm auch die Erträge der zwei Morgen.

Die Kleider, die ein Delinquent (den he verderven soll) auf dem Leib trägt, verfallen dem Henker, aber alles Geld, das man bei ihm findet, erhält der Greve. In Köln steht dem Scharfrichter als Dienstwohnung ein Haus auf dem Hühnermarkt, also wie in vielen anderen Städten an einem Marktplatz,[754] mietfrei zu, das der jeweilige Greve in gutem baulichen Zustand halten muß; vom städtischen Wachdienst und anderen Verpflichtungen ist er frei.

An festen jährlichen Einnahmen (Renten) stehen ihm zur Verfügung:
- ein Malter Hafer und eine weiße Martinsgans aus dem Haus des »bode(n)« (Bote, Büttel) zu Brauweiler,
- ein halber Malter Hafer und eine weiße Gans (ersatzweise ein weiterer halber Malter Hafer) vom Büttel in Brühl,
- ein Sümmer Roggen von einem Morgen Land in Kassel
- und 30 Dortmunder Pfennige (= 240 Kölner Pfennige) vom Büttel in Deutz.

Die Haupteinnahmen an Geld und Wein bezieht er offensichtlich von den in Köln und um Köln herum tätigen Dirnen, soweit sie ihm unterstehen bzw. sich von ihm »helfen« (beschützen) lassen.[755] Trotz des großen Arbeitsfeldes und einer wohl nicht geringen Auslastung –

quantitative Angaben lassen sich für diese Zeit nicht machen – sind seine Ausgaben beträchtlich:

- Zehn Mark jährlich an den Greven »vur synen mey«, als Maigabe, eine Mark an den Gerichtsschreiber, jeweils – bezeichnenderweise! – am 1. Mai, dem Walpurgistag;
- am Tag vor St. Lampert (16. September) erhalten diese beiden zwei bzw. eine Quart »Lampersche nuss« (Walnüsse);
- ferner sind am Martinstag 200 »regelsberen« (Königsbirnen) an den Greven, 100 an den Schreiber, an Ostern 200 bzw. 100 Eier abzuliefern,
- und schließlich bekommt der Greve zu Pfingsten auch noch »steynbeyssen«, d.h. Grundlinge, eine damals durchaus geschätzte Fischsorte, für 10 Schillinge.

Wenn der Henker in Köln arbeitet, soll er jedesmal dem »heychter«, dem Gefängniswärter in der Hacht, ein Huhn im Wert von vier Schillingen geben, ferner vier Schillinge für das Läuten der Glocke; die Büttel (boden) erhalten, wenn er in die Stadt kommt, ein Viertel Wein (8 Schillinge), wenn es »in dat velt«, d.h. auf den Richtplatz geht, eine Flasche (4 Schillinge).
Für jede Hinrichtung oder sonstige Leibesstrafe muß der Scharfrichter »alle gereytschafft darzo geven«, was immer es sei. Nur bei ›teuren‹ Todesarten teilen sich Henker und Greve die Kosten folgendermaßen: Bei einer Verbrennung stellt der Henker das Heu, den Pfosten, die Seile und was man sonst braucht, der Greve das Stroh; beim Sieden (als man eynen suyt) stellt der Greve den Kessel, und der Scharfrichter zahlt ein Drittel des Kaufpreises für den Kessel und die Leiter – beides geht wahrscheinlich anschließend in seinen Besitz oder seine Verfügung für weitere Hinrichtungen über. Ganz »alleyn betzalen« muß der Henker Schaufeln, Pickel, Harz, Bindseile und was sonst zu einer jeden Hinrichtung gehört, »ind der scharpreychter sall dat swert betzalen.«
Der trockene Text der Verordnung verrät sehr viel: Die Tabuisierung der Person des Henkers ist um 1435 noch nicht sehr weit fortgeschritten. Er hat engen Kontakt mit dem hochangesehenen Greven, der von ihm nicht nur Geld, sondern auch Lebensmittel, neben Fischen aus dem Rhein Früchte von Bäumen aus dem »velt« annimmt. Die »regelsberen« (riegelsbieren, Königsbirnen), gebraten und mit weißem Zukker bestreut, zählen in Köln zum Bestandteil von Festessen, etwa der Richerzeche oder auch des Schöffenkollegiums;[756] der Walnußbaum gilt als Hexen- und Totenbaum, da er in seinem Schatten keinen

50 Richtschwerter der Stadt Köln, links von 1725, rechts aus dem späten 15. Jahrhundert

Pflanzenwuchs aufkommen läßt und häufig auf Friedhöfen angepflanzt wird.[757]

Solange der Scharfrichter seinem Eid gemäß lebt und es schafft, »dat mynste part dem meysten zo vulgen«,[758] ist er ein geachteter Mann. Tabuisiert sind aber weitgehend schon die Richtwerkzeuge und andere Gerätschaften, obwohl auch hier der Greve wenigstens noch finanziell beteiligt ist. Immerhin kann der Scharfrichter die nötigen

Werkzeuge und Materialien frei auf dem Markt kaufen, ohne damit den Hersteller oder Lieferanten zu diskriminieren. Erst nach Inbesitznahme oder Gebrauch wirkt das Tabu. Das vom Henker zu bezahlende Richtschwert dient wahrscheinlich dem Alltagsgeschäft, der Hinrichtung von gewöhnlichen Verbrechern. Die im Kölnischen Stadtmuseum im Zeughaus u. a. aufbewahrten Exemplare, ein riesiger Bihänder aus der Zeit vor 1500, 123 cm lang, der im runden Messingknauf das Kölner Stadtwappen zeigt (drei Kronen im Schildhaupt) und in der Klingenrinne einen aufrecht stehenden Löwen als Schmiedezeichen,[759] oder das 115,5 cm lange Richtschwert aus dem 16. Jahrhundert, durch die Schwertfegermarke als Solinger Qualitätserzeugnis gekennzeichnet,[760] waren zweifellos Sonderanfertigungen auf Stadtkosten und dienten ausschließlich zur Hinrichtung hochgestellter Personen: Bürgermeister, Ratsherren, Angehöriger der alten patrizischen Familien, der »Geschlechter«.

3. Das »Schauspiel des Todes«

»In einer Zeit, in der das Sterben und der Tod, auch der schmerzhafte und langsame, allgegenwärtig waren und sich nicht hinter Mauern, sondern öffentlich vollzogen, war auch die öffentliche Hinrichtung nichts Ungewohntes, sie war ›nur‹ eine extreme Form des Sterbens. Wenn auch ihre Häufigkeit und ›Grausamkeit‹ mit der Durchsetzung des Gewaltmonopols des frühmodernen Staates sichtlich abnahmen, bildete sie dennoch eine der aufregendsten Schaustellungen, die Obrigkeiten veranstalteten und zahlreiches Volk in der frühen Neuzeit anzogen. Mehr als Aufzüge und Prozessionen, Volkstheater und Kirchweih beeindruckte sie eine nicht selten ›unglaubliche‹ Anzahl von Zuschauern. Bei großen Hinrichtungen war in einer Stadt die ganze Bevölkerung anwesend, Patrizier wie das einfache Volk, Frauen wie Geistliche, alte wie junge Leute.«[761]
Es wurde schon betont, daß die Kölner Schöffenordnung von 1435 ein sehr würdevolles, auf erzieherische Wirkung und Machtdarstellung ausgerichtetes Hinrichtungszeremoniell vorsah mit zahlreichen formalisierten, in ihrer festen und allgemein verständlichen Symbolik aber durchaus beeindruckenden Handlungsabläufen. Dazu gehörten neben dem Glockengeläut, der gemeinsamen ›Prozession‹ von Delinquent, Greve, Schöffen, Büttel und Scharfrichter vom erzbischöflichen Gerichtshaus bzw. der Hacht an der Südseite des Domes (nahe

51 Der »blaue Stein« auf dem Domhof

dem Eingang der Straße ›Unter Goldschmied‹) zum ›blauen Stein‹ auf dem Domhof, der 1798 leider zerschlagen wurde (vgl. Abb. 51), der dreimalige harte Stoß des zum Tode Verurteilten an den Basaltblock, wobei der Henker sprach:[762]

> »Wir stüssen dich an den blauen Stein
> Du küß dinger Vader un Moder nit mie heim!«

Prozessionsartig verlief dann auch das Hinausführen des oder der Todgeweihten auf den Richtplatz: Der Greve hoch zu Roß, »up sime henxt«, wie es schon in der ›Weberschlacht‹ heißt,[763] die Büttel und Gewaltrichterboten in ihrer bunten Dienstkleidung,[764] sie begleiteten den schwarzen Henkerkarren mit Henker und Delinquent; kurz vor 1513 erhielten die städtischen Diener als neues Uniformelement geteilte, d.h. zweifarbige Hüte.[765] Über die – zweifellos ebenfalls auffallende[766] – Kölner Henkerkleidung, wahrscheinlich in Rot gehalten, wissen wir wenig. Einiges verraten zeitgenössische Bilddarstellungen (vgl. Abb. 53).

Das »velt«, die Richtstätte vor den Mauern, aber innerhalb der Bannmeile, lag im 13. Jahrhundert auf dem Judenbüchel vor dem Severinstor, im 14. bevorzugte man den 1356 erstmals erwähnten Junkernkirchhof bei Mechtern und dann vor allem den Rabenstein bei Melaten; 1513 wurde ein weiterer Junkernkirchhof vor dem Weyertor für Hinrichtungen benutzt. Politische Verbrecher, vor allem, wenn es sich um hochgestellte Leute handelte, wurden innerhalb der Stadt auf dem Heumarkt hingerichtet.[767] Im 16. Jahrhundert baute man den Richtplatz bei Melaten aus. Neben dem dreieckigen Galgen wurde das Rondell angelegt, damit das Volk die Enthauptungen und andere Tötungsarten besser beobachten konnte. Der Kölner Schweidplan Abraham Hogenbergs von ca. 1610 zeigt ein weiteres Rondell mit einem Doppelgalgen zwischen Rodenkirchen und dem Siechenhaus am Rhein.[768]

Vor allem die Hinrichtungen nach erfolgreichen oder mißglückten Revolten wurden zu höchst aufwendigen Schauspielen gestaltet. Nach dem Aufstand gegen den Rat von 1481/82,[769] an dem auch Mitglieder der alten Geschlechter beteiligt waren, wurden sechs Rädelsführer am 19. Februar 1482 auf dem Heumarkt enthauptet – nicht durch den berufsmäßigen Henker, sondern durch »der stat swertdreger, der dat swert mit dem overgulden (vergoldeten) knouf zo dragen plecht«.[770] Am Samstag darauf wurde der Gürtelmacher Burchart von Falkenstein geköpft; auch für diese Hinrichtung ließ der Rat eine Tribüne (gebunne) bauen, mannshoch und je 18 Fuß lang und breit.[771] Zwei

52 Schmähbrief von 1464 mit Henkerarbeiten

Wochen später, am 9. März, traf es einen Vertreter aus den »Geschlechtern«, den Junker Werner von Lyskirchen: Er akzeptierte das Urteil »willichlichen«, ging vom Turm zum Heumarkt mit unbewegtem Gesicht, ohne »bedroifnis« zu zeigen, als ob es ihn nichts anginge, ein Marienbild in der Hand, »dae he sin innicheit zo haven plach«. Auch für ihn gab es eine Tribüne (gesteiger), und weil er »van dem alden herrschaft was, wart im gespreit ein schwartz wullen doich, da man im up dat heuft affschloich.«[772] Er starb mit Würde und wurde »sere bejamert und beclaget van vil minschen«. Dominikaner nahmen den Leichnam in Empfang, führten ihn »mit grosser procession« hinweg und begruben ihn in ihrer Kirche.
Zu einem echten Volksfest entwickelte sich die Hinrichtungswelle nach der erfolgreichen Revolution von 1513, die weit über die Grenzen der Rheinlande hinaus Aufsehen erregte, weil ihr neben einigen Ratsherren auch die beiden amtierenden Bürgermeister und ein Rentmeister zum Opfer fielen. Auf die Hintergründe und Folgen, u.a. die Abfassung des Transfixbriefes als Ergänzung des Verbundbriefes von 1396, der grundlegenden Verfassungsurkunde Kölns bis zum Ende der reichsstädtischen Zeit,[773] kann hier nicht eingegangen werden.
Wie immer in Köln bei politischen Prozessen folgten Verhör durch einen ›Revolutionsausschuß‹ im Versammlungshaus auf dem Quattermarkt, der 178 Mann umfaßte, Verurteilung durch das Schöffengericht und Hinrichtung sehr rasch aufeinander; der Druck von unten – in den Quellen zumindest ist vom Pöbel, vom Gesindel die Rede, auch Studenten beteiligten sich sehr aktiv – war außerordentlich stark. Als ersten[774] traf es Diederich Spitz, wegen seiner Schläue der ›Fuchs‹ genannt, seit 1497 im Rat und in vielen Ratsämtern, darunter dem des Gewaltrichters, obwohl er des Schreibens unkundig war. Am 10. Januar 1513, um 3 Uhr morgens, wurde ihm im Haus des Greven Johann Edelkind das Protokoll seiner Aussagen und Geständnisse vorgelesen; er gab zu, daß er den Tod verdient habe. Das ganze Volk war schon auf den Beinen, die Zünfte bewaffnet, alles drängte auf den Heumarkt, wo die Hinrichtung stattfinden sollte. Als er um 9 Uhr inmitten einer starken Gruppe bewaffneter Bürger an dem wieder mit einem schwarzen Tuch bedeckten Gerüst ankam, stand darauf schon der Sarg zwischen brennenden Kerzen und wartete auf seinen Leichnam. Bei diesem Anblick und geschwächt durch die harte Folter, der man ihn während des Verhörs unterzogen hatte, verließ ihn die Kraft; einige Bürger mußten ihm die Treppe zur Tribüne hinaufhelfen. Er richtete noch ein paar Worte an die Gemeinde, bat um Gebet und Seelenmessen. Mit verbundenen Augen kniete er nieder, der Henker trat

vor, nahm das Stadtschwert von seiner Seite und trennte ihm mit sicherem Hieb den Kopf vom Rumpf.
Nun passierte ein Unglück: Der Kopf rollte vom »gesteiger« herab, ein Faßbinder packte ihn, warf ihn zurück und wurde prompt aus der Zunft ausgestoßen (ist seins ambs verweist worden). Daraufhin machte man ein Geländer (leisten) um die Tribüne, damit »solicher unheill nit mer geschagh, wie mit dem fassbender.« Er hattte in die Henkerarbeit eingegriffen und war damit ›unehrlich‹ geworden.
Am 12. Januar folgte der amtierende Rentmeister (Stadtkämmerer) Johann von Bergheim (de Berchem). Wie alle anderen wurde er einem hochnotpeinlichen Verhör unterzogen; resignierend mußte er feststellen, daß ›der Pelz mit ihm verkauft sei‹ und bat um eine ehrenvolle Hinrichtung mit dem Schwert; man gewährte sie, erließ ihm aber – wie dann auch den beiden regierenden Bürgermeistern Johann von Rheidt und Johann Oldendarp – nicht die entehrende und deprimierende Zeremonie am ›blauen Stein‹. Auf die fast tragisch-rührenden Umstände seiner Hinrichtung muß gleich noch eingegangen werden.
Bis zum 15. Januar waren alle Hauptrådelsführer der ›Verschwörung‹ hingerichtet. Es herrschte Ruhe bis zum Fest Pauli Bekehrung (25. Januar), an dem man mit einem Hochamt und anschließender Prozession, zweimal größer und dreimal kostbarer als die ohnehin schon aufwendige Kölner Gottestracht am 2. Freitag nach Ostern, für das Gelingen der Revolution danken wollte. Die Prozession bewegte sich mit den kostbaren Reliquienschreinen von 10–14 Uhr durch die mit Triumphtoren geschmückten Straßen. Um 7 Uhr abends sang man im Dom das Te Deum laudamus, auf den Wällen donnerten die Kanonen, mit Essen, Trinken und Freudenfeuern wurde der Tag ›hochfeierlich‹ beschlossen.
Der Blutdurst des Volkes war vorerst gestillt. Erst am 31. Januar erfolgten noch einmal drei Hinrichtungen auf dem Junkernkirchhof vor dem Weyertor; durch den Henkersknecht enthauptet und begraben wurden neben dem Pfortenschreiber Tilman Odenkirchen der Stadtdiener Everhard Hondt und der zu den Polizeikräften zählende Gewaltrichterdiener Adam von Nürnberg mit dem bezeichnenden Übernamen ›Bubenkönig‹.
Das große blutige Schauspiel der Hinrichtung war tatsächlich geeignet, Aggressionen abzubauen und große, erregte Massen zu beruhigen. Es blieb eine Attraktion, die Hunderte und Tausende anlockte – wie heute ein Berufsboxkampf, ein Autorennen oder ein Fußballspiel, von Stierkämpfen braucht man nicht zu reden –, man wollte Blut sehen, sich rühren, beeindrucken und abschrecken lassen, ähnliche Ver-

brechen zu begehen wie die Hingerichteten – zumindest glaubten dies Obrigkeit und Geistlichkeit. Johan Huizinga schreibt:[775] »Der grausame Reiz und die große Rührung, die vom Schafott ausgingen, bildeten einen wichtigen Bestandteil der geistigen Nahrung des Volkes. Es waren Schaustellungen mit Moral.«

4. Die Kunst des rechten Tötens

Kehren wir noch einmal zur Verurteilung und Hinrichtung des amtierenden Rentmeisters von 1513 und früher auch fünfmal kölnischen Bürgermeisters Johann von Bergheim zurück. Am Morgen des Hinrichtungstages bekleidete man ihn mit den Insignien eines kölnischen Bürgermeisters, legte ihm ein reichbesticktes seidenes Wams an, darüber den roten, faltenreich herabwallenden Consularmantel, führte ihn zwischen 9 und 10 Uhr ans Hochgericht, an den ›blauen Stein‹ und dann zur Tribüne auf dem Heumarkt. Er war ein hochgewachsener, stattlicher Mann mit einem Stiernacken (habuit collum grossum); durch seine würdevolle Haltung und die prächtige Bürgermeisterkleidung machte er noch auf dem Blutgerüst einen imponierenden Eindruck (prae aliis satis virilis et animosus), die Folter hatte ihn nicht entscheidend geschwächt.

Bei der Hinrichtung ergab sich nun eine tragisch zu nennende Henker-Opferbeziehung, die mit einer Mißrichtung endete. Wir wissen bereits, daß hochgestellte Persönlichkeiten in politischen Strafverfahren nicht nur mit dem besonderen städtischen Richtschwert, sondern auch durch einen nur in solchen Fällen agierenden Mann, den städtischen Schwertträger (lictor), enthauptet wurden. Um dieses Amt, an sich einer der Posten der Gewaltrichterdiener, aber aus dem Kreis der Büttel herausgehoben und in dieser Form zum ersten Mal 1370 bezeugt, mit erheblichen Einkünften (Ratswein, Kleidung, Geld) verbunden, hatte sich kurz vor 1513 ein ›Gevatter‹ (Vetter oder Neffe) des Rentmeisters, Reinhart Feugeler, beworben; Bergheim sollte ihm diesen Dienst verschaffen.[776]

Da sprach der Rentmeister zu ihm: ›Gevatter, begehrt Ihr solchen Dienst?‹ ›Ja, Herr Gevatter, den Dienst begehr' ich zu haben.‹ Der Herr Bergheim sprach: ›So begehrt Ihr, was kein frommer Mann begehren würde. Doch er soll Euch werden, so Gott will. Wenn es aber dazu käme, daß Ihr einer oder gar 40 Personen den Kopf abschlagen sollt – und es mag bald dazu kommen –, woher wollt Ihr dann den

53 Die Hinrichtung (Meister der Georgslegende)

Mut nehmen (gehertz sein)?‹ ›Ja, Herr Gevatter, dann muß ich eben tun, was zu tun ist. Doch ich hoffe, es wird nicht dazu kommen.‹ Nicht lange danach kam es tatsächlich dazu, daß der Herr Rentmeister mit seinen übrigen Gesellen gefangengenommen wurde, und sie wegen ihrer Missetaten, sowie es hernach aus dem Turmbuch abgeschrieben ist, gerichtet worden sind. Da war Reinhart Feugeler am Dienst und mußte seinem Gevatter eigenhändig den Kopf abhauen. Als nun Bergheim auf dem Gerüst stand und er von seinem Gevatter hingerichtet werden sollte, da trat Feugeler zu ihm hin und sagte: ›Herr Gevatter, verzeiht mir; daß ich dies tun muß, tut mir herzlich leid.‹ Der Herr Bergheim sprach zu ihm: ›Tu Du nur, was Dir befohlen ist!‹, und er kniete nieder. Da zog Feugeler ein Schnupftuch aus seiner Tasche, wischte die Tränen aus seinen Augen, verlor den Mut zum Hieb und bekam einen Schwächeanfall (wardt vertzagt im Hauwen vnnd kreig ein Rachenung), so daß er dem Herrn den Kopf nicht vollständig abhieb. Neben ihm stand der Henker der Stadt, Meister Hanss genannt, um ihn ein wenig zu unterweisen, weil er eine solche Arbeit noch nicht getan hatte. Der schnitt Bergheim den Hals ganz ab. Und als ob es ein böses Omen (vortzeigen) gewesen wäre, ist der Henker wenig später beim St. Kunibertsturm (im Rhein) ertrunken.

Wie die Volksmenge, bei Mißrichtungen hoch empfindlich, in diesem Falle reagierte, sagt unser Gewährsmann nicht. Aus anderen Quellen wissen wir, daß man dem Volk vom Blutgerüst herab in Römern Wein anbot. Der ›Anfänger‹ Feugeler, dem die moralische und physische Kraft sowie die nötige Geschicklichkeit fehlte, kam wohl ungestraft davon, der Stadthenker, auch hier nur mit dem verhüllenden Namen ›Meister Hans‹ vorgestellt, wird von einem Höheren gerichtet: Er hat durch den letzten Akt des Abschlachtens seine magische Gewalt verloren, ist kein rechtens Richtender mehr, sondern ein Mörder, der selbst umkommen muß, um das Gleichgewicht der Gerechtigkeit wiederherzustellen – eine aufschlußreiche Variante des Motivs vom ›gehenkten Henker‹.[777]

Rechtes Töten mit dem Schwert war eine Kunst, die man lernen mußte, teils durch ›Üben‹ an gewöhnlichen Verbrechern, die man dem Henkersknecht überließ, teils durch technisches Training beim Köpfen von Schweinen. Ein geschickter Henker, dem es gelang, das Haupt seines Opfers mit einem einzigen Streich vom Rumpf zu trennen, durfte des ungehemmten Beifalls der Menge sicher sein. Beweise ungewöhnlicher Kraft und Geschicklichkeit konnten wahre Begeisterungsstürme hervorrufen, z. B. als ein Nürnberger Meister des Spätmittelalters zusammen mit dem Hals des Delinquenten zugleich einen von diesem gehaltenen Blumenstrauß durchschnitt, oder ein anderes Mal, als er sogar zwei auf einen Streich erledigte, daß »das swert gleich hindurchsnurret, das ihn jegliches lobet«.[778] Noch im Mannesalter erinnerte sich Hermann Weinsberg[779] mit Respekt und leisem Schrecken an den Scharfrichter von Kleve, den er 1531 als Emmericher Gymnasialschüler – sein Onkel Peter Heresbach hatte ihn eigens zu dieser Attraktion mitgenommen – bei der Hinrichtung mehrerer Straßen- und Flußräuber (rheinschender) erlebte; einer davon war Christian von Merheim: »... und im hau worden im die daumen und finger mit abgehauen«. Weinsberg stand zu nahe am Blutgerüst: »die ander kop, als sei gericht worden, felen mir vur min fois, das ich davon aller erschrak.«

Weinsbergs Jugenderinnerungen verdanken wir noch eine weitere faszinierende Erzählung, die höchst eindringlich zeigt, wie schwer es der Henker manchmal hatte und wie gefährlich er lebte:[780] Im Sommer 1532 wurde Clais van Geller zu Emmerich hingerichtet, weil er einen Schwachsinnigen, den »dollen menschen« Johann Moir, ermordet und in den Rhein geworfen hatte. Bei der Verfolgung durch die Gerichtsdiener war er von einer Deichmauer gesprungen und hatte sich dabei im Rückgrat verletzt, außerdem war er gräulich gefoltert worden, mit ihm zwei Klever Bürger, die er fälschlich der Mittäterschaft beschuldigt hatte. Erst kurz vor der Hinrichtung auf freiem Feld vor der Stadt entlastete er sie; das Urteil auf Hinrichtung mit dem Schwert konnte nun nicht mehr auf ›Vierteilen‹ verschärft werden. Als Clais hinknien sollte, konnte er sich vor Schmerzen nicht aufrecht halten. So wurde er in einen »wrasten« gesetzt, d.h. man schob ihm einen geflochtenen, ausgestopften Kranz oder Korb unter, um ihn in aufrechte Haltung zu bringen. Als der Henker zuschlagen wollte, zog er den Kopf in den Nacken, nahm auch das Tuch von den Augen, drehte den Kopf, sah den Scharfrichter an und wollte partout den Hals nicht strecken. – Vor allem der Blickkontakt machte den Henker nervös; die Verhüllung des Hauptes mit dem schwarzen Tuch sollte ihn vor dem ›bösen Blick‹, der schadenstiftenden Verwünschung durch den Todgeweihten schützen.[781]

So band man Claisens Haar an den Spieß eines Henkerknechts und wollte ihm so von zwei Seiten den Kopf herausrecken, »es halft nit«. Nun kamen die Emmericher, die ganze Stadt war leer, in Zeitnot; sie durften wegen der möglichen Bedrohung durch den Herzog von Geldern »nit lang im felde sin«. Da sprach ein Edelmann namens Hoffeling zum Scharfrichter: »hau ab, wa nit zu einem hau, so hau hondertmal; der dir leide doit, sol mir auch leide toin, ich will bei dir leben und sterben.« – Er verband sich also auf Gedeih und Verderb mit dem Henker, um ihn im Falle eines oder mehrerer Fehlhiebe vor der Wut des Volkes zu schützen. Sein Vorbild riß die Menge mit, auch andere Bürger reckten zum Schwur »die finger eintreglich uff. Do kreich der scharfrichter einen moit, drank eins und heif (hieb) dem Claissen zosehend den kop mit einer scholder (Schulter) ab mit sulcher macht, das er uff die erde feil«. Man ließ die fälschlich beschuldigten Klever Bürger frei und bald darauf sah man sie vor den Kirchen betteln; das Mitleid des Volkes war ihnen sicher.

In Köln ist von weiteren Mißrichtungen oder etwaigen Lynchreaktionen der Menge im 16. Jahrhundert kaum mehr die Rede; der Henker und seine Gesellen verstanden ihr Handwerk.

Christian Helfer hat die wesentlichen Gründe, warum es im Spätmittelalter und in der Frühneuzeit zu Mißrichtungen kam, zusammengestellt:[782]

1. Die Hinrichtung mit dem Schwert war technisch besonders schwierig. Sie erforderte erhebliche Körperkraft, genaues Augenmaß und besonderes Geschick, um den Kopf eines Delinquenten freihändig zwischen zwei Halswirbeln hindurch glatt vom Rumpf zu trennen. Um mit dem schweren, horizontal oder schräg von oben geführten Richtschwert gehörig ausholen zu können, mußte man den Oberkörper extrem dehnen; die folgende Bewegung, fast eine Pirouette, erschwerte begreiflicherweise ein genaues Zielen. Wenn dann ein Delinquent wie Clais van Geller zusätzlich nicht still hielt, konnte das den Henker schon nervös machen. Im 18. Jahrhundert führte die Entwicklung technologisch zur Verdrängung des Schwertes durch das Beil und dann das Fallbeil, die Guillotine. Nicht selten war eine schlecht durchgeführte Enthauptung eine weit grausamere Hinrichtungsart als etwa das Rädern, da hierbei der Delinquent meist mit einem für das Volk unsichtbaren Spezialgriff vorher vom Henker erdrosselt wurde.

2. Enthauptungen wurden häufig zur Mißrichtung, wenn sich der Delinquent wehrte; selbst beim Einsatz von sog. Vorführern oder Kopfhaltern bestand die Gefahr, daß auch diese versehentlich in Arm oder Kopf gehauen wurden. Verzweifelte Gegenwehr berichten die Quellen vor allem von Frauen, die wesentlich stärker als Männer zu äußerst vitalen Temperamentsausbrüchen neigten und sich um die üblichen Ermahnungen des Beichtvaters oder Scharfrichters zu Standhaftigkeit und ordentlicher Haltung wenig kümmerten.

3. Das wohl schwerste Handicap des Henkers waren die Nerven. Die Angst vor dem Fehlhieb, vor dem ›bösen Blick‹, vor der Verwünschung durch das Opfer und dem potentiellen Zorn der Menge ver-

drängte der Emmericher Henker nicht zuletzt durch einen Schluck Alkohol (drank eins); das Mitleid mit seinem Gevatter, der ihm das Schwertträgeramt verschafft hatte, nahm Reinhart Feugeler 1513 den nötigen Mut. Dieser Beruf brauchte nervenstarke, robuste, abgestumpfte oder gar mit Grausamkeit und Blutdurst begabte Naturen; nicht umsonst macht die Volkssage den Henker auch zum Vampir.[783] Hervorragende Vertreter ihres Amtes wie etwa der Nürnberger Scharfrichter Franz Schmidt, der über seine Tätigkeit zwischen Nürnberg und Bamberg 1573–1616 säuberlich Tagebuch führte und neben den Todes- und anderen Leibesstrafen auch die Taten und Lebensumstände der Delinquenten verzeichnete, blieben Ausnahmen. Franz Schmidt verabscheute übertriebene Grausamkeiten; in Nürnberg setzte er zusammen mit einigen Geistlichen durch, daß Kindsmörderinnen nicht mehr ertränkt, sondern – in humanerer Form – mit dem Schwert gerichtet wurden, das er meisterhaft führte.[784]

5. Von der Streckbank zum Galgen: Folter in Köln

Die Mitwirkung des Henkers und des Büttels am gerichtlichen Untersuchungsverfahren gewann seit dem Spätmittelalter wegen des verstärkten Einsatzes der Folter zunehmend an Bedeutung. Man muß hier betonen, daß der Kölner Rat bei der Voruntersuchung vor den Gewaltrichtern gewöhnlich auf die peinliche Befragung verzichtete, sogar bei Hexenprozessen;[785] auf Ausnahmen (1513) wurde schon hingewiesen. Erst nach der Überstellung an Greve und Schöffen bei dringendem Tatverdacht traten Henker und Büttel in Aktion.
Über die zweifelhafte Wirkung der Folter als Beweisinstrument oder Möglichkeit zur Aussage- und Geständniserzwingung,[786] deren Mißbrauch auch durch die Reichsgesetzgebung (Carolina) kaum verbessert wurde, darf man heute angesichts der weiten Verbreitung und der subtilen technischen Verfeinerung der Folterpraxis in zahlreichen Ländern nicht richten. Sie gehörte zum Alltag des Lebens, und da sie nicht nur hinter Gefängnismauern, sondern häufig auch öffentlich vollzogen wurde, gab es vielleicht mehr und direktere Möglichkeiten, Mitleid zu äußern und ein Ende der Qualen zu fordern, als heute. In Köln regelte man auch die Zahlung von Schmerzensgeldern wegen zu Unrecht erlittener Tortur schnell und unbürokratisch. Die eigentliche

Folterarbeit überließ der Henker meist den Knechten, Bütteln, d.h. den Gerichtsboten des Greven oder auch den Gewaltrichterboten, von denen einer ja als städtischer Schwertträger amtierte. Manchmal gelang es einem zu Recht oder Unrecht Beschuldigten, extreme Foltergrade auszuhalten und sogar das Mitleid seiner Peiniger zu rühren.

54 Daumenschraube

1431 beschuldigte Pauwels Noitsche, wohnhaft auf dem Eigelstein, eine junge Frau, die früher Magd seiner Mutter gewesen war, sie habe einen vergrabenen Geldtopf beim Tod seiner Mutter ausgegraben und ihrem Stiefvater Gotschalk Meisgin heimgetragen, der sie damit zur Heirat ausstattete. Gotschalk, mit Noitsche verwandt (Gevatter), bisher unbescholten und ein ehrbarer Mann, fungierte als Gerichtsbote des Vogteigerichts Eigelstein. Zusammen mit seiner Stieftocher verklagte er seinen Nachbarn Noitsche wegen übler Nachrede beim Hochgericht. Da dieser bei seiner Behauptung blieb, sperrte der Greve bis zum Abschluß der Untersuchung den Boten in seinen Keller, den Ankläger in die Hacht; auch die junge Frau war bereit, in Haft zu gehen, doch verzichtete der Greve darauf, weil sie hochschwanger war. Noitsche ließ es sich gut gehen, da er genug Geld hatte: Ihm sott und briet man Hühner, behandelte ihn gut; er aß am Tisch des Hachters (Gefängnisdirektors) und trank vom Besten. Entgegen dem Vertrag von 1427, der die Voruntersuchung der Ratsgerichtsbarkeit zuwies, folterte man den Gotschalk mehrmals hart (ind wart sere verbrant ind

55 Die Hacht, das erzbischöfliche Gefängnis auf dem Domhof (Modell)

gepinget) – das ging ein halbes Jahr so, da der Bote standhaft blieb und immer wieder seine Unschuld beteuerte. Auf Bitten seiner Nachbarn schaltete sich endlich der Rat ein, und eine Abordnung verhörte beide: Der Kläger blieb bei seiner Aussage; Gotschalk, den man wieder der Folter unterzog, klagte: ›Ihr lieben Herren, ich bin ein armer, kleiner, alter Mann. Ihr habt mir zweimal vorher schon die Gesundheit zerbrochen (min gesuntget zobrochen), meine Glieder aus- und eingereckt und gequetscht. So wie ich nun, entblößt und erniedrigt, vor Euch stehe, so nehme (schwöre) ich es auf den Tod und die Marter, die Ihr mir antut, mehr seines Geldes als meiner Schuld willen, daß er mir übel will und lügt.‹ Man ließ die Stieftochter holen, die gerade ihr Neugeborenes stillte. Sie ging zum Grevenhaus, und als sie auf die Anklage mit »nein« antwortete, wurde sie auf Begehr des Klägers auch peinlich verhört – die Szene war so grauslich, daß sie niemand mitansehen konnte. Man zog sie am Seil (der corden) hoch: »der scharprichter pingede (folterte) si, dat ir die milch mit dem bloide zo den borsten (Brüsten) weder die muire uissprank, dat is niemant me sein (sehen) enmocht, ind bleif an ir unschult.« Der Kläger blieb unbeeindruckt, nicht so die Herren: Sie ließen Noitsche in den Stock legen und Gotschalk und seine Stieftocher in der Hacht unterbringen. In der Nacht schürfte sich Noitsche am Stock die Schienbeine auf, zog sich offensichtlich eine Entzündung oder Blutvergiftung zu, so daß man ihn auf einer Bahre in die Hacht bringen mußte. Drei Tage später läutete die Gerichtsglocke; Greve und Schöffen kamen wieder in die Hacht; man beschloß, dem Boten Gotschalk die Auslagen für Arznei und Kost für das halbe Jahr seiner Aufstellung gemäß zu ersetzen und ihm 10 Gulden (nach heutiger Kaufkraft 7000–10 000 DM) als Schmerzensgeld (vur sinen smertzen) zu geben. Er und seine Tochter kamen frei, mußten aber noch als Kläger gegen Noitsche »binnen die 4 benke an dat hogericht«, nun aber ohne das entehrende Geleit durch die Büttel. Gotschalk und die junge Frau wollten keine Rache; ersterer sagte: ›Ihr lieben Herren, ich gebe den Mann Gott und Unserer Lieben Frau. Ich begehre nichts, denn was ich gelitten habe, will ich Gott opfern; dieser wird Pauwels, meinem Gevatter, alle seine Missetaten vergeben und verzeihen: ich verzeihe ihm und allen, die mir jemals Leid zugefügt haben um Gottes willen, lauter und für alle Mal.‹ Der todkranke Noitsche, der nur ein »horen sagen« weitergegeben haben wollte, bat nun ebenfalls um Verzeihung. Gotschalk und seine Stieftochter gingen durch den Dom nach Hause, den Kläger führte man auf einer Schubkarre heim – drei Tage späger trug man ihn zu Grab auf dem Kirchhof von St. Kunibert. Der Chronist setzte hinzu: ›Hätten die guten Leute die Hinrichtung gewollt, man hätte ihn gehangen.‹[787]

Gotschalks Verzeihung schloß den Henker und seine Helfer ein, die ihre Pflicht taten. Die Bereitschaft, seine Qualen Gott zu opfern, erinnert an die kirchliche Pseudo-Motivierung der Tortur, daß die Folterung der Angeklagten auch dazu diene, »um ihnen die jenseitigen Qualen abzukürzen«.[788]

1486 beschuldigte der verkrüppelte Hans van Spire einen anderen Krüppel, Johann van Coellen, er habe einen Nachtwächter erwürgt und dann in seinem Harnisch aufgehängt – wahrscheinlich war es ein Selbstmord. Beim Hochgericht wurde zuerst Johann »versoicht ind swairlich gepinget« und ebenso seine Frau – beide blieben standhaft. Dann folterte man auch den Hans van Spire, und er gab sehr schnell zu, daß er die Beschuldigung aus Haß und Unwillen vorgebracht habe. Man verurteilte ihn zum Tod, als ob er den Mord eigenhändig begangen hätte, ließ ihn zum Weyertor hinausschleifen und hinrichten.[789]

Das Hinausschleifen auf einer Art von Schlitten war eine besonders entehrende Prozedur. 1487 z. B. verurteilte man eine Frau, die zusammen mit ihrer Tochter – ausgerechnet auf dem Domhof beim Hochgericht! – eine andere Frau umgebracht hatte: »ind si wurden samen liggende uisgesleift ind zosamen (lebendig) begraven, dat jemerlich ind schrielich was anzosien.«[790]

56 Ausschleifen zur Hinrichtung

6. Sprechende Strafen: zur Symbolik der Hinrichtung

Die Art des Verbrechens und die Form der Hinrichtung stehen im Mittelalter und bis weit in die Neuzeit hinein in einer engen Beziehung: je schlimmer und gemeiner die Untat, desto härter und entehrender die Hinrichtung. In der reichen Symbolik des Tötens durch den Scharfrichter nimmt man in vielfältiger Weise auf das zu sühnende Verbrechen Bezug. Neben einer Reihe von Standardformen – die Kindsmörderin wird ertränkt, der Straßenräuber gehängt, der gemeine Mörder gerädert, die Hexe oder der Zauberer verbrannt[791] – ließ man sich überall mit einem beachtlichen Aufwand an Erfindungsreichtum und Phantasie Besonderheiten einfallen, natürlich auch in Köln und seiner Umgebung. Zu Beginn ein nicht alltäglicher Fall:[792] Am 28. Juni 1474 versammelten sich in Köln sieben Weihbischöfe in vollem Ornat wie bei einer Altar- oder Kirchenweihe, um auf dem Domhof vor dem erzbischöflichen Saal einen Priester zu degradieren, der viele Leute betrogen und sonst für Geld eine Menge »boisheit« getan hatte. Vor dem Offizial bekannte er, in manchen Jahren nicht gebeichtet und trotzdem weiter Messe gehalten zu haben. Er starb auch ohne Beichte, und zwar wurde er beim Galgen »in der kesselkulen[793] verbrant«, also in dem oben genannten[794] Kupferkessel, den Henker und Greve gemeinsam bezahlten, zu Tode gesotten – eine bewußte Vorwegnahme der Höllenstrafe.

57 Hinrichtung im Kessel

Mutwillige gefährliche Körperverletzung ahndete man gelegentlich sehr hart. Am 20. Dezember 1519 wurde dem Mathys Lederreyder, der den Sattelmacher Johann Bůschoit mißhandelt und halbtot geschlagen hatte, nach Schöffenurteil vom Scharfrichter die rechte Hand abgehauen.[795]

Dem Jakob van Gluwel, wegen Diebstahls dem Greven geliefert, wurde 1517 zur dauernden Brandmarkung ein Ohr abgeschnitten; dann trieb man ihn mit Ruten aus der Stadt.[796]

Ein grausames Ende fand Johann Brant am 6. Februar 1518, weil er in der Nacht vom 2. auf den 3. Februar in der Walengasse einen alten Mann, den Schneidermeister Hermann, und dessen Frau heimtückisch »vermordet« hatte: Er wird zum Tode verurteilt, »levendich up eyn rat gesatzt« und hat »den dach und die nacht bis des morgens umbtrent nuyn uyren noch gelefft«; dann erst erlöst ihn der Tod.[797]

Fälle von Kindesmord kamen in Köln ganz selten vor bzw. vor Gericht; man tolerierte uneheliche Kinder und unverheiratete Mütter so weit, daß dieser Ausweg nicht gesucht werden mußte. Außerdem gab es Anstalten für Findelkinder.[798] Die Turmbücher des 16. Jahrhunderts, nicht selten mit Sprüchen eingeleitet wie »Thorn boech sein Ich genant, vill dieffen, Schelm, Hoeren und Bueben woll bekanth«,[799] belegen in diesem Jahrhundert ein spürbares Anwachsen der Bandenkriminalität, von Straßenräuberei und Einbruchsdiebstählen, häufig unter Beteiligung ehemaliger Landsknechte. Im Juli 1566 wurde in einer Scheune beim Leprosenhaus Melaten eine ganze Bande aufgegriffen, als sie gerade die Beute aus einem Einbruch bei den Minderbrüdern

58 Galgen und Kreuze – Zeichen für vollstreckte Todesurteile; Randzeichnungen im Kölner Turmbuch von 1574

verteilte, darunter der Schornsteinfeger Peter van Nhamen (Namur), dem sein Beruf kein Glück brachte: Zu Melaten hing man ihn an den Galgen.[800] Zwei Jahre später faßte man den Aachener Leineweber Adam Cordt; er gestand einen Diebstahl mit Mord und wurde grausam hingerichtet: mit Beinen und Armen lebendig auf das Rad geflochten, die Glieder mit einer Axt »zerknirschelt«; dann erst wurde er dekolliert. Sein Spießgeselle Peter Leyendecker von der Wehe, der, obwohl korrekt erhängt, anscheinend noch Lebenszeichen von sich gab, wurde »im strick erwürget«[801] – fast eine Mißrichtung, aber darüber regte sich niemand auf. Ihm gab man auch nicht die Chance der Begnadigung, die sonst, vor allem, wenn der Strick riß oder der Henker fehlschlug, was man als Gottesurteil verstand, einem Verurteilten gewöhnlich gewährt wurde.[802]

Nur in einem Fall, 1561, kam ein bereits Verurteilter frei, allerdings in Verbindung mit einem Versuch des Losheiratens:[803] Ein junger Mann, Tilman Isenhaupt, war mit seinem Buchhändler in Streit geraten, wobei im Dom fünf bis sechs Menschen verletzt wurden. Vor dem Schöffengericht erschienen während der Gerichtsverhandlung zwei Mägde, »begerten siner zu der eren und zu ehe und baten vur ihn«, obwohl jede im Falle der Losheirat zumindest die Verweisung aus der Stadt riskierte. Während die Schöffen durchaus zur Gnade bereit waren, lehnte Isenhaupt diese Art von Rettung ab und sagte mürrisch, sie »mogt im uffruppen«, also den Buckel runterrutschen. Das Angebot der Mägde sprach sich herum, und vor der Hinrichtung bedrängte das Volk den Greven, Gnade vor Recht ergehen zu lassen. Auch der Scharfrichter widersetzte sich, als ihn der Greve an seine Pflicht erinnerte und sagte: »Ich kans nit doin und darfs nit doin.« So kam es zu einem Handgemenge zwischem dem Henker und Isenhaupt, der unbedingt als Junggeselle sterben wollte. Nun begann das Volk, den Greven zu bedrohen und den Henker, der nach Volksmeinung dabei war, einen Mord zu begehen, mit Steinen und Erdklumpen zu bewerfen. Erst als in diesem Durcheinander ein Bauer auf das Rondell stieg, das Messer zog und den bereits umgelegten Strick durchschnitt, sprang Tilman herab und entkam in der Menge.

Am 9. Juli 1569 erhängte man auf dem Galgen bei Melaten drei junge Wollenweber aus der Umgebung wegen Kirchendiebstahls in Sechtem und in Fischenich; als Hehler diente ein Jude in Frechen. Tags darauf, es war ein Sonntag, »ist der galgen balcke vom groessen gewicht viller daran gehangkter dieffen (Diebe) und alders halber zurbrochen und abgefallen«.[804] Zu diesem Turmbucheintrag zeichnete der Schreiber einen Galgen mit drei Gehängten (vgl. Abb. 59).

59 Galgen mit drei Gehängten; Randzeichnung im Kölner Turmbuch von 1569

Um diese Zeit scheint offensichtlich in der Nähe der Gerichtsstätte auch eine eigene Wirtschaft, die ›Galgenwirtschaft‹, bestanden zu haben; denn 1572 wird eine Kölner Weinstube bei St. Zelisstein (Cäcilienstraße) als Behausung des gewesenen »galgen wyrdts« und als Treffpunkt für Diebe erwähnt.[805]
Im April 1573 stand in Köln wieder eine typische Diebesbande vor Gericht:[806] Anführer war der Schneidergeselle und Posamentenmacher Thonniß, zu den Mitgliedern zählten neben zwei Brüdern aus Efferen, Johann und Roloff Peltzer, dem Fuhrmannssohn Tilman und zwei weiteren Kölnern auch Johann, »des hoeren wirdts shon«. Als ihnen der Boden in der Domstadt zu heiß wurde, trafen sie sich in Neuss, um von da zum Solddienst in die Niederlande zu ziehen. Vorher wollten sie aber noch die Kölner Kirche St. Christoph ausrauben, wobei sie durch das Haus des Offermanns (Küsters) eindrangen und ihm, um ungestört zu sein, die Kehle durchschnitten. Aus einer Kiste stahlen sie Geld, aus dem Sakramentshäuschen die Monstranz, wobei sie den Frevel begingen, die konsekrierten Hostien auf der Erde zu verstreuen und das heilige Öl auszugießen. Johann, der Sohn des Hurenwirts, wurde noch im April gefaßt, im Kuhstall eines Kölner Wein-

60 Ausschleifen zur Hinrichtungsstätte (Meister der Georgslegende)

gärtners, Tilman und Roloff Peltzer ergriff man am 25. Mai in Bensberg, die anderen entkamen.
Johann wird am 30. Mai zum Tode verurteilt. Vor dem ›blauen Stein‹ auf dem Domhof bindet man ihn auf einen Schlitten, »dwilche deß schynners (Schinders) pferdt und dhiener gezogen und respective gedrieven«; er wird nach Melaten »hinauß geschleiffelt . . . vur daß schaffott«, losgebunden und auf ein Rad gesetzt, »arm und bein mit einer axschen van ein ander geschlagen, darnach decollirt unnd folgents der lichnam mit dem radt aufgesetzet und den corvus (den Raben) zu fressen bevolhen.« – Am Rand zeichnete der Turmbuchschreiber die drei Werkzeuge: Rad, Axt und Schwert (vgl. Abb. 61). Auch Tilman wird in gleicher Weise hingerichtet; er darf auf Fürbitte einiger Ratsherren vom Rad abgeschnitten und begraben werden; Roloff Peltzer wird ›nur‹ enthauptet und ebenfalls begraben. Um allen den Grund der Hinrichtung kenntlich zu machen, hat man auf die zwei Räder »issern uberzintte monstrantien unnd kelchen genagelt«, Nachbildungen der geraubten Geräte aus Weißblech.
Im Oktober 1588 hielt ein Entführungsfall ganz Köln in Atem, über den Hermann Weinsberg ausführlich berichtet.[807] Vier oder fünf ›ehrlose‹ Leute lockten den Bäcker Philipp Ecks bei St. Paulus unter dem Vorwand, ihm eine Partie guten Korns zu verschaffen – es war gerade eine Teuerungsphase – in das Haus Zur Sonne bei der St. Marvirenpforte, fesselten und knebelten ihn trotz heftiger Gegenwehr (der becker aber ware stark) und führten ihn, bevor die Straßenketten geschlossen wurden, in einem sieben Fuß hohen Weidenkorb verpackt auf einer Schubkarre in den Keller eines Hauses bei St. Herrenleichnam. Dann schickten sie einen Brief mit der Lösegeldforderung von 2000 Kronen (heute wären das mehr als 100 000 DM) an die Bäckersfrau; das Geld sollte nach Bethlehem (= Bethlem) in der Ville, dem großen Waldgebiet am Südwestrand der Köln-Bonner Bucht, geliefert werden, das sich als Rückzugsregion für Räuber- und Diebesbanden hervorragend eignete. Die V-Leute des Kölner Rates (der lagte kontschaft aus, das man vernam, wa er in Coln gefangen lag) arbeiteten gut und am 3. Oktober, dem 4. Tag nach der Entführung, befreiten ihn die Gewaltrichter mit ihren Dienern aus dem Korb, den man in tausend Stücke zerriß – zur Freude der Souvenirjäger (mallich troge ein stucklin mit zu haus). Anstifter der Entführung war ein auswärtiger Adeliger, Junker Rutger von Impell, den man nicht belangen konnte; den Kölner Kopf der Bande, einen ›welschen‹ Pergamentmacher, etwa 40 Jahre alt, und seinen Knecht, übergab man dem Hochgericht.

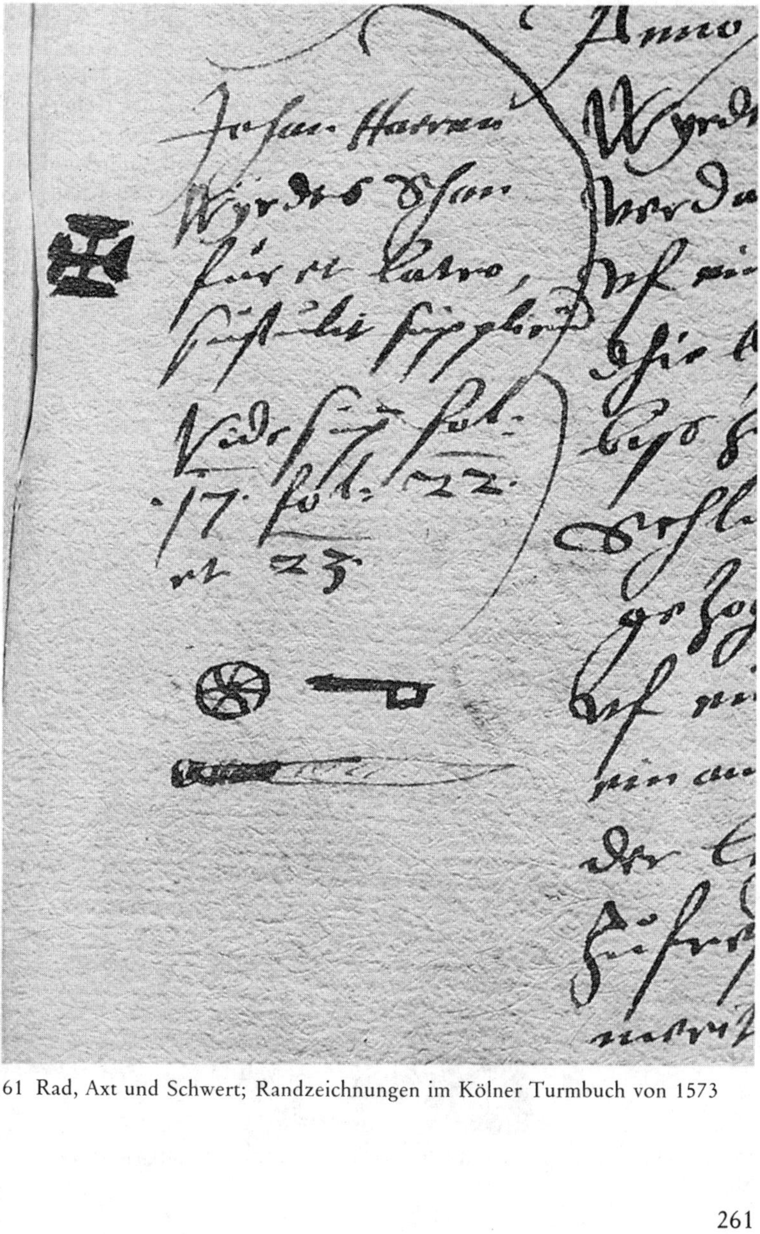

61 Rad, Axt und Schwert; Randzeichnungen im Kölner Turmbuch von 1573

Der Akt der Hinrichtung nahm bis ins Detail Bezug auf das Verbrechen: Nach der üblichen Zeremonie am ›blauen Stein‹ steckte man die Delinquenten in einen Korb, der auf einem Schlitten festgebunden war, führte sie am Haus des Überfalls (Zur Sonne) und des Kellerverstecks vorbei und dann hinaus nach Melaten, um sie zu rädern und zu köpfen. Es regnete in Strömen, dennoch war »grois folk zu perde und fois« ans Gericht gekommen; den Schaden an verdorbenen Kleidern, Hosen und Schuhen bezifferte Weinsberg auf über 1000 Taler. Man errichtete fünf Räder auf Pfosten, eines stand etwas höher, darauf band man den Pergamenter als »wirt und uffhelder«. Die anderen vier standen etwas tiefer in Kreuzesform; eines trug den jungen Knecht, die restlichen drei blieben leer: Sie waren für die geflohenen Übeltäter bestimmt; zum Zeichen des verwirkten Lebens hing man ihre Namen an die Räder. Zunächst war vorgesehen, die Delinquenten noch grausamer hinzurichten; sie sollten »mit gluenden Zangen zerrissen und gefirdelt« werden, aber da man den eigentlichen Anstifter nicht fassen konnte, ließ man im Strafmaß etwas nach. Die ganze Geschichte hat

62 Hinrichtung der Entführer des Bäckers Philipp Ecks 1588 auf dem Rondell zu Melaten

man zur Erbauung und Unterhaltung »in kuffere und hulze formen gestochen und gesnitten, in truck und reimen pragt« und damit weit verbreitet (Abb. 62).
Besonders empfindlich reagierte man in Köln, wenn einer der Stadtsoldaten straffällig wurde. 1586 und 1596 wurde jeweils einer öffentlich auf dem Neumarkt hingerichtet,[808] Krein Scheifhelsgin wegen einer Gewalttat in einem Wirtshaus im Tal, Wilhelm N., der sogar ein höherer Dienstgrad war (ein ratz zu Coln soldaten forer) – seinen Nachnamen verschweigt Weinsberg –, weil er als Geleitsführer bei einem Überfall im Dorf Gleuel (westlich von Köln) mit spanischen Freibeutern gemeinsame Sache gemacht habe. Dem Scheifhelsgin schrieb man seine Missetat auf den Sarg und begrub ihn damit; er war als Friedensbrecher ohne Greve und Schöffen vom städtischen Gewaltgericht zum Tode verurteilt worden. – Wilhelm N. bekannte im peinlichen Verhör vor den Kriegsobersten und Kommissaren so viele Untaten, daß er nach »malefitzs-recht«, also wie ein gewöhnlicher Verbrecher verurteilt wurde; man zimmerte eigens einen »halber galgen« (einpfostig) auf dem Neumarkt. Nach dem Todesurteil ließ man ihm aber doch die Wahl zwischen Schwert, Strick oder Kugel – er wählte den Tod durch Erschießen. »Als der steckel uber in zubrochen wart«, beschuldigte er seinen Hauptmann und einen anderen Bürger, Wymmar van der Sultzen, schwer und beschied sie innerhalb von dreißig Tagen vor das Urteil Gottes. Man stellte ihn am Neumarkt auf die Rennbahn, er kniete mit gefalteten Händen an der alten Mauer nieder: Alle Stadtsoldaten mußten auf ihn schießen, etwa sechsmal wurde er getroffen. Seine Frau schickte den Sarg, wollte ihn kirchlich beerdigen lassen, da stellte sich Wymmar, wütend über die Beschuldigungen, dagegen und sagte: »Was sol die lade hie toin? Man sult in am galgen begraben. Was hab ich im getain?« Aber die Soldaten erwiderten ihm: »Er hat sin recht untfangen, man kunt in zum andern mal nit richten.« Dabei blieb es. Weil er als Verräter, wie viele Leute sagten, eigentlich gevierteilt hätte werden müssen, ›bestrafte‹ ihn der Rat nachträglich doch noch und ließ von seinem Grab das Kreuz, »so scandalose dahin gesetzst«, entfernen.
Die scheußlichste Hinrichtung im 16. Jahrhundert widerfuhr dem vom Landsknecht und Reiterführer zum Hauptmann einer 25–30 Mann starken Räuber- und Erpresserbande ›aufgestiegenen‹ Johann von Polhem, gen. von Brauweiler, am 8. Mai 1593. Der Bericht Weinsbergs[809] und die Aussagen im Turmbuch Nr. 18, von Leonard Ennen[810] schon 1877 als Glanzstück seiner kulturhistorischen »specimina« und als Beleg für die »schrecklichen Leiden, welche die rheini-

schen Gebiete unter den hin- und herziehenden Schaaren der kriegführenden Parteien am Ende des 16. Jahrhunderts auszustehen hatten«, mitgeteilt, ergänzen einander in willkommener Weise.

Johann, schon in einem der städtischen Gefängnisse, im Kunibertsturm, hart gefoltert, war erst zur Aussage bereit, als der Scharfrichter im Grevenkeller die verschärfte Folter anwandte und hinter ihm ein Feuer anzündete: »do eirst hat er bekant.« Am 8. Mai führte man ihn nach Melaten zum Galgen. Meister Hans und sein Knecht legten ihn auf eine Bank, eigens dazu angefertigt, banden ihm die Gliedmaßen und den Kopf fest. Als er dem Scharfrichter etwas ins Ohr flüsterte – vielleicht die Bitte um einen raschen Tod –, sagte dieser laut (hell): »Du bist ein Schelm, deipf, morder und lantverreter«, und trennte ihm mit zwei Beilhieben den Kopf ab. – Soweit Weinsberg. Im Turmbuch folgt nun ausführlicher: ». . . darnach das Herz aus dem Leib genommen und damit vor den Mund gestoßen, dann das Haupt so wieder zum Leichnam gelegt; darauf hat Meister Hans den Leichnam in vier Stücke geschnitten und die Stücke mitsamt dem Haupt an den Galgen gehängt und aufgeschlagen und hat also nach seinem Verdienst den Lohn empfangen, der Allmächtige wolle der Seele gnädig sein.« – Für die eigenartige Prozedur mit dem Herzen liefert Weinsberg, nicht ohne die nötigen Zweifel, eine brauchbare Erklärung: »Man sagt noch vil boiss, mach auch nit war sin. Er sult swanger frauen uffgesnitten haben un die herzen der kinder fressen haben, das er mortswreit mogt sein«, also unverwundbar. Im Turmbuchprotokoll ist von solchen Verdächtigungen der Zauberei, verbunden mit dem weitverbreiteten Werwolfmotiv,[811] keine Rede.

Als einziges Beispiel für das Ertränken als sprechende Hinrichtungsmethode, in Köln ohnehin nur selten bezeugt,[812] sei der Fall des unverbesserlichen Gotteslästerers Dederich oder Henrich Baumans vorgestellt. Seine Verurteilung im März/April 1565 steht im Zusammenhang mit der Verschärfung der gegenreformatorischen Bemühungen, die bekanntlich in der Folge zur teilweise unter schimpflichen Umständen vollzogenen Ausweisung der Reformierten und Lutheraner aus dem ›hilligen‹ Köln führte. Baumans war der Sohn eines Müllers zu Weiterich im Kirchspiel Gladbach (Vest Recklinghausen); daher wurde er ans Kölner Offizialatsgericht gezogen. Beim Verfahren leistete die Stadt Rechtshilfe.[813] Zuerst verhörte ihn am 16. März der Pater des Konvents zur Buße (auf dem Eigelstein) im Beisein der beiden Turmmeister wegen »grausamer blaßphemien unnd Gotteslasterung«; er blieb halsstarrig. In den Bann getan und aufgefordert, seinem Irrtum abzuschwören, erwies er sich weiter obstinat und verglich »Christum diabolo (mit dem Teufel), sagend, ›ehr sei ein schelm‹«. Weil er immer noch das Glaubensbekenntnis und andere heilige Worte, die man ihm mehrmals vorsagte, nicht nachsprechen wollte, unterzogen ihn die »klocken«, die Gewaltrichterdiener, ein wenig der Rutenstrafe – es half nichts. Endlich, nach »multas minas« (vielen Drohungen) bequemte er sich doch dazu, das Glaubensbekenntnis aufzusagen, betonte aber, er wolle und könne es im Herzen (corde) nicht glauben. Nun war die Geduld der Verhörkommission am Ende; man lieferte ihn an Greve und Schöffen: Am 6. April wurde er zum Tode verurteilt und »im Rheinstrom verdrencket«. – Man wollte offensichtlich einen derart verstockten Ungläubigen nicht einmal in ungeweihter Erde behalten; der Rhein sollte ihn wegtragen und irgendwo an Land spülen, die Stadt und ihr Boden aber mußten unbefleckt bleiben.

7. Henkergesellen: die Büttel

Über die Gerichtsboten, die Büttel des Hochgerichts, die dem Henker zur Seite standen, wissen wir relativ wenig; wir kennen weder ihre Zahl noch ihre Kleidung und die Art der Besoldung. Die auswärtigen kleineren Gerichte, an denen der Scharfrichter nach der Ordnung von 1435 tätig war, kamen jeweils mit einem Boten aus. Besser ist, wenigstens für die zehn Jahre von 1370–80, aus denen die Ausgabenrechnungen der Kölner Rentkammer erhalten sind, die Quellenlage für die Gewaltrichterboten. In dieser Zeit kam die Stadt mit drei Boten aus, die ein kleines festes Sockelgehalt, das Wochengeld, ihr Haupteinkommen aber aus ihrem 50%-Anteil aus den vom städtischen Gericht verhängten Bußen bezogen. Nur an den hohen Bußen über 50 Mark und den Bußgeldern wegen übertriebenem Luxus bei Begräbnissen waren sie nicht beteiligt.[814] Das Wochengeld belief sich 1370–80 auf jährlich 2 Mark 2 Schillinge. Einer der drei Boten, der städtische Schwertträger (cum gladio), der in Ausnahmefällen als Henker fungierte,[815] bekam zusätzlich vierteljährlich zuerst 5, ab Frühjahr 1370 6,5 Mark als Brotgeld (pro pane).[816] Bis 1374 hieß der Amtsinhaber Johannes (cum gladio), dann Scheffer oder Schefgin. Es ist nicht auszuschließen, daß dieser in seinem früheren Beruf tatsächlich Schäfer war, eine Tätigkeit, der vielerorts der Geruch der Unehrlichkeit anhaftete.[817]

1396, im Revolutionsjahr, betrug die Zahl der Richterboten vorüber-

63 Spottfahne: Störenfriede mußten sie öffentlich durch die Stadt tragen

gehend acht Mann,[818] nicht eingerechnet der ›tortor‹, der Folterer, der vermutlich eher mit dem Henker am Hochgericht als mit dem städtischen Schwertträger zu identifizieren ist. In diesem und den folgenden Jahren gab es bekanntlich viel Arbeit für Büttel und Henker. Eine aufschlußreiche Notiz aus dem Ausgabenbuch der Mittwochsrentkammer vom 22. Februar 1469[819] nennt (als einen der Büttel?) Heynrich Zylken und dann »Godard mit dem swerde«, einen Vorgänger des unglücklichen Reinhart Feugeler. Für ihre Arbeit und die Sonderaufgabe, den Markt vor St. Martin zu beaufsichtigen und dafür zu sorgen, daß die »malaiten«, die Leprakranken, ferngehalten werden, erhalten sie als Jahreslohn 16 Kaufmannsgulden (= 53 Mark 4 Schillinge). – Hier wird vielleicht schon der allmähliche Übergang von einem Ehrenamt zu einem ›unehrlichen Beruf‹ spürbar, der 1513 aus der Bemerkung des Rentmeisters Johann von Bergheim, um diesen Dienst bewerbe sich »khein from Man«,[820] ganz deutlich wird. In dieselbe Richtung weist der Übername ›Bubenkönig‹ für den Gewaltrichterboten Adam von Nürnberg. Am 20. Dezember 1553 wird wegen der teuren Zeit und der starken Inflation das Festgehalt der vier Gewaltrichterboten von 17 auf 40 Gulden erhöht; vierteljährlich werden je 10 Gulden ausgezahlt.[821]

Die städtischen Büttel fungierten in umfassender Weise als Polizeikräfte; sie vollstreckten Ehrenstrafen, stellten die dazu Verurteilten an den Kax – es gab in Köln drei Pranger, am Altermarkt, am Heumarkt und am erzbischöflichen Hof –, legten ihnen die »hultzen heuck«, einen faßähnlichen hölzernen Schandmantel, um oder setzten ihnen die Strafkrone auf – ein vermutlich aus Köln stammendes Exemplar aus dem 17. Jahrhundert ist erhalten (vgl. Abb. 64) –, begleiteten Bürger oder Bürgerinnen, die zum Tragen von Kerzen und Stein[822] oder der Spottfahne (vgl. Abb. 63) gezwungen waren, und trieben Dirnen, Bettler, Arbeitsscheue, Zigeuner und sonstige Fremde mit Ruten aus der Stadt.

Auch bei diesen Strafaktionen fehlte die kräftig-derbe Symbolik nicht: Heinrich Benrath, 1513 zu Verbannung und Auspeitschen verurteilt, wurde mit einer großen Wachskerze in der Hand an Obenmarspforten am Kettenhäuschen und auf dem Heumarkt am Kax der öffentlichen Schande preisgegeben und dann durch das Severinstor zur Stadt hinausgepeitscht.[823]

1566 wurde Sophia von Dalen, eine »teuefflersche« (Diebin), der man vorwarf, viele Leute betrogen und ihr anvertrautes Geld »versoffen und verschlachen« zu haben, durch die Büttel zum Altermarkt an den Kax gebracht. Dort ist sie von morgens sieben bis mittags um elf Uhr

64 Strafkrone

»öffentlich schanden gestanden«. Über ihrem Kopf brachte man eine Tafel an mit dem Reimchen:[824]

> »Eß haitt gegenworttig unzuchtigh weib
> diesse straeff verdient an irem leib
> mit teueffelen, betriegen und schendtlicher thadth,
> darumb sei hie zum exempell stahett.«

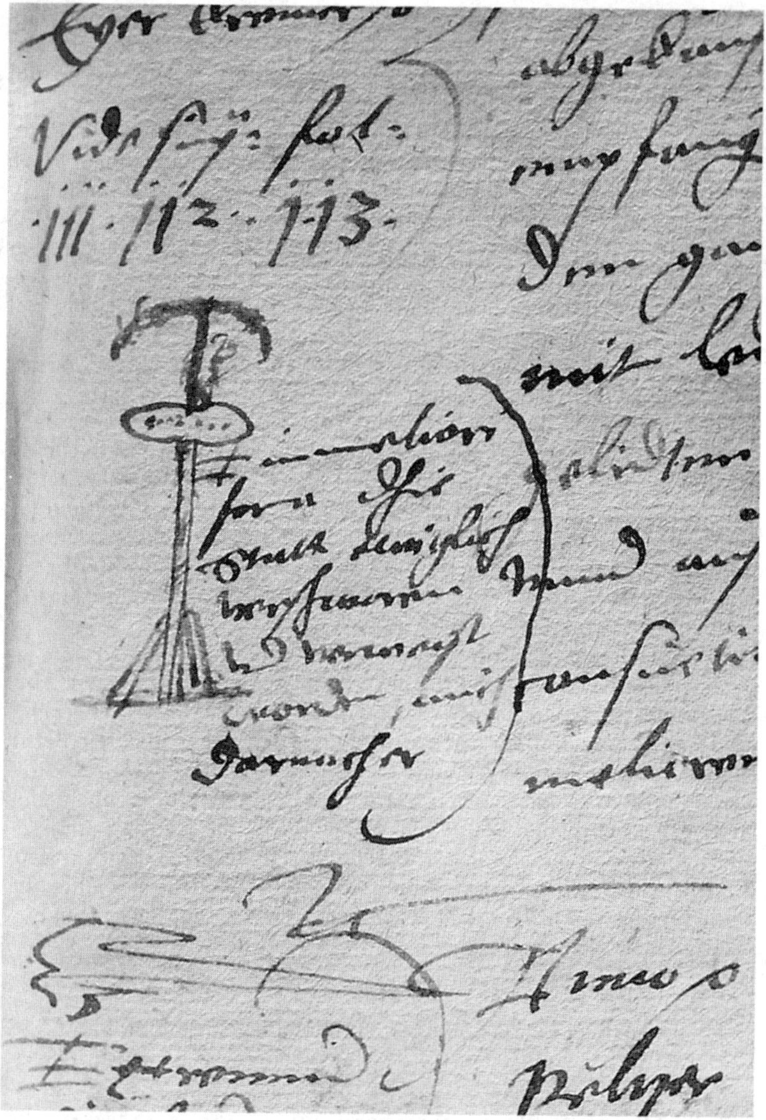

65 Pranger (»kax«); Randzeichnung im Kölner Turmbuch von 1586

Griete van Frechen, eine Dienstmagd, die von verschiedenen Gesellen fünf uneheliche Kinder hatte, das letzte, erst sieben oder acht Wochen alt, von dem Pferdeknecht Peter van Dormagen, ließ sich aus Armut zu einem Mehldiebstahl hinreißen. Am 2. April 1613 wurde sie, »ettliche (Mehl)seck umb den halß gehangen«, am Altermarkt an den Pranger (kexs) gesetzt und anschließend zur Stadt hinausgeführt.[825] Ob Peter, der beim Verhör erklärte, sie heiraten zu wollen, bei dieser Absicht blieb, ist fraglich. Die Strafe diskriminierte zu sehr.

Die hölzerne Heuke mußte 1520 Thoenis Sadelmecher tragen, weil er zusammen mit einem auswärtigen Viehhändler an »pestilencie« erkrankte Schweine verarbeitet und verkauft hatte; mit Rücksicht auf seine kleinen Kinder verzichtete der Rat auf eine schwerere Bestrafung. Dieselbe Strafe traf 1522 den Sohn von Johann Kuppel wegen mutwilligen Fluchens und Schwörens.[826]

Wollte man eine Ehrenstrafe besonders drastisch gestalten, so schaltete man doch den Henker ein, z. B. im Fall der Catharina Bylsteins, die 1593 wegen übler Nachrede gegen Hans von Breckerfeldt verurteilt wurde. Sie mußte nicht nur ihren Kontrahenten um Verzeihung bitten und alle Beschuldigungen widerrufen, die sie teils aus Unverstand, »theilß armutz halber« in die Welt gesetzt hatte, sondern auch ertragen, daß Meister Hans, der Scharfrichter, dies alles vor der Öffentlichkeit in ihrem Namen ausrief.[827]

Im Vergleich mit den oft geradezu drakonischen Leibesstrafen erscheinen diese Ehrenstrafen für Nichtkriminelle fast als harmlos. Aber der Schein trügt: Die langfristigen Folgen waren immer sehr gravierend; sie bedeuteten für viele Ausschluß vom bisher geübten Beruf, Verlust sozialer Bindungen und Kontakte, verminderte Heirats-, Erwerbs- und Aufstiegschancen, damit oft sogar Abdrängung in den Kreis der ›unehrlichen Leute‹, oder den Zwang, die Stadt zu verlassen und irgendwo neu anzufangen. Bereits marginalisierte Gruppen, Bettler, Dirnen, Spielleute u. a., erfuhren, sofern sie nicht ohnehin der Stadt verwiesen wurden, eine erhebliche Verschärfung ihrer Randposition und Diskriminierung.

8. Henkermäßige Leute: Schinder, Hundeschläger, Goldgräber

Auf der Stufenleiter der ›unehrlichen Leute‹ stand der Abdecker oder Schinder auf einer Stufe mit dem Henker, vielleicht sogar, weil ihm das ehrfurcht- oder angsteinflößende magische Prestige des Henkers weitgehend fehlte, noch ein Stück darunter.[828] In kleineren Städten betrieb der beruflich nicht ausgelastete Henker häufig auch das Geschäft des Abdeckers. Noch der Reichsabschied von 1731, der u.a. »die Kinder der Land-, Gerichts- und Stadtknechte wie auch der Gerichts-, Frohn-, Thurm- und Feldhüter, Totengräber, Nachtwächter, Bettelvögte, Gassenkehrer, Bachstecher, Schäfer und dergleichen« zum Handwerk zuließ und damit ›ehrlich‹ machte, schloß nur die Schinder aus; allenfalls war die zweite Generation zugelassen, sofern die erste »eine andere ehrliche Lebensart erwählet, und darin mit den Ihrigen wenigst 30 Jahr lang continuiret hätte«.[829]

An der gesellschaftlichen Notwendigkeit des Abdeckerberufes, der ordnungsgemäßen Behandlung gefallener Tiere und der Beseitigung von Tierkadavern, gab es auch im Spätmittelalter und in der Frühneuzeit keinen Zweifel. Es war sicher eine schmutzige, ekelerregende Arbeit, mit starker Geruchsbelästigung verbunden, die, weil der Kadavergeruch am Schinder hängenblieb und er sein Gewerbe abseits der Siedlungen ausüben mußte, in erheblichem Maße soziale Distanz schuf. Aber diese Faktoren haben, wie Danckert mit Recht betont, nur sekundär verstärkend auf die Tabuisierung des Abdeckerberufes gewirkt: Der entscheidende Ansatzpunkt liegt beim Umgang mit (Tier-) Leichen, ähnlich der Tabuisierung des Gehenkten und des Selbstmörders, die wir in Köln ja schon kennengelernt haben. Verwendbar für Opfer und Verzehr war nur das geschlachtete, nicht das verendete Tier. Beim Pferdeschinder (pertzviller) kam noch die grundsätzlich stark tabuisierte Roßtötung als verstärkendes Element dazu.[830]

Die enge Verbindung zwischen Henker und Schinder in Köln wurde schon mehrmals angesprochen: der Transport der Verurteilten auf dem Schinderkarren oder auf einem von den Schinderpferden gezogenen Schlitten, die gemeinsame Aktion von Henker, Schinder und Hurenwirt beim entehrenden ›Berlichführen‹ heimlicher Dirnen. Es besteht kein Zweifel, daß der Schinder bzw. alle ständig oder gelegentlich mit solchen Arbeiten befaßten Leute in der zweiten Hälfte des 16. Jahrhunderts dem Henker unterstanden bzw. der Henker selbst das Recht zur Durchführung von Abdeckerarbeiten für sich beanspruchte und dabei vornehmlich seine Diener oder Gesellen einsetzte. Die Turmbücher verzeichnen eine Reihe von Auseinandersetzungen, an denen bezeichnenderweise fast immer auch ›Goldgräber‹, die in Köln wie in anderen rheinischen Städten mit dieser euphemistischen Bezeichnung versehenen Kloakenreiniger, beteiligt waren. Auch sie unterstanden im 16. Jahrhundert dem Henker, der sie beaufsichtigte, ihnen Arbeit zuwies und vermutlich an ihren Einnahmen teilhatte.

Im ausgehenden 14. Jahrhundert scheint die Kloakenreinigung noch ein freier Beruf gewesen zu sein. Die Stadtrechnungen von 1370–80 führen in regelmäßiger Folge relativ hohe Ausgaben für das Reinigen der Kloaken in städtischen Gebäuden, vor allem in den Gefängnissen (Türmen) auf.[831] Das Ausheben oder Ausschöpfen der Abortgruben, nicht selten nur wenige Meter vom privaten Brunnenschacht entfernt gelegen, mußte abends, der Abtransport des ›Goldes‹ auf Faßkarren des nachts erfolgen, auf genau bezeichneten Routen hinab zum Rhein, z.T. auch hinaus auf das Feld, um die Geruchsbelästigung in den besseren Straßen und Vierteln möglichst gering zu halten. Als Dünger war der Inhalt der Kloaken nur nach einer längeren Verrottungszeit geeignet. Die ›Goldgräberei‹ war zweifellos eine unangenehme, nicht selten gefährliche und wenig angesehene Tätigkeit, aber sie wurde gut bezahlt, wie es in Köln ja auch Lohnzulagen für Bauhandwerker gab, die ein ›heimliches Gemach‹, ein ›Privet‹, also einen Abort zu mauern hatten. Die ›cloacarii‹ oder ›goltgrever‹ in städtischem Auftrag verdienten 1370–80 an der Reinigung der Frankenturmkloake 6 Mark, der Ehrentorkloake 9 Mark, der Grube in der Pantaleonspforte 2 Mark 6 Schillinge, der Grube beim Fleischhaus 4 Mark usw. Manchmal organisierte der ›Umlauf‹, d.h. der städtische Baumeister, diese Arbeiten, manchmal, bei Umbauten oder größeren Reparaturen, der damit beauftragte Steinmetz. Wann die ›Goldgräber‹ zu henkermäßigen Leuten abgestiegen sind, läßt sich nicht mehr ermitteln, vermutlich erst im ausgehenden 15. Jahrhundert.
Bei den Schindern, Pferdeschindern und Fellpflückern, Leuten, die für die Filzherstellung Fellreste von Tierhäuten abzupften, bevor sie von den Weißgerbern[832] verarbeitet wurden – es bestand immer der Verdacht, daß sie auch Felle gefallener Tiere schoren – ist die Diskriminierung schon im 15. Jahrhundert recht ausgeprägt. Die Kölner Jahrbücher berichten im Zusammenhang der Kämpfe zwischen Dietrich von Moers und der bergischen Partei nach seiner Wahl zum Kölner Erzbischof, daß die Bergischen von Deutz aus die Kölner 1416 mit dem Ruf »herover, ir pefferlecker, ir velplucker! herover, ir perdesser« provozierten.[833]
Für die brutale Arbeit des Hundeschlagens, der Tötung herrenloser Hunde in den Straßen, fand sich offensichtlich nicht immer ein Kölner bereit. Am 22. August 1498 erteilte der Rat dem »hundesleger«, wahrscheinlich einem Schinder vom Lande, Geleit auf einen Monat »ad interficiendum canes non signatos«, zum Totschlagen der Hunde ohne ›Hundemarke‹.[834] Es scheint nicht ausgeschlossen, daß dieses Berechtigungszeichen vom Henker ausgegeben wurde. Die Hunde-

plage – für das tägliche Bild auf den Kölner Straßen ebenso charakteristisch wie die frei herumlaufenden Schweine[835] – beschäftigte den Rat 1513 und 1514 schon wieder: Zunächst wurden die Rentmeister im September 1513 aufgefordert, sich nach einem »hontsleger« umzusehen und ihm pro Hund das Fell und zwei Heller zu geben. Am 10. April 1514 – diese Aufgabe hatte ein »pertzvyller« übernommen – suchte eine Ratsabordnung den Hundeschläger auf, um ihn anzuhalten, von seinem Gewinn 15 Gulden an die Findelkinder abzugeben.[836] Da man den Wert der Hundefelle nicht abschätzen kann, läßt sich leider nicht berechnen, wievielen Hunden allein diese Abgabe das Leben kostete. Ihr tieferer Sinn lag vielleicht in dem Bemühen, eine ›unehrliche‹ Arbeit durch ein gottgefälliges Werk ein wenig aufzuwerten. Die Verpflichtung, den armen Findelkindern, die selbst wegen ihrer ungeklärten Herkunft eine stark diskriminierte Gruppe darstellten, jährlich 30 Gulden zu geben, lag nach einer Notiz im Ratsprotokoll vom 20. August 1565 beim Schinder, ein Amt, das um diese Zeit wohl schon der Henker in Personalunion verwaltete. Jedenfalls beschwerte sich der Schinder, daß ihm Ambrosius »mit den lep ougen« (Triefaugen) und seine Gesellen, vermutlich ein Goldgräber, Konkurrenz mit Schinden und Abortfegen mache.[837]
An der erniedrigenden Wirkung der Tätigkeit des Hundeschlagens änderte sich nichts; es blieb ein Gelegenheitsjob für Fremde aus dem untersten Randgruppenmilieu.[838] Zur Illustration einige Daten aus dem Verhörprotokoll des Peter van Goer vom 22. November 1569:[839] Peter ist ein großer, langer und schwerer Mann mit einem kahlen, »grindichen« Kopf – schon äußerlich keine anziehende Erscheinung. Seinen Lebensunterhalt gewinne er im Sommer, wenn er etwas Geld habe, bisweilen als »duppenkramer«, sonst durch Betteln; er verdiene sein Brot ferner »mit hondtschlaen, ehr sey auch ein schynner« (Schinder) und ein »schyssesfeger«; es sei ihm egal, mit welcher Arbeit er sein Brot gewinne, wenn es nur ›mit Ehren und ohne Strafe‹ geschehen mag. Vor einigen Jahren habe er in Köln den Auftrag angenommen, die Hunde tot zu schlagen; es sei ihm aber zuwider gewesen, so habe er die Tiere nur in den Eigelsteingraben geworfen und sich aus der Stadt gemacht. Schon 1557 ist er mit der Kölner Justiz in Berührung gekommen und einem peinlichen Verhör unterzogen worden: Damals hat ihn Philip Kaulendreger (Kohlenträger) verklagt, er habe Philips ›Jungen‹ (Sohn oder Lehrling) nach Neuss mitgenommen und dort ermordet; der Junge ist aber wieder nach Hause gekommen. – Das unstete Leben geht weiter. Vier Monate vor dem zweiten Verhör vom November 1569 ist er in Zwolle, lernt dort eine Frau na-

mens Anna kennen, die ihn heiraten will; er behält sie bei sich, macht sich mit ihr ›nach seinem Willen zu schaffen‹, führt sie aber nicht zur Kirche, sondern zieht mit ihr durch die Lande, legt sich mit einem jungen Mädchen an, das er zur Ehe haben will und schickt Anna endlich fort, als er zu Siegburg im Hospital erfährt, Anna habe schon einen Mann, der »lam uf einer kharren zu Colln sitzendt were und umb almosen beddelde«. Am 12. Dezember wird Peter van Goer entlassen; er muß auf ewig die Stadt ›verschwören‹, weil der Rat auf keinen Fall erlauben will, daß sich solche »muessige faule boben, muellenstuesser und ehebrecher« in der Stadt aufhalten. Sein Ende – vom Turmbuchschreiber in einer Randnotiz mitgeteilt – ist schrecklich: Im Januar 1571 wird er in Neuss »geradbrecht«, lebendig auf ein Rad geflochten und stranguliert – angeblich hat er viele Morde begangen –; er stirbt »absque ulla penitentia«, ohne Reue zu zeigen.

Als Hundeschläger betätigten sich bei ihrer nächtlichen Arbeit gelegentlich auch die ›Goldgräber‹. Im Frühjahr 1572 kam es wegen eines Hundes zu einer Schlägerei zwischen dem ›Jungen‹ Johann Koch, wohnhaft auf dem verrufenen Altengraben, und einem Goldgräber, der – es war Palmsonntag – gerade das hl. Sakrament empfangen hatte. Johann büßte für die Ohrfeige – er machte Volltrunkenheit als mildernden Umstand geltend – mit 14 Tagen Haft bei Wasser und Brot im ›Loch‹ bei St. Gereon.[840]

In den 1590er Jahren folgten mehrere gerichtliche Auseinandersetzungen zwischen dem Scharfrichter und einigen Goldgräbern und Schindern, die in seinen Arbeitsbereich eingriffen. Wie oben schon kurz angedeutet, hatte ›Meister Hans‹ inzwischen bezüglich der Kloakenreinigung und der Abdeckerei in der Stadt und innerhalb der Bannmeile eindeutig das Sagen; ausgenommen waren die kirchlichen Immunitätsbezirke. Vom 27. April bis zum 2. Mai 1592 wird Johann van Waßenberg, gen. Atten Johann, auf dem Turm verhört:[841] Er wohnt seit 18 Jahren in Köln, ist Goldgräber von Beruf, arbeitet für Bürger, auch einige Klöster, die ihn beauftragen, Kloakeninhalt in »die hoffe zu begraben«, zur Verrottung in den Bau- und Viehhöfen einzugraben. Er betont, Meister Hans keinen »inbruch« in seine Arbeit zu tun; aber weil er »anders nicht gelernet, muße ehr sich deßen ernehren.« Der Scharfrichter wirft ihm vor, er habe ihn mit Schmäh- und Scheltworten angegriffen, ihn auch körperlich bedroht. Johann gibt zu, zwischen Ostern und Pfingsten mit Meister Hans Streit gehabt zu haben, aber dabei sei es um einen Knecht des Henkers gegangen, der sich entleiben wollte, weil ihm der Scharfrichter den verdienten Lohn vorenthalten habe. Er, Johann, habe dem Lebensmüden das Messer aus der Hand genommen und Meister Hans Vorwürfe gemacht, ›das sei nicht recht‹. Dieser aber habe ihn einen Schelm – damals eine tödliche Beleidigung – gescholten, gedroht, er wolle ihn noch »hencken«, ihn zum Kampf herausgefordert und mit Steinen nach ihm geworfen. Später habe er noch dreimal vor dem Henker in Nachbarhäuser ausweichen müssen.

Im Verlauf des Verhörs muß Atten Johann noch einen Ehebruch mit der Frau von Hans Muller (auf dem Alten Graben) zugeben, die ihn auf zehn Wochen zur Schanzarbeit in Wesel begleitet hat. Da der Verdacht des Mordversuchs am Henker nicht ganz erhärtet werden kann, wird Johann »ad perpetuos carceres«, zu lebenslänglicher Haft verurteilt, es sei denn, daß man »beßerei« (Besserung) an ihm spüren werde.

Zur selben Zeit, am 1. Mai 1592, entließ man einen anderen Goldgräber, Thomas von Gymnich, aus der Haft mit der Auflage, den Arbeits- und Rechtsbereich des Henkers zu respektieren. Was er außerhalb von Meister Hansens Bezirk ›in die Höfe‹ begrabe, dürfe er frei tun, bezüglich »die karr und metz«, der Fahrt mit der Nachtkarre und des Gebrauchs des Schindermessers, solle er den Scharfrichter unbehelligt lassen.[842]

Warum Meister Hans so rigoros gegen jeden Schwarzarbeiter an ›Karre und Messer‹ vorging, hatte sehr einleuchtende private Gründe: Er baute einen Stall, und das kostete Geld. Dem Verhör von Hermann van Duiren mit dem sprechenden Übernamen ›der Schlimme‹, das vom 1. bis 8. Oktober 1592 auf Gesuch und Klage des Scharfrichters erfolgte,[843] sind sehr bemerkenswerte Details über die persönlichen Lebensumstände und die hervorstechenden Charaktereigenschaften des Kölner Henkers an der Wende vom 16. zum 17. Jahrhundert zu entnehmen: Der ›schlimme‹ Hermann, der kurz zuvor den Dienst als Kloakenreiniger und Schindergehilfe bei Meister Hans aufgegeben hatte, begründete seine Kündigung mit den ausbeuterischen Methoden des Henkers als Reinigungsunternehmer: Er habe immer viel mehr verlangt, als die Goldgräber nachts verrichten könnten; seine Fässer seien undicht. Wohl zehnmal habe ihm Meister Hans befohlen, den Unflat an der Neugasse auszuschütten, was er, da verboten, verweigert habe. Es habe Streit gegeben, weil er aus Versehen den Inhalt der Abortfässer einmal nicht in die Kuhle des Henkergevatters Vaßen, sondern daneben in Richtung Frankenturm geschüttet habe.

Da Meister Hans ihm Geld schulde und ihn nicht bezahle, habe die Armut ihn gezwungen, gelegentlich ein Fell »dabuißen« zu holen; vor acht Tagen habe er sogar mit Bewilligung des Vogtes zu Mülheim ein

Fell geholt, weil sich Meister Hans weigerte, dem Vogt die geschuldete Gebühr zu entrichten. Den Vorwurf, Fleisch von verendeten Kühen in Köln verkauft zu haben, wies er entschieden zurück.
Dann drehte Hermann den Spieß um und beschuldigte den Scharfrichter schwer: Er habe Steine aus dem Stadtgraben entfremdet und in Köln beim Bau eines Stalls verwendet. Noch weiter ging Gertrud von Westorps, Ehefrau von Hermanns Freund Everdt von Guilich, der anscheinend ebenfalls als Goldgräber oder Henkergeselle (Steckelknecht, Stockwärter) gearbeitet hatte: Meister Hans habe zu Melaten am Richtplatz etliche Pfosten (mit Rädern), auf denen noch »gebains« (Gebeine von Hingerichteten) gelegen habe, nach Köln gefahren und für seinen Stallbau auch Eisenklammern vom Rabenstein entwendet – alles hochtabuisierte Gegenstände, die eigentlich kein ›ehrlicher‹ Mensch berühren durfte.
Am 8. Oktober 1592 nahm Meister Hans Stellung: Es ist stadtbekannt, daß die Pfosten von allein zusammengebrochen sind; er hat keine heimfahren lassen, nur einmal zusammen mit seinem Knecht Claeß zwei Räder aus dem Wasser gezogen, die Eisenreifen abgeschlagen und sie in sein Haus bringen lassen. Der Knecht hat später ein Rad zerschlagen und in seinem eigenen Haus zu Brennholz gemacht. Ein anderer Knecht, der Fuchs, hat vor einem Jahr tatsächlich Stangen von den Pfosten abgeschlagen und heimgebracht; dort liegen sie noch. Klammern vom »Rondeill« hat er nicht abgeschlagen. Es stimmt, daß er gebaut hat, und zwar mit Hilfe des Steinmetzen Moritz. Dafür hat er auch verschiedene Steine gesammelt, sie aber nicht aus dem Stadtgraben geholt.
Das Gericht glaubte ihm und sperrte Hermann und Everdt für einige Tage ins ›Loch‹. Ganz geheuer war der geizige und geschäftstüchtige Henker dem Rat aber doch nicht. Man erkundigte sich genau nach seinen Familienverhältnissen: Nach Hermann van Duirens Aussage war er verheiratet und hatte zwei Söhne. Der Rat wußte es besser; denn schon im Jahr zuvor, am 2. März 1591, hatte er die Lebensgefährtin des Scharfrichters, die Witwe Wilhelma von Buttgen, auf dem Frankenturm verhört:[844] Sie wohnt im Haus des Henkers, ernährt sich vom Spinnen und hat zwei Kinder – beide vermutlich aus erster Ehe –, ein Mädchen, das bei ihr lebt, und einen Sohn, den ihr Meister Hans jüngst an Mariae Himmelfahrt (15.8.1590) gegen ihren Willen weggenommen, nach Frankreich geschickt und an sein »amptt« getan, d.h. auf eine Henkerstelle vermittelt hat – ein schöner Beleg für die weitgehende Selbstrekrutierung der Henkerfamilien und ihre überregionalen Beziehungen. Allerdings kam es selten zur direkten Nach-

folge von nahen Verwandten am gleichen Ort; man wollte keine Verfestigung von Familien, die mit dem Tötungsstigma behaftet waren, wie man ja überhaupt dieses Stigma und die Infamie des Henkers gern einem Fremden auflud, damit er es »gleich einem Sündenbock in weite Fernen trug«.[845]
Meister Hans muß die Wilhelma in den nächsten Jahren tatsächlich geheiratet haben; wir werden sie noch 1612 in voller Aktion als eifersüchtige Henkersfrau kennenlernen.
Ein weiterer Eingriff in die Rechte des Henkers kam am 13. März 1593 zur Sprache, als man Thomas von Gymnich und Johann von Duiren, den zu dieser Zeit amtierenden Schinder, verhörte.[846] Es ging um einen vier Jahre zurückliegenden Fall, der sehr klar zeigt, wie man als Schinder und Goldgräber den Umstand, daß Köln jedes Jahr Ziel großer Ochsenherden aus Friesland, Oldenburg und dem Münsterland war,[847] zu einem einträglichen Nebengeschäft nutzen konnte. 1589 war Thomas von Gymnich offizieller Führer des Schindermessers; als sein Geselle hatte Johann von Duiren fungiert, damals aber gerade den Dienst quittiert und sich mit seinem Freund, dem »Steckelknecht« Everdt, an einem Oktobertag die Zeit mit Fischen vertrieben, am Rhein unterhalb des kleinen Siechenhauses gegenüber von Mülheim. Kurz vorher waren Kaufleute mit einer Ochsenherde vorbeigekommen, die einen Knecht mit zwei Ochsen zurückgelassen hatten. Der eine konnte wegen eines gebrochenen Beines nicht mehr weiter, der andere hatte durchgedreht (war »lunig«) und war in den Rhein gelaufen, woraus ihn ein Fischer mit einem Nachen wieder an Land zog. Darüber ärgerte sich der Treiberknecht, dem ein ertrunkener Ochse lieber gewesen wäre; denn nun mußte er ihn zunächst zum Siechenhaus weiterführen – und noch länger warten, bis er sich mit dem Treiberlohn in das Kölner Nachtleben stürzen konnte. Als er zu dem zweiten Ochsen an den Rhein zurückkam, ging das Feilschen los. Der Treiber erzählte den Knechten, weiter rheinabwärts liege ein dritter Ochse, ebenfalls mit gebrochenem Bein. Man besah das Tier, und während man noch verhandelte, ob man dafür einen oder zwei Taler geben wollte – mit Gewalt habe man dem Knecht den Ochsen nicht abgedrungen, sagte Johann von Duiren –, kam der Schinder Thomas dazu und verlangte von Johann, den Ochsen liegen zu lassen; wenn er sterbe, sei er ihm verfallen. Bald einigte man sich unter Freunden, brachte das Tier auf einer Karre nach Köln in Thomas' Haus, schlachtete es und teilte das Fleisch in drei Teile. An diese Einzelheiten konnte sich Thomas vor Gericht nicht mehr erinnern. Der Henker ging leer aus.

Hermann von Duiren, Goldgräber und Schinder, verbüßte im Juni 1593 auf Betreiben des Scharfrichters wiederum einige Tage Haft im Loch (Keller) der Trankgassenpforte. Am 9. Juni entließ man ihn mit der ernsten Ermahnung,[848] Meister Hans ›an seinem Messer‹, mit Abholen von Fellen und auch an der »nachtskarrn« keinen Schaden mehr zu tun, sondern ihn mit seiner Frau, seinen Kindern und seinen Dienern unbehelligt zu lassen. Angeklagt hatte man ihn diesmal wegen eines Pferdefelles, das er von der Weide geholt hatte. Ob der Besitzer des Pferdes, Arnold zum Pesch, noch weitere gerichtliche Schritte gegen Hermann unternahm, wissen wir nicht. Der Schinder verteidigte sich geschickt: Das Pferd lag schon in seiner »kuelen« und konnte nicht mehr aufstehen, die Raben hätten ihm bereits ein Auge ausgefressen und der Besitzer selbst die Hufeisen abgenommen. Er habe ihm nur noch den Hals abgestochen, es enthäutet und das Fell verkauft.

Die Streitigkeiten zwischen dem geldgierigen Scharfrichter und den Goldgräbern gingen auch im 17. Jahrhundert weiter. 1611 mußten Peter Fuchs und Ännchen »Goltgrevers« ein paar Tage im ›Loch‹ zu St. Gereon absitzen, weil sie gegen den Befehl des Rentmeisters dem Scharfrichter nicht an der »nachtskarn« helfen wollten. Sie gelobten, ihm nun gehorsam sein zu wollen und wurden am 13. April entlassen.[849] Ein Jahr später, am 5. April 1612, wurde En (Anna) von Aich, Witwe des Brauen Hans, wohnhaft auf dem Alten Graben in der Spielmannsgasse, offensichtlich identisch mit dem eben genannten Ännchen »Goltgrevers«, wieder auf dem Turm verhört. Das Protokoll wirft noch einmal ein bezeichnendes Licht auf die charakterlichen Eigenschaften des Scharfrichters, der hier vornehm als ›Meister von der Nachtkarre‹, aber endlich auch mit vollem Namen: Jan Gysen von Bonn, vorgestellt wird. Aus den Aussagen beider[850] ergibt sich: Ännes Mann ist als Goldgräber vor drei Jahren in einen »thurn« (Abortschacht) gefallen und dabei »jemerlich todt geplieben; sie ernhere sich auch selbigen arbeidtz«. Weil ihr der Meister von der Nachtkarre das nicht gestatten wollte, hätten sie sich schwer »gekieffen«. Sie setzte ihn unter Druck mit der Drohung, an den Tag zu bringen, wie er davor mit ihr umgegangen sei. Jan Gysen scherte sich nicht darum, aber das von Änne ausgestreute Gerücht kam schnell an die richtige Adresse; denn auch der Scharfrichter wohnte ja in der Spielmannsgasse (Altengrabengäßchen). Die Frau des Henkers, Wilhelmina von Buttgen, erschien bei Änne, fragte sie ohne Umschweife, ob ihr Mann etwas mit ihr zu schaffen gehabt habe, und fiel, als sie mit »Ja« antwortete, wütend über sie her, wobei ihr der Scharfrichter mit Schlagen

66 Trankgassenpforte, Ort vieler Verhöre

und Kratzen kräftig half. Der Ehebruch fand am Martiniabend 1611 in Ännes Haus statt, zuerst auf der »leuff« (Laube, Dachkammer), dann noch einmal in der Stube: Sie habe zuerst nicht gewollt, da sei er gegen ihren Willen an einer Kiste über sie hergefallen; nach dem – offensichtlich freiwilligen – zweiten Mal unten in der Stube habe er ihr schließlich eingeschärft, »sie muste den haesch halten«. – Jan Gysen gab zu, er habe Änne vor etwa zwei Jahren die Tages-Arbeit, d.h. die Kloakenfuhren auf das Feld, verbieten lassen; damals sei sie vorübergehend aus Köln weggezogen. Daß er Unzucht mit ihr getrieben, stritt er zunächst ab, gestand es dann aber doch bei einer Gegenüberstellung: Es sei im Trunk geschehen. – Das Urteil war jene Ehrenstrafe, an welcher der Scharfrichter sonst gelegentlich als Aufsichts-

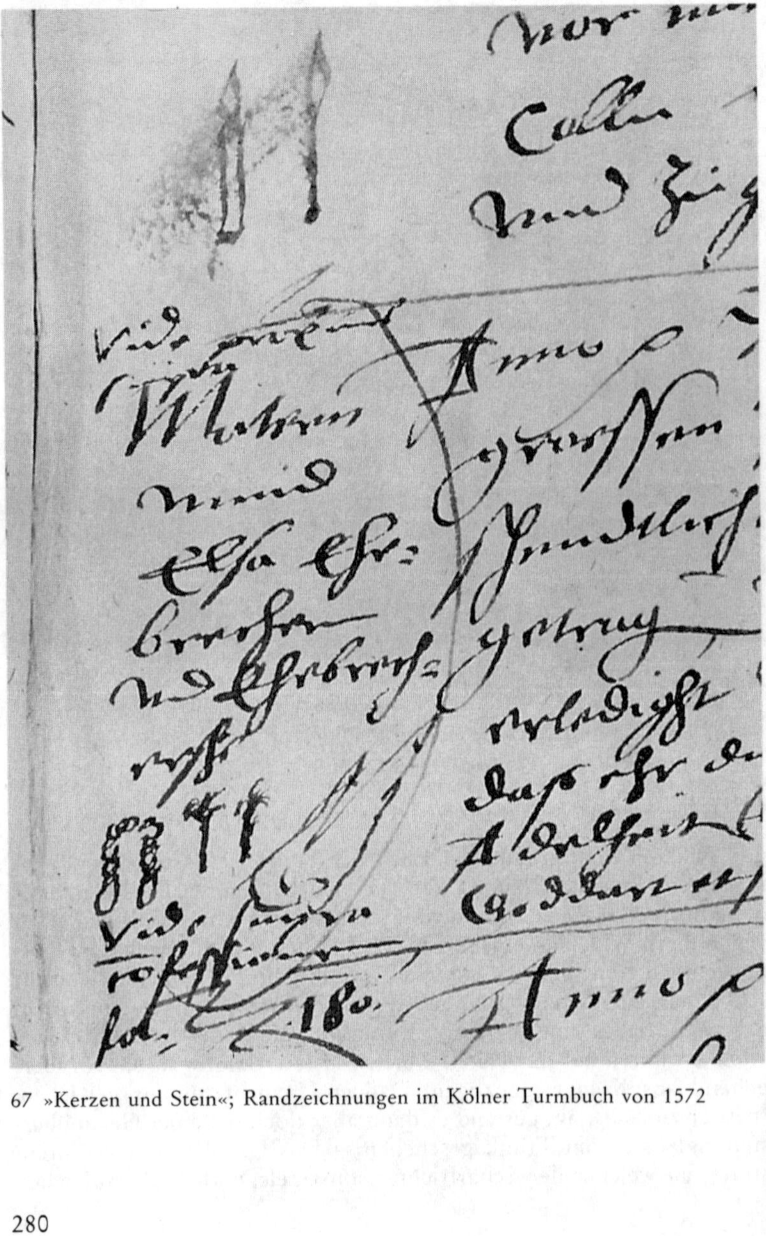

67 »Kerzen und Stein«; Randzeichnungen im Kölner Turmbuch von 1572

person beteiligt war: Am Sonntag, dem 8. April 1612, haben beide »wegen begangenen bekandten ehebruchs gewonliche proceßion mitt kertzen und stein tragen gehalten«.[851]

Es war schon ein eigenartiges Völkchen, das sich da am Ende des 16. Jahrhunderts im Altengrabengäßchen konzentrierte. Hier baute der Scharfrichter einen Stall an sein Haus, hier konnte er die ›Aufsicht‹ über die Goldgräber[852] auch auf deren Frauen ausdehnen, hier wohnte bis kurz vor 1596 die »welsche Anna«, eine alte Dirne (sitzt nu im dolhauß) in einem Zinshäuschen des Hospitals St. Revilien,[853] das am 24. Januar 1634 zusammen mit einem weiteren Haus für die beachtliche Summe von 301 Talern an den Scharfrichter Meister Arnold von Arweiler verkauft wird.[854]

Vor Arnold von Arweiler und Jan Gysen von Bonn sind uns nur drei Kölner Henker namentlich bekannt: 1478 Christgyn »sharprichter«, 1481 Seger »sharprichter« und 1555 Hupprecht Berchs.[855] Alle übrigen bleiben hinter dem Hüllnamen ›Meister Hans‹ verborgen.

Mit der topographischen Konzentration der henkermäßigen Leute im Altengraben- oder Spielmannsgäßchen verstärkte sich die Absonderung von den ›ehrlichen‹ Leuten. Für den Henker bedeutete der Weg vom Hühnermarkt in dieses Milieu zweifellos einen sozialen Abstieg, vergleicht man seine achtunggebietende Position in der Scharfrichterordnung von 1435 mit der zwar lukrativen, aber insgesamt höchst anrüchigen Kombination von Henker-, Schinder- und Goldgräberamt. Aber hier war er unter seinesgleichen, ein Unberührbarer unter Unberührbaren, die nichts mehr an Ehre zu verlieren hatten, integriert in einem gesellschaftlichen Subsystem mit eigenen Lebensnormen und -bedingungen.

Die Ächtung durch die gute Gesellschaft traf jeden, der als Schinder, Goldgräber, Hundeschläger oder Henkersknecht sein Brot verdiente, die Bemakelung machte auch vor den Familienmitgliedern nicht halt; die Söhne hatten keine Aufstiegschance, ja die Infamie ›vererbte‹ sich sogar auf indirektem Wege. Ein bezeichnendes Beispiel für die Härte der Diskriminierung liefert das Testament der Eheleute Albert und Eidtgen van Arke vom 23. April 1547:[856] Ihr Sohn Hermann, 1547 bereits verstorben, soll, »wie geredt wirt«, mit Anne von Bleißem verheiratet gewesen sein. Sicher war das für die Testamentsaussteller nicht; denn Anna war »durch irs eirste furehegemal hadtwerck (wie offentlich an tag ist, als die testerende sachten) bepfamet gewest«, also infamiert, ehrlos durch den ›unehrlichen‹ Beruf ihres ersten Mannes. Ob er Henker oder Schinder war, wissen wir nicht; auf jeden Fall war es ein ›Handwerk‹, dessen Vertreter im Erzstift Köln nicht zur kirchlichen Eheschließung zugelassen waren (ghein matrimonium nahe gebrauch und gewonheit deß steyffs Colne in der kirchgen wollentzogen sultten haffen). Nun bestand die Gefahr, daß über die ›bepfamete‹ Anna die Unehrlichkeit auch noch auf die beiden unmündigen Kinder aus ihrer zweiten ›Ehe‹ mit Hermann van Arke überging, da diese möglicherweise unehelich geboren waren – ein Fluch ohne Ende.

68 Hinrichtung mit dem Schwert

XI. Die Krummen und die Geraden: kein Schlußwort

Fluch ohne Ende – Aufstieg aus eigener Kraft – Permanenz des Dirnenelends – Betteln führt nicht mehr zum Galgen, Zauberei nicht mehr auf den Scheiterhaufen – Zigeuner, Landfahrer, Zirkusleute bleiben diskriminiert – das sind nur einige Stichworte, die man für eine vorläufige Bilanz nutzen könnte, um einerseits den Kontrast, die Verschiedenheit der Lebensformen, Verhaltensweisen und Denkstrukturen zwischen älteren und modernen Gesellschaftssystemen aufzuzeigen, den Wandel und das Ausmaß der Veränderungen zu beschreiben, um andererseits die – fast beängstigende – Kontinuität des Denkens, Fühlens und Handelns anzudeuten, über die man sich nur ungern Rechenschaft gibt: Ungebrochene Diskriminierung von Außenseitern, gesellschaftliche Verachtung für die Entwurzelten, Verdrängung des Mitleids durch Wegsehen, der bequeme Rückbezug auf die schließlich doch mit den persönlichen Steuergeldern finanzierten Verpflichtungen von Staat, Gemeinden und Kirchen zur sozialen Fürsorge und Resozialisierung, Abbau der persönlichen Betroffenheit im Verlassen auf ein anonymes soziales Netz, was dazu führt, daß die Wiederbelebung des Solidarprinzips auf der Ebene von Verwandtschaft, Nachbarschaft und Gemeinde heute obrigkeitlich ›verordnet‹ werden muß, schließlich die Gespaltenheit in der persönlichen Haltung zu einigen, immer noch als parasitär empfundenen Gruppen, das Schwanken zwischen der Faszination durch oder dem Neid auf eine vermeintlich oder tatsächlich freiere, ungebundene Lebensform und der Verachtung und Diffamierung von Leuten mit abweichendem Verhalten, für die in der modernen Leistungsgesellschaft kein Platz mehr ist – ausgenommen werden allenfalls Unterhaltungskünstler auf Bühne, Bildschirm oder dem Rasen der Sportarena.

Hat sich seit dem Spätmittelalter Entscheidendes geändert? Einiges doch: Die meisten der verfemten Berufe sind heute ehrbare Handwerke, geachtete Fabrikarbeiterpositionen oder sogar Akademikerstellen, die Arbeit des Goldgräbers hat die städtische Kanalisation übernommen, bei der Müllabfuhr werden inzwischen sogar die Gastarbeiter wieder durch einheimische Arbeitskräfte ersetzt. Der Henker hat in vielen Ländern ausgedient; wo es die Todesstrafe noch gibt, schützt ihn die weitgehende Anonymität seines ›Nebenberufs‹ vor gesellschaftlicher Diskriminierung. Einem Arbeiter in einer Tierkörperverwertungsanstalt, Totengräber, Gefängniswärter, Gerichtsdiener, Schäfer, Roßschlächter usw. würde niemand die Hand zur Begrüßung verweigern – diese Tabus sind gefallen.

Die Leprakranken sind hoffentlich bald auch in den noch betroffenen außereuropäischen Ländern kein Problem mehr, die Syphiliskranken können dauerhaft geheilt werden und bald wird man auch mit dem AIDS-Erreger fertigwerden. Aber was entspricht der Wirkung nach der Gründung jener vielen Tausend Leprosorien im mittelalterlichen Europa, wenn man an die ›lebenden Toten‹ in unserer Gesellschaft denkt, die stetig wachsende Zahl von Suchtkranken, Rauschgift- und Drogenabhängigen, deren radikale Diskriminierung und Kriminalisierung auch auf die wenigen, überwiegend privaten Hilfseinrichtungen abfärbt? Wann wird das unausrottbare Vorurteil, Zigeuner lebten überwiegend vom Stehlen, endlich abgebaut, werden ihre fahrende Lebensform, ihr in sich geschlossenes und hervorragend funktionierendes Normensystem gesellschaftlich anerkannt?

Wann ändern sich jene Moral- und Unmoralvorstellungen, die noch vor kurzem zur ›öffentlichen Mißrichtung‹ eines Bundeswehrgenerals geführt haben, bisher ohne den im Spätmittelalter und in der Frühneuzeit praktizierten sühnenden Akt, der das Gleichgewicht der Gerechtigkeit wieder herstellt?

Die Prognose von Sozialhistorikern, die sich mit Strukturen langer und sehr langer Dauer im Sinne Fernand Braudels beschäftigen, muß pessimistisch ausfallen, vor allem wenn man die eingangs postulierte gesamt-gesellschaftliche Funktion von Vorurteilen für den Bestand eines sozialen Systems berücksichtigt. Vorurteile können abgebaut werden, aber das ist ein langwieriger Prozeß, in der Regel begleitet vom Aufbau neuer Vorurteile, der lediglich zu einer Veränderung in der Zusammensetzung der Gesellschaft der ›Krummen‹ am Rande der Gesellschaft der ›Geraden‹ führt. Trotzdem hoffen wir, mit diesem Buch über die Kölner Randgruppen und Außenseiter auch zum Nachdenken anregen und ein besseres, historisch fundiertes Verständnis für abweichendes Verhalten wecken zu können, das wenigstens individuell handlungsmotivierend und damit verändernd wirkt.

Anmerkungen

(Abkürzungen – s. Quellen- und Literaturverzeichnis, 1. Ungedruckte Quellen, S. 310)

1 Briefbuch 36, fol. 205 b/206 a.

2 Vgl. *Johansen/v. zur Mühlen,* Deutsch und Undeutsch; W. *Stein,* Akten II, S. 592 f.

3 Vgl. HUA 1/8256 (Schreiben der Stadt Orsoy, 1413 Okt. 19), HUA 18476 (Schreiben der Stadt Schwelm, 1595 Juli 12) und unten, S. 202 und S. 282.

4 Vgl. zu allen Gruppen oder Berufen die entsprechenden Kapitel in *Danckert.*

5 Rpr. 1 a, fol. 60 b: Am 9. Juni 1513 beschließt der Rat, daß kein Verbannter, Schiffmann, Wirt, Bastard und keiner, der einem Herrn oder Fürsten verpflichtet ist, in den Rat gewählt werden darf. – Am 14. Dezember 1537 schließt man unter Bezug auf die Altreuscher (Altschumacher) »gerynge oder lydderliche personen« vom passiven Wahlrecht aus; Rpr. 9, fol. 524 a.

6 Vgl. *v. Loesch,* II, S. 328–330; Rpr. 7, fol. 191 a (1529 Jan. 11).

7 Vgl. die Aufsätze von *Fischer* und *Graus,* letzteren vor allem auch zu dem von uns ausgeklammerten Aspekt der Juden als Randgruppe.

8 Text und Interpretation nach *Borst,* S. 341 f.

9 Verf. u. Verw. G 213, fol. 138 b–139 b.

10 Rpr. 26, fol. 190 b.

11 *Rüger,* Almosenwesen, S. 68/69.

12 Ratsmemorial I, fol. 168 b.

13 HUA 12 257.

14 AV Revilien, Bücher 3, fol. 57 a/b.

15 Weinsberg IV, S. 143 (1592).

16 Koelhoffsche Chronik = Chroniken der deutschen Städte, Köln 3, S. 905; vgl. auch *Caignebert,* S. 333 ff.

17 Zum Folgenden siehe *Mies,* Hospitäler; *Lassotta,* Armut, passim; allgemein: *Reicke,* Spital; *Jetter,* Geschichte; *Mollat,* Die Armen.

18 Nach der Urkunde von 1334 August 30, in der Albrechts Bruder Johann die Hospitalsgründung bestätigte und absicherte; vgl. L. *Ennen,* Quellen IV, Nr. 205, S. 222–224.

19 Schreinsbuch 164, fol. 21 a, 1399 Juni 22; Testament des Stifters vom 18. Juni 1399, Test. 3/H 406. Zu den Pilgerhospitälern vgl. *Lassotta,* Pilger.

20 Weinsberg V, S. 449/50.

21 *Grundmann,* Religiöse Bewegungen; zu Köln: *Asen,* Beginen.

22 Deutsches Wörterbuch von Jacob und Wilhelm *Grimm,* 4, 2, Leipzig 1877, Sp. 652.

23 Rpr. 22, fol. 159 a, 1566 April 15.

24 Erste ausführliche Kölner Armenordnung, undatiert, sehr wahrscheinlich 1573; Edikte 17, Blatt 150; Druck: *Lassotta,* Armut, S. 373/74.

[25] *Winckelmann,* Armenordnungen; *Rüger,* Almosenwesen; *Winckelmann,* Straßburg; *Fischer,* Armut; *Bisle,* Armenpflege.

[26] *Rüger,* Almosenwesen, S. 68/69.

[27] *Baader,* S. 317; *Rüger,* Almosenwesen, S. 72.

[28] Ratsmemorial I, fol. 168 b.

[29] Edikte 3, Blatt 144.

[30] *Baader,* S. 318.

[31] W. *Stein,* Akten I, Nr. 331, Statuten von 1437 Juni 15, Art. 111, S. 699.

[32] *Abel,* Hungersnöte und Absatzkrisen, S. 6.

[33] *Irsigler,* Getreidepreise.

[34] Test. 3/F 79.

[35] 800 Mark reichen zum Ankauf von ca. 80 Maltern Roggen à 108 kg; daraus lassen sich 14 400 Zweipfund-Brote mit einem bei Roggenbrot üblichen Wasseranteil von etwa 40 % bakken.

[36] W. *Stein,* Akten II, Nr. 214, S. 353; ebd. I, Nr. 193, S. 393.

[37] Ebd., II, Nr. 331, S. 499.

[38] Ebd., II, Nr. 332, S. 501, Art. 12.

[39] Ebd., Nr. 455, S. 592.

[40] Rpr. 2, fol. 218 a, 1515 November 23.

[41] Rpr. 3, fol. 157 a, 1517 Januar 7.

[42] *v. Looz-Corswarem,* Artikelserie, S. 139 und S. 146.

[43] *Winckelmann,* Armenordnungen; *Sehling,* Kirchenordnungen, Bd. 11: Bayern 1 = Franken, S. 23 ff.

[44] *Winckelmann,* Straßburg; vgl. weiter *Fischer,* Armut.

[45] Verf. u. Verw. G 214, fol. 37 a, 1573 Mai 29.

[46] Handwörterbuch des deutschen Aberglaubens, III, Sp. 1195.

[47] *Sehling,* Kirchenordnungen, Bd. 11: Bayern 1 = Franken, S. 25.

[48] Datierte Briefeingänge 1452 Juni 13 und Juli 13.

[49] Briefbuch, Bd. 21, fol. 43 a, 1452 Juni 16.

[50] Rpr. 14, fol. 53 a, 1549 Januar 10.

[51] *Schmidt,* Zuchthäuser, S. 6/7.

[52] Rpr. 61, fol. 269 a, 1612 Januar 16; fol. 290 b, 1612 Februar 10; fol. 364 a, 1612 April 20.

[53] *Kuske,* Städtische Handels- und Verkehrsarbeiter, S. 87/88.

[54] Vgl. Verf. u. Verw. G 212, fol. 167 a/b, 1570 Oktober 18.

[55] Siehe Kapitel X. 3: Der Henker und seine Gesellen: Das „Schauspiel des Todes“.

[56] Rpr. 1 a, fol. 62 a.

[57] Rpr. 5, fol. 121 a, 1524 Januar 11.

[58] Rpr. 8, fol. 223 b, 1532 Juli 24; ebd., fol. 340 a, 1536 Februar 2.

[59] Rpr. 16, fol. 147 a, 1552 Mai 16.

[60] Verf. u. Verw. G 213, fol. 11 b.

[61] Rpr. 58, fol. 182 a/b, 1609 Oktober 2.

[62] Rpr. 61, fol. 223 b/224 a, 1611 Dezember 2; Rpr. 72, fol. 242 b, 1626 August 14.

[63] Rpr. 17, fol. 163 b, 1553 Oktober 20.

[64] *Lassotta,* Armut, S. 655 ff.

[65] Rpr. 8, fol. 340 a, 1536 Februar 2.

[66] Rpr. 13, fol. 187 a, 1548 Februar 17.

[67] Rpr. 17, fol. 160 a, 1553 Oktober 6.

[68] Ebd., fol. 163 b, 1553 Oktober 20.

[69] Vgl. *Lassotta,* Armut, S. 667/68 und S. 672.

[70] Rpr. 27, fol. 187 b, 1573 März 27.

[71] Edikte 1, Blatt 22.

[72] Edikte 1, Blatt 25.

[73] Verf. u. Verw. G 229, fol. 239 a – 242 a, 1595 März 2/6.

[74] Nach den Verhörprotokollen in den Turmbüchern.

[75] Rpr. 16, fol. 67 b, 1551 Dezember 30.

[76] Rpr. 25, fol. 153 b.

[77] Rpr. 34, fol. 58 b, 1583 April 15.

[78] Rpr. 50, fol. 119 b/120 a.

[79] Verf. u. Verw. G 216, fol. 183 a – 184 b.

[80] Verf. u. Verw. G 222, fol. 144 a – 144 b, 152 a, 1585 Mai 13/16.

[81] Verf. u. Verw. G 213, fol. 189 b, 1573 Januar 13.

[82] Verf. u. Verw. G 211, fol. 93 b – 96 b, 1567 August 2.

[83] Verf. u. Verw. G 228, fol. 239 b/240 a, 1593 Juni 22.

[84] Rpr. 16, fol. 67 b, 1551 Dezember 30.

[85] Rpr. 25, fol. 151 b, 1569 Dezember 30.

[86] Rpr. 57, fol. 309 b, 1609 März 30.

[87] Rpr. 61, fol. 145 b, 1611 September 23.

[88] Rpr. 62, fol. 178 a, 1612 November 21.

[89] Verf. u. Verw. G 229, fol. 271 b/272 a, 276 b, 1595 Mai 11.

[90] Vgl. unten Kap. II. 9: „Jugend ohne Hoffnung“.

[91] Verf. u. Verw. G 231, fol. 65 b/66 a, 1597 September 18.

[92] Verf. u. Verw. G 241, fol. 19 b – 21 a, 1613 Januar 7.

[93] *Doebner,* Hildesheimer Urkundenbuch I, Nr. 702, S. 387, 1319 Oktober 29; ebd. II, Nr. 97, S. 59, 1354 November 13.

[94] *Kriegk,* I, S. 141, S. 539/40, Anm. 123.

[95] Ebd., S. 141 und S. 541, Anm. 123.

[96] *Spee,* Quedlinburg, S. 75/76.

[97] Sebastian Brant, Das Narrenschiff, Kap. 63: „Von Betleren".

[98] *Danckert,* S. 210; *Wackernagel,* Bd. II, 1, S. 377/78.

[99] *Keussen,* Topographie II, S. 107 a, 5.6 (1164/76), S. 110 a, b.c; vgl. oben, S. 33.

[100] Rpr. 5, fol. 65 a, 1523 August 19.

[101] Rpr. 21, fol. 60 b.

[102] Verf. u. Verw. G 239, fol. 88 a – 92 a, 1611 Januar 25.

[103] Rpr. 14, fol. 49 a, 1549 April 19.

[104] Rpr. 56, fol. 297 a, 1608 März 5.

[105] *Greving,* Wohnungs- und Besitzverhältnisse, S. 38/39, Anm. 3.

[106] Ebd., vgl. auch Anm. 107.

[107] *Irsigler,* Kölner Wirtschaft, S. 233.

[108] Weinsberg IV, S. 194.

[109] Vgl. unten, S. 281.

[110] Verf. u. Verw. G 240, fol. 3 a – 4 a, 15 b/16 a, 1611 November 11.

[111] Verf. u. Verw. G 240, fol. 41 a, 47 a/b, 1611 November 28/Dezember 3.

[112] Verf. u. Verw. G 240, fol. 222 b, 1612 Juli 28.

[113] Verf. u. Verw. G 240, fol. 234 a/b, 1612 August 25.

[114] Verf. u. Verw. G 241, fol. 116 b, 1613 September 5.

[115] Verf. u. Verw. G 226, fol. 240 a – 249 b, 1591 Januar 24/Februar 16.

[116] Edikte 17, Blatt 81, 1583 Dezember 7; Rpr. 38, fol. 104 a/b, 1587 Oktober 2.

[117] Rpr. 47, fol. 122 a/b, 1597 Mai 19 bzw. Rpr. 53, fol. 290 a, 1604 Februar 11.

[118] Ebd., fol. 292 a, 1604 Februar 13.

[119] Rpr. 58, fol. 165 b, 1609 September 18.

[120] Ebd., fol. 194 a.

[121] Rpr. 48, fol. 49 b, 1598 Mai 29.

[122] Rpr. 53, fol. 290 a, 1604 Februar 11.

[123] AV 1001/2, fol. 128 a.

[124] Testament des Hermann Wyndegge und seiner Frau Peterse von 1510 Februar 18, Test. 3/W 470.

[125] Weinsberg IV, S. 142.

[126] Verf. u. Verw. G 213, fol. 18 a, 1571 Juli 13.

[127] Edikte 17, Blatt 149, 1576 Februar 8.

[128] Reg. EB Köln IV, Nr. 1879, S. 453.

[129] Verf. u. Verw. G 224, fol. 135 a, 1588 Januar 11.

[130] Verf. u. Verw. G 239, fol. 98 a – 103 b, 1611 März 11 – 19.

[131] *Dicks,* S. 5/6.

[132] Test. 3/R 270.

[133] AV Revilien, Bücher 30.

[134] Vgl. *Danckert*, S. 260 f.; siehe auch unten, S. 142.

[135] Weinsberg IV, S. 56/57.

[136] Rpr. 39, fol. 106 a.

[137] *Hampe*, S. 66/67.

[138] Verf. u. Verw. G 211, fol. 277 b/278 a.

[139] Verf. u. Verw. G 213, fol. 11 b, 22 a, 38 a, 1571 Juni 23 – Oktober 10.

[140] Verf. u. Verw. G 211, fol. 95 b – 96 b, 102 b, 1567 August 2/25.

[141] Rpr. 51, fol. 61 a/b, 73 b, 1601 Juni 30/Juli 22.

[142] Rpr. 55, fol. 24 b, 35 b, 1605 November 2/11.

[143] Verf. u. Verw. G 232, fol. 56 b/57 a, 1599 März 9.

[144] Gedruckt sämtlich in: *Kluge* I, Nr. II, S. 1/2, Nr. III, S. 2, Nr. IX, S. 8–16; desgleichen, mit Ausnahme des Augsburger Verzeichnisses, in: *Avé-Lallemant.*

[145] *Kluge* I, Nr. VI, S. 4/5.

[146] *Lemmer*, Einleitung zu: Sebastian Brant, Das Narrenschiff, S. VII.

[147] Sebastian Brant, Das Narrenschiff, Kap. 63, S. 153 – 156.

[148] Liber vagatorum, Kap. 1; vgl. *Assion*, S. 84 – 87.

[149] Ebd., S. 86.

[150] *Kluge* I, S. 4, Verse 6338 – 6340.

[151] Gedruckt zu Zwickau bei Joerg Gastel.

[152] Weinsberg V, S. 247.

[153] Ratschlag der Almosenherren von 1544 November 22, *Winckelmann*, Straßburg, II, Nr. 157, S. 202 – 205.

[154] Rpr. 2, fol. 19 a.

[155] Rpr. 7, fol. 191 a, 1529 Januar 13.

[156] Rpr. 25, fol. 179 a.

[157] Rpr. 59, fol. 240 a, 1610 August 20.

[158] Verf. u. Verw. G 228, fol. 75 b – 76 b, 1592 November 7.

[159] *Winckelmann*, Straßburg, II, Nr. 36 und 37, S. 78 – 83.

[160] HUA 12 547 a; eine Kopie des 17. Jahrhunderts im STA Zülpich U 11 (Kleinere Archive der Rheinprovinz I, S. 233).

[161] Verf. u. Verw. G 222, fol. 192 b/193 a, 1585 Juni 12.

[162] Katholisches Oberpfarramt Zülpich, Urkunde Nr. 23, 1471 September 28 (Kleinere Archive der Rheinprovinz I, S. 237/38).

[163] Verf. u. Verw. G 231, fol. 73 a – 75 a; teilweise (ungenau) wiedergegeben in : L. *Ennen*, Miscellen, S. 174/75.

[164] Verf. u. Verw. G 226, fol. 204 a – 208 a und ff.

[165] Verf. u. Verw. G 227, fol. 63 b/64 a.

[166] Verf. u. Verw. G 229, fol. 314 b – 321 b.

[167] Verf. u. Verw. G 229, fol. 320 b – 321 b.

[168] Verf. u. Verw. G 213, fol. 132b ff., 1572 Mai 17.

[169] Vgl. unten, S. 259.

[170] Verf. u. Verw. G 226, fol. 41a–42b, 54a, 1589 Dezember 16/1590 Januar 10; fol. 202b–204a, 1590 November 22; fol. 248b/249a, 1591 Februar 23.

[171] Siehe oben, S. 64.

[172] AV Melaten, Bücher 66, Rechnung von 1588.

[173] Art. „Lepra" in: Brockhaus Enzyklopädie, Bd. 11, 17. Aufl. Wiesbaden 1970, S. 358/59.

[174] *Reicke,* Spital, I, S. 310 ff.; *Jetter,* Geschichte, S. 38 ff.

[175] *Asen,* Leprosenhaus; *Fußbroich,* Siechenkapelle; *Lassotta,* Armut, S. 306 ff.

[176] AV Melaten, Bücher 50, Rechnung von 1572.

[177] AV Melaten, Bücher 33, Rechnung von 1539.

[178] AV Melaten, Bücher 55, Rechnung von 1577.

[179] *Frohn,* Siechenhäuser; *Brans,* Leprosorien; *Staerk,* Gutleuthäuser.

[180] AV Melaten, Bücher 3.

[181] AV Melaten, Bücher 84.

[182] AV Melaten, Bücher 3.

[183] AV Melaten, Bücher 3; *Asen,* Leprosenordnung.

[184] *Asen,* Leprosenhaus, S. 68/69.

[185] Vgl. Briefbuch 36, fol. 194b/195a, 1488 Juni 19.

[186] Laut einem Trierer Rituale; *Staerk,* S. 541.

[187] *Ratzinger,* S. 338 ff.

[188] *Dragendorf,* Lübische Leprosenordnungen, S. 257 ff.

[189] *Staerk,* S. 541.

[190] HUA 1/8182, 1413 Februar 23.

[191] AV Melaten, Bücher 51, Rechnung von 1573, und Bücher 52, Rechnung von 1574.

[192] AV Melaten, Bücher 55, Rechnung von 1577.

[193] AV Melaten, Bücher 56, Rechnung von 1578.

[194] AV Melaten, Bücher 67, Rechnung von 1589.

[195] AV Melaten, Bücher 1, fol. 31b–33a.

[196] AV Melaten, Bücher 1, fol. 63b/64a, 1458 Mai 18.

[197] Ebd., fol. 64b/65a, 1458 Juli 18.

[198] AV Melaten, Bücher 1, fol. 157a/b.

[199] Ebd., fol. 159a–160b.

[200] AV Melaten, Bücher 3.

[201] *Füssenich,* S. 135.

[202] Nach dem Insassenverzeichnis von 1545, dem Aufnahmeregister 1554–1563 (AV Melaten, Bücher 1, fol. 157a–160b) und den Rechnungen des 16. Jahrhunderts (AV Melaten, Bücher 32 ff., Rechnungen von 1538 ff.).

[203] AV Melaten, Bücher 53.

[204] AV Melaten, Bücher 3.

[205] HUA 10 492, 1428 Dezember 17.

[206] Testament der Kölner Bürgerin Agnieß von Bueßdorff, das sie als Kranke vor ihrer Aufnahme zu Melaten verfaßt, Test. 3/B 1173, 1593 Juni 24.

[207] Vgl. Anm. 202 und *Asen,* Leprosenhaus, S. 74.

[208] AV Melaten, Bücher 51.

[209] AV Melaten, Bücher 60.

[210] AV Melaten, Bücher 3.

[211] AV Melaten, Bücher 1, fol. 31 b – 33 a.

[212] *Lassotta,* Armut, S. 314/15.

[213] AV Melaten, Bücher 42.

[214] AV Melaten, Bücher 43.

[215] AV Melaten, Bücher 44.

[216] Vgl. den Streit zwischen den Siechen und ihrem Pastor um diese Spende; AV Melaten, Bücher 3, 1609 November 2.

[217] AV Melaten, Bücher 1, fol. 158 a.

[218] AV Melaten, Bücher 90.

[219] AV Melaten, Bücher 3.

[220] AV Melaten, Bücher 31.

[221] Rpr. 15, fol. 74 b, 1550 September 19.

[222] Rpr. 28, fol. 71 b, 1574 Mai 7.

[223] *Kriegk,* I, S. 89; verschiedene Belege auch bei *Staerk,* passim.

[224] *Brucker,* S. 56.

[225] AV Melaten, Bücher 44.

[226] Universität A 323, fol. 161 a – 163 a, 1472 Juli 1.

[227] Vgl. unten, S. 267.

[228] Rpr. 12, fol. 88 a.

[229] „ain wiß line mantelin ob allem irem gewand . . ., das ainer eln lang sy"; Konstanz 1470, in: *Mone,* S. 26.

[230] *Staerk,* S. 542.

[231] Eine 1629/30 angefertigte steinerne Figur eines Leprakranken, die eventuell neben einem Opferstock aufgestellt wurde.

[232] *Asen,* Leprosenhaus, S. 79.

[233] AV Melaten, Bücher 3; *Asen,* Leprosenordnung, S. 72.

[234] Rpr. 10, fol. 201 b, 1540 Juli 2.

[235] W. *Stein,* Akten I, Nr. 159, S. 342; *Asen,* Leprosenhaus, S. 81.

[236] Rpr. 37, fol. 55 a und 65 a, 1586 April 29 bzw. Mai 14; Rpr. 53, fol. 192 b, 1603 November 3.

[237] Rpr. 46, fol. 116 a, 1596 Februar 23.

238 Edikte 1, Blatt 24 – 27.

239 Rpr. 58, fol. 36 a, 1609 Juni 3.

240 AV Melaten, Bücher 50.

241 AV Melaten, Bücher 64.

242 AV Melaten, Bücher 89.

243 *Asen,* Leprosenhaus, S. 88.

244 Datierte Briefeingänge 1481 Juni 12.

245 Datierte Briefeingänge 1481 Juni 14.

246 Eike von Repgow, Sachsenspiegel, Art. III, 3, S. 98/99.

247 *Conrad,* S. 532, 551.

248 *Murken,* Abb. S. 313.

249 *Pauli,* S. 270/71.

250 *Jetter,* S. 53.

251 Stadtarchiv Augsburg, Pilgerhaus Nr. 6, Varia; vgl. *Bisle,* S. 110 ff.

252 *Mies,* S. 374.

253 Ratsmemorial II, fol. 96 a, 1465 März 18 (Bewilligung durch den Rat).

254 AV Revilien, Bücher 30.

255 AV Revilien, Bücher 130.

256 AV Revilien, Bücher 191.

257 Test. 3/R 270; vgl. *Irsigler,* Peter Rinck.

258 *Mies,* S. 375.

259 AV Revilien, Bücher 3, fol. 39 b.

260 Rpr. 5, fol. 124 b/125 a.

261 *Mies,* S. 375/76.

262 Zivilprozesse 323; Mitteilungen aus dem Stadtarchiv von Köln 38, 1926, S. 21, 1489 Dezember 16.

263 *Mies,* S. 376.

264 AV Revilien, Bücher 53.

265 AV Revilien, Bücher 131.

266 Verf. u. Verw. G 239, fol. 104 b.

267 Rpr. 7, fol. 258 b, 1529 August 4.

268 Rpr. 24, fol. 88 a, 1568 Juni 14.

269 *Mies,* S. 376.

270 Rpr. 25, fol. 164 a, 1570 Januar 20.

271 Weinsberg IV, S. 201, 1594.

272 Ebd., S. 26.

273 Weinsberg V, S. 390/91.

274 Weinsberg III, S. 283.

[275] Koelhoffsche Chronik = Chroniken der deutschen Städte, Köln 3, S. 785.

[276] Datierte Briefeingänge 1490 August 21.

[277] Datierte Briefeingänge 1495 Juni 24.

[278] Handwörterbuch des deutschen Aberglaubens, II, Sp. 105/06.

[279] Aus der Chronik des Matthias von Kemnat zum Jahr 1475, in: *Kluge,* S. 20 ff., bes. S. 21 u. 26.

[280] Koelhoffsche Chronik = Chroniken der deutschen Städte, Köln 3, S. 715.

[281] Verf. u. Verw. G 230, fol. 55 a, 1596 Januar 18.

[282] Verf. u. Verw. G 239, fol. 105 a – 107 b, 1611 März 23.

[283] *Danckert,* S. 66 ff., 76, 90 f.

[284] *Martin,* S. 5–9.

[285] Liber pontificalis, c. 45, S. 427.

[286] *Martin,* S. 9.

[287] Ruotgeri Vita Brunonis, MGH SS, N. S. 10, c. 30, 31.

[288] Für die Badereisen allgemein *Martin,* S. 222–271; zum Wildbad S. 276 f. und *Schulte,* Badereise (mit weiterer Literatur).

[289] In *Schmidt* (Bearb.), Die Renaissance in Briefen, S. 10–14.

[290] Vgl. *Martin,* S. 77–84.

[291] Hg. von *Barack,* Vers. 10277–10285.

[292] *Keussen,* Topographie I, Einleitung, S. 102* f.

[293] Koelhoffsche Chronik = Chroniken der deutschen Städte, Köln 3, S. 900.

[294] Die entsprechende Passage des Reinold Kerkhörde ist wiederaufgenommen in die Chronik des Dietrich Westhoff, Chroniken der deutschen Städte, Bd. 20 = Dortmund, S. 368.

[295] *Danckert,* S. 78.

[296] Vgl. L. *Ennen,* Geschichte III, S. 942 f.

[297] *Zedler,* Bd. 31, Sp. 1107, s. v. Rhein.

[298] Vgl. unten, S. 189.

[299] Verf. u. Verw. G. 232, fol. 329 b – 336 a.

[300] Vgl. Matrikel, Bd. IV, S. 100 (Nr. 699, 25).

[301] Verf. u. Verw. G 241, fol. 44 b/45 a.

[302] *v. Loesch* I, S. 213, Nr. 81.

[303] Ebd., I, S. 8–10; II, S. 45.

[304] Vgl. den Amtsbrief von 1397, *v. Loesch* I, S. 8–10.

[305] *v. Loesch* II, S. 40 f.

[306] Ebd., S. 45; das Bußgeld sollte 10 Gulden betragen.

[307] Ebd., I, S. 9 (1397).

[308] Ebd., II, S. 46 f.

[309] Ebd., S. 47 f.

[310] Rpr. 12, fol. 121 a.

[311] Ebd., fol. 187 b/188 a.

[312] Ebd., fol. 49 b.

[313] Rpr. 21, fol. 129 a. Zum Kampf des Rates gegen Kuppelei vgl. unten Kap. IX. 6.

[314] Weinsberg II, S. 92 f.

[315] Ebd., S. 125.

[316] Ebd., S. 221.

[317] Ebd., S. 321.

[318] Ebd., III, S. 330.

[319] Ebd., S. 395.

[320] Ebd., IV, S. 224 f.

[321] Ebd., III, S. 395.

[322] Ebd., S. 352 f.

[323] *Merlo,* Das Haus des Herzogs von Brabant.

[324] Weinsberg IV, S. 113.

[325] Rpr. 28, fol. 95 b.

[326] Ebd., fol. 280 b (1575 Juli 25).

[327] Rpr. 29, fol. 70 b.

[328] Vgl. Rpr. 49, fol. 144 b (1599 Okt. 29).

[329] Rpr. 45, fol. 139 b, 146 a und 203 b.

[330] Rpr. 47, fol. 201 a.

[331] Rpr. 51, fol. 324 a.

[332] Rpr. 54, fol. 104 a.

[333] Ebd., fol. 226 b.

[334] Ebd., fol. 272 b.

[335] Rpr. 56, fol. 228 a, 230 b und 240 b/241 a.

[336] Verf. u. Verw. G 231, fol. 145 a–149 a, 150 b.

[337] Ebd., G 239, fol. 124 a–125 a, 131 a.

[338] *Reineking von Bock,* S. 14.

[339] *v. Loesch* I, S. 8–10 (Amtsbrief).

[340] Ebd., S. 149*.

[341] W. *Stein,* Akten I, Nr. 117, S. 293.

[342] Ebd., S. 478 f.

[343] *v. Loesch* I, S. 209.

[344] Ebd., S. 213.

[345] Ebd., S. 213 f.

[346] Ebd., II, S. 249 und 560–568.

[347] Ebd., I, Nr. 28, §§ 2 und 3.

348 *Roth*, S. 2.

349 *Koch*, Neue und vollständigere Sammlung, II, S. 605; die Anweisung wurde 1577 wiederholt, vgl. *Danckert*, S. 65.

350 Vgl. *Nauck*, S. 5.

361 *Hertz*, S. 17.

362 Vgl. *Danckert*, S. 214 und allgemein sein Kapitel »Fahrendes Volk«, S. 214 ff.

363 L. *Ennen*, Geschichte III, S. 920.

364 Ebd., S. 920 f.; Quelle: L. *Ennen*/G. *Eckertz*, Quellen I, S. 342.

365 Koelhoffsche Chronik = Chroniken der deutschen Städte, Köln 3, S. 920.

366 L. *Ennen*, Geschichte III, S. 920.

367 Briefbuch 33, fol. 326 a.

368 Weinsberg III, S. 74.

369 Rpr. 49, fol. 131 b.

370 Ebd., fol. 271 a.

371 Rpr. 51, fol. 322 a.

372 Rpr. 53, fol. 374 b.

373 Rpr. 55, fol. 202 a und 230 a.

374 Rpr. 56, fol. 73 b.

375 Ebd., fol. 252 a.

376 Ebd., fol. 312 b (1608 Apr. 10).

377 Rpr. 57, fol. 7 b (1608 Juni 13).

378 Ebd., fol. 258 a.

379 Rpr. 58, fol. 44 b (1609 Juni 10) und 216 b (Nov. 6).

380 Rpr. 59, fol. 59 a.

381 Rpr. 61, fol. 157 a.

382 Ebd., fol. 371 a.

383 Rpr. 63, fol. 16 a.

384 Ebd., fol. 88 b.

385 Ebd., fol. 157 a/b.

386 Ebd., fol. 142 a.

387 *Danckert*, S. 211 ff., bes. S. 252 ff.

388 Rpr. 5, fol. 1 a.

389 Rpr. 17, fol. 89 a/b.

390 Rpr. 21, fol. 138 b.

391 W. *Stein*, Akten II, S. 288.

392 Ebd., S. 294 f.

393 Ebd., S. 298.

394 Ebd., S. 486.

[395] Vgl. *Irsigler,* Köln extra muros, S. 139 f.

[396] Verf. u. Verw. G 214, fol. 3 a–4 a.

[397] Vgl. unten, S. 243 ff.

[398] Vgl. *Eckertz,* Revolution, S. 48.

[399] Weinsberg IV, S. 227.

[400] Vgl. W. *Stein,* Akten I, S. 388.

[401] Verf. u. Verw. G 232, fol. 69 a.

[402] Weinsberg IV, S. 111.

[403] Verf. u. Verw. G 226, fol. 320 a/b.

[404] Ebd., G 229, fol. 75 b–81 a.

[405] Rpr. 17, fol. 85 a (1553 Febr. 10); 19, fol. 253 a (1558 April 22); 23, fol. 102 a (1567 April 2); 25, fol. 54 a (1569 Juni 22); 29, fol. 167 a (1576 Dez. 28); 32, fol. 241 a (1581 Dez. 22); 39, fol. 237 b (1589 Aug. 28); 40, fol. 1 a (1589 Sept. 1); 43, fol. 97 b (1592 Nov. 4); 43, fol. 126 b (1593 Jan. 8); 49, fol. 287 a und 291 b (1600 April 10 und 17); 50, fol. 159 a (1600 Okt. 16); 50, fol. 198 b (1600 Nov. 20); 51, fol. 258 b (1602 Jan. 4); 51, fol. 322 a (1602 April 19); 52, fol. 151 b (1602 Okt. 25); 53, fol. 251 a (1603 Dez. 26); 54, fol. 132 b (1604 Okt. 8); 54, fol. 243 b (1605 Mai 4); 55, fol. 15 a (1605 Okt. 24); 55, fol. 312 b (1606 Sept. 8); 56, fol. 66 b (1607 April 9); 59, fol. 61 b (1610 April 21); 60, fol. 52 a (1611 Jan. 19); 63, fol. 67 b (1613 Juli 31).

[406] Gedruckt bei *v. Liliencron,* Historische Volkslieder, Bd. 4, Nr. 614. Vgl. Weinsberg II, S. 21 mit Anm. 1.

[407] Verf. u. Verw. G 240, fol. 174 b–175 a.

[408] Ebd., fol. 169 b–170 a, 179 b–180 b und 182 b.

[409] Rpr. 46, fol. 301 b.

[410] Rpr. 50, fol. 247 a.

[411] Rpr. 53, fol. 5 b und 6 a.

[412] Rpr. 61, fol. 275 b/276 a (1612 Jan. 23): Verlängerung über drei Tage hinaus abgeschlagen; sie sollen nicht wiederkommen, da sie keine Spielerlaubnis mehr erhalten.

[413] Rpr. 62, fol. 262 a.

[414] Rpr. 54, fol. 243 b (1605 Mai 4).

[415] Rpr. 28, fol. 337 b (1575 Nov. 4).

[416] Vgl. *Danckert,* S. 218 und 234.

[417] Ernennungsurkunde in: Quartalblätter des historischen Vereins für das Großherzogtum Hessen 1/2 (1882), S. 26 f.

[418] Vgl. *Eckertz,* Revolution, S. 232 f. und unten, S. 244.

[419] *Danckert,* S. 218.

[420] Verf. u. Verw. G 227, fol. 36 b–63 b.

[421] Weinsberg IV, S. 70.

[422] Ebd., S. 68–70.

[423] Ebd., S. 258.

[424] Weinsberg I, S. 113/14; J. *Stein,* Hermann Weinsberg, S. 27.

425 Weinsberg IV, S. 69.

426 Verf. u. Verw. G 227, fol. 186 b ff., 207 b/208 a, 1592 Juni 10.

427 Verf. u. Verw. G 204, fol. 95 b.

428 *Kroeschell,* II, S. 213.

429 Eike von Repgow, Sachsenspiegel, S. 66.

430 Handwörterbuch zur deutschen Rechtsgeschichte, II, S. 146.

431 *Brackert,* Daten und Materialien, in: *Becker* u. a., Aus der Zeit der Verzweiflung, S. 315 ff., S. 339 ff.

432 Ebd., S. 349; *Sprenger/Institoris,* Hexenhammer.

433 *Brackert,* Daten und Materialien, in: *Becker* u. a., Aus der Zeit der Verzweiflung, S. 342.

434 *Trippen,* S. 22.

435 *Gansen,* S. 22–30; vgl. dazu die ältere Literatur – *Dornbusch,* S. 134 ff. –, wo von bis zu 200 Opfern die Rede ist.

436 *Helfer,* I, S. 350; zum Hexenglauben vgl. weiter *von Nahl,* Zauberglaube.

437 Briefbuch 23 a, fol. 78 a, 1456 Juli 8.

438 Briefbuch 37, fol. 264 b, 1491 September 25.

439 Datierte Briefeingänge 1506 September 17.

440 Verf. u. Verw. G 206, fol. 121 b, 1559 November 23.

441 Verf. u. Verw. G 227, fol. 185 b/186 a.

442 Verf. u. Verw. G 228, fol. 97 a ff., bes. fol. 167 a–169 b, 1593 April 24/Mai 4.

443 Verf. u. Verw. G 240, fol. 163 b–166 a, 1612 April 16.

444 Verf. u. Verw. G. 227, fol. 186 b–187 b, 1592 Mai 23.

445 Vgl. den Art. »Werwolf«, in: Wörterbuch der deutschen Volkskunde, Sp. 963.

446 Weinsberg IV, S. 79/80.

447 Rpr. 49, fol. 328 a, 332 a; Verf. u. Verw. G 232, fol. 292 a, 1600 Mai 19.

448 Vgl. *Pauls,* Niederrheinische Molken-Zauberformeln.

449 Verf. u. Verw. G 241, fol. 78 a–91 b, 1613 Juni 15 – Juli 5.

450 Art. »Werwolf«, wie Anm. 445; *Golther,* S. 101 ff.; zum Werwolf vgl. weiter *Schemmel,* Werwolf; *Völker,* Von Werwölfen.

451 *Koepplin/Falk,* Lukas Cranach, II, Kat. Nr. 488, S. 594; zum Fall eines tollwütigen Wolfes in der Umgebung von Köln vgl. oben, S. 94.

452 Verf. u. Verw. G 227, fol. 49 b–52 b, 57 a/b, 1591 August 23 – August 31.

453 Handwörterbuch des deutschen Aberglaubens, V, Sp. 1279 ff., bes. Sp. 1280/81.

454 Verf. u. Verw. G 227, fol. 186 b ff., bes. fol. 208 a/209 b, 1592 Juni 10.

455 Verf. u. Verw. G 227, fol. 186 b–189 b, 1592 Mai 23.

456 Verf. u. Verw. G 227, fol. 186 b–187 b, 1592 Mai 23.

457 Verf. u. Verw. G 227, fol. 193 b–195 a, 1592 Juni 2.

458 Verf. u. Verw. G 227, fol, 190 b/191 a, 1592 Mai 23.

459 Art. »Kristallomantie«, in: Handwörterbuch des deutschen Aberglaubens, V, Sp. 578–594.

460 Verf. u. Verw. G 227, fol. 189b–190b, 1592 Mai 23.

461 Art. »Sieb« und Art. »Sieb drehen«, »Sieb laufen«, »Sieb treiben«, in: Handwörterbuch des deutschen Aberglaubens, IX, Sp. 1662–1686 bzw. 1686–1701.

462 Verf. u. Verw. G 227, fol. 193b–195a, 1592 Juni 2.

463 Verf. u. Verw. G 227, fol. 192a–193a, 1592 Mai 25.

464 Verf. u. Verw. G 227, fol. 186b–189b, 1592 Mai 23.

465 Verf. u. Verw. G 227, fol. 189b–190b, 193b–195a, 1592 Mai 23/Juni 2.

466 Verf. u. Verw. G 227, fol. 190b ff., fol. 195a/b, fol. 213b–218a, 1592 Juni 13.

467 Vgl. Art. »Sieb«, »Sieb drehen«, »Sieb laufen«, »Sieb treiben«, in: Handwörterbuch des deutschen Aberglaubens, IX, Sp. 1662–1686 bzw. 1686–1701.

468 Verf. u. Verw. G 227, fol. 213b–218a, 1592 Juni 13.

469 Weinsberg II, S. 267.

470 Vgl. die entsprechenden Artikel im Handwörterbuch des deutschen Aberglaubens.

471 Caspar teilte ihr noch eine zweite Variante des Wettersegens mit: »Jhesus waldt eß, der heiliger chorst waldt eß durch den vatter, durch den sohn und seine heilige dreifeltigkeitt. Lucas, Marcus, Matteus und Johannes, daß sein die vier evangelisten, da man deren gewoge, dha kein donner wedder schlöge, cridum uber all sprach Jhesus unnd der lieber St. Johan.«

472 Verf. u. Verw. G 227, fol. 190b ff., bes. fol. 213b–218a, 1592 Juni 13.

473 Verf. u. Verw. G 227, fol. 191a ff., fol. 213a/b, 1592 Juni 10.

474 Verf. u. Verw. G 227, fol. 189b–190b, 1592 Mai 23.

475 Verf. u. Verw. G 227, fol. 190b/191a, 1592 Mai 23.

476 Verf. u. Verw. G 227, fol. 213b–218a, 1592 Juni 13.

477 *Lassotta,* Armut, S. 511 ff., S. 656 ff., 669 ff.

478 Erinnert sei hier auch an die wachsende Bedeutung der Astrologie in jener Zeit.

479 L. *Ennen,* Geschichte III, S. 923.

480 *Sprenger/Institoris,* Hexenhammer III, S. 90/91.

481 Zum Olivenkonvent vgl. *Asen,* Begarden.

482 Verf. u. Verw. G 226, fol. 5a–11a, 1589 August 1 – September 13.

483 Verf. u. Verw. G 240, fol. 215a–222a, 1612 Juli 7–21.

484 Zum Eizauber, wie er hier und in dem eingangs dargestellten Vorfall unterstellt wird, vgl. Art. »Ei«, in: Handwörterbuch des deutschen Aberglaubens, II, Sp. 595–644.

485 Verf. u. Verw. G 213, fol. 19b–25a, 1571 August 11 – September 20.

486 Weinsberg IV, S. 67.

487 »Die Welt«, Nr. 202, Mittwoch 31. 8. 1983, S. 18.

488 *Geigges/Wette,* S. 75 ff.

489 *Vossen,* S. 9.

490 Johann Wolfgang *von Goethe,* S. 201 ff.

491 *Höck,* S. 82 ff.

492 *Vossen,* S. 26 ff.

493 Ebd.

494 Ebd., S. 27.

495 Ebd., S. 29.

496 Ebd.

497 Ebd., S. 34.

498 Ebd., S. 27 (Straßburg, 1418).

499 Ebd., S. 30 (Paris, 1427).

500 *Dornbusch,* S. 129.

501 Ebd.

502 *Vossen,* S. 34.

503 *van Kappen,* S. 165 f.

504 Rpr. 3, fol. 185 a, 1517 April 2.

505 Johann Agricolas Sprichwörter (1529), in: *Kluge,* S. 90.

506 Rpr. 3, fol. 187 a, 1517 April 8.

507 Rpr. 5, fol. 64 a, 1523 August 17.

508 Rpr. 7, fol. 107 a/b, 1528 Mai 13.

509 Ebd., fol. 226 a, 1529 Mai 3.

510 Ebd., fol. 307 a.

511 Rpr. 8, fol. 216 a, 1532 Juni 27.

512 Ebd., fol. 382 b, 1536 August 4.

513 Rpr. 11, fol. 101 b, 1542 August 2.

514 Rpr. 12, fol. 8 b, 1544 Juli 16.

515 Rpr. 13, fol. 139 b, 1547 Oktober 3.

516 Rpr. 14, fol. 38 b/39 a, 41 b, 1548 Dezember 7, Dezember 10, Dezember 17.

517 Rpr. 15, fol. 64 b, 1550 September 1.

518 Rpr. 16, fol. 32 b, 1551 Oktober 19.

519 Rpr. 24, fol. 150 b, 1568 September 6.

520 Rpr. 26, fol. 84 a, fol. 112 a, 1571 Mai 14, Juni 27.

521 Ebd., fol. 276 b, 1572 März 21.

522 Rpr. 28, fol. 140 b, fol. 151 b, 1574 September 6, Oktober 1.

523 Ebd., fol. 236 b, 320 a, 1575 April 25, Oktober 5.

524 Rpr. 29, fol. 42 a, 1576 März 19.

525 Ebd., fol. 253 a, 1577 Mai 17.

526 Rpr. 30, fol. 206 a, 1579 April 8.

527 Rpr. 43, fol. 193 b, 1593 Juni 9.

528 Rpr. 44, fol. 176 b, 1594 Mai 11.

529 Rpr. 48, fol. 47 a, 1598 Mai 25.

530 Rpr. 49, fol. 105 a, 1599 September 13.

531 Weinsberg V, S. 224, 1583 Mai 1.

532 Rpr. 10, fol. 109 b, 1539 April 21.

533 Rpr. 49, fol. 105 a, 1599 September 13.

534 Verf. u. Verw. G 227, fol. 192 a–193 a.

535 Verf. u. Verw. G 206, fol. 29 b, 1555 (Juli 4).

536 Verf. u. Verw. G 211, fol. 17 a–18 a, 1564 Dezember 30 – 1565 Februar 21.

537 Verf. u. Verw. G 215, fol. 29 b–31 a, 1575 Oktober 3.

538 Für Hessen *Höck*, S. 82 ff.

539 Artikel »Greven«, in: Handbuch der Historischen Stätten Deutschlands, Nordrhein-Westfalen, S. 231/32.

540 Verf. u. Verw. G 213, fol. 120 a–123 a.

541 MGH Epp. selectae I (Bonifatius, ep. 78), S. 169; vgl. *Weinhold*, II, S. 22.

542 Vgl. *Irsigler*, Divites und pauperes, S. 486, Anm. 194.

543 Augustinus, De ordine 2, 4, Migne PL 32, Sp. 100: ›Unterdrückt die öffentlichen Dirnen, und die Gewalt der Leidenschaften wird alles über den Haufen werfen‹. Vgl. *Shahar*, S. 192.

544 *Irsigler*, Art. »Bevölkerung, städtische«, in: LexMA II, Sp. 1; E. *Ennen*, Frauen im Mittelalter Kap. 3, Abschnitt 2.

545 *Fleckenstein*, Art. »Prostitution«, in: LThK, Bd. 8, Sp. 813; *Graus*, S. 404 ff.; J. *Rossiaud*, S. 289–325.

546 Vgl. auch zum Folgenden *Lassotta*, Armut, S. 604 ff.; *Schmülling*, S. 75 f.; *Korsch*, S. 83 f.; *Kemp*, Wohlfahrtspflege, S. 35–41; *Klersch*, 92 ff.; *Irsigler*, Bettler, Dirnen und Henker, S. 41–49.

547 *Schmitz*, Art. »Magdalenerinnen«, in: LThK, Bd. 6, Sp. 775; die Kölner Gründung erfolgte 1224/27.

548 Z. B. 1241 durch den Bf. Engelbert von Osnabrück, der den Geistlichen seines Sprengels befahl, die Boten der Bußschwestern zu Köln beim Einsammeln der Almosen zu unterstützen und den Gebern einen Ablaß von 40 Tagen zu gewähren; Weiße Frauen U 19.

549 Koelhoffsche Chronik = Chroniken der deutschen Städte, Köln 3, S. 912.

550 Vgl. unten Kap. IX, 14.

551 *Greving*, Steuerlisten, S. 102; *Keussen*, Topographie I, S. 375, 12–16.

552 *Herborn*, S. 210.

553 *Greving*, Wohnungs- und Besitzverhältnisse, S. 38 f.

554 In Eßlingen bestanden nachweislich etwa seit 1300 zwei Frauenhäuser, in Zürich seit 1314 eines; vgl. *Kriegk*, II, S. 310.

555 W. *Stein*, Akten I, Nr. 346, VIII, S. 768.

556 W. *Stein*, Akten II, S. 492, Anm. 1.

557 Ebd., Nr. 456, S. 593 f.; zum Berlichführen vgl. unten, S. 188 f.

558 Verf. u. Verw. G 204, fol. 57 a (1520 Jan. 16).

559 Ebd., fol. 19 b und 25 a.

560 *Kemp*, Wohlfahrtspflege, S. 37 f.

561 Verf. u. Verw. G 230, fol. 12 b–13 b, 1595 Okt. 30.

562 Weinsberg IV, S. 201 f.

[563] W. *Stein,* Akten II, S. 492, Anm. 1.

[564] Koelhoffsche Chronik = Chroniken der deutschen Städte, Köln 3, S. 911.

[565] Vgl. *Kriegk,* II, S. 329 f.

[566] Art. 121 der Forderungen; vgl. *Eckertz,* Tagebuch, S. 180; *v. Looz-Corswarem,* Artikelserie, S. 140.

[567] Rpr. 7, fol. 28 b; *Kemp,* Wohlfahrtspflege, S. 38.

[568] Weinsberg IV, S. 193 f.

[569] Vgl. Verf. u. Verw. G 211, fol. 250 a/b: *Lassotta,* Armut, S. 608.

[570] Verf. u. Verw. G 211, fol. 15 a.

[571] Ebd., fol. 122 b/123 a.

[572] Ebd., fol. 190 b/191 a.

[573] Vgl. *Jäger,* S. 544 ff.; Straßburger Zunft- und Polizeiverordnungen, S. 117 ff.; *Baader,* S. 469 f.

[574] Die Chroniken der deutschen Städte, Bd. 10 = Nürnberg, Bd. 4, S. 328; ebenda, Bd. 11 = Nürnberg, Bd. 5, S. 464.

[575] Vgl. *Bornemann,* II, S. 261; *Scherr,* Geschichte I, S. 190.

[576] *Danckert,* S. 154.

[577] Koelhoffsche Chronik = Chroniken der deutschen Städte, Köln 3, S. 827.

[578] Vgl. *Danckert,* S. 153 ff.

[579] *Merlo,* Johann Haselberg, S. 155, V. 247 ff.

[580] Weinsberg IV, S. 193 f.

[581] »Pocken« stehen bei Weinsberg stellvertretend für venerische Krankheiten.

[582] Eine der städtischen Finanzkassen.

[583] *Kriegk,* II, S. 329.

[584] W. *Stein,* Akten II, Nr. 456, S. 539 f.

[585] Rpr. 22, fol. 24 b; Verf. u. Verw. G 181 fol. 4 a.

[586] Rpr. 25, fol. 250 b; vgl. *Schmülling,* S. 75, Anm. 142.

[587] Verf. u. Verw. G 213, fol. 42 a.

[588] Verf. u. Verw. G 222, fol. 190 b ff.

[589] *Avé-Lallemant,* Bd. 2, S. 163.

[590] Chroniken der deutschen Städte, Bd. 11 = Nürnberg, Bd. 5, S. 696; vgl., *Irsigler,* Bettler, Dirnen und Henker, S. 48.

[591] Ebd.

[592] Verf. u. Verw. G 211, fol. 250 a/b.

[593] *Greving,* Steuerlisten, S. 124; Test. 3/H 104.

[594] Wie Anm. 592.

[595] Verf. u. Verw. G 214, fol. 44 b.

[596] Ebd., fol. 145 b.

[597] Ebd., G 211, fol. 250 a–251 b.

598 Vgl. die Liste bei *Lassotta*, Armut, S. 632.

599 Verf. u. Verw. G 227, fol. 73 a–83 b.

600 Vgl. *Danckert*, S. 42 f.

601 Rpr. 25, fol. 263 a.

602 Verf. u. Verw. G 181 a, fol. 1 a–2 b.

603 Verf. u. Verw. G 181 a, fol. 3 a; Rpr. 42, fol. 117 a.

604 Verf. u. Verw. G 181 a, fol. 3 a; Rpr. 44, fol. 132 c ff.; Briefbuch 108, fol. 71 b; vgl. Weinsberg IV, S. 193.

605 *Baader*, S. 117.

606 Ebd., S. 118: »... das hinfür kein frauenwirt, wirtin noch jemand von iren wegen einich weibsbilde, das davor in dem gemeinen leben oder heusern wesentliche nit gewest war, nicht kauffen, verpfenden noch darauff leyhen sollen.«

607 Vgl. *Janssen*, S. 482 ff., vgl. auch *Fuchs*, S. 403.

608 *Sehling*, Die evangelischen Kirchenordnungen, Bd. 5, S. 39.

609 Z. B. in Lindau 1533; ebd., Bd. 12 (Bayern, Bd. 2: Schwaben), S. 193.

610 L. *Ennen*, Geschichte III, S. 918 f., 624 ff.; *Kemp*, Sittengeschichtliches, S. 15 (»tiefe sittliche Verkommenheit«); *Ders.*, Wohlfahrtspflege, S. 35 (»erschreckliche Auswüchse«).

611 *Boccaccio*, Dekameron, S. 9 f.;

611a *Wustmann*, S. 480; vgl. *Danckert*, S. 154.

612 Verwiesen sei vor allem auf Arbeiten von *Ariès*, *Vovelle*, *Chaunu* und *Thiriet*.

613 Koelhoffsche Chronik = Chroniken der deutschen Städte, Köln 3, S. 728.

614 55. Predigt; *Pfeiffer*, II, S. 188.

615 8. Predigt; *Pfeiffer*, I, S. 114 f. – Gelbe Kleider gelten in mittelalterlichen Kleiderordnungen schlechthin als Dirnenkleider; vgl. *Eisenbart*, S. 89 ff.; *Danckert*, S. 150 ff. – Zu den Pfaffendirnen, über die es auch in Köln sehr viel zu sagen gäbe, vgl. die materialreiche, aber tendenziöse Arbeit von *Deschner*, Das Kreuz mit der Kirche.

616 *Danckert*, S. 150 ff.

617 Koelhoffsche Chronik = Chroniken der deutschen Städte, Köln 3, S. 911.

618 Vgl. *Irsigler*, Getreidepreise, S. 588–590.

619 W. *Stein*, Akten II, Nr. 331, Punkt 99, S. 693.

620 Ebd., Nr. 214, Punkt 30, S. 354 f.

621 *Kemp*, Wohlfahrtspflege, S. 34; W. *Stein*, Akten II, Nr. 392, S. 551.

622 W. *Stein*, Akten II, Nr. 441, S. 583–85. Frunt notierte auf der Rückseite des Blattes: »Sodomiticum«.

623 Vgl. *Graus*, S. 399, mit Verweis auf besonders drastisches Vorgehen gegen Homosexuelle in Augsburg 1409, von dem Burkard Zink berichtet (Die Chroniken der deutschen Städte, Bd. 5 = Augsburg 2, S. 67).

624 Vgl. unten, S. 218 f.

625 Verf. u. Verw. G 204, fol. 31 a (1516 Nov. 21).

626 Ebd., fol. 92 a.

627 Ebd., fol. 57 b–58 a.

628 Weinsberg II, S. 45.

629 Weinsberg III, S. 148.

630 Vgl. J. *Stein,* Hermann Weinsberg, S. 13 ff.

631 Ebd., S. 14; Weinsberg I, S. 102 f.

632 Vgl. ebd., S. 14, Anm. 2, bzw. S. 119 f.

633 Weinsberg I, S. 120, 149, 159, 160 f., 178, 181, 183, 190; vgl. J. *Stein,* Hermann Weinsberg, S. 12.

634 Weinsberg II, S. 107: »Wolgestalte schone frauenleut hab ich lust zu sehen und die boese beger ist arger dan der will und wirk.«

635 Weinsberg V, S. 1 f.; vgl. J. *Stein,* Hermann Weinsberg, S. 14.

636 Ebd., Weinsberg I, S. 251, 257 f. und Bd. II, S. 180.

637 Vgl. oben, Kap. I, S. 11.

638 Weinsberg II, S. 94.

639 Ebd., S. 107.

640 Ebd., S. 105.

641 Zitiert nach J. *Stein,* Hermann Weinsberg, S. 13, Anm 6.

642 Verf. u. Verw. G 217, fol. 100 a, 104 a.

643 Ebd., G 230, fol. 12 b–13 b, 19 alb.

644 L. *Ennen,* Geschichte III, S. 918.

645 Verf. u. Verw. G 223, fol. 265 b.

646 Ebd., G 213, fol. 188 b/189 a.

647 Ebd.

648 Edikte 17, Blatt 13, 14, 15; vgl. L. *Ennen,* Geschichte III, S. 918; *Korsch,* S. 83.

649 Verf. u. Verw. G 240, fol. 234 b–234 bb.

650 Ebd., G 228, fol. 81 a–82 b.

651 Ebd., G 240, fol. 69 b–70 b.

652 Vgl. oben, S. 188.

653 W. *Stein,* Akten I, S. 768.

654 Dorf südlich von Köln.

655 Zumindest behauptet J. *Kemp,* Sittengeschichtliches, S. 15, die Dirnen hätten ein bestimmtes Abzeichen tragen müssen.

656 Vgl. oben, S. 187.

657 Vgl. unten, S. 276.

658 Vgl. oben, Kap. II, 9.

659 Vgl. unten bei Anm. 660 u. 676.

660 Verf. u. Verw. G 228, fol. 95 b–97 a; nach dem diesbezüglichen Ratsbeschluß vom 25. Januar 1593 hätte Beele, da nötig, 2 Taler erhalten sollen; Rpr. 43, fol. 137 a.

661 Verf. u. Verw. G 240, fol. 81 a–82 b.

662 Vgl. *Kriegk,* II, S. 297.

663 Verf. u. Verw. G 239, fol. 110 a–111 a.

664 *Buck* (Hg.), Ulrich von Richental, Chronik, S. 184.

665 Ebd., S. 215.

666 *Boos,* III, S. 48 f.; *Bücher,* S. 49.

667 Edikte 3, Blatt 144 (1558); 17, Blatt 139 (ca. 1570), Blatt 148 (1573); 1, Blatt 114 (1574), Blatt 22 (1576), Blatt 23 (1583).

668 Vgl. *Bücher,* S. 86, Anm. 48, der aus Leonhard Frompergers Kriegsbuch zitiert.

669 Koelhoffsche Chronik = Chroniken der deutschen Städte, Köln 3, S. 831; Chr. Wierstraat, Reimchronik, Vers. 430 ff.

670 Basler Chroniken, Bd. II, S. 173.

671 Ebd., S. 426; *Schilling,* Berner Chronik, Bd. IV, S. 775–77.

672 Verf. u. Verw. G 211, fol. 238 b–240 a.

673 Ebd., G 211, fol. 272 a–273 b.

674 Ebd., G 213, fol. 1 a/b.

675 Z. B. Ursula Schloßers aus Soest und Anna Buchels aus Törnich 1612; vgl. ebd., G 240, fol. 170 a–172 a.

676 Ebd., G 239, fol. 97 a–103 b.

677 Ebd., G 211, fol. 266 b und 270 a.

678 Ebd., G 213, fol. 111 b–117 b, 140 a.

679 Vgl. oben, S. 208.

680 Weinsberg IV, S. 195.

681 Vgl. oben, S. 204.

682 Vgl. z. B. Die Acht-, Verbots- und Fehdebücher Nürnbergs, Nr. 626: 1347 wurde Els Staudinlin auf neun Meilen (= 67,5 km) Entfernung von der Stadt verbannt, weil sie ihren Gästen vorgab: »Wollt ihr die Burgerin oder die, die will ich euch zuschicken«; Nr. 628: 1348 mußte die Pesszerin auf fünf Jahre ebensoweit wegziehen, weil sie ›ehrbare Frauen‹ in ihr Haus lud und zu ›bösen Werken‹ gehen ließ.

683 Vgl. unten bei Anm. 686.

684 Vgl. die Aufstellung bei *Lassotta,* Armut, S. 622 f.

685 Vgl. oben, S. 191 f.

686 Verf. u. Verw. G 227, fol. 79 a/b, 85 a–86 b.

687 v. *Boehn,* S. 234.

688 Zahlreiche Belege aus den Kölner Hospitalsrechnungen hat *Lassotta,* Armut, zusammengestellt.

689 Verf. u. Verw. G 211, fol. 93 a; vgl. *Kemp,* Wohlfahrtspflege, S. 39.

690 Verf. u. Verw. G 211, fol. 238 b–240 a.

691 Test. 3/R 270; *Kuske,* Quellen III, Nr. 200, S. 304 f.; vgl. *Irsigler,* Peter Rinck, S. 65 f.

692 Vgl. *Lassotta,* Armut, S. 615, Anm. 2132; die durchgehend negativ besetzten Be- und Kennzeichnungen werden im späten 16. Jahrhundert noch verschärft durch Zusätze wie »sacramentische huir«, »ehebre(ch)sche huir« usw.

693 Vgl. *Kuske,* Quellen III, S. 191 f.

694 Vgl. unten bei Anm. 706.

695 Vgl. oben, S. 180.

696 *Kemp,* Wohlfahrtspflege, S. 40, Anm. 3.

697 Maria Magdalena U 3.

698 So berichtet es die Koelhoffsche Chronik = Chroniken der deutschen Städte, Köln 3, S. 912. Dagegen *Gelenius,* S. 582; demnach wären die beiden Schwestern aus Brüggen südlich von Venlo gekommen. Die in Anm. 697 zitierte Urkunde bestätigt aber die Koelhoffsche Chronik.

699 Wie Anm. 698, S. 911.

700 Vgl. oben, S. 183.

701 Ratsmemorial 2, fol. 185a, 1472 April 15. Vgl. *Kemp,* Wohlfahrtspflege, S. 40, auch zum Folgenden.

702 HUA 13 336 a.

703 W. *Stein,* Akten II, Nr. 452, S. 590 f.

704 Universität A 323, fol. 149 a–157 b.

705 Ebd., fol. 114 b–118 b; A 324, fol. 50 a–62 a; Test. 3/Z 34. – Am 19. Juli 1472 vermachten Ludewig van Heymbach und seine Frau Cecilie van Ghynt den Schwestern 12 Mark; Test. 3/H 378, 1 und 2.

706 *Kriegk,* II, S. 332 f.; *Bücher,* S. 65.

707 Nach *Bauer,* S. 167 f.; vgl. *Danckert,* S. 149.

708 Verf. u. Verw. G 213, fol. 41 b u. 57 b.

708a Weinsberg III, S. 120 f.

709 Vgl. oben, S. 180.

710 Rpr. 37, fol. 238 b.

711 Rpr. 27, fol. 324 b.

712 Vgl. *von den Brincken,* S. 305–339.

713 Vgl. Rpr. 17, fol. 52 a, 1552 November 7; *Keussen,* Regesten und Auszüge, S. 472 ff.

714 Wie Anm. 711.

715 Rpr. 32, fol. 175 b.

716 Verf. u. Verw. G 219, fol. 156 b–180 b.

717 Rpr. 38, fol. 108 a, 110 a, 114 a.

718 Rpr. 41, fol. 4 bb; fol. 52 a.

719 Verf. u. Verw. G 226, fol. 216 a–217 a.

720 Ebd., fol. 246–247 b.

721 Ebd., G 229, fol. 57 a.

722 Vgl. *Champion,* François Villon.

723 H. *de Balzac,* La belle Impéria, in: Contes drôlatiques, S. 9–26 (dt.: Die schöne Imperia, in: Tolldreiste Geschichten, S. 10–22).

724 Deutscher Text nach der Übertragung von W. Küchler in: François *Villon,* Sämtliche Dichtungen, S. 63–65.

[725] *Danckert,* S. 23, auch zum Folgenden.

[726] *v. Hentig,* S. 150 f.; *Helfer,* III, S. 96 ff.; *Danckert,* S. 23.

[727] J. *Grimm,* Deutsche Rechtsalterthümer II, S. 528.

[728] *v. Amira,* Die germanischen Todesstrafen, S. 229.

[729] *Danckert,* S. 37.

[730] Zitiert nach *Danckert,* S. 30 f.

[731] Vgl. *Schröder – v. Künßberg,* Lehrbuch, S. 831, Anm. 8.

[732] Vgl. *Keller,* S. 136 f. zum amtsmüden Heilbronner Scharfrichter Hans Mauer.

[733] *Danckert,* S. 31 f.

[734] Ebd., S. 31.

[735] Vgl. unten, S. 257.

[736] Die Chroniken der deutschen Städte, Bd. 12 = Köln 1, S. 242 f., Vers. 11 ff.; vgl. Koelhoffsche Chronik = Chroniken der deutschen Städte, Köln 3, S. 706.

[737] Ebd., Bd. 12 = Köln 1, S. 252–254, Vers. 333 ff.

[738] Ebd., Vers. 339–341.

[739] Ebd., Bd. 14 = Köln 3, S. 708 f.

[740] Vgl. *Keussen,* Der Verfasser des Verbundbriefes, S. 1 ff.

[741] Vgl. ebd.; *Herborn/Militzer,* Hilger Quattermart von der Stesse, S. 41 ff. und *Irsigler,* Hermann von Goch, S. 61 ff.

[742] Koelhoffsche Chronik = Chroniken der deutschen Städte, Köln 3, S. 734.

[743] *Frensdorff,* S. 62; W. *Stein,* Akten I, Berichtigungen und Nachträge, S. (770).

[744] W. *Stein,* Akten I, Nr. 312, S. 554 ff., Nr. 315, S. 564 ff., Nr. 317, S. 571 ff. und Nr. 318, S. 575 ff.; vgl. auch unten, S. 265 ff.

[745] Zu den Hintergründen vgl. L. *Ennen,* Geschichte III, S. 375 ff.

[746] W. *Stein,* Akten I, S. 622 f., Anm. 2.

[747] In § 22 heißt es: ». . . off man emantz fulteren off besoychen sulde . . .«.

[748] W. *Stein,* Akten I, S. 761 f.

[749] Verf. u. Verw. G 241, fol. 51 b/52 a (1613 April 30).

[750] W. *Stein,* Akten I, S. 764 f.

[751] Vgl. Koelhoffsche Chronik = Chroniken der deutschen Städte, Köln 3, S. 890; Weinsberg II, S. 111 mit Anm. 4.

[752] Das geht hervor aus § 9 der Ordnung des Schöffengerichts von ca. 1370–75; W. *Stein,* Akten I, S. 557.

[753] Ebd., S. 767–769.

[754] Vgl. *Gengler,* S. 129.

[755] Vgl. oben, S. 207.

[756] Vgl. W. *Stein,* Akten I, S. 139 u. 735.

[757] Vgl. Handwörterbuch des deutschen Aberglaubens, IX, Sp. 71–84.

[758] W. *Stein,* Akten I, S. 767 (Eid des Scharfrichters).

[759] Beschreibung im Katalog »Vom Recht im Rheinland«, S. 47, Nr. C 1. Der Löwe würde auch gut als Henkersymbol passen, vgl. *Danckert*, S. 29.

[760] Beschreibung wie Anm. 759, S. 48, Nr. C 4.

[761] *van Dülmen*, S. 203; der treffende Titel dieser ausgezeichneten und reich belegten Darstellung der Hinrichtungsrituale wurde auch als Abschnittsüberschrift übernommen.

[762] Vgl. Katalog »Vom Recht im Rheinland«, S. 49, Nr. C 8; Koelhoffsche Chronik = Chroniken der deutschen Städte, Köln 3, S. 890.

[763] Die Chroniken der deutschen Städte, Bd. 12 = Köln 1, S. 253, Vers. 372.

[764] Vgl. Weinsberg III, S. 117.

[765] Vgl. *Eckertz*, Revolution, S. 213.

[766] Vgl. *Danckert*, S. 38 f.

[767] *Keussen*, Topographie, Einleitung S. 138*.

[768] Vgl. *Irsigler*, Köln extra muros, S. 137 ff.; Abdruck des Schweidplans in »Köln«, Tafelabb. 6.

[769] *Diederich*, S. 41–46.

[770] Koelhoffsche Chronik = Chroniken der deutschen Städte, Köln 3, S. 856 f.

[771] Die Chroniken der deutschen Städte, Bd. 14 = Köln 3, S. 944 (Prosarelation über die Unruhen).

[772] Ebd., S. 960 (Reimchronik über die Unruhen), Vers. 825–27; vgl. auch S. 857 und 944.

[773] Vgl. *Eckertz*, Revolution; *Diederich*, S. 46–53.

[774] Das Folgende nach *Eckertz*, Revolution, der im Anhang auch alle wesentlichen Quellen bietet.

[775] *Huizinga*, S. 4.

[776] Nach einer anonymen zeitgenössischen Aufzeichnung, gedruckt bei *Eckertz*, Revolution, S. 256.

[777] Grundlegend: *Helfer*, I; *v. Hentig*, Der gehängte Henker; zahlreiche Beispiele geben auch *Danckert* und *van Dülmen*.

[778] *Helfer*, I, S. 349 f.

[779] Weinsberg I, S. 73.

[780] Ebd., S. 79 f.

[781] Vgl. *Danckert*, S. 25.

[782] *Helfer*, I.

[783] *Danckert*, S. 38–41.

[784] Das Tagebuch des Meister Franz, Vorwort.

[785] Vgl. oben, S. 146.

[786] Vgl. *Merzbacher*, in: Justiz in alter Zeit, S. 241 ff.

[787] Koelhoffsche Chronik = Chroniken der deutschen Städte, Köln 3, S. 768–770.

[788] *Gupp*, V. S. 239.

[789] Koelhoffsche Chronik = Chroniken der deutschen Städte, Köln 3, S. 865.

[790] Ebd., S. 913.

[791] Vgl. die aufschlußreiche Systematik in: Justiz in alter Zeit, Kap. IV. u. V.

792 Koelhoffsche Chronik = Chroniken der deutschen Städte, Köln 3, S. 833.

793 In der Kesselkuhle wurden aber auch Enthauptungen durchgeführt, vgl. Verf. u. Verw. G 204, fol. 72 b: Hinrichtung eines Brandstifters 1518.

794 Vgl. oben, S. 237.

795 Verf. u. Verw. G 204, fol. 134 a.

796 Ebd., fol. 90 a.

797 Ebd., fol. 92 b.

798 Vgl. oben, S. 47.

799 Verf. u. Verw. G 214, fol. 3 a (1573–75).

800 Ebd., G 211, fol. 48 b.

801 Ebd., fol. 148 b.

802 Vgl. *van Dülmen*, S. 236 f.

803 Ebd., S. 234 f.

804 Verf. u. Verw. G 211, fol. 244 a–246 b.

805 Ebd., G 213, fol. 133 a–134 b.

806 Ebd., G 214, fol. 17 a–19 b, 22 a, 23 a, 24 a, 38 a.

807 Weinsberg IV, S. 42–44 und 47 f. zur Hinrichtung.

808 Ebd., III, S. 336, Bd. IV, S. 254 f.

809 Ebd., IV, S. 166 f.

810 L. *Ennen*, Miscellen, S. 159 f. und 161–171 (Verhörprotokoll).

811 Vgl. *Völker*, Von Werwölfen; *Schemmel*, Der ›Werwolf‹ von Ansbach (1685) und oben Kap. VII. 4.

812 Vgl. aber Verf. u. Verw. G 204 (Liber malefactorum 1510–1522), fol. 2 a und 9 a: 1518 werden der Urkundenfälscher Bernhart van Basel und der Kriegsknecht Adam van Bopart im Rhein ertränkt.

813 Ebd., G 211, fol. 18 b–19 a, 20 a.

814 *Knipping*, Stadtrechnungen I, S. LXXIII und LXXV.

815 Vgl. oben, S. 241.

816 *Knipping*, Stadtrechnungen I, S. 6, 14, 47 usw.; vgl. das Personenregister unter den im Folgenden genannten Namen.

817 Vgl. *Danckert*, S. 174 ff.

818 *Knipping*, Stadtrechnungen II, S. 390 und 393.

819 Ebd., S 404.

820 Vgl. oben, S. 245.

821 Rpr. 17, fol. 180 a.

822 Diese Strafe für Ehebrecher/-innen beschreibt L. *Ennen*, Geschichte III, S. 925, wie folgt: Sie mußten »mit zwei an einer Kette hängenden schweren Steinen um den Hals und zwei langen Kerzen in den Händen durch eine Reihe bestimmt bezeichneter Straßen gehen und an gewissen Festen während des Hochamts in der Kirche stehen«.

823 *Eckertz*, Revolution, S. 232.

824 Verf. u. Verw. G 211, fol. 149 a.

825 Ebd., G 241, fol. 39 b/40 a.

826 Ebd., G 204, fol. 96 b und 202 b.

827 Ebd., G 228, fol. 95 a/b, 127 a/b.

828 Vgl. *Danckert,* S. 167 ff.

829 Zitiert nach *Danckert,* S. 167.

830 Ebd., S. 170 f.

831 *Knipping,* Stadtrechnungen II, S. 13–15, 19, 37 f., 50, 67, 74, 126–28, 258, 261, 332.

832 Vgl. *v. Loesch* II, S. 476 zur Auseinandersetzung zwischen dem »pertzviller« Arnt van Ratingen und dem Weißgerberamt.

833 Die Chroniken der deutschen Städte, Bd. 13 = Köln 2, S. 55.

834 Verf. u. Verw. Geleitsregister 11, fol. 283 a.

835 Vgl. Edikte 3, Blatt 144 (1558); 6, Blatt 265 (1568); 1, Blatt 153 f. (1589), Blatt 60 (1592) und Rpr. 3, fol. 114a (1516 Okt. 8): Die Turmmeister sollen die Bürger verwarnen und auffordern, die »vercken« von der Straße zu holen.

836 Rpr. 1, fol. 114 b; 2, fol. 6 a.

837 Rpr. 22, fol. 66 a.

838 Vgl. *Danckert,* S. 182.

839 Verf. u. Verw. G 211, fol. 279 a–280 a.

840 Ebd., G 213, fol. 118 b.

841 Ebd., G 227, fol. 179 a – 183 a.

842 Ebd., fol. 183 b.

843 Ebd., G 228, fol. 63 a – 66 a.

844 Ebd., G 226, fol. 256 a.

845 v. *Hentig,* zitiert nach *Schuhmann,* S. XIII.

846 Verf. u. Verw. G 228, fol. 126 a – 127 a.

847 Vgl. *Irsigler,* Zum Kölner Viehhandel, S. 219 ff.

848 Verf. u. Verw. G 228, fol. 227 b.

849 Ebd., G 239, fol. 120 a.

850 Ebd., G 240, fol. 154 b – 155 b.

851 Ebd., fol. 157 a.

852 Vgl. ebenda, G 221, fol. 14 b: 1565 vermietet Jaspar, der nachts die »keykhär« führt, eine Kammer auf dem Altengraben an Merten Weinrueffer.

853 AV Revilien, Bücher 181 a, 1596 nach August 9. – Schon 1519 wird eine alte Frau mit dem sprechenden Namen Tryn Fuylfisch als wohnhaft auf dem Altengraben genannt; Verf. u. Verw. G 204, fol. 94 a.

854 AV Revilien, Bücher 204.

855 Verf. u. Verw. G 206, fol. 32 a.

856 Test. S/A 173.

Quellen- und Literaturverzeichnis

1. Ungedruckte Quellen

Historisches Archiv der Stadt Köln, Bestände:
- AV = Armenverwaltung 1001/2
- – AV Melaten, Bücher 1, 3, 31–33, 42–44, 50–53, 55, 56, 60, 64, 66, 67, 84, 89, 90
- – AV Revilien, Bücher 3, 30, 53, 130, 131, 191, 204
- Briefbücher 21, 23 a, 33, 36, 37, 108
- Datierte Briefeingänge
- Edikte 1, 3, 6, 17
- HUA = Haupturkundenarchiv
- Maria Magdalena, Urkunden (U)
- Ratsmemorial I und II
- Rpr. = Ratsprotokolle 1 a, 2, 3, 5, 7–17, 19, 21–30, 32, 34, 37–63, 72
- Schreinsbuch 164
- Test. = Testamente
- Universität, Akten (A) 323, 324
- Verf. u. Verwaltung G = Verfassung und Verwaltung, Gerichtssachen 181, 181 a, 204, 206, 209, 211–217, 219, 221–224, 226–232, 239–241, 279
- – Geleitsregister 11
- Weiße Frauen, Urkunden (U)
- Zivilprozesse 323

Stadtarchiv Augsburg, Pilgerhaus Nr. 6, Varia
Stadtarchiv Zülpich, Urkunden
Katholisches Oberpfarramt Zülpich, Urkunden

2. Gedruckte Quellen und Literatur

Abel, Wilhelm, Hungersnöte und Absatzkrisen im Spätmittelalter, in: Festschrift Hermann Aubin zum 80. Geb., hrsg. v. Otto Brunner, Hermann Kellenbenz, Erich Maschke, Wolfgang Zorn, Wiesbaden 1965, S. 3–18.

Ariès, Philippe, Contribution à l'étude du culte des morts à l'époque contemporaine, in: Revue des travaux de l'Académie des sciences morales et politiques 109, 1966, S. 25–34.

Ariès, Philippe, La mort inversée, in: Archives européennes de sociologie 8, 1967, S. 169–195.

Asen, Johannes, Die Begarden und die Sackbrüder in Köln, in: Annalen des Historischen Vereins für den Niederrhein, Heft 115, Düsseldorf 1929, S. 167–179.

Asen, Johannes, Die Beginen in Köln. In: Annalen des Historischen Vereins für den Niederrhein, insbesondere die alte Erzdiözese Köln, Heft 111, Köln 1927, S. 81–180, und Heft 113, Köln 1928, S. 13–96.

Asen, Johannes, Das Leprosenhaus Melaten bei Köln. Phil. Diss. Bonn 1908.

Asen, Johannes, Eine Leprosenordnung von Melaten bei Köln aus dem 16. Jahrhundert. Separatabdruck aus: Lepra. Bibliotheca internationalis, Bd. XIV, Heft 2, Leipzig 1913, S. 70–72.

Assion, Peter, Matthias Hütlin und sein Gaunerbüchlein, der »Liber vagatorum«. Herrn Prof. Dr. Otto Bosler zum 80. Geb. In: Alemannisches Jahrbuch, 1971/72, Bühl 1973, S. 74–92.

Augustinus, De ordine, in: *Migne,* Jaques-Paul (Hg.), Patrologiae cursus completus, sive Bibliotheca universalis integra (...) (Patrologia, series Latina). Bd. 32. Paris 1841, Sp. 977–1020.

Avé-Lallemant, Friedrich Christian Benedict, Das deutsche Gaunertum in seiner social-politischen, literarischen und linguistischen Ausbildung zu seinem heutigen Bestande, 4 Bücher in 3 Bänden, Leipzig 1858–1862.

Baader, Gerhard, und *Gundolf Keil* (Hrsg.), Medizin im mittelalterlichen Abendland (WdF 363), Darmstadt 1982.

Baader, Joseph (Hrsg.), Nürnberger Polizeiordnungen aus dem 13. bis 15. Jahrhundert. Bibliothek des Litterarischen Vereins in Stuttgart, Bd. LXIII, Stuttgart 1861, photomechanischer Nachdruck Amsterdam 1966.

Bächtold-Stäubli, Hanns (Hrsg.), Handwörterbuch des deutschen Aberglaubens. 10 Bde, Berlin 1927–42; Bd. IV: Berlin und Leipzig 1931/32.

De Balzac, Honoré, Contes drôlatiques (= Oeuvres complètes 36), hrsg. von Marcel Bouteron und Henri Longnon, Paris 1954.

De Balzac, Honoré, Tolldreiste Geschichten. München 1967.

Barack, Karl A. (Hg.), Des Teufels Netz. Satirisch-didaktisches Gedicht aus der ersten Hälfte des 15. Jahrhunderts (Bibliothek des Litterarischen Vereins in Stuttgart 70), Stuttgart 1863, Nachdr. Amsterdam 1968.

Becker, Gabriele, u. a., Aus der Zeit der Verzweiflung. Zur Genese und Aktualität des Hexenbildes, edition suhrkamp 840, 4. Aufl., Frankfurt a. Main 1981.

Becker, Howard S., Außenseiter. Zur Soziologie abweichenden Verhaltens. Fischer Taschenbuch 6624, Frankfurt a. Main 1981.

Bisle, Max, Die öffentliche Armenpflege der Reichsstadt Augsburg, mit Berücksichtigung der einschlägigen Verhältnisse in anderen Reichsstädten Süddeutschlands. Ein Beitrag zur christlichen Kulturgeschichte, Paderborn 1904.

Boccaccio, Giovanni, Dekameron. Erster Tag, mit einer Einführung von Vittore Branca, 2. Aufl. Luzern/Freudenstadt 1973.

von Boehn, Max, Die Mode. Eine Kulturgeschichte vom Mittelalter bis zum Barock, bearbeitet von Ingrid Loschek, München 1976.

Bornemann, Ernest, Lexikon der Liebe, 2 Bde, München 1968.

Boos, Heinrich, Geschichte der rheinischen Städtekultur, Bd. III, Berlin 1899.

Borst, Arno, Lebensformen im Mittelalter, Frankfurt a. M./Berlin 1973.

Brans, Otto, Leprosorien im früheren Regierungsbezirk Aachen, in: Historia hospitalium. Zeitschrift der deutschen Gesellschaft für Krankenhausgeschichte, Heft 14, 1981/82, Greven 1982, S. 17–33.

Brant, Sebastian, Das Narrenschiff. Nach der Erstausgabe (Basel 1494) mit den Zusätzen der Ausgaben von 1495 und 1499 sowie den Holzschnitten der deutschen Originalausgaben hrsg. von Manfred Lemmer (Neudrucke deutscher Literaturwerke, NF 5), 2. erw. Aufl. Tübingen 1968.

von den Brincken, Anna-Dorothee, Das Rechtfertigungsschreiben der Stadt Köln wegen Ausweisung der Juden im Jahre 1424 – Zur Motivierung spätmittelalterlicher Judenvertreibungen in West- und Mitteleuropa, in: Köln, das Reich und Europa (Mitteilungen aus dem Stadtarchiv von Köln 60), Köln 1971, S. 305–339.

Brucker, J. (Hrsg.), Straßburger Zunft- und Polizeiverordnungen des 14. und 15. Jahrhunderts, Straßburg 1889.

Caignebert, Claude, Le Combat de Carneval et le Carême de P. Bruegel (1559). In: Annales: Économies. Sociétés. Civilisations 27, 1972, S. 313–345.

Champion, Pierre Honoré Jean Baptiste, François Villon, sa vie et son temps (Bibliothèque du XVe siècle; XX, XXI), 2 Bde, Paris 1913.

Chaunu, Pierre, Une histoire religieuse sérielle. A propos du diocèse de La Rochelle (1648–1724) et sur quelques exemples normands, in: Revue d'histoire moderne et contemporaine 12, 1965, S. 5–34.

Chaunu, Pierre, Mourir à Paris, in: Annales: Économies, Sociétés, Civilisations 31, 1976, S. 29–50.

Chaunu, Pierre, Mourir à Paris, Paris 1978.

Die Chroniken der deutschen Städte, Bd. I–III, X, XI = Die Chroniken der fränkischen Städte: Nürnberg, Bd. 1–5, Leipzig 1862–1874, Nachdr. Göttingen 1961.

Die Chroniken der deutschen Städte, Bd. XII–XIV = Die Chroniken der niederrheinischen Städte: Köln, Bd. 1–3, Leipzig 1875–1877, Nachdr. Göttingen 1968.

Die Chroniken der deutschen Städte, Bd. XX: Dortmund und Neuss, 2. Aufl. Leipzig 1867, Nachdr. Stuttgart 1969.

Conrad, Hermann, Deutsche Rechtsgeschichte. Ein Lehrbuch. Karlsruhe 1954.

Danckert, Werner, Unehrliche Berufe. Die verfemten Leute, Bern-München 1963.

Deschner, Karlheinz, Das Kreuz mit der Kirche. Eine Sexualgeschichte des Christentums, München 1974, [4]1980.

Dicks, Johannes, Die stadtkölnische Waisenerziehung von 1520 bis 1825, Diss. phil. Köln 1925.

Doebner, Richard (Hrsg.), Urkundenbuch der Stadt Hildesheim, Band 1, Hildesheim 1881, Band 2, Hildesheim 1886.

Dornbusch, J. B., Aus dem Leben und Treiben einer alten Siegstadt im 15., 16. und 17. Jahrhundert. Ein Beitrag zur Kulturgeschichte des Niederrheins. In: Annalen des Historischen Vereins für den Niederrhein, Heft 30, Köln 1876, S. 81–150.

Dragendorf, Ernst, Zwei Lübische Leprosenordnungen. In: Zeitschrift des Vereins für Lübeckische Geschichte und Altertumskunde, Bd. 8, Lübeck 1900, S. 255–261.

van Dülmen, Richard, Das Schauspiel des Todes. Hinrichtungsrituale in der frühen Neuzeit, in: Volkskultur. Zur Wiederentdeckung des vergessenen Alltags (16.–20. Jahrhundert), hrsg. von Richard van Dülmen und Norbert Schindler, Frankfurt a. M. 1984, S. 203–245.

Dürer. Schriftlicher Nachlaß. Hrsg. von Hans Rupprich, Bd. 1, Berlin 1956.

Eckertz, Gottfried, Tagebuch des Kölnisches Rathsherren und Gewaltrichters Jan van Brackerfelder, in: Annalen des Historischen Vereins für den Niederrhein, 6. Heft, Köln 1859, S. 136–160 (Teil I), und 7. Heft, Köln 1859, S. 154–187 (Teil II).

Eckertz, Gottfried, Die Revolution in der Stadt Köln im Jahre 1513, in: Annalen des Historischen Vereins für den Niederrhein 26/27, 1874, S. 197–267.

Eisenbart, Lieselotte Constanze, Kleiderordnungen der deutschen Städte zwischen 1350 und 1700. Ein Beitrag zur Kulturgeschichte des deutschen Bürgertums, Göttingen 1962.

Ennen, Edith, Frauen im Mittelalter. München 1984.

Ennen, Leonard, Geschichte der Stadt Köln, Bd. 3, Köln und Neuss 1869.

Ennen, Leonard, Miscellen, in: Annalen des Historischen Vereins für den Niederrhein 31, 1877, S. 159–182.

Ennen, Leonard und *Eckertz, Gottfried,* Quellen zur Geschichte der Stadt Köln, Bd. 1, Köln 1860.

Ennen, Leonard, Quellen zur Geschichte der Stadt Köln, Bd. 3–5, Köln 1867–1875.

Fischer, Georg, Der Einzelgänger. Struktur, Weltbild und Lebensform asozialer Gruppen im Gefüge der alten Volksordnung, in: ders., Volk und Geschichte. Studien und Quellen zur Sozialgeschichte und historischen Volkskunde. Festgabe, dem Verfasser zum 65. Geburtstag dargebracht. Kulmbach 1962 (Die Plassenburg 17), S. 235–262 und 392–395.

Fischer, Thomas, Städtische Armut und Armenfürsorge im 15. und 16. Jahrhundert. Sozialgeschichtliche Untersuchungen am Beispiel der Städte Basel, Freiburg i. Br. und Straßburg (Göttinger Beiträge für Wirtschafts- und Sozialgeschichte, Bd. 4), Göttingen 1979.

Fleckenstein, Heinz, Art. »Prostitution«, in: Lexikon für Theologie und Kirche. 2. Aufl., Bd. 8 (Freiburg 1963), Sp. 812–814.

Frensdorff, Ferdinand, Das Recht der Dienstmannen des Erzbischofs von Köln, in: Mitteilungen aus dem Stadtarchiv von Köln 2, 1883, S. 1–69.

Frohn, Wilhelm, Siechenhäuser und Verkehrsstraßen im Rheinland, in: Rheinische Vierteljahrsblätter, Jg. 2, Bonn 1932, S. 143–164.

Fuchs, Eduard, Sozialgeschichte der Frau, Frankfurt 1973. Erstausgabe unter dem Titel: Die Frau in der Karikatur, München 1906. Nachdruck der 3. erw. Aufl. 1928.

Füssenich, Karl, Das Siechenhaus zu Honrath, in: Annalen des Historischen Vereins für den Niederrhein, Heft 81/82, Köln 1906, S. 134–138.

Fußbroich, H., Ehemalige Siechenkapelle St. Johann Baptist, in: Führer zu vor- und frühgeschichtlichen Denkmälern, Bd. 39, Köln III, Mainz 1980, S. 128/29.

Gansen, Peter, Ein seltsames Einwohnerbuch aus Siegburg von 1636–38. Kurze Lebensbeschreibungen und Testamente der Siegburger Hexen. In: Mitteilungen der Westdeutschen Gesellschaft für Familienkunde, Jg. 48–49, Bd. 20, 1961–1962, Köln 1966, S. 22–30.

Geigges, Anita; Wette, Bernhard W., Zigeuner heute. Verfolgung und Diskriminierung in der BRD, Bornheim-Merten 1979.

Gelenius, Aegidius, De admiranda magnitudine Coloniae, Köln 1645.

Gengler, Heinrich Gottfried Philipp, Deutsche Stadtrechts-Altertümer. Erlangen 1882 (Nachdruck Aalen 1964).

Geremek, Bronislav, Geschichte der Armut. Elend und Barmherzigkeit in Europa, München/Zürich 1988.

Geremek, Bronislav, Les marginaux parisiens aux XIVe et XVe siècles, Paris 1976.

von Goethe, Johann Wolfgang, Aus der ersten Fassung des »Götz« von 1771, in: J. W. Goethe, Frühe Dramen: Götz von Berlichingen, Clavigo, dtv Bibliothek 6104, München 1979, S. 197 ff.

Golther, Wolfgang, Handbuch der germanischen Mythologie. Unveränderter Neudruck der revidierten Ausgabe von 1908, Stuttgart o. J.

Graus, František, Die Randständigen, in: P. Moraw (Hrsg.), Unterwegssein im Spätmittelalter, Berlin 1985, S. 93–104.

Graus, František, Randgruppen der städtischen Gesellschaft im Spätmittelalter, in: Zs. f. Histor. Forschung 8, 1981, S. 385–437.

Greving, Joseph, Steuerlisten des Kirchspiels St. Kolumba in Köln vom 13. bis 16. Jahrhundert, Mitteilungen aus dem Stadtarchiv von Köln, Heft 30, Köln 1900.

Greving, Joseph, Wohnungs- und Besitzverhältnisse der einzelnen Bevölkerungsklassen im Kölner Kirchspiel St. Columba vom 13.–16. Jahrhundert, in: Annalen des Historischen Vereins für den Niederrhein, 78. Heft, Köln 1904, S. 1–79.

Großes Vollständiges Universal-Lexikon aller Wissenschaften und Künste ... (»Zedler«), Bd. 1–64, Erg.–Bd. 1–4 (A–Caq). Halle/Leipzig 1732–1754 (Ndr. Graz 1961–1964).

Grundmann, Herbert, Religiöse Bewegungen im Mittelalter. Untersuchungen über die geschichtlichen Zusammenhänge zwischen der Ketzerei, den Bettelorden und der religiösen Frauenbewegung im 12. und 13. Jahrhundert und über die geschichtlichen Grundlagen der deutschen Mystik, Berlin 1935, 2. Aufl. 1961.

Grupp, Georg, Kulturgeschichte des Mittelalters, Bd. V, Paderborn [2]1919.

Hammes, Manfred, Hexenwahn und Hexenprozesse, Fischer Taschenbuch 1818, Frankfurt a. Main 1977.

Hampe, Theodor, Die fahrenden Leute in der deutschen Vergangenheit. Monographien zur deutschen Kulturgeschichte, hrsg. von Georg Steinhausen, Bd. 10, Leipzig 1902.

Handwörterbuch des deutschen Aberglaubens, hrsg. unter besonderer Mitwirkung von E. Hoffmann-Krayer und Mitarbeit zahlreicher Fachgenossen von Hanns Bächtold-Stäubli = Handwörterbuch zur deutschen Volkskunde, hrsg. vom Verband deutscher Vereine für Volkskunde, Abteilung I, Berlin-Leipzig 1927 ff.

Handwörterbuch zur deutschen Rechtsgeschichte, Bd. I, hrsg. v. Adalbert Erler u. Ekkehard Kaufmann, mitbegründet v. Wolfgang Stammler, Berlin 1971.

Helfer, Christian, Henker-Studien, in: Archiv für Kulturgeschichte, Bd. 46, Heft 1, Nendeln/Liechtenstein 1971, S. 334–359 und Bd. 47, Nendeln/Liechtenstein 1972, S. 96–117.

Herborn, Wolfgang, Sozialtopographie des Kölner Kirchspiels St. Kolumba im ausgehenden 13. Jahrhundert, in: Zwei Jahrtausende Kölner Wirtschaft, hrsg. von Hermann Kellenbenz, Bd. 1, Köln 1975, S. 205–215.

Herborn, Wolfgang und *Militzer, Klaus,* Hilger Quattermart von der Stesse, in: Rheinische Lebensbilder 8, Köln 1980, S. 41–60.

Hergemöller, Bernd-Ulrich, Die »unsprechliche stumme Sünde« in Kölner Akten des ausgehenden Mittelalters, in: Geschichte in Köln 22, 1987, S. 5–51.

Hertz, Wilhelm (Hrsg.), Spielmannsbuch. Novellen und Verse aus dem 12. und 13. Jahrhundert, Stuttgart 1905, Neudruck Walluf 1973.

Höck, Alfred, Recht auch für Zigeuner? Ein Kapital Minderheitenforschung nach hessischen Archivalien. In: Das Recht der kleinen Leute. Beiträge zur rechtlichen Volkskunde. Festschrift für Karl-Sigismund Kramer zum 60. Geb., hrsg. von Konrad Köstlin und Kai Detlev Sievers, Berlin 1976, S. 77–88.

Irsigler, Franz, Bettler, Dirnen und Henker im spätmittelalterlichen und frühneuzeitlichen Köln. Zur Analyse sozialer Randgruppen, in: Geschichte in Köln. Studentische Zeitschrift am Historischen Seminar, Heft 7, Köln 1980, S. 32–64.

Irsigler, Franz, Divites und pauperes in der Vita Meinwerci, in: Vierteljahrschrift für Sozial- und Wirtschaftsgeschichte, Bd. 57, Wiesbaden 1970, S. 449–499.

Irsigler, Franz, Getreidepreise, Getreidehandel und städtische Versorgungspolitik in Köln vornehmlich im 15. und 16. Jahrhundert. In: Die Stadt in der europäischen Geschichte. Festschrift Edith Ennen, hrsg. von Werner Besch, Klaus Fehn, Dietrich Höroldt, Franz Irsigler, Matthias Zender, Bonn 1972, S. 571–610.

Irsigler, Franz, Hermann von Goch, in: Rheinische Lebensbilder 8, Köln 1980, S. 61–80.

Irsigler, Franz, Köln extra muros: 14.–18. Jahrhundert, in: Siedlungsforschung. Archäologie – Geschichte – Geographie 1, 1983, S. 137–149.

Irsigler, Franz, Peter Rinck († 1501), in: Rheinische Lebensbilder 6, Düsseldorf 1975, S. 55–70.

Irsigler, Franz, Zum Kölner Viehhandel und Viehmarkt im Spätmittelalter, in: Internationaler Ochsenhandel (1350–1750). Hrsg. von Ekkehard Westermann (Beiträge zur Wirtschaftsgeschichte, Bd. 9), Stuttgart 1979, S. 219–234.

Irsigler, Franz, Kölner Wirtschaft im Spätmittelalter, in: Zwei Jahrtausende Kölner Wirtschaft, hrsg. von Hermann Kellenbenz, Köln 1975, Bd. 1, S. 217–319.

Jäger, Carl (Hrsg.), Ulms Verfassungs-, bürgerliches und commercielles Leben im Mittelalter meist nach handschriftlichen Quellen samt Urkundenbuch, Stuttgart-Heilbronn 1831.

Janssen, Johannes, Kulturzustände des deutschen Volkes seit dem Ausgang des Mittelalters bis zum Beginn des Dreißigjährigen Krieges. Ergänzt und hrsg. von Ludwig Pastor = Geschichte des deutschen Volkes seit dem Ausgang des Mittelalters. Von Johannes Janssen. 8. Bd. Freiburg i. Br. 1903.

Jetter, Dieter, Geschichte des Hospitals, Sudhoffs Archiv. Vierteljahresschrift für Geschichte der Medizin, der Pharmazie und der Mathematik, Beiheft 5, Wiesbaden 1966.

Johansen, Paul; v. zur Mühlen, Heinz, Deutsch und Undeutsch im mittelalterlichen und frühneuzeitlichen Reval, (Ostmitteleuropa in Vergangenheit und Gegenwart 15) Köln/Wien 1973.

Justiz in alter Zeit, hrsg. von Ch. Hinckeldey (Schriftenreihe des mittelalterlichen Kriminalmuseums Rothenburg ob der Tauber, Bd. VI), Rothenburg o. d. T. 1984.

van Kappen, O., Histoire des tziganes au Pays-Bas. L'évolution du statut des »paiens« ou »égyptiens« dans les Pays-Bas du Nord (1420 ± 1750), in: Acta Historiae Neerlandica. Historische Studien in den Niederlanden, Bd. 3, Leiden 1968, S. 160–188.

Kemp, Jakob, Sittengeschichtliches aus dem mittelalterlichen Köln. In: Kölnischer Geschichtsverein, Bericht über das erste Vereinsjahr, hrsg. v. Vorstande, Köln 1908, S. 14–15.

Kemp, Jakob, Die Wohlfahrtspflege des Kölner Rates in dem Jahrhundert nach der großen Zunftrevolution. Kulturhistorische Studie, Bonn 1904.

Keussen, Hermann, Topographie der Stadt Köln im Mittelalter (Preisschriften der von Mevissen-Stiftung II), 2 Bde, Bonn 1910.

Keussen, Hermann, Köln im Mittelalter. Topographie und Verfassung. Revidierter Sonderdruck aus der II. Preisschrift der von Mevissen-Stiftung, Bonn 1918.

Keussen, Hermann, Der Verfasser des Verbundbriefes und des »Neuen Buches«. Zur Geschichte der Kölner Revolution 1396, in: Mitteilungen aus dem Stadtarchiv von Köln 15 (1888), S. 1–54.

Klersch, Joseph, Volkstum und Volksleben in Köln, hrsg. von Alexander Bungartz, Köln 1979 (gekürzte Fassung der 1965–1969 erschienenen Ausgabe).

Kluge, Friedrich, Etymologisches Wörterbuch der deutschen Sprache, 21. unveränderte Aufl., bearb. v. Walther Mitzka, Berlin-New York 1975.

Knipping, Richard, Die Kölner Stadtrechnungen des Mittelalters mit einer Darstellung der Finanzverwaltung, (Publikationen der Gesellschaft für Rheinische Geschichtskunde 15), 2 Bde, Bonn 1897/98.

Koch, Ernst August, Neue und vollständigere Sammlung der Reichs-Abschiede, Teil II, Frankfurt am Main 1747.

Koepplin, Dieter; Falk, Tilman, Lukas Cranach. Gemälde, Zeichnungen, Graphik, Bd. 2. Zur Ausstellung im Kunstmuseum Basel, 15. Juni bis 8. September 1974, Basel–Stuttgart 1976.

Korsch, Hans Peter, Das materielle Strafrecht der Stadt Köln vom Ausgang des Mittelalters bis in die Neuzeit. Veröffentlichungen des Kölnischen Geschichtsvereins e. V., Bd. 20, Köln 1958.

Kriegk, G. L., Deutsches Bürgertum im Mittelalter. Nach urkundlichen Forschungen und mit besonderer Beziehung auf Frankfurt am Main, Frankfurt 1868 (= *Kriegk,* I).

Kriegk, G. L., Deutsches Bürgertum im Mittelalter. Nach urkundlichen Forschungen. Neue Folge, nebst einem Anhang enthaltend ungedruckte Urkunden aus Frankfurtischen Archiven, Frankfurt am Main 1871 (= *Kriegk,* II).

Kroeschell, Karl, Deutsche Rechtsgeschichte 2 (1250–1650), rororo Studium, hrsg. von Ernesto Grassi, Reinbek bei Hamburg 1973.

Kuske, Bruno, Die städtischen Handels- und Verkehrsarbeiter und die Anfänge städtischer Sozialpolitik in Köln bis zum Ende des 18. Jahrhunderts. Kölner Studien zum Staats- und Wirtschaftsleben, Heft 8, Bonn 1914.

Kuske, Bruno (Hrsg.), Quellen zur Geschichte des Kölner Handels und Verkehrs im Mittelalter, Bd, 3: Besondere Quellengruppen des späteren Mittelalters, Düsseldorf 1978 (Nachdruck der Ausgabe Bonn 1923).

Lassotta, Arnold, Formen der Armut im späten Mittelalter und zu Beginn der Neuzeit. Untersuchungen vornehmlich an Kölner Quellen des 14. bis 17. Jahrhunderts. Phil. Diss. Freiburg i. Br. 1984.

Lassotta, Arnold, Pilger in Köln: Das Hospital zum Ipperwald und seine Passantenlisten aus den Jahren 1770–1790. Ein Beitrag zum Wallfahrtswesen am Ende des Alten Reiches. In: Die Heiligen Drei Könige – Darstellung und Verehrung. Katalog zur Ausstellung des Wallraf-Richartz-Museums, Köln 1982, S. 81–96.

Lexikon des Mittelalters, Bd. II, München und Zürich 1981–84 (= *LexMA*).

Liber Pontificalis, gloss. da Pietro Bohier OSB, Bd. II: Liber Pontificalis, (Studia Gratiana 22) Rom 1978.

Liliencron, Rochus von (Bearb.), Die historischen Volkslieder der Deutschen vom 13. bis 16. Jahrhundert, Bd. 4. Leipzig 1869.

Linck, Wenceslaus, Ecclesiastes zu Aldenburg, Von Arbeyt un Betteln wie man solle der faulheyt vorkommen und yederman zu Arbeyt ziehen. Anno domini M.D.XXIII. Gedruckt zu Zwickaw durch Jœrg Gastel.

von Loesch, Heinrich (Bearb.), Die Kölner Zunfturkunden nebst anderen Kölner Gewerbeurkunden bis zum Jahre 1500, 2 Bde (Publikationen der Gesellschaft für Rheinische Geschichtskunde XXII), Bonn 1907, Nachdr. Düsseldorf 1984.

Looz-Corswarem, Clemens von, Die Kölner Artikelserie von 1525. Hintergründe und Verlauf des Aufruhrs von 1525 in Köln, in: Städteforschung. Veröffentlichungen des Instituts für vergleichende Städtegeschichte in Münster, hrsg. von Heinz Stoob, Reihe A: Darstellungen, Bd. 10: Kirche und gesellschaftlicher Wandel in deutschen und niederländischen Städten der werdenden Neuzeit, hrsg. von Franz Petri, Köln-Wien 1980, S. 65–153.

Die *Matrikel* der Universität Köln, 4. Bd. 1559–1675. Vorbereitet von Hermann Keussen und bearb. von Ulrike Nyassi und Mechtild Wilkes (Publikationen der Gesellschaft für Rheinische Geschichtskunde VIII), Düsseldorf 1981.

Merlo, Johann Jakob, Das Haus des Herzogs von Brabant zu Köln, in: Bonner Jahrbücher 63, 1878, S. 115–141 und 64, 1878, S. 130–163.

Merlo, Johann Jakob, Johann Haselberg und sein Lobgedicht auf die Stadt Köln, in: Annalen des Historischen Vereins für den Niederrhein 44, 1885, S. 139–175.

Mies, Franz, Die Kölner Hospitäler. Diss. Bonn 1921 (masch.).

Mollat, Michel, Die Armen im Mittelalter, München 1984.

Mone, F. J., Armen- und Krankenpflege vom 13. bis 16. Jahrhundert. In: Zeitschrift für die Geschichte des Oberrheins, Bd. 12, Karlsruhe 1861, S. 5–53.

Monumenta Germaniae Historica, Epistolae selectae, Bd. I, Ed. Michael Tangl, Berlin 1916.

Müller, Heribert, ›Das andere Köln‹. Marginalität und Kriminalität im späten Mittelalter und in der frühen Neuzeit, in: Geschichte in Köln 18, 1985, S. 77–90.

Murken, Axel Hinrich, Die Darstellung eines mongoloiden Kindes auf dem Aachener Passionsaltar. In: Wallraf-Richartz-Jahrbuch, Bd. XXXIII, Köln 1971, S. 313–320.

von Nahl, Rudolf, Zauberglaube und Hexenwahn im Gebiet von Rhein und Maas. Spätmittelalterlicher Volksglaube im Werk Johan Weyers (1515–1588), (Rheinisches Archiv 116), Bonn 1983.

Nauck, Ernst Theodor, Aus der Geschichte der Freiburger Wundärzte und artverwandter Berufe (Veröffentlichungen aus dem Archiv der Stadt Freiburg im Breisgau 8), Freiburg i. Br. 1965.

Pauli, Dr., Beiträge zur Geschichte des Irrenhauses in Lübeck, in: Zeitschrift des Vereins für Lübeckische Geschichte und Altertumskunde, Bd. 3, Lübeck 1876, S. 270–278.

Pauls, Emil, Niederrheinische Molken-Zauberformeln (Aus der ersten Hälfte des 16. Jahrhunderts). In: Zeitschrift für Kulturgeschichte, Bd. 5, Weimar 1898, S. 305–320.

Pfeiffer, Franz (Hrsg.), Berthold von Regensburg. Vollständige Ausgabe seiner Predigten, mit Anmerkungen, 2 Bde., Wien 1862–1880. Nachdr. mit einem Vorwort, einer Bibliographie und einem überlieferungsgeschichtlichen Beitrag von Kurt Ruh, Berlin 1965.

Purschke, Hans Richard, Puppenspiel und verwandte Künste in der Freien Reichs-Stadt Frankfurt am Main, Frankfurt a. Main 1980.

Raab, Alois, Geschichte des Puppenspiels, Kaufbeuren 1979.

Ratzinger, Georg, Geschichte der kirchlichen Armenpflege. Freiburg i. Br. 1868, 2. Aufl. 1884.

Vom Recht im Rheinland. Ausstellungskatalog 1969, hg. vom Kölnischen Stadtmuseum, Köln 1969.

Die *Regesten* der Erzbischöfe von Köln im Mittelalter, Bd. IV, 1304–1332, bearb. von Wilhelm Kisky (Publikationen der Gesellschaft für Rheinische Geschichtskunde XXI), Bonn 1915.

Reicke, Siegfried, Das deutsche Spital und sein Recht im Mittelalter. I. Teil: Das deutsche Spital, Geschichte und Gestalt. II. Teil: Das deutsche Spitalrecht. Kirchenrechtliche Abhandlungen, hrsg. v. Ulrich Stutz, Heft 111 und 112, Stuttgart 1932 (ND Amsterdam 1961).

Reineking von Bock, Gisela (Bearb.), Bäder, Duft und Seife. Kulturgeschichte der Hygiene. Katalog zur Ausstellung des Kunstgewerbemuseums der Stadt Köln im Overstolzenhaus, Köln 1976.

von Repgow, Eike, Sachsenspiegel (Landrecht), hrsg. von Cl. Freiherr von Schwerin, eingeleitet von Hans Thieme, Reclams Universal-Bibliothek Bd. 3355/56, Stuttgart 1969.

Roth, Max, Das Barbieramt in Oldenburg. Ein Beitrag zur Geschichte des ärztlichen Standes und des Zunftwesens. In: Jahrbuch für die Geschichte des Herzogtums Oldenburg 13, 1905, S. 121–148.

Rossiaud, Jaques, Prostitution, Jeunesse et Société dans les Villes du Sud-Est au XVe Siècle, in: Annales: Economies, Sociétés, Civilisations 31, 1976, S. 289–325.

Rüger, Willi, Mittelalterliches Almosenwesen. Die Almosenordnungen der Reichsstadt Nürnberg. Nürnberger Beiträge zu den Wirtschafts- und Sozialwissenschaften, hrsg. v. Hans Proesler u. Wilhelm Vershofen, Heft 31, Nürnberg 1932.

Ruotgeri Vita Brunonis archiepiscopi Coloniensis, hrsg. v. Irene Ott (MGH SS, NS 10), Köln/Graz 1958.

Sachße, Christoph; Tennstedt, Florian (Hrsg.), Bettler, Gauner und Proleten. Armut und Armenfürsorge in der deutschen Geschichte. Ein Bild-Lesebuch, rororo Sachbuch 7777, Reinbek b. Hamburg 1983.

Sehling, Emil (Hrsg.), Die evangelischen Kirchenordnungen des 16. Jahrhunderts, Bd. 5: Livland, Estland, Kurland . . ., Leipzig 1913; Bd. 11: Bayern, Teil 1: Franken, Tübingen 1961.

Shahar, Shulamit, Die Frau im Mittelalter. Übers. von Ruth Achlama. Hamburg 1983.

Schemmel, Bernhard, Der ‚Werwolf' von Ansbach (1685). Ereignisse und Meinungen. In: Jahrbuch für fränkische Landesforschung, Bd. 33, Neustadt (Aisch) 1973, S. 167–200.

Scherr, Johannes, Deutsche Kultur- und Sittengeschichte, neu bearb. u. bis in die Gegenwart fortgeführt von Artur Lokesch. Berlin 1927.

Scherr, Johannes, Geschichte der Deutschen Frauenwelt. In drei Büchern nach den Quellen. Leipzig [6]1911.

Schirmer, Eva, Mystik und Minne. Frauen im Mittelalter, Berlin 1974.

Schmidt, Eberhard, Zuchthäuser und Gefängnisse (1955). Kleine Vandenhoeck-Reihe 101, Göttingen o. J.

Schmidt, Lothar (Bearb.), Die Renaissance in Briefen von Dichtern, Künstlern, Staatsmännern, Gelehrten und Frauen, Leipzig 1909.

Schmülling, Gertrud, Das Strafrecht der Stadt Köln bis zum 16. Jahrhundert. Diss. iur. Münster, Bottrop 1937.

Schröder, Richard; v. Künßberg, Eberhard, Lehrbuch der deutschen Rechtsgeschichte, Berlin und Leipzig 1932.

Schuhmann, Helmut, Der Scharfrichter, Kempten 1964.

Schulte, Ingrid, Die Badereise der Anna von Weinsberg. Ein Dokoment adliger Lebensführung im 15. Jahrhundert. In: Parvula Munuscula. Festgabe für Franz Irsigler zum 40. Geburtstag, Bielefeld 1981, S. 29–39.

Spee, Elisabeth, Quedlinburg und seine Kirchen, Berlin 1972.

von Spee, Friedrich, Cautio Criminalis oder Rechtliches Bedenken wegen der Hexenprozesse, dtv Bibliothek 6122, 2. Aufl. München 1983.

Sprenger, Jacob; Institoris, Heinrich, Der Hexenhammer (Malleus maleficarum), dtv Bibliothek 6121, 3. Aufl. München 1983.

Staerk, Dieter, Gutleuthäuser und Kotten im südwestdeutschen Raum. Ein Beitrag zur Erforschung der städtischen Wohlfahrtspflege in Mittelalter und Frühneuzeit, in: Die Stadt in der europäischen Geschichte. Festschrift Edith Ennen, hrsg. v. Werner Besch, Klaus Fehn, Dietrich Höroldt, Franz Irsigler, Matthias Zender, Bonn 1973, S. 529–553.

Stein, Josef, Hermann Weinsberg als Mensch und Historiker, Phil. Diss. Bonn, Köln 1917.

Stein, Walther, Akten zur Geschichte der Verfassung und Verwaltung der Stadt Köln im 14. und 15. Jahrhundert, 2 Bände, Publikationen der Gesellschaft für Rheinische Geschichtskunde X, 1 und 2, Bonn 1893 und 1895.

Das Tagebuch des Meisters Franz, Scharfrichter zu Nürnberg. Nachdruck der Buchausgabe von 1801, Kommentar von Jürgen Carl Jacobs und Heinz Rölleke, Dortmund 1980.

Thiriet, Jean-Michel, Mourir à Vienne aux XVIIe–XVIIIe siècles. Les cas des Welsches, in: Jahrbuch für die Geschichte der Stadt Wien 34, 1978, S. 204–217.

Trippen, Peter Paul, Hexenwahn, Hexenglaube und Hexenverfolgung in der Reichsstadt Köln. In: Alt-Köln. Zeitschrift zur Pflege Kölnischer Geschichte und Erhaltung Kölnischer Eigenart, 10. Jg., Köln 1917, S. 22.

Villon, François, Sämtliche Dichtungen. Französisch und Deutsch. Übertragen von Walther Küchler, herausgegeben und neu bearbeitet von Marie Luise Bulst, Heidelberg 1972.

Völker, Klaus, Von Werwölfen und anderen Tiermenschen. Dichtungen und Dokumente. Bibliotheca Dracula. München 1972.

Vossen, Rüdiger, Zigeuner. Roma, Sinti, Gitanos, Gypsies zwischen Verfolgung und Romantisierung. Katalog zur Ausstellung des Hamburgischen Museums für Völkerkunde, Ullstein-Sachbuch 34135, Frankfurt a. Main, Berlin, Wien 1983.

Vovelle, Michel (Hrsg.), Mourir autrefois. Attitudes collectives devant la mort aux XVIIe et XVIIIe siècles (Collection archives 53) Paris 1974.

Vovelle, Michel und Gaby, Vision de la mort et de l'au-delà en Provence. D'après les autels des âmes du purgatoire, XVe–XXe siècles (Cahiers des Annales 29) Paris 1970.

Wackernagel, Rudolf, Geschichte der Stadt Basel, II, 1 und 2, Basel 1911 und 1916.

Weinhold, Karl, Die Deutschen Frauen in dem Mittelalter, 2 Bde, Wien ²1882, Neudruck Amsterdam 1968.

Das Buch *Weinsberg.* Kölner Denkwürdigkeiten aus dem 16. Jahrhundert. Bd. 1 und 2 bearb. von Konstantin Höhlbaum, Leipzig 1886 und 1887, Bd. 3 und 4 bearb. von Friedrich Lau, Bonn 1897 und 1898, Bd. 5: Kulturhistorische Ergänzungen, bearb. von Josef Stein, Bonn 1926. Publikationen der Gesellschaft für Rheinische Geschichtskunde, Bd. XVI, 1–5.

Wierstraat, Christianus, Reimchronik der Stadt Neuss, nach dem Druck 1497 hrsg. von E. v. Groote, Köln 1855.

Winckelmann, Otto, Die Armenordnungen von Nürnberg (1522), Kitzingen (1523), Regensburg (1523) und Ypern (1525), in: Archiv für Reformationsgeschichte. Texte und Untersuchungen, 10. Jg. 1912/13, Leipzig 1913, S. 242–280, und 11. Jg., Heft 1, Leipzig 1914, S. 1–18.

Winckelmann, Otto, Das Fürsorgewesen der Stadt Straßburg vor und nach der Reformation bis zum Ausgang des 16. Jahrhunderts. Ein Beitrag zur deutschen Kultur- und Wirtschaftsgeschichte (Quellen und Forschungen zur Reformationsgeschichte, Bd 5), Leipzig 1922.

Wörterbuch der deutschen Volkskunde, neu bearb. von Richard Beitl, 3. Aufl. Stuttgart 1974.

von Woikowski-Biedau, V., Das Armenwesen des mittelalterlichen Köln in seiner Beziehung zur wirtschaftlichen und politischen Geschichte der Stadt, Diss. Breslau 1891.

Zedler, s. Großes Vollständiges Universal-Lexikon . . .

Abbildungsnachweis

Abb. 1: Spieler/fahrender Scholar als Außenseiter der Gesellschaft. Holzschnitt aus: Jacobus de Cessolis, Schachzabelbuch, Straßburg, Heinrich Knoblochtzer, um 1478, fol. 34 r; Nürnberg, Germanisches Nationalmuseum; Foto: Germanisches Nationalmuseum, Nürnberg; *Abb. 2:* Seite aus dem Kölner Turmbuch von 1572 mit Vermerk über die Hinrichtung des Ewaldt Spieß von Nassaw; Historisches Archiv der Stadt Köln, Verfassung und Verwaltung G 213, fol. 117 a; Foto: W. F. Meier, Köln; *Abb. 3:* Bettler empfangen Almosen; Holzschnitte aus: Jacobus de Voragine, Legenda aurea, deutsch, Köln, Ludwig van Renchen, 1485 (nach Straßburger und Augsburger Vorbildern). – Repr. nach: A. Schramm, Der Bilderschmuck der Frühdrucke, Bd. 8: Die Kölner Drucker, Leipzig 1924, Nr. 662 und 691; *Abb. 4:* Radkräne am Hafen; Ausschnitt aus der Stadtansicht des Anton Woensam, 1531; Repr. nach: H. Borger, F. G. Zehnder, Köln. Die Stadt als Kunstwerk, Stadtansichten vom 15. bis 20. Jahrhundert, Köln 1982, S. 121; *Abb. 5:* Die heilige Elisabeth kleidet Arme und pflegt Kranke, Kölner Meister, 1380/90; Köln, Wallraf-Richartz-Museum, Inv.-Nr. 36; Foto: Rheinisches Bildarchiv; *Abb. 6:* Die Schmierstraße; Ausschnitt aus dem Plan des Arnold Mercator, 1571; Foto: Rheinisches Bildarchiv 122 539; *Abb. 7:* Das Fremdenhospital zum Ipperwald (N) auf dem Kattenbug; Ausschnitt aus dem Plan des Arnold Mercator, 1571; Foto: Rheinisches Bildarchiv 122 539; *Abb. 8:* Westliches Quartier der Kölner Altstadt mit den Bögen an der Stadtmauer; Ausschnitt aus dem Plan des Arnold Mercator, 1571; Foto: Rheinisches Bildarchiv 34 093; *Abb. 9:* Verschiedene Arten der Kunst des Bettelns; Kupferstich des 17. Jh's nach einer Vorlage von Hieronymus Bosch; Repr. nach: Th. Hampe, Die fahrenden Leute in der deutschen Vergangenheit, Leipzig 1902, Abb. 60; *Abb. 10:* Bettler und Kranke vor einer Kirche; Holzschnitt vom Meister des Trostspiegels, aus: Cicero, Officia, Augsburg, Steyner, 1532. – Repr. nach: Th. Hampe (wie Abb. 9), Abb. 57; *Abb. 11:* Die Jakobsbrüder; Holzschnitt von Jost Ammann, aus: Beschreibung aller Stände, Frankfurt 1568. – Repr. nach: Th. Hampe, Abb. 75; *Abb. 12:* Wandernder Musikant mit Drehleier, dessen Frau zur Musik singt; Kupferstich nach einem holländischen Meister des 17. Jh's. – Repr. nach: Th. Hampe, Abb. 78; *Abb. 13:* Bettler an der Haustür und Bettlerfamilie auf dem Markt; Holzschnitt vom Meister des Trostspiegels, aus: Cicero, Officia, Augsburg, Steyner, 1532. – Repr. nach: Th. Hampe, Abb. 56; *Abb. 14:* Bettlerfamilie auf dem Weg zur Stadt; Titelholzschnitt einer Ausgabe des Liber Vagatorum/Der Betler orden, Nürnberg, Johann Weissenburger, um 1510. – Repr. nach: Th. Hampe, Abb. 58; *Abb. 15:* Blinder Bettler auf der Landstraße; Holzschnitt eines unbekannten Meisters aus der niederländischen Schule, 17. Jh. – Repr. nach: Th. Hampe, Abb. 24; *Abb. 16:* Bettler empfangen Almosen; Repr. wie Abb. 3, Nr. 585 und 577; *Abb. 17:* Rute; Randzeichnung im Kölner Turmbuch von 1571; Historisches Archiv der Stadt Köln, Verfassung und Verwaltung G 213, fol. 22 a; Foto: W. F. Meier, Köln; *Abb. 18:* Siegel des Leprosenhauses Melaten (2. Hälfte 16. Jh.); Abdruck vom Typar im Kölnischen Stadtmuseum S 218; Foto: Rheinisches Bildarchiv 13 904; *Abb. 19:* Plan der Anlage des Leprosenhauses Melaten, 1740; Kölnisches Stadtmuseum, Graphische Sammlung; Foto: Rheinisches Bildarchiv 119 093; *Abb. 20:* Lepraschau; Holzschnitt in der Weise Wechtlin's aus: H. von Gersdorf, Feldtbuch der Wundarzney, Straßburg, Joh. Schott, 1528. – Repr. nach: Hermann Peters, Der Arzt und die Heilkunst in alten Zeiten, 1900 (Nachdruck, Düsseldorf 1969), Abb. 60; *Abb. 21:* Das Kölner Leprosenmännchen, um 1630; Kölnisches Stadtmuseum HM 1889/38; Foto: Rheinisches Bildarchiv 89 253; *Abb. 22:* Rücksiegel des Leprosenhauses Melaten, 2. Hälfte 16. Jh.; Abdruck vom Typar im Kölnischen Stadtmuseum S 219; Foto: Rheinisches Bildarchiv 13 904; *Abb. 23:* Mongoloides Kind; Ausschnitt aus dem »Aachener Altar« um 1515/1520; Aachen, Domschatz; Köln, Meister des Aachener Altars, ursprünglich in der Kölner Karmeliterkirche; *Abb. 24:* Tanzwütige; Kupferstich aus: Gottfried, Chronik, Frankfurt, Merian, 1632; Repr. nach: Hermann Peters, wie Abb 20, Abb. 67; *Abb. 25:* Gemeinsames Bad mit Schmauserei und Musik; Titelholzschnitt von E. Schlitzoc zu L. Phries, Tractat der Wildbäder, Straßburg, 1519. Nagler, M. III, 1753, 4. Repr. nach: Hermann Peters, wie Abb. 20, Abb. 51; *Abb. 26:* Gebet zu St. Minus gegen die Franzosenkrankheit (Syphilis); Holzschnitt von W. Hamer aus Nürnberg (1470–80). Repr.

nach: Hermann Peters, wie Abb. 20, Abb. 8; *Abb. 27:* Fahrender Quacksalber; Holzschnitt eines unbekannten Meisters, 16. Jh. – Repr. nach: Th. Hampe, Abb. 66; *Abb. 28:* Arzt und Patient; aus: Unterweisungsbüchlein für Chirurgen, Augsburg, Hans Froschauer, 1515. Repr. nach: Hermann Peters, wie Abb. 20, Abb. 32; *Abb. 29:* Theriakhändler beweist die giftwidrige Wirkung seines Theriaks durch das Vorzeigen einer Schlange. Kupferstich von H. Curti nach G. M. Mitelli (1634–1718). Repr. nach: Hermann Peters, wie Abb. 20, Abb. 47; *Abb. 30:* Ankündigung der Schaustellung eines Elefanten, der 1629 zu Nürnberg gezeigt wurde; Repr. nach: Th. Hampe, Abb. 112; *Abb. 31:* Bärenführerin; Augsburger Flugblatt, 16. Jh. – Repr. nach: Th. Hampe, Abb. 30; *Abb. 32:* Albrecht Dürer, Pfeifer und Trommler; Fragment des Wittenberger Dreikönigs-Altars. Köln, Wallraf-Richartz-Museum, Inv.-Nr. 369; Foto: Rheinisches Bildarchiv; *Abb. 33:* Spielleute aus dem 16. Jahrhundert; Kupferstich von Lorenz Strauch (1554–1636). – Repr. nach: Th. Hampe, Abb. 81; *Abb. 34:* Dudelsackpfeifer, Blaterpfeifer und Bettelmönch; aus den Randzeichnungen Albrecht Dürers zum Gebetbuch Kaiser Maximilians, 1515. – Repr. nach: Th. Hampe, Abb. 48; *Abb. 35:* Gaukler vor einer Mühle; Holzschnitt aus dem Blockbuch »Wirkung der Planeten«, um 1470. – Repr. nach: Th. Hampe, Abb. 22; *Abb. 36:* Hinrichtung des »Werwolfes« Peter Stump zu Bedbur, 1589; Nürnberger Flugblattholzschnitt; Staatliche Museen, Preußischer Kulturbesitz, Berlin, Kupferstichkabinett; Foto: Jörg P. Anders; *Abb. 37:* Zigeunerlager; Kupferstich, 17. Jh. – Repr. nach: Th. Hampe, Abb. 70; *Abb. 38:* Gruppe von weissagenden und stehlenden Zigeunern bei einer Bauernhochzeit; Kupferstich (Ausschnitt), 17. Jh. – Repr. nach: Th. Hampe, Abb. 71; *Abb. 39:* Weissagende Zigeunerin; Kupferstich, 17. Jh. – Repr. nach: Th. Hampe, Abb. 72; *Abb. 40:* Augsburger »Hübschlerin«; von D. Hopfer; Wien, Graphische Sammlung, Albertina, Inv.-Nr. 17 595; Repr. nach: Welt im Umbruch, Ausstellungskatalog, Augsburg 1980, Bd. 2, Katalog-Nr. 629, Abb. S. 249; *Abb. 41:* Christus und die Ehebrecherin (Cranach-Schule); Köln, Wallraf-Richartz-Museum, Inv.-Nr. 530; Foto: Rheinisches Bildarchiv; *Abb. 42:* Dirne tritt ins Wasser; Federzeichnung von Urs Graf (um 1485–1527/29), 152?. – Repr. nach: Chr. Andersson, Dirnen – Krieger – Narren, Ausgewählte Zeichnungen von Urs Graf, Basel 1978, Abb. 41; *Abb. 43:* Ausstäupung; Repr. wie Abb. 3, Nr. 579; *Abb. 44:* Das Landsknechtsliebchen; Holzschnitt in der Art des Martin Weygel um 1560/70. – Repr. nach: Th. Hampe, Abb. 53; *Abb. 45:* Hurenweibel mit Dirne; Holzschnitt des Monogrammisten H. D., 1545; Repr. nach: Th. Hampe, Abb. 89; *Abb. 46:* Henkerarbeiten: Enthauptung, Verstümmelung; Repr. wie Abb. 3, Nr. 591 und 597; *Abb. 47:* Richtstätte; Federzeichnung von Urs Graf, 1512. – Repr. nach: Chr. Andersson, Dirnen – Krieger – Narren, wie Abb. 42, Abb. 32; *Abb. 48:* Siegel des Kölner Schöffengerichts, 15. Jh.; Abdruck vom Typar im Kölnischen Stadtmuseum S 34; Foto: Rheinisches Bildarchiv 601 439; *Abb. 49:* Frankenturm; Aquarell von F. B. Vacher, 1838; Foto: Rheinisches Bildarchiv 75 918; *Abb. 50:* Richtschwert der Stadt Köln von 1725; Kölnisches Stadtmuseum HM 1888/43 B; Foto: Rheinisches Bildarchiv L 817/50. Richtschwert der Stadt Köln aus dem späten 15. Jahrhundert; Kölnisches Stadtmuseum HM 1888/41 B; Foto: Rheinisches Bildarchiv L 724/13; *Abb. 51:* Der »blaue Stein« auf dem Domhof; Kölnisches Stadtmuseum, Graphische Sammlung; Foto: Rheinisches Bildarchiv; *Abb. 52:* Schmähbrief von 1464 mit Henkerarbeiten; Historisches Archiv der Stadt Köln, Foto: W. F. Meier, Köln; *Abb. 53:* Die Hinrichtung; Meister der Georgslegende, Köln, Wallraf-Richartz-Museum, Inv.-Nr. 116; Foto: Rheinisches Bildarchiv; *Abb. 54:* Daumenschraube; Kölnisches Stadtmuseum HM 1958/204; Foto: Rheinisches Bildarchiv L 822/3; *Abb. 55:* Die Hacht, das erzbischöfliche Gefängnis auf dem Domhof; Modell; Kölnisches Stadtmuseum RM 1925/1006; Foto: Rheinisches Bildarchiv 117 553; *Abb. 56:* Ausschleifen zur Hinrichtung; Repr. wie Abb. 3, Nr. 593; *Abb. 57:* Hinrichtung im Kessel; Repr. wie Abb. 3, Nr. 602; *Abb. 58:* Galgen und Kreuze – Zeichen für vollstreckte Todesurteile; Randzeichnungen im Kölner Turmbuch von 1574, Historisches Archiv der Stadt Köln, Verfassung und Verwaltung G 214, fol. 105 a; Foto: W. F. Meier, Köln; *Abb. 59:* Galgen mit drei Gehängten; Randzeichnung im Kölner Turmbuch von 1569; Historisches Archiv der Stadt Köln, Verfassung und Verwaltung G 211, fol. 247 b; Foto: W. F. Meier, Köln; *Abb. 60:* Ausschleifen zur Hinrichtungsstätte; Meister der Georgs-Legende, Köln; Köln, Wallraf-Richartz-Museum, Inv.-Nr. 114; Foto: Rheinisches Bildarchiv; *Abb. 61:* Rad, Axt und Schwert; Randzeichnungen im Kölner Turmbuch von 1573; Historisches Archiv der Stadt Köln, Verfassung und Verwaltung G 214, fol. 38 a; Foto: W. F. Meier, Köln; *Abb. 62:* Hinrichtung der Entführer des Bäckers Philipp Ecks, 1588, auf dem Rondell zu Melaten (Ausschnitt); Kupferstich, 16. Jh. Kölnisches Stadtmuseum, Graphische Sammlung; Foto: Rheinisches Bildarchiv; *Abb. 63:* Spottfahne; Anf. 16. Jh. Kölnisches Stadtmuseum HM 1888/14 A; Foto: W. F. Meier, Köln; *Abb. 64:* Strafkrone; Köln, 1716. Kölnisches Stadtmuseum HM 1888/50 B; Foto: Rheinisches Bildarchiv L 25/38; *Abb. 65:* Pranger (»kax«); Randzeichnung im Kölner Turmbuch von 1586; Historisches Archiv der Stadt Köln, Verfassung und Verwaltung G 223, fol. 116a; Foto: W. F. Meier, Köln; *Abb. 66:* Trankgassenpforte; Aquarell, anonym; Foto: Rheinisches Bildarchiv 110 777; *Abb. 67:* »Kerzen und Stein«; Randzeichnungen im Kölner Turmbuch von 1572; Historisches Archiv der Stadt Köln, Verfassung und Verwaltung G 213, fol. 180a; Foto: W. F. Meier, Köln; *Abb. 68:* Hinrichtung mit dem Schwert; Repr. wie Abb. 3, Nr. 547.

Lebendiges Mittelalter

Wolfgang Behringer (Hg.)
Hexen und Hexenprozesse in Deutschland
ISBN 3-423-30781-1

Joachim Bumke
Höfische Kultur
Literatur und Gesellschaft im hohen Mittelalter
ISBN 3-423-30170-8

Dante
von Fritz R. Glunk
dtv portrait
ISBN 3-423-31073-1

Michaela Diers
Hildegard von Bingen
ISBN 3-423-31008-1

Umberto Eco
Kunst und Schönheit im Mittelalter
Übers. v. G. Memmert
ISBN 3-423-30128-7

Franz Irsigler, Arnold Lassotta
Bettler und Gaukler, Dirnen und Henker
Außenseiter in einer mittelalterlichen Stadt
Köln 1300–1600
ISBN 3-423-30075-2

Régine Pernoud
Königin der Troubadoure
Eleonore von Aquitanien
Übers. v. R. Heyd
ISBN 3-423-30042-6

Régine Pernoud
Herrscherin in bewegter Zeit
Blanca von Kastilien, Königin von Frankreich
Übers. v. S. Rott-Illfeld
ISBN 3-423-30359-X

Steven Runciman
Geschichte der Kreuzzüge
ISBN 3-423-30175-9

Barbara Tuchman
Der ferne Spiegel
Das dramatische 14. Jahrhundert
Übers. v. U. Leschak und M. Friedrich
ISBN 3-423-30081-7

Christa Tuczay
Magie und Magier im Mittelalter
ISBN 3-423-34017-7

Karl-Ferdinand Werner
Die Ursprünge Frankreichs bis zum Jahr 1000
Übers. v. C. und U. Dirlmeier
ISBN 3-423-04653-8

Lexikon des Mittelalters
9 Bände in Kassette
ISBN 3-423-59057-2

24 000 biographische, geographische Sach- und Überblicksartikel zu Geschichte, Wirtschaft, Gesellschaft, Alltag, Wissenschaft, Kunst und Kultur.

Bitte besuchen Sie uns im Internet: www.dtv.de

Régine Pernoud im dtv

Régine Pernoud, die große alte Dame der französischen Mediävistik, hat viel dazu beigetragen, ein helles Bild des »dunklen« Mittelalters zu zeichnen.

Königin der Troubadoure
Eleonore von Aquitanien
ISBN 3-423-30042-6
Eine lebendige Darstellung aus dem Frankreich des Mittelalters: Leben und Zeit der schönen und klugen Königin von Frankreich.

Herrscherin in bewegter Zeit
Blanca von Kastilien, Königin von Frankreich
ISBN 3-423-30359-X
Königin Blanche, die Enkelin der Eleonore von Aquitanien, lenkte die Geschicke ihres Landes mit sicherer Hand durch die Turbulenzen der ersten Hälfte des 13. Jahrhunderts.

Heloise und Abaelard
Ein Frauenschicksal im Mittelalter
ISBN 3-423-30394-8
Die Liebes- und Lebensgeschichte des mittelalterlichen Philosophen, der Entscheidendes der Frau in seinem Schatten verdankte.

Der Abenteurer auf dem Thron
Richard Löwenherz, König von England
ISBN 3-423-30538-X
Er war klug, verwegen und das Ideal eines Ritters: Richard I., König von England. Spannend und farbig erzählt Régine Pernoud sein abenteuerliches Leben.

Christine de Pizan
Das Leben einer außergewöhnlichen Frau und Schriftstellerin im Mittelalter
ISBN 3-423-30631-9
Das Leben der französischen Schriftstellerin, die als erste Feministin in die Geschichte eingegangen ist.

Bitte besuchen Sie uns im Internet: www.dtv.de

Männer, die Geschichte machten

Manfred Flügge
Heinrich Schliemanns Weg nach Troia
Die Geschichte eines Mythomanen
ISBN 3-423-34025-8

Theodore S. Hamerow
Die Attentäter
Der 20. Juli – von der Kollaboration zum Widerstand
Übers. v. M. Grässlin
ISBN 3-423-34100-9

Eckart Kleßmann
Napoleon
ISBN 3-423-30865-6

Christian Graf von Krockow
Die preußischen Brüder
Prinz Heinrich und Friedrich der Große
Ein Doppelportrait
ISBN 3-423-30659-9

Bismarck
Eine Biographie
ISBN 3-423-30784-6

Churchill
Eine Biographie des 20. Jahrhunderts
ISBN 3-423-30797-8

Siegfried Lauffer
Alexander der Große
ISBN 3-423-34066-5

Christian Meier
Caesar
ISBN 3-423-30593-2

Peter Merseburger
Willy Brandt 1913–1992
Visionär und Realist
ISBN 3-423-34097-5

Shimon Peres
Man steigt nicht zweimal in denselben Fluß
Politik heißt Friedenspolitik
Übers. v. M. Georg
ISBN 3-423-24181-0

Andrew Roberts
Churchill
und seine Zeit
Übers. v. F. Griese
ISBN 3-423-24132-2

Ekkehart Rotter
Friedrich II. von Hohenstaufen
dtv portrait
ISBN 3-423-31078-2

Martha Schad
Ludwig II.
dtv portrait
ISBN 3-423-31033-2

Theo Schwarzmüller
Otto von Bismarck
dtv portrait
ISBN 3-423-31000-6

Zwischen Kaiser und »Führer«
Generalfeldmarschall August von Mackensen
Eine politische Biographie
ISBN 3-423-30823-0

Frauen, die Geschichte machten

Edwin Dillmann
Maria Theresia
ISBN 3-423-31028-6

Françoise Giroud
Das Leben der Jenny Marx
Biographie
Übers. v. S. Koch
ISBN 3-423-30632-7

Hildegard Hamm-Brücher
Freiheit ist mehr als ein Wort
Eine Lebensbilanz 1921–1996
ISBN 3-423-30644-0

Erinnern für die Zukunft
Ein zeitgeschichtliches Nachlesebuch 1991 bis 2002
ISBN 3-423-24254-X

Frauen-Geschichte(n)
Ein historisches Lesebuch
Hg. v. Brigitte Hellmann
ISBN 3-423-30627-0

Gerda Hoffer
Zeit der Heldinnen
Lebensbilder außergewöhnlicher jüdischer Frauen
ISBN 3-423-30701-3

Jean Markale
Isabeau de Bavière
Biographie
Übers. v. W. Grommes
ISBN 3-423-30633-5

Régine Pernoud
Königin der Troubadoure
Eleonore von Aquitanien
Übers. v. R. Heyd
ISBN 3-423-30042-6

Herrscherin in bewegter Zeit
Blanca von Kastilien, Königin von Frankreich
Übers. v. S. Rott-Illfeld
ISBN 3-423-30359-X

Christine de Pizan
Das Leben einer außergewöhnlichen Frau und Schriftstellerin im Mittelalter
Übers. v. S. Rott-Illfeld
ISBN 3-423-30631-9

Der Prozeß der Jeanne d'Arc
Akten und Protokolle 1431–1456
Herausgegeben von Ruth Schirmer-Imhoff
ISBN 3-423-30202-X

Martha Schad
Elisabeth von Österreich
ISBN 3-423-31079-0

Nathan Stoltzfus
Widerstand des Herzens
Der Aufstand der Berliner Frauen in der Rosenstraße – 1943
Übers. v. M. Müller
ISBN 3-423-30845-1

Der Sinn des Lebens
Herausgegeben von
Christoph Fehige, Georg Meggle und Ulla Wessels

ISBN 3-423-30744-7

»Eine farbenträchtige Wundertüte.«
Neue Zürcher Zeitung

Dieses gewichtige Buch zu einer gewichtigen Frage hat einen Kern und eine Schale. Im Kern beschäftigen sich einige der seriösesten Philosophen unserer Zeit ausdrücklich mit den Fragen, die sich um den Sinn des Lebens drehen. Ihr Nachdenken wird recht umfassend, zum Teil erstmals in deutscher Übersetzung, repräsentiert. Die Schale ist bunt: Bilder, Gedichte, Geschichten über das Leben, das Universum und alles. Ein Lesebuch zum Studieren, Stöbern, Schmunzeln, Nach- Mit- und Weiterdenken.

»Der Einladung zur Lektüre kann man gar nicht widerstehen. Denn wo immer man dieses leichte Buch voll tiefen Ernstes aufschlägt, springt einen Bedenkenswertes an.«
Kölner Stadtanzeiger

»Der vorliegende Band gehört in jeden Haushalt.«
Die Zeit